GERNOT ROTTER
SCHIRIN FATHI

NAHOSTLEXIKON

GERNOT ROTTER
SCHIRIN FATHI

NAHOSTLEXIKON

Der israelisch-palästinensische Konflikt von A-Z

Vorwort von
Abdallah Frangi

PALMYRA

Für die Mithilfe und Unterstützung bei der Herstellung dieses
Buches dankt der Palmyra Verlag folgenden Personen:
Abdallah Frangi, Georg Baltissen, Angelika Timm,
Ludwig Watzal, Wilhelm Dietl, Matthias Ries,
Bernadette Ohmer, Judith Kirschke, Ingo Gentner,
Michael Wanner und Barbara Twardon.

Gesamtkonzept: Georg Stein
Redaktionssschluß: 30. Juni 2001

Die Deutsche Bibliothek – CIP-Einheitsaufnahme
Ein Titeldatensatz für diese Publikation ist bei
der Deutschen Bibliothek erhältlich

Originalausgabe

Hauptstraße 64, 69117 Heidelberg
Telefon 06221/165409, Telefax 06221/167310
e-mail: palmyra-verlag@t-online.de
www.palmyra-verlag.de

Lektorat: Georg Stein und Christa Schönrich
Umschlaggestaltung: Georg Stein und Uwe Schmitt
Umschlagfotos: Georg Stein, Nahostarchiv Heidelberg
Satz: Christoph Morlok
Druck und Bindung: Clausen & Bosse
Printed in Germany
ISBN 3-930378-28-0

Inhalt

Vorwort von
Abdallah Frangi
7

Stichwortverzeichnis
10

Stichworte von A-Z
19

Zeittafel
355

Bibliographie
400

Webguide
493

Karten
525

Benutzerhinweis

Das Nahostlexikon ist vor allem ein Nachschlagewerk für Begriffe, Sachkomplexe, Organisationen etc. Das Verweisverfahren ermöglicht zudem aber auch eine handbuchartige Benutzung. Der Pfeil (→) vor einem Begriff verweist den Leser auf ein Stichwort, unter dem das betreffende Thema abgehandelt wird beziehungsweise welches die Information sinnvoll ergänzt und den Begriff in einen größeren Zusammenhang einordnet.

Die Reihenfolge der Stichwörter ist alphabetisch geordnet, wobei die Umlaute (ä, ö, ü) wie zwei Buchstaben gelesen werden. Kursiv geschrieben sind lediglich einige arabische, hebräische, englische und französische Begriffe, sofern sie nicht in Klammer stehen. Arabische und hebräische Namen von Organisationen, Parteien etc. erscheinen nicht kursiv. Da in dem Lexikon nur sehr geläufige Abkürzungen benutzt werden, wurde auf ein Abkürzungsverzeichnis verzichtet. Redaktionsschluß war der 30. Juni 2001.

Transkriptionshinweis

Die Transkription arabischer und hebräischer Wörter ist nicht einfach, da es in beiden Sprachen mehr Phoneme (bedeutungsunterscheidende Laute) gibt als im Deutschen. Da sich dieses Buch an ein breites Publikum wendet, wurde zur Vereinfachung anstelle der wissenschaftlichen die phonetische Transkription gewählt. Sie entspricht weitgehend der anerkannten englischen sowie deutschen Schreibweise.

Bei Begriffen, für die eine eingedeutschte Variante existiert, wurde das Transkriptionssystem verlassen. Um eine gewisse Einheitlichkeit zu wahren, wurden außerdem Artikel und Präpositionen, die im Arabischen an den Anfang des Bezugsworts angehängt werden, kleingeschrieben und mit Bindestrich vom Bezugswort abgesetzt. Ebenfalls aus Gründen der Einheitlichkeit wurden die arabischen Begriffe – außer Eigennamen – kleingeschrieben. Etwaige Abweichungen in der Umschrift resultieren aus Sonderfällen.

Ein gerechter Frieden ist das Ziel

Vorwort von Abdallah Frangi

Die Hoffnung stirbt zuletzt, sagt ein altes europäisches Sprichwort. Noch haben wir die Hoffnung auf Frieden nicht verloren. Frieden aber kann es nicht geben ohne Gerechtigkeit. Seit mehr als 50 Jahren wartet das palästinensische Volk auf diese Gerechtigkeit. Und auch nach den langen und schwierigen Jahren des israelisch-palästinensischen Friedensprozesses, der seit 1993 andauert, ist ein Friedensabkommen zwischen Israelis und Palästinensern nicht erreicht worden. Die Suche nach Frieden und Gerechtigkeit haben wir deshalb aber nicht aufgegeben. Als Palästinenser haben wir nicht die Mittel, den Frieden zu erzwingen, nicht gegen Israel, nicht gegen die USA. Aber der Frieden ist eine Notwendigkeit für die gesamte Region – daran gibt es keinen Zweifel.

Land gegen Frieden, so lautet auch heute noch die Devise des Nahostfriedensprozesses. Wir Palästinenser halten daran fest. Denn wir sind zutiefst davon überzeugt, daß dies die einzige Möglichkeit ist, diese Region dem Frieden näherzubringen. Israel muß die 1967 besetzten Gebiete räumen, die Errichtung eines palästinensischen Staates zulassen und anerkennen, daß wir Palästinenser eine historische und gegenwärtige Beziehung zu Jerusalem haben. Der Tempelberg mit dem Felsendom und der Al-Aqsa-Moschee ist das drittgrößte Heiligtum des Islam. Diese Verantwortung wahrzunehmen, ist unsere Verpflichtung gegenüber allen Muslimen auf der Welt – und diese Verantwortung können wir nicht preisgeben.

Ebensowenig können wir das Recht auf Rückkehr in unsere angestammte Heimat einfach aufgeben. Dieses international verbriefte Recht war und ist Ausgangspunkt unserer nationalen Selbstbestimmung, Ursprung und Ansporn unseres jahrzehntelangen Befreiungskampfes. Und wir können unsere Angehörigen, die über die ganze Welt verstreut sind, nicht im Stich lassen, um einen fragwürdigen politischen Kompromiß einzugehen. Unsere Rechte sind nicht weniger wert als die anderer Menschen, die ihre Heimat verloren haben oder aus ihr vertrieben wurden. Das Recht auf Rückkehr ist nicht verhandelbar, wohl aber seine Verwirklichung. Das kann, darf und muß Gegenstand der Verhandlungen über einen Frieden im Nahen Osten sein.

Ein gerechter Frieden ist das Ziel aller Palästinenser. Und für dieses Ziel haben wir in der Vergangenheit und in der Gegenwart viele Opfer gebracht, schwere Opfer. Wir haben politische Zugeständnisse gemacht und die Bereitschaft zur Versöhnung gezeigt, über alle Opfer hinweg. Diese Bereitschaft haben wir bewahrt, und wir werden sie behalten jenseits aller tagespolitischen Ereignisse. Trotz aller Opfer und trotz aller Toten haben wir den Willen zur Versöhnung ebensowenig verloren wie die Hoffnung auf Frieden.

Verständnis für diesen Konflikt, der das vergangene Jahrhundert überdauert hat, will und kann dieses Lexikon vermitteln. Keine voreilige Parteinahme, sondern Einsicht in Einzelfaktoren, in Zusammenhänge, in Personen. Das ist nicht nur hilfreich und verdienstvoll, sondern auch notwendig. In der durchaus kurzen, aber unparteiischen Darstellung liegt eine große Chance, den schier unlösbaren Konflikt zu verstehen, seine Wurzeln zu begreifen und zukünftige Entwicklungen und Möglichkeiten zu erkennen.

Dieses Nachschlagewerk ist sicherlich nicht das einzige, das dem israelischen und dem palästinensischen Volk einen Ort, einen Raum, eine Geschichte und eine Zukunft zugesteht, aber es ist eine der gründlichsten, der objektivsten, der fairsten Erklärungen für diese bittere, aber gemeinsame Geschichte von Israelis und Palästinensern, für den tiefen Konflikt zwischen unseren Völkern, aber auch für unser eigenes palästinensisches Anliegen. Es gibt in der Tat keine Lösung für das Nahostproblem ohne ein Mindestmaß an Gerechtigkeit. Gernot Rotter und Schirin Fathi haben dies erkannt und geben dem Leser die Möglichkeit, diese Grunderkenntnis nachzuvollziehen, ohne jedoch Partei zu ergreifen. Sie zeigen die Akteure und die Geschichte beider Seiten auf, wie konfliktträchtig diese auch immer gewesen sein mag. Dies ist eine unabdingbare Voraussetzung, um in der konfliktreichen und umkämpften Region des Nahen Ostens dem Frieden näherzukommen.

Dieses Buch leistet einen unverzichtbaren Beitrag für den Frieden und für das Verständnis des Jahrhundertkonflikts. Seine Lektüre wird sich für alle am Nahostkonflikt Interessierten als hilfreich und nützlich erweisen und jedem Leser ein unverzichtbares Nachschlagewerk bieten. Erst das allgemeine Verständnis für die Ursachen und den Verlauf dieses Konflikts kann den Boden bereiten für eine Verständigung, die beiden Völkern im Heiligen Land eine Zukunft bietet.

Bonn, April 2001

Stichwortverzeichnis

Abbas, Mahmoud 19
Abdallah Ibn Hussein (König Abdallah II.) 20
Abdel Shafi, Haider 22
Abu Iyad → PLO
Abu Jihad → PLO
Abu Nidal → PLO
Ägypten 24
Al-Aqsa-Intifada 40
Alawiten → Islam
Al-Azhar-Universität 47
Al-Fatah → Yassir Arafat → PLO
Aliya 49
Allon-Plan → Siedlungen
Aman → Geheimdienste
Amerikanische Universität Beirut (AUB) 51
Arabisch-Israelischer Krieg (1948/49) 52
Arabische Liga 56
Arafat, Yassir 58
Arbeitspartei 63
Armenier 65
Aschkenasen 66
Ashrawi, Hanan 68
Assad, Bashar al- 69
Assad, Hafez al- 70
Avnery, Uri → Israelische Friedensbewegung
Baath-Partei 72
Balfour-Erklärung → Mandatszeit
Barak, Ehud 75
Begin, Menachem → Likud, → Camp-David-Abkommen
Ben-Gurion, David 79

Bir-Zeit-Universität 81
Blauhelme → UN-Truppen
B'Tselem → Israelische Friedensbewegung
Camp-David-Abkommen 83
Camp David II 84
Christentum 86
Clinton-Plan → Al-Aqsa-Intifada
Dayan, Moshe → Junikrieg (1967)
Deir Yassin → Mandatszeit
Deutsche Nahostpolitik 92
DFLP → PLO
Drusen → Islam
Europäische Union (EU) 96
Fadlallah, Scheich Muhammad Hussain → Hizbollah
Flüchtlinge 99
Friedensverhandlungen 102
Fundamentalismus → Islamismus
Gazastreifen 104
Geheimdienste 107
Ghali, Butros 118
Golanhöhen 119
Golfkrieg 121
Gush Shalom → Israelische Friedensbewegung
Habash, George → PLO
Hamas 124
Hariri, Rafik 129
Hawatmeh, Nayef → PLO
Hebron-Abkommen 131
Herzl, Theodor → Zionismus
Hizbollah 132
Hoss, Salim al- 135
Hrawi, Elias 135
Hussein Ibn Talal (König Hussein) 136
Hussein-MacMahon-Korrespondenz → Mandatszeit

Husseini, Faisal 140
Internationale Islamische Organisationen 142
Intifada 145
Irgun → Mandatszeit
Islam 150
Islamismus (Islamisten) 154
Israel 158
Israelische Friedensbewegung 167
Izzeddin-al-Qassam-Brigaden → Hamas
Jassin, Scheich Ahmed → Hamas
Jerusalem 171
Jihad → Islamismus
Jihad Islami → Hamas
Jordanien 175
Judentum 183
Junikrieg (1967) 186
Kach 188
Kahane, Meir → Kach
Kataib → Libanesischer Bürgerkrieg, → Libanon
Khaddam, Abdelhalim 189
Klientelismus 190
König Abdallah II. → Abdallah Ibn Hussein
König Hussein → Hussein Ibn Talal
Kollek, Teddy → Jerusalem
Kolonialismus 192
Kurden 194
Lahud, Emile 195
Lehi (Stern-Gruppe) → Mandatszeit
Libanesischer Bürgerkrieg (1975-1990) 196
Libanon 207
Libanonkrieg (1982) 219
Likud 222
Madrider Friedenskonferenz 224
Mandatszeit 226
Maroniten → Christentum

Medien 229
Meir, Golda → Arbeitspartei
Militär → Rüstung
Mossad → Geheimdienste
Mubarak, Hosni 235
Muslimbrüder 236
Muslime → Islam, → Religionsgemeinschaften
Muslimische Weltliga → Internationale Islamische Organisationen
Nahostkriege 237
Nasser, Gamal Abdel 237
Netanyahu, Benyamin 239
Neue Historiker 241
Oktoberkrieg (1973) 244
Olympia-Anschlag von München 1972 → Geheimdienste
Organisation der Islamischen Konferenz → Internationale Islamische Organisationen
Orient-Haus → Faisal Husseini
Oslo-I-Abkommen 247
Oslo-II-Abkommen 249
Osloer Prinzipienerklärung 251
Palästina 254
Palästinensische Minderheit in Israel → Israel
Palästinensische Nationalbehörde 257
Palästinensische Nationalcharta → PLO
Palästinensischer Legislativrat → Palästinensische Nationalbehörde
Palästinensischer Nationalrat → PLO
Panislamismus → Internationale Islamische Organisationen
Peres, Shimon 259
PFLP → PLO
PLO 262
Presse → Medien
Rabin, Yitzhak 267

Religionsgemeinschaften 270
Rentenstaat 271
Rüstung 272
Rußland → Sowjetunion
Sadat, Anwar as- 276
Schas-Partei → Sepharden
Schiiten → Islam
Schwarzer September → PLO, → Jordanien
Sechstagekrieg → Junikrieg
Sepharden 278
Shalom Achshav → Israelische Friedensbewegung
Shamir, Yitzhak → Likud
Sharon, Ariel 280
Shin Bet → Geheimdienste
Shubeilat, Laith 284
Siedlungen 286
Sinai → Camp-David-Abkommen, → Nahostkriege
Sowjetunion (Rußland) 291
Südlibanesische Armee (SLA) → Südlibanon
Südlibanon 297
Suezkrieg (1956) 301
Sunniten → Islam
Sykes-Picot-Abkommen → Mandatszeit, → Kolonialismus
Syrien 304
Tanzim → Al-Aqsa-Intifada
Teilungsplan → UN-Resolutionen
Tempelberg (Haram esh-Sharif) → Jerusalem
Tribalismus 315
Tscherkessen 317
UN (Vereinte Nationen) 318
UN-Resolutionen 319
UNRWA → UN-Resolutionen
UN-Truppen 327
USA 328

Vereinte Nationen → UN
Wasser 338
Wasta → Klientelismus
Westjordanland 343
Wye-Abkommen 348
Wye-II-Abkommen → Wye-Abkommen
Yom-Kippur-Krieg → Oktoberkrieg (1973)
Zionismus 351

Die Stichworte und ihre Autoren

Gernot Rotter
Ägypten, Al-Azhar-Universität, Amerikanische Universität Beirut (AUB), Arabisch-Israelischer Krieg (1948/49), Arabische Liga, Armenier, Bashar al-Assad, Hafez al-Assad, Baath-Partei, Christentum, Europäische Union (EU), Butros Ghali, Golanhöhen, Rafik Hariri, Hizbollah, Salim al-Hoss, Elias Hrawi, Internationale Islamische Organisationen, Islam, Islamismus (Islamisten), Junikrieg (1967), Abdelhalim Khaddam, Kurden, Emile Lahud, Libanesischer Bürgerkrieg (1975-1990), Libanon, Libanonkrieg (1982), Medien, Hosni Mubarak, Muslimbrüder, Nahostkriege, Gamal Abdel Nasser, Oktoberkrieg (1973), Religionsgemeinschaften, Rüstung, Anwar as-Sadat, Südlibanon, Suezkrieg (1956), Syrien, UN (Vereinte Nationen), UN-Resolutionen, UN-Truppen

Schirin Fathi
Mahmoud Abbas, Abdallah Ibn Hussein (König Abdallah II.), Haider Abdel Shafi, Al-Aqsa-Intifada, Aliya, Yassir Arafat, Arbeitspartei, Aschkenasen, Hanan Ashrawi, Ehud Barak, David Ben-Gurion, Bir-Zeit-Universität, Camp-David-Ab-

kommen, Camp David II, Deutsche Nahostpolitik, Flüchtlinge, Friedensverhandlungen, Gazastreifen, Golfkrieg, Hamas, Hebron-Abkommen, Hussein Ibn Talal (König Hussein), Faisal Husseini, Intifada, Israel, Israelische Friedensbewegung, Jerusalem, Jordanien, Judentum, Kach, Klientelismus, Kolonialismus, Likud, Madrider Friedenskonferenz, Mandatszeit, Benyamin Netanyahu, Neue Historiker, Oslo-I-Abkommen, Oslo-II-Abkommen, Osloer Prinzipienerklärung, Palästina, Palästinensische Nationalbehörde, Shimon Peres, PLO, Yitzhak Rabin, Rentenstaat, Sepharden, Ariel Sharon, Laith Shubeilat, Siedlungen, Tribalismus, Tscherkessen, Wasser, Westjordanland, Wye-Abkommen, Zionismus

Wilhelm Dietl
Geheimdienste

Angelika Timm
Sowjetunion (Rußland)

Ludwig Watzal
USA

Autorenangaben

Gernot Rotter, geboren 1941, ist Professor für Gegenwartsbezogene Orient-Wissenschaft am Orientalischen Seminar der Universität Hamburg. 1980 bis 1984 war er Direktor des Orient-Instituts in Beirut. Breiten Kreisen bekannt wurde er mit seinem 1992 im Palmyra Verlag erschienenen Buch *Allahs Plagiator – Die publizistischen Raubzüge des »Nahostexperten« Gerhard Konzelmann.*

Schirin Fathi, geboren 1958 in Teheran, studierte in Washington Nahost-Wissenschaften und Entwicklungsökonomie. Sie ist wissenschaftliche Mitarbeiterin am Orientalischen Seminar der Universität Hamburg.

Wilhelm Dietl, geboren 1955, ist Journalist und Mitarbeiter des Nachrichtenmagazins *Focus*. Zu seinen Spezialgebieten Geheimdienste, Naher Osten und internationaler Terrorismus schrieb er mehrere Bücher.

Angelika Timm, geboren 1949, studierte Hebraistik und Arabistik. Nach ihrer Habilitation war sie 1988 bis 1998 Dozentin an der Humboldt-Universität Berlin. Seit 1999 ist sie Lehrbeauftragte bei der Arbeitsstelle Politik des Vorderen Orients an der Freien Universität Berlin.

Ludwig Watzal, geboren 1950, ist Redakteur bei der Bundeszentrale für politische Bildung und Lehrbeauftragter an der Universität Bonn. Er schrieb zahlreiche Artikel und mehrere Bücher zum israelisch-palästinensischen Konflikt.

A

Abbas, Mahmoud

(Abu Mazen, geb. 1935 in Safad). Mahmoud Abbas ist gegenwärtig (2001) der zweitwichtigste Mann in der Hierarchie der → PLO und wird als Nachfolger → Arafats gehandelt. Abu Mazen studierte in Damaskus und Moskau und promovierte mit einer Arbeit über den → Zionismus. Als einer der Pioniere der Al-Fatah-Bewegung war er verantwortlich für die Eröffnung von PLO-Büros in Saudi-Arabien und Qatar. Er ist Autor des Buches *Through Secret Channels*, einer Publikation über die Geheimverhandlungen von Oslo (→ Osloer Prinzipenerklärung, → Oslo-Abkommen).

Schon in den siebziger Jahren spielte Abbas eine entscheidende Rolle beim Aufbau von Kontakten zwischen der PLO und linksliberalen Israelis. Seine moderaten und pragmatischen Ansichten haben ihm jedoch viele Feinde unter den Friedensgegnern gebracht. Seit 1977 ist er in der PLO offiziell mit der Koordination von Kontakten zu → Israel betraut. So erklärt sich, daß er den Osloer Friedensprozeß maßgeblich mitgestaltet hat.

Davon ausgehend, daß die Verhandlungen im Rahmen der → Madrider Friedenskonferenz zum Scheitern verurteilt waren, ist er entscheidend daran beteiligt gewesen, die geheimen Gespräche in Oslo zustande zu bringen, und übernahm zeitweise selbst die Gesprächsführung auf palästinensischer Seite. Die Osloer Prinzipienerklärung unterzeichnete Abu Mazen im Namen der PLO. Obwohl er zu den Initiatoren der → Friedensverhandlungen gehört, zeigte er sich bei deren Umsetzung ernüchtert und weigerte sich demzufolge, 1994 einen Ministerposten in der → Palästinensischen Nationalbehörde anzunehmen. Ein Jahr später übernahm er jedoch von Nabil Shaath das Planungsministerium, und seit 1996 ist Abbas offiziell Stellvertreter von Yassir Arafat.

Abdallah Ibn Hussein (König Abdallah II.)

(Geb. 1962 in Amman). Abdallah Ibn Hussein ist seit Februar 1999 vierter König des Haschemitischen Königreichs → Jordanien. Abdallah wurde in England und in den → USA ausgebildet, bevor er wie sein Vater die britische Militärakademie in Sandhurst besuchte. Anschließend diente er in der britischen Armee und nahm ein einjähriges Studium der internationalen Politik in Oxford auf. 1984 kehrte er nach Jordanien zurück und übernahm Führungsaufgaben in der Armee. 1987/88 belegte er Kurse an der *School of Foreign Service* der *Georgetown University* in Washington. Im Januar 1997 wurde er Kommandeur einer Einheit der jordanischen Armee, deren Hauptaufgabe die Terrorismusbekämpfung ist. Abdallah ist seit 1993 mit Rania Yassin, einer in Kuwait aufgewachsenen Palästinenserin, verheiratet und hat zwei Kinder.

Als König Hussein (→ Hussein Ibn Talal) knapp zwei Wochen vor seinem Tod die Thronfolge änderte, waren selbst langjährige Beobachter des Haschemitischen Königreichs von diesem Schritt überrascht. Sein Bruder Hassan war 1965 zum Thronfolger ernannt worden und hatte dieses Amt 34 Jahre lang kompetent bekleidet. Allerdings galt Kronprinz Hassan als weniger charismatisch als König Hussein, als zu intellektuell und palästinenserfeindlich. Es gab Grund zu der Befürchtung, daß er nicht in dem Maße wie König Hussein in der Lage sein würde, das prekäre und notwendige Gleichgewicht zwischen den verschiedenen Interessengruppen im Land, den Stämmen, den Großfamilien und Klans, sowie zwischen den Jordaniern und Palästinensern zu wahren. Hinzu kam, daß sich während der langen, krankheitsbedingten Abwesenheit König Husseins in der Armee Unmut breit machte, als Hassan einige hohe Ämter mit seinen Gefolgsleuten besetzte. Es mag Spekulation bleiben, inwieweit auch Querelen und Intrigen innerhalb der Königsfamilie und die Festlegung der Thronfolge nach Hassan zu seiner Absetzung beigetragen haben.

In Anbetracht der schweren Erkrankung König Husseins war eine gesicherte Thronfolge von größter Wichtigkeit für das Überleben der Haschemitischen Dynastie. Und so wurde Abdallah, der in zweiter Ehe Husseins mit Toni Gardiner, der Tochter eines britischen Militärberaters, geboren und 1963 als ältester Sohn des Königs verfassungsgemäß zum Thronfolger ernannt worden war, wiedereingesetzt. Abdallahs Thronfolge war von Anfang an umstritten. Der Grund jedoch, warum Hussein 1965 seinen Bruder in einer Verfassungsänderung zum Regenten ernannte, lag in der politischen Unsicherheit jener Zeit, in der u.a. mehrere Mordanschläge auf König Hussein verübt worden waren; es sollte somit eine zu lange Vormundschaft des minderjährigen Thronerben vermieden werden. Abdallahs Wiederbenennung geschah in Übereinstimmung mit der Verfassung.

Am 7. Februar 1999, einige Stunden nach Bekanntgabe des Todes von König Hussein, wurde Abdallah als König Abdallah II. vor dem Parlament vereidigt. Der neue König hatte – im Gegensatz zum vorherigen Kronprinzen – kaum Zeit, sich auf sein wichtiges Amt einzustellen und vorzubereiten. Aufgrund seiner militärischen Ausbildung, seiner exzellenten persönlichen Beziehungen zur Armee und der ihm nachgesagten Ähnlichkeit mit seinem Vater – in bezug auf sein Persönlichkeitsprofil und die Popularität, die er in der

Armee genießt – verfügte er jedoch über eine gute Ausgangsposition, um seine Herrschaft zu konsolidieren. Als eine seiner ersten Amtshandlungen ernannte Abdallah seinen jüngeren Halbbruder Prinz Hamza, den ersten Sohn von Husseins vierter Ehefrau Nur, zum Kronprinzen und erfüllte somit den häufig geäußerten Wunsch seines verstorbenen Vaters.

Von Beginn seiner Amtsübernahme an zeichnete sich Abdallah durch einen eigenen Regierungsstil aus. So hat er in mehreren Bereichen die Initiative ergriffen, z.B. hinsichtlich der für den Staatshaushalt wichtigen Normalisierung der – seit dem zweiten → Golfkrieg angeschlagenen – Beziehungen zu den arabischen Nachbarstaaten, allen voran Saudi-Arabien und → Syrien. Außerdem bemüht er sich, den Friedensprozeß mit → Israel gemäß der Politik seines Vaters auch weiterhin fortzusetzen. Innenpolitisch hat König Abdallah II. seine Unterstützung für den 1989 begonnenen Liberalisierungsprozeß zugesagt; gleichzeitig versicherte er sich aber auch der unverminderten Loyalität der Armee, indem er Hassans Gefolgsleute durch seine eigenen ersetzen ließ. Trotz der weitverbreiteten Sympathie, mit der Abdallahs Thronbesteigung begrüßt wurde, wird es schwierig sein, die Erwartungen zu erfüllen, die mit der Nachfolge König Husseins verbunden sind.

Abdel Shafi, Haider

(Geb. 1919 in Gaza). Haider Abdel Shafi ist ein Arzt aus dem → Gazastreifen und Abgeordneter des ersten gewählten Legislativrats der → Palästinensischen Nationalbehörde. Er gilt als eine der wichtigsten palästinensischen Führungspersönlichkeiten. Im November 1997 hat er sich aus der aktiven Politik zurückgezogen, behält jedoch weiterhin seine kritische Haltung gegenüber → Arafat und wird von vielen als das »Gewissen Palästinas« betrachtet. Außerdem betätigt sich Abdel Shafi in mehreren Organisationen, u.a. der palästinensischen Menschenrechtsorganisation *Palestinian Human Rights Monitoring Group*, die im Dezember 1996 von ihm mitbegründet wurde.

An der → Amerikanischen Universität Beirut machte Abdel Shafi 1943 seinen Abschluß in Medizin. Danach gründete und leitete er die Organisation des Palästinensischen Roten Halbmonds in Gaza. 1964 war er Mitbegründer der Palästinensischen Befreiungsorganisation → PLO und Mitglied ihres ersten Exekutivkomitees. International bekannt wurde Abdel Shafi zu Beginn der → Friedensverhandlungen im Oktober 1991, als er zum Leiter der palästinensischen Delegation bei der → Madrider Friedenskonferenz ernannt wurde. Von 1991 bis 1993 leitete er auf palästinensischer Seite die Verhandlungen und Gespräche in Washington. Abdel Shafi setzte sich schon relativ früh für einen Dialog mit → Israel ein, allerdings mit dem klaren Ziel, einen unabhängigen, demokratischen Staat → Palästina zu errichten.

Aus diesen Gründen kritisierte Abdel Shafi die beiden → Oslo-Abkommen und warf dem PLO-Vorsitzenden Arafat vor, in den Geheimverhandlungen mit den israelischen Vertretern zu viele Zugeständnisse gemacht zu haben. Arafat hingegen ist sich sehr wohl Abdel Shafis Integrität und Ansehen, das auch auf dessen ununterbrochener Präsenz in Gaza beruht, bewußt. Spekulation muß indes bleiben, inwieweit Abdel Shafi Chancen gehabt hätte, im Januar 1996 anstelle Arafats zum Präsidenten der Palästinensischen Nationalbehörde gewählt zu werden, da er nicht kandidierte. Statt dessen gewann er mit dem weitaus höchsten Stimmenanteil die Wahlen zum Palästinensischen Legislativrat und wurde unabhängiger Abgeordneter.

Von diesem Posten trat er jedoch im November 1997 zurück, um gegen Arafats Alleinherrschaftsanspruch und die Marginalisierung des Legislativrats zu protestieren. Abdel Shafis Hauptanliegen sind seitdem demokratische Reformen innerhalb der palästinensischen Gesellschaft, die es ermöglichen sollen, eine einheitliche Position gegenüber Israel zu beziehen. Im Oktober 2000, nach Ausbruch der → Al-Aqsa-Intifada, war Abdel Shafi der erste Unterzeichner einer Petition, die den Abbruch der Friedensverhandlungen unter den bisherigen Rahmenbedingungen forderte.

Abu Iyad → PLO

Abu Jihad → PLO

Abu Nidal → PLO

Ägypten

Amtliche Bezeichnung »Arabische Republik Ägypten« (arab. Al-Jumhuriyat Misr al-Arabiya). Bevölkerungsreichster arabischer Staat; im Jahre 2000 wurde die Einwohnerzahl auf ca. 66 Millionen geschätzt (1900 ca. 10 Millionen, 1980 ca. 50 Millionen). Das Staatsterritorium beträgt 998 000 km², doch sind davon nur ca. 38 000 km², knapp vier Prozent entlang des Nils und im Nildelta, landwirtschaftlich nutzbar; der Rest besteht aus Wüsten oder Wüstensteppen mit nur wenigen größeren Oasen (z.B. Siwa). In den neunziger Jahren wurden einige weitere Flächen (Toshka-Senke und Gebiete auf dem Sinai) durch Bewässerung erschlossen. Hauptstadt ist Kairo mit einer geschätzten Einwohnerzahl von gegenwärtig (2001) ca. 13 Millionen; täglich kommt noch etwa eine Million Pendler hinzu. Die Bevölkerung besteht zu über 90 Prozent aus sunnitischen Muslimen, den Rest bilden im wesentlichen koptische Christen, wobei sich das zahlenmäßige Verhältnis zwischen den beiden → Religionsgemeinschaften kontinuierlich zuungunsten der Kopten verändert. Über die Hälfte der Bevölkerung ist unter 18 Jahre alt.

Ägypten gehörte von 1517 an zum Osmanischen Reich, allerdings während des 19. Jahrhunderts bis zum Ersten Weltkrieg meist nur mehr nominell. Die französische Besetzung durch Napoleon Bonaparte 1798-1801 hatte im geistigen und politischen Leben des Landes erhebliche Nachwirkungen und kann als der Zeitpunkt des Eintritts in die Moderne angesehen werden. Der 1805 von den Osmanen bestätigte Statthalter (wali) Mehmed (Muhammad) Ali (gest. 1848) leitete – vielfach mit Hilfe französischer Berater – eine rigide Modernisierung der Armee, der Verwaltung, des Unterrichtswesens und der Wirtschaft ein, trat 1831 in offene Konfrontation zu den Osmanen und eroberte → Palästina und → Syrien. Erst auf massiven militärischen Druck Großbritanniens begnügte er sich ab 1841 mit der Herrschaft über Ägypten unter nomineller Oberhoheit der Osmanen und begründete eine Dynastie, deren Herrscher sich von 1867 bis 1914 Vizekönig (Khedive), von 1914 bis 1922 Sultan und danach König nannten. Die von Muhammad Ali eilig eingeleitete Modernisierung und Industrialisierung wurde von seinen Nachkommen ebenso überhastet fortgeführt (1869 Einweihung des Suezkanals), führte jedoch zu einer völligen Überschuldung des Staates. Als schließlich eine Revolte, angeführt von Oberst Ahmad Urabi, ausbrach, besetzten die Briten 1882 das Land. De facto regierte fortan der britische *Agent and Consul General* über Ägypten, bis

Ende 1914 die Briten auch die nominelle Oberhoheit der Osmanen beendeten und das Land zum eigenen Protektorat unter einem britischen Hochkommissar erklärten.

Während des Ersten Weltkriegs verstärkte sich der Unmut über Großbritannien, und die Forderungen nach Unabhängigkeit wurden immer lauter. Wortführer wurde bald eine Gruppe von Nationalisten unter Führung von Saad Zaghlul, die Ende 1918 eine Delegation zum Hochkommissar entsandten und forderten, daß sie – und nicht der Sultan – als Vertreter Ägyptens die anstehenden Unabhängigkeitsverhandlungen mit Großbritannien führten. Als die Briten ablehnten, kam es zu schweren Ausschreitungen und Streiks, die gewaltsam unterbunden wurden. Der neue Hochkommissar General Allenby ließ schließlich 1919 Zaghlul nach Paris reisen, wo dieser der Friedenskonferenz seine Vorstellungen unterbreiten wollte, nach seiner Ankunft aber feststellen mußte, daß die Konferenz das britische Protektorat über Ägypten bereits anerkannt hatte. Als die folgenden Verhandlungen, in deren Verlauf die Briten auf Sonderrechte auch nach der Unabhängigkeit Ägyptens beharrten, ergebnislos blieben, erklärte Großbritannien 1922 einseitig die Unabhängigkeit Ägyptens, behielt sich aber eine Reihe von Privilegien vor, z.B. den Schutz seiner eigenen wirtschaftlichen Interessen, die Verteidigung des Landes sowie die Verwaltung des Sudan.

Mangels einer realistischen Alternative fügten sich die politischen Parteien, einschließlich Zaghlul mit seiner Wafd-Partei – so benannt nach obiger »Delegation« (arab. wafd). Eine Verfassung wurde ausgearbeitet, in der der König sich in vielen Punkten gegen die Nationalisten durchsetzte. Aus den Ende 1923/Anfang 1924 abgehaltenen Parlamentswahlen ging die Wafd-Partei als klarer Sieger hervor. Die starke Stellung des Königs, der laut Verfassung das Recht hatte, Regierungen zu entlassen und Parlamente aufzulösen, ein Recht, von dem er in den folgenden Jahrzehnten auch mehrfach Gebrauch machte, verhinderte zwar nicht die Weiterentwicklung eines recht facettenreichen Parteienspektrums, schwächte aber die Entwicklung und das Ansehen einer parlamentarischen Demokratie. Von 1922 bis 1952 gab es insgesamt 38 Regierungswechsel und zehn Parlamentsneuwahlen. Bei allen Gegensätzen zwischen konservativen, meist königstreuen Politikern einerseits und nationalistischen, liberalen Kräften (vor allem dem Wafd) andererseits waren alle Parteien in einem Ziel weitgehend einig, nämlich in der Forderung nach uneingeschränkter Unabhängigkeit von Großbritannien. Zwei Streitpunkte erwiesen sich jedoch über Jahre hinweg als unüberbrückbar: erstens die Sudanfrage und zweitens die Frage, ob und inwieweit Großbritannien im militärischen Bereich gewisse Vorrechte behalten sollte. Zu einer Einigung gelangte man erst 1936, als Großbritannien aufgrund der politischen Großwetterlage (Machtergreifung Hitlers 1933, Eroberung von Äthiopien durch Mussolini 1935/36) bestrebt war, verläßliche Bündnispartner im Nahen Osten heranzuziehen. Das ausgehandelte Abkommen bestimmte u.a.: 1. Für die Dauer von 20 Jahren durfte Großbritannien weiterhin eine begrenzte Anzahl von Truppen am Suezkanal stationieren; alle weiteren Truppen müßten abgezogen werden, sobald die ägyptischen Truppen in der Lage wären, die Verteidigung des Landes selbst zu garantieren. Ferner würde Ägypten im Falle eines Krieges Großbritannien unterstützen. 2. Der Sudan sollte entsprechend dem Kondominium-Abkommen von 1899 weiter unter gemeinsamer Verwaltung stehen. 3. Der Schutz der Ausländer und Minderheiten oblag allein den ägyptischen Behörden, und Großbritannien verpflichtete sich, auf die Abschaffung der sogenannten »Kapitulationen«, wodurch Europäer von der ägyptischen Gerichtsbarkeit ausgenommen waren, hinzuwirken.

Zum Zeichen, daß Ägypten damit seine Unabhängigkeit erlangt hatte, wurde das Land im folgenden Jahr in den Völkerbund aufgenommen, doch der Ausbruch des Zweiten Weltkriegs verhinderte die konsequente Umsetzung des Abkommens. Die Briten brauchten Ägypten als bedeutendste Militärbasis im östlichen Mittelmeerraum, bauten ihre Stützpunkte aus und vergrößerten ihre Truppenstärke, statt sie zu reduzieren, was bei vielen Politikern, aber auch in der Bevölkerung in hohem Maße Sympathien für die Achsenmächte, vor allem Nazideutschland, weckte. Je näher die deutschen Truppen Ägypten kamen, desto massiver wurden die britischen Pressionen im Land. Anfang 1942 wurde König Faruk von den Briten sogar unter Gewaltandrohung gezwungen, seine Regierung zu entlassen und unter dem Führer der Wafd-Partei, Mustafa an-Nahhas, der nicht als Sympathisant Deutschlands galt, eine neue einzusetzen. Erst nach den beiden Niederlagen der deutsch-italienischen Panzerarmee bei El-Alamein gegen die Briten (Juni bzw. Oktober 1944) lockerten diese ihre Restriktionen in Ägypten, doch nach Kriegsende forderte Ägypten eine Neuverhandlung des Abkommens von 1936. Tatsächlich beschränkten dann die Briten ab 1947 ihre militärische Präsenz auf die Kanalzone, doch auch dies wurde als unzulässige Beschneidung der Souveränität des Landes abgelehnt.

Noch während des Krieges hatte Ägypten die arabische Welt als neue politische Bühne entdeckt. Zwischen den jungen, noch um ihre volle Souveränität ringenden arabischen Staaten, in erster Linie zwischen dem Irak und Ägypten, bahnte sich ein Wettstreit um die Führung an, den zunächst Ägypten mit seiner bestimmenden Rolle bei der Gründung der → Arabischen Liga 1944/45 mit Sitz in Kairo für sich hatte entscheiden können. Ägypten trug dann auch die Hauptlast im → Arabisch-Israelischen Krieg von 1948/49 im Anschluß an die Gründung → Israels. Die britische Unterstützung der Gründung Israels – aus arabischer Sicht fortan ein Brückenkopf des westlichen Imperialismus – sowie die im ersten Arabisch-Israelischen Krieg erlittene Niederlage förderten in Ägypten die ohnehin bereits gestiegene antibritische Stimmung, und 1951 kündigte schließlich die Wafd-Regierung unter Präsident an-Nahhas einseitig das Abkommen von 1936 und auch das gemeinsame Kondominium über den Sudan auf. Als Großbritannien zögerte, brachen schwere Unruhen aus, die zum Teil in regelrechte Straßenschlachten zwischen britischen und ägyptischen Truppen ausarteten, und auch die Verhängung des Ausnahmezustands konnte die Spannungen nicht wirklich beseitigen.

In diese labile Situation griffen am 23. Juli 1952 die sogenannten Freien Offiziere mit einem unblutigen Putsch ein. Die Freien Offiziere hatten sich, desillusioniert nach der Niederlage im Krieg mit Israel, enttäuscht über die Erfolglosigkeit von Parlament und Regierung und angewidert vom ausschweifenden Lebenswandel und der Korruption in der Umgebung König Faruks, zu einer geheimen Opposition innerhalb der Armee entwickelt. Angeführt wurde der Putsch von General Muhammad Nagib und dem Oberst → Gamal Abdel Nasser, wobei letzterer offiziell zunächst hinter dem älteren und ranghöheren Nagib zurücktrat, jedoch der eigentliche Drahtzieher war. Die beiden folgenden Jahre veränderten die politische Landschaft von Grund auf. Der Revolutionsrat zwang den König zur Abdankung und schickte ihn ins Exil, die Verfassung von 1923 wurde aufgehoben und alle politischen Parteien verboten. Zahlreiche führende Politiker wurden – meist wegen Korruption – angeklagt und kamen ins Gefängnis. Einen sich anbahnenden Machtkampf zwischen Nagib, der die Kleinbourgeoisie, die früheren politischen Parteien und die – noch nicht verbotenen – → Muslimbrüder auf seiner Seite hatte, und Nasser, der einen starken Rückhalt in der Armee und in der neugeschaffenen, auf der Polizei und den Arbeitern basierenden Massenorganisation Nationale Union besaß, konnte letzterer nach monatelangem Ringen für sich entscheiden; Nagib wurde im November 1954 unter Hausarrest gestellt. Eine andere Gefahr erwuchs dem Revolutionsregime in den Muslimbrüdern, die unter den Freien Offizieren durchaus einige Sympathisanten besaßen (z.B. → Anwar as-Sadat), eine stärkere Berücksichtigung islamischer Vorstellungen forderten und eine Beteiligung an der Macht beanspruchten. Nach einem angeblichen Attentatsversuch gegen Nasser im Oktober 1954 wurde die Organisation rigoros verfolgt, und die meisten ihrer Anführer wurden hingerichtet.

Das in den ersten beiden Jahren noch nicht gefestigte Regime verhielt sich außenpolitisch in dieser Zeit sehr gemäßigt. Im Oktober 1954 wurde mit den Briten eine Vereinbarung getroffen, wonach diese innerhalb von 20 Monaten ihr Militär aus der Kanalzone abziehen mußten; allerdings durften sie ihr Zivilpersonal zur Unterhaltung der Militärstützpunkte zurücklassen für den Fall, daß ein arabisches Land angegriffen und Großbritannien diesem militärisch zu Hilfe kommen würde. Bereits ein Jahr zuvor hatte man sich in der Sudanfrage in der Weise geeinigt, daß nach einer dreijährigen Übergangsfrist dem Sudan die völlige Souveränität gewährt werden sollte (was 1956 auch geschah).

Durch die Stabilisierung seines Regimes und die abschließende Regelung mit den Briten erhielt Nasser den nötigen Spielraum, um massiv auf der internationalen Bühne in Erscheinung zu treten. Den ersten, seine weitere Politik mitentscheidenden Auftritt hatte er auf der Bandung-Konferenz 1955, wo er sich als einer der führenden politischen Vertreter der Blockfreienbewegung, später auch Bandung-Staaten genannt, etablierte. (Bereits die erste Folgeveranstaltung, die Afro-Asiatische Solidaritätskonferenz, fand in Kairo 1957/58 statt, wo auch ein ständiges Sekretariat eingerichtet wurde.) Nassers aktive Neutralitätspolitik im Verein mit den anderen Bandung-Staaten, seine ablehnende Haltung gegenüber dem von den → USA und Großbritannien 1955 initiierten prowestlichen Bagdad-Pakt, dem Großbritannien, die Türkei, der Irak, Iran und Pakistan angehörten, und vor allem seine massiven Waffenimporte aus der Tschechoslowakei (→ Rüstung) ließen im Westen das Mißtrauen wachsen. Als die USA und Großbritannien ihre materielle Unterstützung für Ägypten (vor allem zum Bau des Assuan-Staudamms) einstellten und die Weltbank bewogen, es ihnen gleichzutun, verstaatlichte Nasser kurzerhand den Suezkanal, was Briten, Franzosen und Israelis den Anlaß zum militärischen Eingreifen im Oktober 1956 bot (→ Suezkrieg). Die drei Verbündeten mußten sich jedoch bald wieder zurückziehen, nicht zuletzt, weil die USA in seltener Einmütigkeit mit der → Sowjetunion in den Vereinten Nationen (→ UN) die Militäraktion vehement verurteilten und die Sowjetunion sogar mit militärischen Gegenmaßnahmen drohte.

Obwohl dieser »Sieg« nicht auf einem militärischen Erfolg beruhte, stieg Nassers Ansehen unter den Blockfreien, vor allem aber in der arabischen Welt, und seine eigene Haltung gegenüber den Westmächten und Israel kühlte sich weiter ab. Verstärkt wurde das Mißtrauen auch gegenüber den USA durch die Eisenhower-Doktrin von 1957, derzufolge sich die USA das Recht zugestanden, jedem Staat im Nahen Osten, der darum bat, militärisch zu Hilfe zu kommen und auch ungebeten militärisch einzugreifen, wenn ein Staat im Nahen Osten von einem kommunistischen Staat angegriffen wurde.

Im Innern hatte Nasser inzwischen seine Position weiter festigen und mögliche Gegner oder Rivalen ausschalten können. Er ließ eine neue Verfassung ausarbeiten und 1956 durch einen Volksentscheid absegnen. Die Verfassung sah einen Präsidenten mit einem hohen Maß an Vollmachten vor und benannte den → Islam als Staatsreligion, ohne der Religion aber ansonsten irgendeinen Einfluß zuzubilligen; schon vor dem Volksentscheid waren die religiösen Gerichtshöfe für Personenstandsangelegenheiten bereits geschlossen worden. Auch das Wahlrecht für Frauen, das die neue Verfassung einführte, war für die ägyptische Gesellschaft revolutionär.

Die Verfassung definierte den Staat nun als »demokratisch« und »sozialistisch«.

Im Februar 1958 bildeten Ägypten und Syrien die Vereinigte Arabische Republik (VAR), was aber weniger auf Nassers Initiative zurückging als auf das Drängen syrischer Baath-Politiker (→ Baath-Partei); auch das rasche Ende der VAR im September 1961 ging erneut von Syrien aus. Dennoch konnte Nasser mit diesem Zusammenschluß, der von vielen in der arabischen Welt als erster Schritt auf dem Weg zur Vereinigung aller arabischen Staaten gesehen wurde, sein Ansehen weiter steigern. Selbst im → Libanon und in → Jordanien bildeten sich entsprechende Bewegungen, was die USA getreu der Eisenhower-Doktrin 1958 zum militärischen Eingreifen in die ersten bürgerkriegsähnlichen Auseinandersetzungen im Libanon bewog.

Das enttäuschende Experiment der VAR führte zu einer Verhärtung der Haltung Nassers, der die einseitige Aufhebung der VAR durch Syrien nicht anerkannte und den Namen VAR beibehielt. Mit einem Nationalkongreß 1962, auf dem ein neuer Nationalvertrag entworfen wurde, setzte eine weitere Welle von Verstaatlichungen ein. Der »Arabische Sozialismus« wurde zur offiziellen Staatsdoktrin proklamiert und die Staatspartei Nationale Union in Arabische Sozialistische Union (ASU) umbenannt. Nassers Verhältnis zu den anderen arabischen Staaten, vor allem den konservativen, nahm immer stärker interventionistische Züge an. Die Entsendung von Truppen in den Jemen im Herbst 1962 zur Unterstützung der dortigen Putschisten gegen den Imam zog Ägypten bis 1967 in den jemenitischen Bürgerkrieg hinein, band zeitweilig bis zu 70000 Mann (1965) und belastete den ägyptischen Haushalt erheblich. Es war jedoch auch eine deutliche Drohgebärde gegenüber Saudi-Arabien, wo der Imam Zuflucht gefunden hatte, und gegenüber den Briten im Südjemen. Als sich 1963 zunächst im Irak und dann auch in Syrien Vertreter der jeweiligen Baath-Parteien an die Macht geputscht hatten, verhandelte Ägypten erneut mit diesen beiden Staaten über einen Zusammenschluß. Bereits im Mai wurde ein entsprechendes Abkommen über einen gemeinsamen Bundesstaat geschlossen, doch wurde es nie realisiert. Schon ein Jahr später schlug ein neuerlicher Versuch fehl, mit dem Irak unter Abdarrahman Aref eine Föderation zu bilden.

Mitte der sechziger Jahre rückte vor allem auf Betreiben Ägyptens und Syriens die Palästinafrage immer stärker ins Zentrum des politischen Diskurses. Ägypten förderte die Gründung der → PLO, die im Mai 1964 offiziell stattfand. Zunehmende Aktivitäten palästinensischer Freischärler, vornehmlich von Syrien aus, und die daraus erwachsenden Spannungen mit Israel bewogen Ägypten und Syrien, 1966 ein gemeinsames militärisches Kommando zu bilden, dem sich im Frühjahr des folgenden Jahres auch Jordanien und der Irak anschlossen. Angeblich durch Meldungen über israelische Truppenkonzentrationen (die Israel bestritt) an der syrischen Grenze beunruhigt, massierte Nasser Truppen im Sinai, ließ die → UN-Truppen (UNEF) ihre Beobachtungsposten im → Gazastreifen und an der israelischen Grenze räumen und blockierte die Meerenge von Tiran. Der darauf folgende → Junikrieg 1967 endete mit einer katastrophalen Niederlage der verbündeten arabischen Streitkräfte und mit umfangreichen Gebietsgewinnen Israels (→ Westjordanland, Gazastreifen, Ostjerusalem, Halbinsel Sinai und → Golanhöhen).

Die Niederlage bewog Nasser zu einer Rücktrittserklärung, die er jedoch sogleich wieder zurücknahm, nachdem die Bevölkerung ihn mit Massendemonstrationen zum Bleiben aufgefordert hatte. Seine einst so starke Stellung in der arabischen Welt war jedoch erheblich geschwächt. Im Innern versuchte er zwar, durch eine umfangreiche Säuberungswelle, vor allem in der Armeespitze, Stärke zu demonstrieren – Marschall Abdalhakim Amer, Vizepräsident und

Oberkommandierender der Streitkräfte, beging im Gefängnis Selbstmord –, doch mußte er sich in den außenpolitischen Beziehungen wesentlich gemäßigter geben, und dies schon allein aufgrund der Tatsache, daß sich der Staat nach dem Krieg durch den Wegfall wichtiger Einnahmequellen (Erdölförderung auf dem Sinai, Deviseneinnahmen aus den Gebühren für die Nutzung des Suezkanals usw.) in einer akuten finanziellen Notlage befand. Dringend auf die materielle Hilfe der konservativen Ölstaaten angewiesen, schwor er – zumindest offiziell – seiner Interventionspolitik ab und räumte bedingungslos den Jemen. Auch die Beziehungen zu Jordanien verbesserten sich auf Kosten derer zu Syrien und der PLO, während sein Verhältnis zu Israel unvermindert hart blieb und sich ein kostspieliger Abnutzungskrieg entlang des Suezkanals entwickelte. Gleichzeitig wurden jedoch die Beziehungen zur Sowjetunion weiter intensiviert, da Nasser bei der Wiederaufrüstung seiner Armee und vor allem der im Junikrieg 1967 fast völlig vernichteten Luftwaffe auf deren massive Unterstützung angewiesen war. Als Nasser am 28. September 1970 unerwartet starb, befanden sich rund 20 000 sowjetische Berater im Land.

Erst im Dezember 1969 hatte Nasser wieder einen Vizepräsidenten ernannt, nämlich den als gemäßigt liberal geltenden Anwar as-Sadat, nachdem er seit der Niederlage von 1967 keinen Vizepräsidenten mehr gehabt hatte. Nach Nassers Tod 1970 einigten sich die Vertreter eines radikal linken Kurses, angeführt von Ali Sabri, der bis 1967 einer der drei Vizepräsidenten gewesen war, und die Vertreter einer gemäßigten Linie, angeführt von Zakariya Muhyiddin, auf Sadat als neuen Präsidenten und auch als Führer der Arabischen Sozialistischen Union (ASU), dem jedoch kaum ein Beobachter eine lange Amtszeit vorauszusagen wagte. Offiziell gewählt wurde Sadat bereits im Oktober 1969, doch schon zu Beginn des folgenden Jahres kam es zu einem offenen Machtkampf, an dessen Ende im Mai 1970 alle führenden Vertreter des linken Flügels aus der Regierung und der ASU entfernt und verhaftet wurden, womit die sogenannte Korrektur-Revolution begann. Eine neue Verfassung wurde entworfen, die sich zwar in vielem an die bestehende provisorische von 1964 anlehnte und auch am Einparteiensystem festhielt, aber eine stärkere islamische Komponente enthielt: Erstmals sollte das islamische religiöse Recht, die Scharia, ausdrücklich zu einer Hauptquelle der Gesetzgebung werden. Aus der VAR, einer Bezeichnung, an der Nasser unbeirrt festgehalten hatte, wurde offiziell die Arabische Republik Ägypten. Während Sadat im Innern eine zunächst noch vorsichtige Liberalisierung (auch im wirtschaftlichen Bereich) anschob, lag sein Hauptaugenmerk jedoch von Anfang an auf der Rückgewinnung des Sinai, wobei er zunächst alle vorhandenen diplomatischen Wege ging, um einen neuerlichen Krieg zu vermeiden. Aus der Erkenntnis heraus, daß ohne eine aktive Vermittlerrolle der USA dieses Ziel nicht zu realisieren war, verwies er im Juli 1972 innerhalb weniger Tage fast alle sowjetischen Militärberater außer Landes. Erst als offenkundig wurde, daß die USA nicht in der Lage oder nicht willens waren, Golda Meirs Regierung zu einem vollständigen Rückzug aus dem Sinai zu bewegen, und auch entsprechende Vermittlerdienste der UN keine Fortschritte brachten, entschloß er sich zum militärischen Handeln. In enger Koordination mit dem syrischen Präsidenten → Hafez al-Assad wurden entsprechende Vorbereitungen getroffen, und Sadat selbst bildete im April 1973 ein Kriegskabinett. Das Ergebnis war ein koordinierter Angriffskrieg gegen einen überraschten Staat Israel. Dieser → Oktoberkrieg brachte zwar erhebliche arabische Anfangserfolge, endete aber erneut mit einer schweren Niederlage Ägyptens und Syriens. Dennoch hatte der Krieg gezeigt, daß Israel nicht unverwundbar war, aber er hatte auch deutlich gemacht, daß an einen militärischen Sieg über Israel auf Jahrzehnte hinaus nicht zu denken war. Sadat, zu dessen obersten Prioritäten weiterhin die Rückgewinnung des Sinai gehörte, zog daraus als einziger führender Staatsmann in den arabischen Anrainerstaaten Israels sogleich weitreichende Konsequenzen. Bereits Ende 1973 wurden die diplomatischen Beziehungen mit den USA wieder voll hergestellt, womit nicht nur der erste Schritt getan war, um von den USA in den folgenden Jahren umfangreiche Wirtschaftshilfen zu erhalten, sondern auch um auf diplomatischen Wegen die Möglichkeiten für eine friedliche Rückgewinnung des Sinai auszuloten. Dank zweier Truppenentflechtungsabkommen (1974 und 1975), die wesentlich von Henry Kissinger vermittelt wurden, konnte der Suezkanal wieder geöffnet werden; Ägypten erhielt zudem die Ölfelder von Abu Rudeis auf dem Sinai zurück. Als in den folgenden zwei Jahren die weiteren Verhandlungen nicht zu einer endgültigen Regelung und zu einem Friedensvertrag mit Israel führten und zuweilen völlig zu scheitern schienen, unternahm Sadat im November 1977 seine berühmte Reise nach → Jerusalem. In seiner historischen Rede vor der Knesset bot er Israel einen Frieden an unter der Voraussetzung, daß es sich auf die Grenzen vor dem Junikrieg von 1967 zurückziehe. Damit hatte er zwar im Grunde nichts Neues gesagt, doch hatte er durch seinen Schritt eine völlig neue psychologische Atmosphäre geschaffen, die überhaupt erst die Grundvoraussetzung dafür schuf, daß ein Jahr später das → Camp-David-Abkommen zwischen Begin und Sadat zustande kam (unterzeichnet am 17. September 1978). Israels anschließender Rückzug aus dem Sinai verlief planmäßig und war im April 1982 abgeschlossen. In der arabischen Welt jedoch wurde Ägypten fortan weitgehend isoliert; im März 1979 wurde es aus der Arabischen Liga ausgeschlossen und der Sitz der Liga nach Tunis verlegt.

Im Innern forcierte Sadat seit dem Ende des Oktoberkriegs 1973 die Liberalisierung im wirtschaftlichen wie im politischen Bereich (arab. Infitah, Öffnung). Dies führte zwar zu einem gewissen wirtschaftlichen Wachstum und zu einer neuen wohlhabenden Unternehmerschicht, förderte aber auch entsprechende Nebeneffekte wie Korruption und weitere Verarmung der unteren Schichten. Versuche, die Subventionen für Grundnahrungsmittel aufzuheben, führten mehrmals zu Unruhen. Politisch erfolgte eine strikte Abkehr vom Nasserismus, begleitet von einer weiteren Abkühlung der Beziehungen zur Sowjetunion; der unter Nasser mit der Sowjetunion geschlossene Freundschaftsvertrag wurde 1976 gekündigt. Um ein Gegengewicht gegen Nasseristen, Kommunisten und andere linke Gruppen zu bilden, die ohnehin immer mehr an den Rand der Legalität gedrängt wurden, räumte Sadat den Islamisten (→ Islamismus), darunter vor allem den Muslimbrüdern, einen erheblichen Freiraum ein. Die Muslimbrüder konnten sich zwar nicht als offizielle politische Partei etablieren, verstanden es aber geschickt, die staatlichen Institutionen – vor allem die Justiz – sowie die Gewerkschaften und ab 1978 einige der neugegründeten Parteien zu unterwandern. Etwa seit 1975 kam der Prozeß einer schrittweisen Parteienbildung in Gang und wurde 1977 durch ein Parteiengesetz offiziell abgestützt. Sadat selbst gründete die Nationaldemokratische Partei (NDP), in der der Großteil der ASU aufging und die in den folgenden Parlamentswahlen – auch später unter → Mubarak – jeweils haushohe Mehrheiten erzielte.

Sadat wurde am 6. Oktober 1981 von Mitgliedern der islamistischen Untergrundorganisation Al-Jihad ermordet, nachdem er kurz zuvor umfangreiche politische Säuberungsaktionen gerade gegen die Islamisten eingeleitet hatte. Der Machtwechsel zu Hosni Mubarak, Sadats Vizepräsidenten, verlief unspektakulär. Dessen Aufmerksamkeit galt fortan in erster Linie der Bekämpfung des zunehmenden islamistischen Terrors sowie der Sanierung der Wirtschaft. Doch über viele Jahre hinweg wurden vor allem von Angehörigen der Gruppierung Al-Gamaa al-Islamiya weiter Hunderte von

Anschlägen und Morden, hauptsächlich in Oberägypten und in Kairo, verübt, wobei meist Kopten, aber auch Politiker und Literaten sowie ausländische Touristen die Angriffsziele waren. Erst nach dem Massaker bei Luxor im November 1997, bei dem 58 Touristen und 4 Einheimische getötet wurden, und nach einer weitgehenden Neuorganisation der Terrorismusbekämpfung unter dem neuen Innenminister Habib al-Adili verminderte sich ab 1998 die Zahl der Anschläge erheblich. Mehrfach boten seither inhaftierte Mitglieder der Al-Gamaa al-Islamiya eine Beendigung der Gewalt an und erklärten sich zu Gesprächen mit der Regierung bereit, was diese jedoch kategorisch ablehnte. Auch die Muslimbrüder, die der Anwendung von Gewalt offiziell abgeschworen haben, dennoch aber im Verdacht stehen, Beziehungen zu den radikalen Islamisten zu unterhalten, sind seither verstärkt unter Druck geraten. Mehrmalige Versuche, eine eigene Partei unter dem Namen Ägyptische Zentrumspartei zugelassen zu bekommen, wurden vereitelt.

Wirtschaftlich konnte nach der zu Beginn der achtziger Jahre entstandenen bedrohlichen Rezession durch die Umsetzung der seit 1982 aufgestellten Fünfjahrespläne und eines Wirtschaftsreformprogramms, das die Privatisierung und Liberalisierung weiter vorantrieb und auch ausländische Investitionen förderte, seit 1996 ein gewisser Aufschwung erzielt werden. Letzterer ging einher mit einer Reduzierung der Inflationsquote (1996: 7,6 Prozent, 1997: 6 Prozent, 1998: 4,8 Prozent), einer leichten Senkung der Arbeitslosenzahlen (1997: 8,2 Prozent, 1998: 7,9 Prozent) und einer Stabilisierung des Bruttoinlandsprodukts bei etwa 5 Prozent. Das Hauptproblem des Landes, das zu hohe Bevölkerungswachstum (1997: 2,1 Prozent), bedroht jedoch weiterhin die inzwischen erzielten Erfolge.

Außenpolitisch setzte Mubarak Sadats Kurs unbeirrt fort. Er hielt auch – trotz erheblichen arabischen Drucks – am

Friedensabkommen mit Israel fest. Die Isolierung, in die Ägypten innerhalb der arabischen Welt nach dem Camp-David-Abkommen offiziell geraten war, führte eher zu einer Schwächung der gesamten arabischen Welt in der internationalen Politik, während Ägyptens Ansehen vor allem im Westen weiter wuchs und mit umfangreicher Wirtschaftshilfe honoriert wurde. Die ohnehin nie vollkommene Isolierung wurde schließlich auf der arabischen Gipfelkonferenz in Casablanca 1989 aufgehoben und der Sitz der Arabischen Liga nach Kairo zurückverlegt. In der Kuwaitkrise bzw. im → Golfkrieg (1990/91) hatte Ägypten wesentlichen Anteil daran, daß sich die meisten arabischen Staaten gemeinsam mit den USA auf die Seite Kuwaits (und Saudi-Arabiens) und gegen den Irak stellten.

Die mit dem Camp-David-Abkommen eingeleitete Aussöhnung mit Israel wurde nie wirklich mit Leben erfüllt, da Mubarak nicht nur auf massive Opposition sowohl im religiösen als auch im linken Lager Rücksicht nehmen mußte, sondern sich auch demonstrativ hinter die Forderungen der PLO sowie Syriens und des Libanon im Friedensprozeß mit Israel stellte. Schwer belastet wurde Mubaraks Haltung gegenüber Israel mit der Wahl → Netanyahus zum israelischen Ministerpräsidenten 1996 und dessen Verweigerungsstrategie im Friedensprozeß. Die Wahl → Baraks 1999 wurde deshalb von der ägyptischen Regierung einhellig begrüßt, doch schon wenige Monate später kam es zu einer erneuten Abkühlung, als offensichtlich wurde, daß sich Baraks Politik in diesem Bereich nur graduell von der Netanyahus unterschied. Das harte Vorgehen Israels gegen die → Al-Aqsa-Intifada und die Wahl → Sharons zum israelischen Ministerpräsidenten bedingten eine weitere Verschlechterung der israelisch-ägyptischen Beziehungen.

Al-Aqsa-Intifada

Die Al-Aqsa-Intifada (auch Intifada 2000 oder Intifada II genannt) begann Ende September 2000 nach monatelangem vergeblichen Ringen um eine Fortführung des Friedensprozesses und nachdem das Nahost-Gipfeltreffen von → Camp David II im Juli in erster Linie an der Frage der Souveränität über den Tempelberg (Haram esh-Sharif) in → Jerusalem gescheitert war.

Unmittelbarer Auslöser für den Beginn des Aufstands war der unter massivem Polizeischutz erfolgte demonstrative Besuch des rechtsgerichteten Oppositionsführers → Ariel Sharon am 28. September auf dem Tempelberg in Jerusalem. Sharon wollte mit dieser Aktion den israelischen Anspruch auf die heiligen Stätten unterstreichen, gleichzeitig jedoch auch seine eigene Position gegenüber dem gerade rehabilitierten → Likud-Populisten → Benyamin Netanyahu festigen. Einen Tag nach Sharons Besuch auf dem Tempelberg kam es nach dem traditionellen Freitagsgebet zu schweren blutigen Zusammenstößen und zu den schlimmsten Ausschreitungen in der Altstadt Jerusalems seit den Tunnel-Unruhen im September 1996, als zur Amtszeit Netanyahus eine Gewaltwelle ausbrach, nachdem ein Tunnel geöffnet wurde, der unterhalb des arabischen Teils der Altstadt am Tempelberg entlang führt.

Die gegenwärtig (Juni 2001) andauernde Al-Aqsa-Intifada war die direkte Folge des Osloer Friedensprozesses (→ Osloer Prinzipienerklärung), der nach siebenjähriger unvollständiger Implementierung keinen umfassenden Frieden unter gleichberechtigten Partnern etabliert hat, sondern im Gegenteil eine neue, subtilere und verfeinerte Art der Besatzung und Unterdrückung einleitete. Die realen Lebensbedingungen der Palästinenser in den besetzten bzw. selbstverwalteten Gebieten hatten sich seit dem → Olso-I-Abkommen stetig verschlechtert, und die daraus resultierende Hoffnungslosigkeit, die Enttäuschungen und Demütigungen entluden sich nun in der Al-Aqsa-Intifada. Die blutigen Ausschreitungen, die bis Ende Mai 2001 über 500 Tote – die überwiegende Mehrheit Palästinenser mit einem hohen Anteil an Kindern und Jugendlichen – und Tausende von teilweise schwer Verletzten forderten, eskalierten rapide, wobei die israelische Seite den Vorwurf äußerte, die Zusammenstöße würden zentral von → Arafat oder seinen Gefolgsleuten gesteuert. Tatsache ist, daß Marwan Barghuti, der Al-Fatah-Chef im → Westjordanland und Anführer der palästinensischen Kampftruppen Tanzim, bei der Koordination der Al-Aqsa-Intifada eine entscheidende Rolle spielte. Bei Demonstrationen tauchten erstmals neben Al-Fatah-, Volksfront- und → Hamas-Fahnen auch gelbe Flaggen der → Hizbollah auf, welche aus palästinensischer Sicht die israelische Armee erfolgreich aus dem besetzten → Südlibanon vertrieben hatte und somit eine Art Heldenstatus erlangte. Was zu Beginn des Aufstands vielleicht als Autoritätsverlust Arafats erschien, entwickelte sich in den darauffolgenden Wochen jedoch zu einer breiten Unterstützung für die → PLO, wie sie seit Beginn des Friedensprozesses 1993 nicht mehr gegeben war.

Die israelische Armee wandte gegenüber den palästinensischen Demonstranten übermäßige Gewalt an, was die Eskalation noch beschleunigte. Schon am dritten Tag der Unruhen wurden Gebäude der palästinensischen Geheimdienste und der paramilitärischen Einheiten in Gaza mit Raketen angegriffen. Das Bild des zwölfjährigen Muhammad ad-Durra, der von israelischen Soldaten angeschossen an der Netzarim-Kreuzung im → Gazastreifen hinter dem Rükken seines Vaters starb, ging durch die internationalen → Medien und wurde zum Symbol des Wiederaufflammens von Gewalt und Haß. Der Lynchmord an zwei israelischen Soldaten am 12. Oktober 2000 durch einen Mob in Ramallah hatte eine weitere Eskalation zur Folge. Die israelische Armee bombardierte daraufhin Ramallah und Gaza, worauf die Palästinenser einen »Tag des Zorns« ausriefen, dem weitere folgten.

Eine neue Dimension im Vergleich zur ersten → Intifada erfuhr der Konflikt nicht nur dadurch, daß sich häufig auch israelische Soldaten und palästinensische Polizisten gegenüberstanden, sondern auch durch die palästinensische Minderheit Israels, auf die sich die Unruhen ausweiteten. In Umm el-Fahm und Nazareth, zwei israelischen Städten mit einem hohen arabischen Bevölkerungsanteil, kam es zu bürgerkriegsähnlichen Ausschreitungen, bei denen zwölf palästinensische Israelis getötet wurden.

Der Konflikt drohte sich auch regional auszuweiten, nachdem sich → Israel und die Hizbollah wiederholt Gefechte an der Grenze geliefert hatten, drei israelische Soldaten entführt worden waren und → Barak als Drohgebärde Kampfgeschwader über Beirut hatte fliegen lassen. Ein Ultimatum an Arafat, die Gewalt einseitig zu beenden, trug zu einer Art Vorkriegsstimmung in Israel bei. Mit Hilfe internationaler Vermittlung wurde die Frist des Ultimatums verlängert, und am 16. Oktober trafen sich Barak und Arafat in Sharm el-Sheich zu einem neuen Krisengipfel, an dem auch Bill Clinton, Madeleine Albright, → Hosni Mubarak, → König Abdallah II., Kofi Annan und Javier Solana teilnahmen. Nach langen und zähen Verhandlungen einigten sich die Kontrahenten, konkrete Maßnahmen zur Beendigung der Gewalt zu akzeptieren, u.a. die israelischen Truppen aus der Zone A zu entfernen (also zu dem Status vor dem 28. September zurückzukehren), die Abriegelungen der Palästinensischen Gebiete zu beenden und eine internationale Untersuchungskommission zur Klärung der Ursachen der jüngsten Auseinandersetzungen einzusetzen. Darüber hinaus sollte über die Möglichkeit beraten werden, die → Friedensverhandlungen nach Durchführung dieser vertrauensbildenden Maßnahmen wiederaufzunehmen. Doch noch während des Gipfeltreffens kam es zu erneuten Unruhen, wodurch sich die Gewaltspirale weiter drehte.

Auf einem arabischen Sondergipfel in Kairo am 22. Oktober 2000 stimmte die Mehrheit der arabischen Staaten zwar für eine Fortführung des Friedensprozesses, Israel wurde jedoch eindeutig die Schuld für die Ausschreitungen zugewiesen. Als Reaktion verkündete Barak eine unbefristete Pause im Friedensprozeß, und die israelische Politik zielte fortan auf eine stärkere Abgrenzung von den Palästinensern. Aufgrund des zunehmenden Vertrauensverlusts in den eigenen Reihen nahm Barak Verhandlungen zur Bildung einer Notstandsregierung mit dem Likud auf; diese verliefen jedoch ergebnislos.

Im Rahmen der Ausweitung der Al-Aqsa-Intifada nahm der Konflikt neue Züge an. Es handelte sich nicht mehr nur um einen vorübergehenden Ausbruch der politischen Frustrationen, sondern es zeichnete sich eine grundlegende gegenseitige Haltungsänderung gegenüber dem Friedensprozeß ab. Zum einen entwickelte sich ein regelrechter Kleinkrieg zwischen der palästinensischen Stadt Beit Jala und der jüdischen Siedlung Gilo, wo wochenlange Feuergefechte an Szenen aus dem → Libanesischen Bürgerkrieg erinnerten, nur daß in diesem Fall die Gegner ungleich ausgerüstet waren: die Palästinenser machten von Schußwaffen und Molotow-Cocktails Gebrauch, während Israels Armee mit Panzern, Kampfhubschraubern und Raketen vorging. Zum anderen entwickelten sich die spontanen Aktionen auf palästinensischer Seite immer mehr zu gezielten Kampfhandlungen, vermehrt auch unter Einsatz von Sprengsätzen und durch Bombenanschläge von Selbstmordattentätern. Auch gezielte Attentate – wie das auf Benyamin Kahane und seine Frau (→ Kach), das als Vergeltung die Ermordung des hochrangigen Al-Fatah-Aktivisten Thabet Thabet nach sich zog – nahmen zu. Die israelische Regierung warf Arafat vor, islamistische Aktivisten aus palästinensischen Gefängnissen befreit zu haben, um den Konflikt in genau diese Bahnen zu lenken. Tatsächlich trat jedoch der religiöse Faktor auf breiter Basis in der Al-Aqsa-Intifada, wie der Name schon besagt, stärker in den Vordergrund als bei den bisherigen Konfrontationen. Dies zeigte sich zum einen in der größeren Präsenz von Hizbollah-Sympathisanten auf Demonstrationen, zum anderen bei den Zusammenstößen im Kerngebiet Israels sowie bei der Zerstörung des Joseph-Grabs in Nablus.

Arafats Forderung, eine internationale Friedensstreitmacht in den besetzten Gebieten zum Schutz der palästinensischen Bevölkerung aufzustellen, wurde von Barak und den → USA abgelehnt. Am 15. November 2000 verschob Arafat auf Druck westlicher Regierungen seine angekündigte einseitige Staatsproklamation, statt dessen kam es zu weiteren massiven Gewaltausbrüchen. Am 20. November nahm die israelische Luftwaffe als Vergeltung für einen Bombenanschlag auf einen israelischen Schulbus, bei dem zwei Siedler starben und mehrere Kinder verletzt wurden, den Gazastreifen unter Beschuß, wobei unter anderem das Hauptquartier der Al-Fatah getroffen wurde. Daraufhin rief → Ägypten seinen Botschafter aus Tel Aviv zurück, bemühte sich aber weiterhin um eine diplomatische Lösung zur Beendigung der Gewalt. Die Konfliktparteien stimmten der Notwendigkeit zu, vor der Fortsetzung eventueller Verhandlungen zuerst die Gewalt zu beenden und die Sicherheit aller Seiten zu gewährleisten.

In einer parallelen Entwicklung beschloß das israelische Parlament am 28. November 2000 mit überwältigender Mehrheit, sich aufzulösen und Neuwahlen abzuhalten. Statt dessen trat Barak jedoch am 10. Dezember überraschend zurück, stellte sich aber gleichzeitig erneut für die Wahlen im Februar 2001 zur Verfügung. Dieser Entschluß erfolgte im Zusammenhang mit der angekündigten Rückkehr Netanyahus auf die politische Bühne Israels. Nach israelischem Gesetz müssen Neuwahlen für das Amt des Ministerpräsidenten innerhalb von 60 Tagen stattfinden, und nur Knessetabgeordnete dürfen sich zur Wahl stellen. Netanyahu hatte jedoch sein Mandat nach seiner Wahlniederlage 1999 niedergelegt und durfte somit nicht zur Wahl antreten. Er erwirkte daraufhin eine Gesetzesänderung, beschloß aber letztendlich, Sharon das Feld zu überlassen. → Shimon Peres kündigte ebenfalls seine Kandidatur an, erhielt jedoch nicht die notwendige Unterstützung der zehn Meretz-Abgeordneten.

Am 11. Dezember 2000 nahm eine internationale Untersuchungskommission gegen den anfänglichen Protest der israelischen Regierung ihre Arbeit auf. Die israelische Menschenrechtsorganisation B'Tselem (→ Israelische Friedensbewegung) belegte eine übermäßige Gewalt Israels im Vorgehen gegen palästinensische Demonstranten. Neben der hohen Anzahl an Opfern auf palästinensischer Seite hatte die Abriegelung der Palästinensischen Gebiete verheerende Auswirkungen auf deren Wirtschaftslage. Die Versorgungssituation in den abgeriegelten Gebieten, in denen teilweise auch Ausgangssperren durch die israelische Armee verhängt wurden, war und ist weiterhin katastrophal (2001).

Nachdem wiederholte Krisengipfel und getrennte Gespräche in Washington ergebnislos verliefen, unternahm US-Präsident Clinton einen letzten Versuch, die Friedensgespräche vor seiner Amtsübergabe am 20. Januar 2001 zu einem Abschluß zu bringen. Die amerikanischen Vermittlungsvorschläge sahen eine politische Aufteilung Jerusalems vor, nach welcher das jüdische Viertel in der Altstadt mit der Klagemauer an Westjerusalem als Hauptstadt Israels angeschlossen werden sollte (mit dem expliziten Versprechen der US-Administration, die US-Botschaft nach Jerusalem zu verlagern) und das muslimische, armenische und christliche Viertel der Altstadt, einschließlich der Al-Aqsa-Moschee und des Felsendoms, der palästinensischen Seite zugesprochen werden sollten. Arafat sollte im Gegenzug auf das Rückkehrrecht der palästinensischen → Flüchtlinge verzichten; die ungelöste Flüchtlingsfrage war und ist jedoch einer der wichtigsten Faktoren im israelisch-palästinensischen Konflikt und eine der Antriebskräfte der palästinensischen Nationalbewegung. Nach langem Zögern und Taktieren und nachdem Israel die Vorstellungen des amerikanischen Präsidenten als Verhandlungsbasis akzeptiert hatte, lehnte Arafat in Übereinstimmung mit der → Arabischen Liga, die an dem Rückkehrrecht der palästinensischen Flüchtlinge festhält, den Clinton-Plan ab. Zeitgleich demonstrierten über 100 000 Israelis in Jerusalem gegen die Absicht, Teile der Stadt an die Palästinenser abzutreten. Die Clinton-Vorschläge wurden jedoch auch von gemäßigten Stimmen auf beiden Seiten als problematisch beurteilt, da sie de facto die Unantastbarkeit der Grünen Linie aufheben, indem sie die Altstadt Jerusalems aufteilen und vorsehen, jüdische Siedlungsblöcke im Westjordanland von Israel annektieren zu lassen. Dies sollte dem Clinton-Plan gemäß im territorialen Austausch geschehen, doch würde allein der Fortbestand der drei großen Siedlungsblöcke Maale Adumim, Ariel sowie Gush Etzion und ihrer Verbindungsstraßen das Westjordanland in zwei Teile trennen und somit seinen geographischen und politischen Zusammenhalt verhindern. Dieser Vorschlag ignorierte, daß die Al-Aqsa-Intifada in erster Linie auch ein Aufstand gegen die Präsenz der jüdischen → Siedlungen auf palästinensischem Gebiet war und ist. So forderten denn auch der ägyptisch-jordanische Vermittlungsvorschlag (April 2001) und der Bericht der Mitchell-Kommission (Mai 2001) zur Ursachenermittlung der Al-Aqsa-Intifada neben einer sofortigen Waffenruhe einen israelischen Siedlungsstopp als Grundlage für die Wiederaufnahme von Verhandlungen.

Es ist schwierig, über eine Situation, die so veränderlich ist wie die gegenwärtige, Prognosen für die weitere Entwicklung aufzustellen. Aufgrund der verhärteten Positionen müssen jedoch die Vorgehensweise und die Instrumentarien, wie sie bisher genutzt wurden, hinterfragt und neue Rahmenbedingungen geschaffen werden.

Alawiten → Islam

Al-Azhar-Universität

Die Al-Azhar-Universität in Kairo ist die älteste und angesehenste der sunnitisch-islamischen theologischen Hochschulen. Durch ihre zahlreichen Studenten und Professoren, die auch aus anderen muslimischen Ländern kommen, übt sie einen beachtlichen Einfluß auf die geistig-religiöse Entwicklung im gesamten muslimischen Raum aus. Die Hochschule ist aus der gleichnamigen, unter dem fatimidischen Kalifen al-Muizz im Jahre 970 n. Chr. begründeten Moschee hervorgegangen, in der von Anbeginn Unterricht im islamischen, unter den Fatimiden ismailitisch-fatimidischen Recht (→ Religionsgemeinschaften) erteilt wurde. Nach dem Sturz der Fatimiden durch die Ayyubiden (1169) gelangte die Al-Azhar-Universität unter den Mamelucken als angesehene Lehrinstanz zu neuer Blüte, allerdings nun in sunnitischem Gewand, und zwar nicht allein, sondern neben anderen. Während des akademischen Niedergangs in → Ägypten in osmanischer Zeit wurde die Al-Azhar-Universität faktisch die einzige bedeutende Lehranstalt Kairos, wenn auch auf intellektuell recht niedrigem Niveau und ohne Einbeziehung »moderner« natur- und geisteswissenschaftlicher Fächer wie etwa Mathematik oder Geschichte. Erst in der Reformphase Ende des 19./Anfang des 20. Jahrhunderts, die untrennbar mit dem Namen des Reformers Muhammad Abduh verbunden ist, begann die Al-Azhar-Universität zaghaft, sich auch neuen Fächern zu öffnen. Der größte Auslöser für Reformen war jedoch die Gründung neuer staatlicher Bildungseinrichtungen, so vor allem der Ägyptischen Universität (Kairo-Universität), die sich an den europäischen Studiengängen orientierten und den Studenten wesentlich bessere Berufsaussichten boten. Der Gegensatz zwischen konservativen und reformistischen Professoren setzte sich jedoch bis in die Gegenwart fort.

Entscheidendere Reformen erfolgten unter → Nasser, und zwar vor allem seit der Ernennung von Mahmud Shaltut zum Scheich al-Azhar (Rektor) 1958. 1961 wurden verschiedene neue Fachrichtungen eingeführt, unter anderem Medizin, Erziehungswissenschaften, Naturwissenschaften, Landwirtschaft und Ingenieurwesen. Selbst Studenten der Theologischen Fakultät mußten fortan auch eine Fremdsprache erlernen. Auch weibliche Studenten wurden nun zugelassen und in eigenen getrennten Fakultäten unterwiesen, allerdings nicht in Theologie und Scharia, dafür aber in Islamischen und Arabischen Studien sowie unter anderem in Medizin und Naturwissenschaften.

Trotz alledem geht der weltweite Ruf der Al-Azhar-Universität weiterhin von ihren drei traditionellen Fakultäten aus: der Theologie, der islamischen Rechtswissenschaft (Scharia) und den Islamischen und Arabischen Studien. Außerdem kommt der Fakultät für Islamische Mission (dawa) eine hohe Bedeutung zu, da ihre Absolventen und Publikationen wesentlich zur Verbreitung des sunnitischen → Islam, nicht zuletzt in Schwarzafrika, beitragen. In Ägypten selbst werden die theologischen Gelehrten (ulama) der Al-Azhar-Universität teils sehr zwiespältig betrachtet. Islamistische Kreise, in denen man in der Tat nur wenige Azhar-Absolventen findet, sehen in den Gelehrten nur vom Staat alimentierte »Gelehrte der Macht«, während Liberale und Säkularisten sie als retardierendes Element bei der Modernisierung der ägyptischen Gesellschaft betrachten. Immer wieder kam es unter → Sadat und → Mubarak zu heftigen Auseinandersetzungen zwischen der Regierung und der Al-Azhar-Universität. Gestritten wurde über die Indizierung von Literatur durch die Hochschule und nicht zuletzt über die im gesamten Niltal weitverbreitete Beschneidung der Mädchen, die der Scheich al-Azhar Gad al-Haqq vehement als konform mit dem Islam verteidigte, während die Regierung sie offiziell unter Strafe stellte und auch Muhammad Sayyid Tantawi, der damalige Mufti und seit 1996 Nachfolger al-Haqqs als Scheich al-Azhar, sich klar dagegen aussprach.

Al-Fatah → Yassir Arafat, → PLO

Aliya

(Hebr. »Aufstieg«, Pl. Aliyot). Jüdische Immigrationswellen nach → Palästina. Nach der Zerstörung des Zweiten Tempels durch die Römer und der Zerschlagung des Bar-Kochba-Aufstands im Jahre 135 wurde die jüdische Bevölkerung in die Diaspora zerstreut. Seitdem war die jüdische Präsenz in Palästina minimal, 1835 lebten dort insgesamt 10 000 Juden. Die Entstehung des → Zionismus in der zweiten Hälfte des 19. Jahrhunderts bewirkte eine Rekolonialisierung der historischen Gebiete → Israels; mehrere Aliyot sollten dieses Ziel umsetzen.

Die erste Aliya begann im Jahre 1882 aufgrund von Pogromen und brachte zwischen 20 000 und 30 000 hauptsächlich russische und polnische Immigranten ins Land. Von 1904 bis 1914 und 1919 bis 1923 kamen noch einmal etwa 75 000 Neueinwanderer im Zuge der zweiten und dritten Aliya nach Palästina. Die meisten stammten weiterhin aus Rußland (→ Sowjetunion), Polen und den baltischen Staaten. Um diese Zahlen zu relativieren, darf man allerdings nicht vergessen, daß bis zum Ersten Weltkrieg zwei bis drei Millionen osteuropäische Juden nach Westeuropa und in die → USA eingewandert sind.

Die Neueinwanderer nach Palästina waren größtenteils Sozialisten, die die ersten landwirtschaftlichen Siedlungen (Kibbuzim) gründeten, während die jüdische Bourgeoisie anfing, in Palästina zu investieren. In diese Zeit fällt die Gründung Tel Avivs (1909) sowie die Umformung des Hebräischen von einer Sprache, die dem Studium der Bibel vorbehalten war, in die Umgangssprache des Yishuvs (die jüdische Gemeinschaft zur britischen → Mandatszeit) und später Israels.

Abgesehen von kurzen Phasen (z.B. 1926-1928, als die Auswanderung die Einwanderung übertraf), schwoll der Yishuv stetig an, vermehrt natürlich durch die Machtergreifung der Nationalsozialisten in Deutschland. Zwischen 1929 und 1939 kamen 250 000 deutsche und osteuropäische Juden ins Land, mehrheitlich Angehörige der Mittelschicht, und zwar weniger aus ideologischen Motiven als vielmehr weil die Entwicklung in Europa sie dazu zwang. Für die Zeit von 1939 bis 1948 fehlen verläßliche Daten, denn durch die britische Blockade und die Unterzeichnung des Weißbuchs von 1939 verlief die Einwanderung in jener Zeit hauptsächlich auf illegalen Wegen. Trotzdem belief sich zur Zeit der Ausrufung des Staates Israel 1948 die Zahl der Juden im Mandatsgebiet Palästina auf 650 000, das entspricht etwa einem Drittel der Bevölkerung.

In den folgenden 25 Jahren hat sich die Zahl fast vervierfacht, jedoch unterscheiden sich die anschließenden Aliyot von den vorhergegangenen, da die Mehrheit der Einwanderer → Sepharden waren, also aus Nordafrika und dem Nahen Osten stammten. Das Verhältnis → Aschkenasen/Sepharden hat sich allerdings seit der Immigration aus den Staaten des ehemaligen Ostblocks wieder zugunsten der Aschkenasen verändert.

Allon-Plan → Siedlungen

Aman → Geheimdienste

Amerikanische Universität Beirut (AUB)

Renommierteste Universität im arabischen Raum, aus der und aus deren Umfeld nicht nur zahlreiche bedeutende Wissenschaftler, sondern auch viele Politiker hervorgegangen sind. Die AUB entwickelte sich aus dem *Syrian Protestant College*. Dieses wurde 1866 von dem Amerikaner Reverend Daniel Bliss als Direktor gegründet und 1919 in *American University of Beirut* umbenannt. Das katholische, von Frankreich und dem Vatikan initiierte und von Jesuiten geleitete Gegenstück, die *Université Saint Joseph*, wurde 1874 ins Leben gerufen, blieb jedoch wesentlich stärker konfessionsgebunden, als die AUB es je war. Auch die beiden anderen später gegründeten Universitäten Beiruts, die Libanesische und die Arabische Universität, haben nie die Attraktivität der AUB erreicht. Während des → Libanesischen Bürgerkriegs, in dessen Verlauf der neunte Universitätspräsident Malcolm H. Kerr ermordet wurde (1984), blieb der Lehrbetrieb – wenn auch eingeschränkt – weiterhin bestehen, obwohl viele Professoren im Verlaufe des Kriegs den Libanon verließen.

Die Unterrichtssprache an der AUB ist Englisch. Es gibt fünf Fakultäten: Arts and Sciences, Medicine (einschließlich einer Schule für Krankenpflege), Engineering and Architecture, Agricultural and Food Sciences sowie Health Sciences. Gegenwärtig (Juni 2001) studieren an der AUB etwa 20 000 Studentinnen und Studenten. Das gesamte Lehrpersonal beziffert sich auf fast 1500.

Arabisch-Israelischer Krieg (1948/49)

(Auch Palästinakrieg genannt; in Israel oft als »Unabhängigkeitskrieg« bezeichnet). Erster umfassender Krieg zwischen arabischen Staaten und → Israel. Bereits im Anschluß an den UN-Teilungsplan vom 29. November 1947 (→ UN-Resolutionen) und im Vorfeld der offiziellen Proklamation des Staates Israel am 14. Mai 1948 war es immer wieder zu Zusammenstößen zwischen palästinensischen und jüdischen Demonstranten sowie zwischen bewaffneten arabischen Gruppen (darunter auch Freiwilligen aus den Nachbarstaaten) und jüdischen, teils im Untergrund wirkenden paramilitärischen Verbänden (Irgun, Stern u.a.) gekommen. Ferner hatten systematische Einschüchterungen, Vertreibungen und Ermordungen palästinensischer Bewohner im damals von den Vereinten Nationen (→ UN) für Israel vorgesehenen Staatsgebiet zu einer höchst explosiven Situation geführt. Vor diesem Hintergrund machten → Ägypten, Transjordanien, → Syrien, der → Libanon und der Irak in den Tagen unmittelbar vor der Proklamation ihre Armeen mobil, um die Gründung des Staates Israel gewaltsam zu verhindern; lediglich Transjordanien unter König Abdallah I. hatte als Kriegsziel nur die Besetzung der nicht Israel zugesprochenen palästinensischen Gebiete, um sie mit Transjordanien zum Staat → Jordanien zu vereinen, nicht aber die Zerstörung des jungen israelischen Staates.

Offenbar um Transjordanien stärker einzubinden, wurde König Abdallah I. das Oberkommando über alle arabischen Armeen übertragen; in der Praxis handelten die einzelnen Generäle aber weitgehend unabhängig und unkoordiniert. Die ägyptischen Truppen, verstärkt durch einige Hundert → Muslimbrüder, wurden südlich von Tel Aviv und → Jerusalem zum Stehen gebracht. Transjordanische Verbände – in erster Linie die von den Briten ausgebildete und ausgerüstete Arabische Legion unter Glubb Pascha – bemächtigten sich, ohne auf Widerstand zu stoßen, des im Teilungsplan für einen eigenen palästinensischen Staat vorgesehenen Gebiets sowie nach heftigen Kämpfen auch einiger jüdischer Siedlungen. Schwere Kämpfe zwischen der Arabischen Legion und israelischen Einheiten entwickelten sich in und um Jerusalem, das nach dem Teilungsplan einen eigenen – allerdings noch nicht näher definierten – Status erhalten sollte. Der Arabischen Legion gelang es schließlich, die Altstadt einschließlich des alten jüdischen Viertels zu erobern, während sie die neuen jüdischen Teile der Stadt nicht angriff. Die syrischen Truppen verbuchten zwar anfängliche Erfolge in Galiläa, wurden jedoch bald wieder zurückgeschlagen und konnten nur einen Brückenkopf am oberen Jordan behaupten. Libanesische und irakische Truppen schließlich spielten keine besondere Rolle.

In einer Resolution des UN-Sicherheitsrats vom 27. Mai 1948 wurde ab dem 10. Juni ein Waffenstillstand für vier Wochen und ein totales Waffenembargo für die kriegführenden Parteien gefordert sowie der schwedische Graf Folke Bernadotte als Vermittler in die Region entsandt. Der Waffenstillstand wurde von allen beteiligten Staaten akzeptiert. Israel nutzte allerdings die Waffenpause, um von Palästinensern verlassene Dörfer systematisch dem Erdboden gleichzumachen und in den Städten palästinensische Häuser jüdischen Einwanderern zuzuweisen. Gleichzeitig wurde die aus der Untergrundorganisation Haganah hervorgegangene israelische Armee massiv und auch mit schweren Waffen ausgerüstet (→ Rüstung). Graf Bernadottes Bemühungen, den Konflikt friedlich beizulegen, scheiterten einerseits an der Weigerung Israels, die palästinensischen → Flüchtlinge in ihre Heimat zurückkehren zu lassen, und andererseits an der Ablehnung der Araber, einer Arrondierung der Grenzen des israelischen Staatsgebiets zuungunsten → Palästinas zuzustimmen. Graf Bernadotte wurde im September 1948 von jüdischen Extremisten ermordet.

Als die Kämpfe am 8. Juli 1948 wieder aufgenommen wurden, ging Israel sogleich in die Offensive und eroberte u.a. Westgaliläa einschließlich Nazareth sowie Ramle und Lod. Auf arabischen Antrag hin beschloß der UN-Sicherheitsrat einen neuen, diesmal zeitlich unbegrenzten Waffenstillstand, der am 18. Juli in Kraft trat, in der Folgezeit von israelischen Streitkräften jedoch häufig gebrochen wurde. Deren Ziel war es vor allem, die ägyptischen Truppen aus den Territorien südlich Jerusalems zu vertreiben und den Negev einschließlich eines Zugangs zum Roten Meer unter ihre Kontrolle zu bringen. Als am 7. Januar 1949 ein weiterer Waffenstillstand in Kraft trat und von allen Seiten angenommen wurde, war dieses Ziel erreicht. Die in den folgenden Monaten in den Waffenstillstandsverhandlungen getroffenen Vereinbarungen (zuletzt mit Syrien am 20. Juli 1949) orientierten sich hinsichtlich der Grenzen weitgehend am Status quo zu der Zeit, als der Waffenstillstand eintrat. Diese Grenzen sollten zwar auf keinen Fall als endgültig angesehen werden, blieben de facto aber bis zum → Junikrieg 1967 unverändert.

Am Ende des Kriegs war somit eine völlig neue politische Landkarte entstanden. Israel hatte sein Staatsgebiet im Vergleich zum Teilungsplan der Vereinten Nationen (→ UN) von ursprünglich etwa 14 000 km² auf über 20 000 km² vergrößert, während sich Transjordanien um die übriggebliebenen, von der Arabischen Legion besetzten palästinensischen Gebiete, das später sogenannte → Westjordanland (etwa 5600 km²), einschließlich der Altsadt von Jerusalem, erweiterte und fortan Jordanien heißen sollte. Der → Gazastreifen schließlich wurde der ägyptischen Militärverwaltung unterstellt.

Gemessen an der damaligen jüdischen Gesamtbevölkerung hat Israel mit etwa 4500 gefallenen Soldaten und 1500 getöteten Zivilisten einen hohen Blutzoll bezahlt, doch waren die Verluste auf arabischer und palästinensischer Seite – auch wenn die angegebenen Zahlen erheblich auseinandergehen – mindestens doppelt so hoch. Noch schwerer wog jedoch das Schicksal der palästinensischen Flüchtlinge. Die Vereinten Nationen gehen davon aus, daß über 700 000 Palästinenser – palästinensische Quellen sprechen von bis zu einer Million – damals ihre Heimat verließen bzw. verlassen mußten. Dies war weit über die Hälfte der arabischen Bewohner jenes Gebiets, das nach dem Krieg das israelische Staatsterritorium bildete. Nicht zu unterschätzen sind auch die psychologischen Folgen dieses Kriegs und seines Ergebnisses in der gesamten arabischen Welt, vor allem aber in den unmittelbaren Nachbarstaaten Israels, Folgen, die die weiteren politischen Entwicklungen dort wesentlich mitprägten. Israel wurde als Fremdkörper empfunden, dessen Expansionsdrang auch durch UN-Resolutionen nicht zu stoppen war, zumal es die Unterstützung des Westens, vor allem der → USA, genoß. Das Ergebnis des Kriegs wurde nicht nur als Niederlage empfunden, sondern als Erniedrigung und Verrat. Das eigene militärische Versagen, die mangelnde Ausbildung der Soldaten und die Unfähigkeit zur Koordination traten im Bewußtsein in den Hintergrund.

Arabische Liga

Dachorganisation der arabischen Staaten mit Sitz in Kairo. Gegenwärtig gehören der Liga 21 Staaten an: → Ägypten, Algerien, Bahrain, Djibuti, der Irak, Jemen, → Jordanien, die Komoren, Kuwait, der → Libanon, Libyen, Marokko, Oman, → Palästina, Qatar, Saudi-Arabien, Somalia, Sudan, → Syrien, Tunesien sowie die Vereinigten Arabischen Emirate (UAE). Hinzu kommt die → PLO (bereits seit 1964 mit Beobachterstatus und seit 1976 als Vollmitglied) bzw. die → Palästinensische Nationalbehörde. Die afrikanischen Staaten Djibuti, die Komoren und Somalia sind keine arabischen Staaten, doch fühlen sich ihre Bürger aufgrund religiöser und historischer Bindungen und des hohen Stellenwerts der arabischen Schriftsprache in ihren Ländern eher der arabischen Welt zugehörig.

Höchstes Gremium der Liga ist der Ligarat, in dem alle Mitgliedsstaaten mit je einem Vertreter repräsentiert sind. Besondere Bedeutung kommt verschiedenen weiteren Räten, Organisationen und Ständigen Kommissionen zu, darunter vor allem dem Politischen Komitee, dem Gemeinsamen Verteidigungsrat sowie dem Sozialen und Ökonomischen Rat. Die organisatorische Leitung obliegt dem Generalsekretär.

Begründet wurde die Arabische Liga am 7. Oktober 1944 mit der Unterzeichnung des Protokolls von Alexandria, dem am 22. März 1945 in Kairo die Verabschiedung der Charta der Arabischen Liga folgte. Die Unterzeichnerstaaten des Protokolls von Alexandria und damit die Gründungsmitglieder waren: Ägypten, Irak, Libanon, Syrien und Transjordanien. Die Charta umreißt in Art. II als Ziel der Liga »die Stärkung der Beziehungen zwischen den Mitgliedsstaaten, die Koordination ihrer Politik, um zu einer Kooperation zwischen ihnen zu gelangen, und den Schutz ihrer Unabhängigkeit und Souveränität«. Im Ligarat sind alle Mitgliedsstaaten gleichberechtigt jeweils mit einer Stimme vertreten, doch sind nur »einstimmige Beschlüsse des Rates für alle Mitgliedsstaaten bindend. Einfache Mehrheitsentscheidungen gelten nur für jene Staaten, die sie akzeptiert haben« (Art. VII). Nimmt man noch Art. VIII hinzu, der ausdrücklich festlegt, daß »jeder Mitgliedsstaat die Regierungssysteme respektieren wird, die in anderen Mitgliedsstaaten etabliert sind«, wird deutlich, daß die Liga von Anfang an nicht als Vorstufe für einen politischen Zusammenschluß aller arabischen Staaten konzipiert war. 1950 wurde allerdings ein Abkommen über gemeinsame Verteidigung und wirtschaftliche Kooperation geschlossen, womit den Mitgliedsstaaten die Zusammenarbeit in Fragen militärischer Verteidigung empfohlen wurde.

Große politische Erfolge waren der Liga nicht beschieden, da entsprechende Entscheidungen meist an den unterschiedlichen Auffassungen der Mitgliedsstaaten scheiterten. Die Dominanz Ägyptens in der Liga, vor allem zur Zeit → Nassers, wurde von anderen arabischen Staaten, angeführt von Saudi-Arabien, häufig kritisiert. Die bisher schwerste Krise entbrannte mit der Unterzeichnung des Friedensvertrags zwischen Ägypten und → Israel 1979 (→ Camp-David-Abkommen), worauf Ägyptens Mitgliedschaft suspendiert und der Sitz der Liga von Kairo nach Tunis verlegt wurde. Erst 1989 wurde Ägypten wieder aufgenommen und ein Jahr später erneut das Hauptquartier in Ägypten bezogen. Auch anläßlich der irakischen Invasion in Kuwait 1990 konnte keine einheitliche Position erzielt werden.

Wesentlich positiver ist jedoch im Rückblick das Wirken der Arabischen Liga hinsichtlich wirtschaftlicher, sozialer und kultureller Kooperation und Hilfeleistungen zu beurteilen, wovon vor allem einige ärmere Staaten in der arabischen Welt, aber auch im muslimischen Schwarzafrika profitierten. So entstanden durch Initiativen der Arabischen

Liga u.a. der Arabische Finanzfonds, der Arabische Fonds für wirtschaftliche und soziale Entwicklung, die Arabische Bank für wirtschaftliche Entwicklung in Afrika, die Arabische Satellitenkommunikationsgesellschaft und die Arabische Organisation für Wissenschaft, Kultur und Ausbildung (→ Internationale Islamische Organisationen).

Arafat, Yassir

(Geb. 1929). Seit 1969 Vorsitzender der → PLO, Friedensnobelpreisträger (1994) und gewählter Präsident der → Palästinensischen Nationalbehörde.

Geboren wurde Arafat als Abdel Rahman Abdel Raouf Arafat al-Qudwa al-Husseini, bekannt wurde er im arabischsprachigen Raum aber eher unter seinem *Nom de Guerre* »Abu Ammar«. Arafats Kindheit und Jugend waren lange Zeit mit einer mysteriösen Aura umgeben; ob dies als absichtliche Legendenbildung gedacht war, sei dahingestellt. Obwohl Arafat mehr Interviews gegeben hat als die meisten anderen Politiker und seit über 30 Jahren im Blickfeld der Weltöffentlichkeit steht, ist sein Geburtsort bis heute umstritten (Kairo, → Jerusalem oder Gaza). Erwiesen ist jedoch, daß er väterlicherseits entfernt mit dem prominenten Jerusalemer Husseini-Clan (→ Faisal Husseini) verwandt ist. Sein Vater war ein Textilhändler mittleren Einkommens, und die Familie zog 1927 von Gaza nach Kairo. Als Arafat fünf Jahre alt war, starb seine Mutter; dies hatte zur Folge, daß das zweitjüngste von sieben Kindern zusammen mit seinem jüngsten Bruder Fathi nach Jerusalem zu den Verwandten der Mutter geschickt wurde. Einige Jahre später kehrte er nach Kairo zurück und beendete dort seine Schulausbildung. 1947 immatrikulierte er sich an der König-Fuad-Universität und studierte Ingenieurwissenschaften.

Während seiner Studienzeit war Arafat politisch aktiv, doch schon vorher hatte er sich indirekt am palästinensischen Widerstand gegen das britische Mandat betätigt. Als 1946 der exilierte Mufti von Jerusalem, Haj Amin al-Husseini, der der Kollaboration mit Nazideutschland bezichtigt wurde und als höchst umstritten galt, nach Kairo kam, wurde Arafat einer seiner freiwilligen Helfer. Dennoch ist bemerkenswert, daß Arafat 1948 während des ersten → Arabisch-Israelischen Kriegs in einer Einheit der ägyptischen → Muslimbrüder in Gaza kämpfte und sich nicht den Soldaten des Mufti anschloß. Daher kann es auch nicht stimmen – wie so oft von palästinensischer Seite behauptet –, daß er unter dem legendären Abdel Qader al-Husseini an der Schlacht um Jerusalem teilgenommen hat. Nach dem Krieg beteiligte sich Arafat aktiv an der Arbeit der Föderation palästinensischer Studenten und der ägyptischen Studentenorganisation, obwohl letztere Palästinenser als Mitglieder ausschloß. Arafat besaß jedoch die ägyptische Staatsangehörigkeit, was als Zeichen seiner inneren Zerrissenheit gewertet werden mag oder aber als grundsätzliches Anliegen, sich aktiv an der arabischen Politik zu beteiligen. Er bewahrte weiterhin seine informelle Bindung an die Muslimbruderschaft und gewann 1951 durch ihre Unterstützung die Wahlen zum Vorsitzenden der palästinensischen Studentenföderation.

1953 übernahm Arafat den Vorsitz des Dachverbands aller palästinensischen Studentenorganisationen (General Union of Palestinian Students, GUPS). Diese Position bekleidete er bis 1956, als er in der ägyptischen Armee im → Suezkrieg diente. Die politische Atmosphäre in → Ägypten wurde jedoch für Arafat zunehmend schwieriger. → Nassers arabischer Nationalismus entzog ihm die Grundlage für seinen auf → Palästina bezogenen, partikularistischen Aktivismus. Hinzu kam, daß Arafat einige Male verhaftet wurde, wohl auch aufgrund seiner Verbindung zur Muslimbruderschaft, hauptsächlich aber wegen seiner politischen Agitation. 1958 verließ er Ägypten und ließ sich in Kuwait nieder, wo er als Ingenieur arbeitete. Gemeinsam mit Khalil al-Wazir (Abu Jihad), mit dem er schon in Kairo zusammengearbeitet hatte, gründete Arafat 1959 die Al-Fatah (Akronym aus den rückwärts gelesenen Anfangsbuchstaben der arabischen Bezeichnung Harakat at-Tahrir al-Filastiniya, Palästinensische Befreiungsbewegung). Die Al-Fatah (→ PLO) konnte sich in Kuwait unter den dort lebenden, z.T. recht wohlhabenden Palästinensern rasch etablieren, und mit Hilfe der vorherrschenden relativen Pressefreiheit fanden Arafats Ideen ein leicht zugängliches Forum und weite Verbreitung. Die Al-Fatah entwickelte sich zur weitaus größten politischen palästinensischen Bewegung und verschrieb sich ausschließlich der Befreiung Palästinas; weltweit wurden Verbindungen zu palästinensischen Studierenden aufgenommen und Zellen gegründet. Nach der Sezession → Syriens von Ägypten 1961 schlossen sich vermehrt Palästinenser, die vorher der → Baath-Partei angehört hatten, der Al-Fatah an – Ausdruck der generellen Hinwendung vom arabischen Nationalismus zum dezidiert palästinensischen Nationalismus.

Auf der ersten arabischen Gipfelkonferenz in Kairo im Januar 1964 wurde Ahmed Shuqairi damit beauftragt, die »Organisation des palästinensischen Volkes« vorzubereiten. Kurz darauf wurde in Jerusalem die PLO gegründet, die sich nach dem → Junikrieg zu einem Dachverband aller Widerstandsgruppen entwickelte. Die Al-Fatah bildet darin bis heute die größte Gruppierung und gilt als Hausmacht Arafats. Zur selben Zeit gründete Arafat auch die Al-Asifa (der Sturm), eine militärische Einheit der Fedayin (arab. »die sich selbst opfern«, Guerilla-Kämpfer), die im Januar 1965 zum ersten Mal militärische Vorstöße nach → Israel unternahm. Arafat pflegte gute Verbindungen zur algerischen Befreiungsorganisation FLN und durfte 1963 in Algier ein Palästinabüro eröffnen, das zur Internationalisierung der Palästinafrage beitrug und die Al-Fatah in eine Reihe mit anderen antikolonialen, nationalen Befreiungsbewegungen stellte. Der Kampf um die Stadt Karameh 1968 im Jordantal stärkte weiterhin das Ansehen Arafats und der Fedayin und gab nach der traumatischen arabischen Niederlage im Junikrieg 1967 den palästinensischen Gruppierungen, allen voran der Al-Fatah, zusätzliches Gewicht. 1969 übernahm Arafat den Vorsitz der PLO, eine Position, die er bis heute (Juni 2001) innehat. 1970 wurde er zusätzlich zum Kommandeur aller palästinensischen Guerilla-Verbände ernannt, nachdem er bereits 1969 durch das Kairo-Abkommen eine Basis für seine Kämpfer im → Südlibanon (Fatahland) geschaffen hatte. Ebenfalls 1970 war er im sogenannten Schwarzen September in einen blutigen Konflikt mit König Hussein (→ Hussein Ibn Talal) geraten, nachdem die PLO in → Jordanien zum Staat im Staate geworden war.

Das Jahr 1974 markierte einen Wendepunkt auf Arafats politischem Weg und in der Ausrichtung seines strategischen Konzepts: Infolge des → Oktoberkriegs 1973 hielt der Palästinensische Nationalrat erstmals offiziell eine Teilstaatlösung für das Palästinaproblem für möglich; auf dem arabischen Gipfeltreffen in Rabat wurde die PLO als einzige Repräsentantin des palästinensischen Volkes bekräftigt, und im November sprach Arafat schließlich vor der UN-Vollversammlung in New York, wobei er der Weltöffentlichkeit durch das Schwenken eines Ölzweigs in der einen Hand – im Gegensatz zur Pistole in seiner anderen Hand – signalisierte, daß er bereit war, auch einen friedlichen Weg zu gehen. Arafats spektakulärer Auftritt vor den Vereinten Nationen (→ UN) trug wesentlich zu seiner internationalen Akzeptanz und zur Suche nach einer friedlichen Lösung des Palästinakonflikts bei. Nach der Unterzeichnung des → Camp-David-Abkommens 1978 nahm Arafat zwar weiterhin offiziell eine ablehnende Haltung gegenüber Israel ein, aber dennoch wurden vorsichtige inoffizielle Kontakte zwischen Palästinensern in Europa und Mitgliedern der jüdischen Gemeinden geknüpft. Diese Kontakte förderten Arafats Glaubwürdigkeit in amerikanischen Regierungskreisen und in der Europäischen Gemeinschaft (→ Europäische Union), doch führten sie auch zu Konflikten innerhalb der PLO und zur Entstehung einer radikalen Ablehnungsfront.

Der absolute Tiefpunkt in Arafats Karriere war 1983 die erzwungene Evakuierung seiner Kämpfer aus dem → Libanon infolge des israelischen → Libanonkriegs. Er verlor dadurch die semistaatliche und militärische Organisation, die er im Libanon aufgebaut hatte, und mußte seine Aktivitäten auf politische Initiativen beschränken, die er fortan aus seinem Büro in Tunis koordinierte. Infolge der → Intifada rief der Palästinensische Nationalrat 1988 den Staat Palästina aus und akzeptierte damit implizit das Existenzrecht Israels. Trotz der herben Rückschläge aufgrund von Arafats Parteinahme für Saddam Hussein während des → Golfkriegs kulminierte seine politische Strategie in den → Friedensverhandlungen und der Errichtung der selbstverwalteten Palästinensischen Gebiete.

Arafat kehrte infolge des → Oslo-I-Abkommens 1994 nach Gaza zurück, wo er Vorsitzender der von ihm gegründeten Palästinensischen Nationalbehörde (Palestinian National Authority, PNA) wurde. Im gleichen Jahr erhielt er gemeinsam mit → Yitzhak Rabin und → Shimon Peres den Friedensnobelpreis. Obwohl er für seinen autoritären Führungsstil in palästinensischen Kreisen oft kritisiert wird, wurde er im Januar 1996 mit überragender Mehrheit (87 Prozent) zum Präsidenten der Palästinensischen Nationalbehörde gewählt. Seitdem sieht er sich jedoch vermehrt Angriffen ausgesetzt, vor allem wegen der Ineffizienz und Korruption innerhalb der PNA, ihrer Menschenrechtsverletzungen, eines sich ausbreitenden → Klientelismus und Nepotismus der »Tunis-Clique« – wie die Heimkehrer genannt werden – und seiner allzu großen Kompromißbereitschaft gegenüber israelischen Forderungen. Arafats Regierungsstil gilt als stark zentralisiert, zusätzlich hat er sich mit mehreren Sicherheitsdiensten (→ Geheimdienste) umgeben, worin sich sein tiefes Mißtrauen gegenüber seinen politischen Gegnern ausdrückt. Außerdem häufen sich Gerüchte, die seinen Gesundheitszustand und damit auch seine Verhandlungsfähigkeit in Frage stellen. Die Ereignisse seit dem Oktober 2000 (→ Al-Aqsa-Intifada) lassen darüber hinaus Zweifel aufkommen, ob seine Autorität unter den Palästinensern noch uneingeschränkt gilt.

Yassir Arafat ist in seiner ganzen Widersprüchlichkeit und seinem Facettenreichtum umstritten wie wohl kein anderer zeitgenössischer Politiker. Friedenskämpfer für die einen, war und ist er Terrorist für die anderen. Unumstritten sind allerdings seine Flexibilität, sein Organisationsgeschick, seine Fähigkeit, die PLO auch unter den widrigsten Umständen als Einheit zu erhalten, sein übergroßes Arbeitspensum und seine legendären Überlebenstaktiken. Seine größte Errungenschaft aber ist es, die Palästinafrage internationalisiert zu haben und eine eigenständige palästinensische Identität zu wahren und zu repräsentieren.

Arbeitspartei

(Hebr. Mifleget Haavoda Haisraelit). Israelische sozialdemokratische Partei, die bis zu den Wahlen von 1977 ununterbrochen regierte. 1984-1990 koalierte sie mit dem → Likud und 1992-1996 bzw. 1999-2001 war sie wieder die regierende Partei → Israels. Nach heftigen parteiinternen Auseinandersetzungen wurde die Arbeitspartei im März 2001 Mitglied der Koalitionsregierung unter → Ariel Sharon.

Ähnlich wie der Likud ist die Arbeitspartei ein Zusammenschluß mehrerer politischer Gruppierungen. Die wichtigste von ihnen ist die Mapai (Abk. für hebr. Mifleget Poale Erez Israel, Arbeiterpartei des Landes Israel), eine sozialistische Pionierbewegung, die 1930 als Gegengewicht zu den extremistischen Gruppierungen der Ultranationalisten (z.B. Vladimir Jabotinsky) entstand und zur bedeutendsten jüdischen Partei vor der Staatsgründung Israels wurde. Ihr Vorsitzender → David Ben-Gurion wurde erster Ministerpräsident des Landes. 1968 schloß sich die Mapai mit der Rafi (Abk. für hebr. Reschimat Poale Israel, Liste der Arbeiter Israels), einer Splittergruppe der Mapai, die drei Jahre zuvor von Ben-Gurion ins Leben gerufen worden war, und Achdut Haavoda (Einheit der Arbeit) zur Arbeitspartei zusammen. 1969 bildete die Arbeitspartei unter dem Namen Maarach (Bund) ein Bündnis mit der linkssozialistischen Mapam (Abk. für hebr. Mifleget Hapoalim Hameuchedet, Vereinigte Arbeiterpartei), die eng verbunden ist mit einem Teil der Kibbuzbewegung und der Gewerkschaft Histadrut, und erzielte ihren größten Wahlerfolg, als sie über 46 Prozent der Wählerstimmen bei den ersten Wahlen nach dem → Junikrieg auf sich vereinigen konnte. Das Wahlbündnis brach 1984 auseinander, als die Mapam ausschied, weil sie eine Beteiligung an der großen Koalition mit dem Likud strikt ablehnte.

Die Arbeitspartei ist westlich orientiert, ihre Programmatik war von Anbeginn zionistisch, säkular, gemäßigt sozialistisch und demokratisch. Vor allem die israelische Elite wird mit der Arbeitspartei assoziiert, und so gingen aus der Mapai die meisten führenden Politiker Israels und von 1948-1977 alle Regierungschefs – von David Ben-Gurion über Golda Meir bis → Yitzhak Rabin – hervor. Das Wählerpotential ist heute heterogen, doch rekrutiert es sich traditionell aus den gebildeten und wohlhabenden Bevölkerungsschichten vorwiegend europäisch-westlicher Abstammung (→ Aschkenasen).

Ein Grund für den politischen Abstieg der Arbeitspartei nach 1977 ist – neben den Konsequenzen der Niederlage im → Oktoberkrieg 1973 – auch in der sich verändernden Sozialstruktur Israels zu suchen. Die alten Ideale der Pioniergeneration verlieren immer mehr an Gewicht, die Anzahl der Kibbuzim nimmt drastisch ab und große Einwanderungswellen (→ Aliya) haben das demographische Gleichgewicht zuungunsten der Aschkenasen verändert. Hinzu kommen die Besonderheiten der israelischen Parteienlandschaft, in der sich im Laufe der Zeit immer mehr kleine religiöse und nationalistische Gruppierungen auf der einen und Menschenrechts- und Bürgerbewegungen auf der anderen Seite gebildet haben und die somit zur Schwächung der beiden etablierten Parteien beitrugen.

Die Wiederwahl der Arbeitspartei unter Yitzhak Rabin 1992 war ein neuer Impuls für den Friedensprozeß, der allerdings unter der folgenden Likudregierung und der Amtszeit → Benyamin Netanyahus fast vollständig zum Erliegen kam. Die erneute Wahl der Arbeitspartei zur Regierungspartei 1999 unter → Ehud Barak ließ anfangs auf eine endgültige friedliche Regelung des Nahostkonflikts hoffen. Nach dem Scheitern des Nahost-Gipfeltreffens von → Camp David II, dem Ausbruch der → Al-Aqsa-Intifada und dem Auseinanderfallen der Regierungskoalition im November 2000, deutete jedoch alles auf den Wahlsieg von → Ariel Sharon am 6. Februar 2001 hin.

Armenier

Indogermanisches Volk mit schätzungsweise sieben Millionen Angehörigen (ca. fünf Millionen in der Armenischen Republik und zwei Millionen vornehmlich im Nahen Osten, in Nord- und Südamerika sowie in Westeuropa). Die Armenier sind Christen, zerfallen aber in zwei Konfessionen, in die größere Armenisch-Gregorianische (oder Armenisch-Orthodoxe) Kirche und die kleinere Armenisch-Katholische (oder Armenisch-Unierte) Kirche (→ Religionsgemeinschaften). Bis zum Ende des 19. Jahrhunderts vor allem in Ost- und Südanatolien sowie im Kaukasus beheimatet, wurden die Armenier erstmals 1895/96 und dann 1914/15 von den Türken (und → Kurden) durch Massaker und systematische Vertreibungen aus ihren angestammten Wohngebieten in Anatolien entwurzelt; heute leben in der Türkei nur noch ca. 70 000, die meisten in Istanbul. Viele flohen nach → Syrien (heute ca. 30 000), in den → Libanon (heute ca. 180 000 bis 200 000) und nach → Ägypten (heute ca. 50 000), wo sie wirtschaftlich häufig zu Wohlstand gelangten, indem sie sich nicht selten auf besondere Berufe spezialisierten (z.B. Fotograf). Im Libanon sind sie aufgrund des konfessionellen Proporzsystems mit eigenen Abgeordneten im Parlament vertreten. Die armenischen höheren Schulen gelten mit als die besten des Nahen Ostens. Die Sprachbegabung der Armenier ist sprichwörtlich.

1975 wurde in Beirut die linksnationalistische Armenische Geheimarmee zur Befreiung Armeniens (ASALA) gegründet, die nach israelischen Quellen zeitweilig u.a. mit der → PLO zusammengearbeitet haben soll. Nach dem Verlust ihrer Basis im Libanon 1982 verschwand die ASALA jedoch weitgehend von der politischen Bildfläche.

Aschkenasen

Bezeichnung für all jene Juden, die aus Ost-, Mittel- und Westeuropa stammen. Das Wort Aschkenasen leitet sich von der mittelalterlichen jiddischen Bezeichnung für Deutschland (Aschkenas) ab. Die Aschkenasen unterscheiden sich in bezug auf ihre Sprache sowie ihre religiösen Rituale und Gesetze von den → Sepharden, den ursprünglich aus Spanien und Portugal stammenden Juden. Mehr als 80 Prozent der weltweit geschätzten Zahl von 15 Millionen Juden sind Nachfahren dieser europäischen Juden, trotz der Massenvernichtung der hauptsächlich aschkenasischen Juden im Holocaust.

Die zionistische Bewegung rekrutierte sich ausschließlich aus den Aschkenasen, die die ersten sechs Einwanderungswellen (→ Aliya) bildeten, was dazu führte, daß bei der Ausrufung des Staates → Israel 1948 80 Prozent der jüdischen Bevölkerung aschkenasischer Abstammung waren. Das mag erklären, warum die Politik Israels bis heute von den Aschkenasen dominiert wird; alle israelischen Ministerpräsidenten sind z.B. bis heute Nachfahren europäischer Juden gewesen. Die Aschkenasen formierten sich vornehmlich in der → Arbeitspartei, doch trotz vermehrter sephardischer Unterstützung des → Likud sind auch in seiner Führungsriege hauptsächlich Aschkenasen zu finden.

In Israel bilden die Aschkenasen weiterhin ungebrochen die Elite des Landes, obwohl sich durch das verstärkte Bevölkerungswachstum der Sepharden und der veränderten Zusammensetzung der Einwanderungswellen, nämlich aus dem Nahen Osten, Nordafrika und Äthiopien, das demographische Gleichgewicht bis in die achtziger Jahre zugunsten der Sepharden verschoben hatte. Allerdings hat der aschkenasische Teil der Bevölkerung Israels seit der massiven Einwanderung russischer und osteuropäischer Juden wieder die 50 Prozent-Marke überschritten. Die sowjetisch-amerikanische Entspannung in den siebziger Jahren förderte zwar die Einwanderung russischer Juden nach Israel, aber erst der Zerfall des Ostblocks (→ Sowjetunion) und die erschwerten Einwanderungsbestimmungen der → USA, bewog die Mehrzahl der osteuropäischen Juden dazu, nicht in die USA, sondern nach Israel zu emigrieren. Insgesamt immigrierten zwischen 1989 und 1998 mehr als 700 000 sowjetische Juden. Die Integration dieser oft völlig nichtreligiösen Juden schürte Konflikte mit den orthodoxen Rabbinern sowie mit den unterprivilegierten Schichten der Sepharden, die eine weitere Marginalisierung befürchten mußten.

Ashrawi, Hanan

(Geb. 1946 in Nablus). Hanan Ashrawi entstammt einer christlichen Familie aus Ramallah im Westjordanland. Sie hat in Beirut und Virginia studiert und lehrt englische Literatur an der → Bir-Zeit-Universität; 1986 bis 1990 war sie Dekanin der Fakultät für Kunst. Bekannt wurde Hanan Ashrawi während des → Golfkriegs, als sie mit großem Engagement palästinensische Positionen vor der Weltöffentlichkeit vertrat und deutlich machte. 1991 war sie die offizielle Sprecherin der palästinensischen Delegation bei der → Madrider Friedenskonferenz; seitdem wird sie häufig von den westlichen → Medien konsultiert, wenn es darum geht, die palästinensische Seite zu präsentieren. Ihre Wortgewandtheit und ihr sicheres, sympathisches Auftreten haben sehr dazu beigetragen, das angeschlagene Palästinenserbild in der Öffentlichkeit zu modifizieren.

Ashrawi gehört aber auch zu den frühen Kritikerinnen des Osloer Friedensprozesses (→ Osloer Prinzipienerklärung, → Oslo-Abkommen); sie vertritt die Position, → Arafat habe den Israelis gegenüber zu viele Konzessionen gemacht. Ebenso kritisiert sie den autoritären Führungsstil Arafats und die Menschenrechtsverletzungen der → Palästinensischen Nationalbehörde. 1993, nachdem sie als offizielle → PLO-Sprecherin zurückgetreten war, begründete sie die Unabhängige Palästinensische Kommission für Bürgerrechte. Im Januar 1996 wurde sie mit einem sehr hohen Stimmenanteil als Unabhängige in den Palästinensischen Legislativrat gewählt und war bis zu ihrem Rücktritt 1998 Erziehungsministerin in Arafats Kabinett.

Assad, Bashar al-

Zweitältester Sohn von → Hafez al-Assad und dessen Nachfolger als Staatspräsident → Syriens seit dem 10. Juli 2000. Geboren am 11. September 1966 in Damaskus, studierte er Augenheilkunde in London, kehrte jedoch 1994 nach dem Unfalltod seines älteren Bruders Basil, der bis dahin als Nachfolger galt, auf Geheiß seines Vaters nach Syrien zurück, wo er zunächst eine militärische Laufbahn absolvierte. Außer Englisch spricht er auch Französisch; er gilt als weltoffen und pragmatisch.

Bis zum Tod seines Vaters hatte er keine offizielle politische Position inne, war jedoch bereits seit 1995 für die Koordination der syrischen Politik im → Libanon verantwortlich und setzte sich 1998 aktiv für die Wahl des libanesischen Staatspräsidenten → Lahud ein. Wie vorher sein Bruder Basil wurde er propagandistisch – auf Plakaten im Lande weithin sichtbar – als Nachfolger seines Vaters aufgebaut. Unmittelbar nach dem Tod seines Vaters am 10. Juni 2000 senkte das Parlament das in der Verfassung verankerte Mindestalter für den Staatspräsidenten von 40 auf 34 Jahre. Am 17. Juni wählte ihn der Kongreß der → Baath-Partei zum Parteivorsitzenden, und das Parlament nominierte ihn am 25. Juni zum Staatspräsidenten, was in einem Referendum vom 10. Juli 2000 bestätigt wurde.

Innenpolitisch hat Bashar dem Kampf gegen die Korruption höchste Priorität eingeräumt und entsprechend belastete Minister und Staatsbeamte aus ihren Positionen entfernt. Als ein erstes Zeichen für die von ihm angekündigten

Reformen wurde im November 2000 die Freilassung von 600 politischen Gefangenen (darunter 100 Libanesen) angesehen. Für Aufsehen sorgten auch seine Bemühungen, Syrien für die neuen → Medien zu öffnen; er selbst gilt als eifriger Nutzer des Internets, wie übrigens auch seine in Großbritannien geborene Frau Asma al-Achras, die er Anfang 2001 heiratete und die in England einen Universitätsabschluß in Informatik erworben hat. Außenpolitisch unterhält er im arabischen Lager besonders gute Beziehungen zu dem nur vier Jahre älteren König Abdallah II. (→ Abdallah Ibn Hussein) von → Jordanien, was eine Gewähr dafür sein dürfte, daß sich das Verhältnis zwischen den beiden Staaten künftig entspannter gestaltet. Nicht entspannen dürfte sich in absehbarer Zeit das Verhältnis zu → Israel, solange es nicht einem bedingungslosen Rückzug von den → Golanhöhen zustimmt, da diese syrische Forderung nicht nur eine Grundbedingung seines Vaters für einen Frieden mit Israel war, sondern auch in der Bevölkerung einen breiten Rückhalt besitzt.

Assad, Hafez al-

(Geb. 1930 in der Nähe von Latakia, gest. 2000 in Damaskus). Angehöriger der schiitischen Sekte der Alawiten (→ Islam) und von 1971 bis 2000 syrischer Staatspräsident. Assad galt bis zu seinem Tod als einer der größten Gegner → Israels.

Nach Absolvierung der höheren Schule in Latakia trat Assad in die Armee ein, wo er zum Luftwaffenoffizier aufstieg. Schon früh mit der → Baath-Partei sympathisierend, war er führend beteiligt am Putsch der Baath-Offiziere von 1963 und wurde Chef der Luftwaffe, ab 1965 auch Mitglied im Führungsgremium (Oberkommando) der Baath-Partei. In den innerparteilichen Auseinandersetzungen gehörte er dem militärischen, dogmatisch sozialistischen Flügel an und spielte eine führende Rolle beim Sturz der Regierung 1966. Danach stieg er zum Verteidigungsminister auf, was ihm den nötigen militärischen Rückhalt gab. Obwohl er die Niederlage im → Junikrieg 1967 mit zu verantworten hatte, konnte er sich 1969 gegen seinen Rivalen Salah Jadid (Alawit wie Assad, aber aus einem anderen Stamm) durchsetzen. Im November 1970 gelang es ihm, die Jadid-Fraktion endgültig auszuschalten, und drei Monate später, im Februar 1971, bestätigte ihn zunächst der von ihm bestellte Volkskongreß in seinen Funktionen als Ministerpräsident, Verteidigungsminister und Generalsekretär der Baath-Partei. Eine weitere Bestätigung ließ er sich in allgemeinen Wahlen verschaffen, deren »erwartetes« Ergebnis ihm 99,2 Prozent der Stimmen brachte. Die fast 30jährige Herrschaft Assads und der Baath-Partei bzw. seine vier Amtsperioden von je sieben Jahren – die letzten (Schein-)Wahlen fanden im Februar 1999 statt – haben die Geschichte → Syriens in dieser Zeit entscheidend geprägt.

Assad galt als geschickter Taktiker, als persönlich bescheiden und nicht korrupt im Gegensatz zu seinem jüngeren Bruder Rifat, der Mitte der achtziger Jahre, ermutigt durch eine erste schwere Erkrankung Hafez al-Assads, offenbar dessen Nachfolge anstrebte und wohl endgültig erst Ende 1999 durch massives militärisches Vorgehen gegen sein Anwesen bei Latakia ausgeschaltet wurde. Im Kontrast zu Assads persönlicher Bescheidenheit stand jedoch der aufwendige Personenkult um ihn, der in Syrien allenthalben ins Auge fiel. Schon seit Jahren offenbar an Krebs erkrankt, versuchte er seit Beginn der neunziger Jahre, seinen ältesten Sohn Basil, der als undogmatisch und pragmatisch galt und zudem ebenfalls die militärische Karriere durchlaufen hatte, als Nachfolger aufzubauen. Basil starb jedoch bei einem Autounfall Anfang 1994 auf der Straße zum Flughafen in Damaskus, von wo er nach Deutschland fliegen wollte. Seinen Platz in der Propaganda nahm sodann schrittweise sein jüngerer Bruder Bashar ein. Hafez al-Assad starb am 10. Juni 2000 in Damaskus, und → Bashar al-Assad wurde durch ein Referendum am 10. Juli 2000 als sein Nachfolger bestätigt.

Avnery, Uri → Israelische Friedensbewegung

B

Baath-Partei

(Al-Baath, arab. »Wiedererweckung«); vollständige Bezeichnung: Arabische Sozialistische Wiedererweckungspartei. In → Syrien und im Irak alleinherrschende Partei, die aber darüber hinaus auch Untergliederungen im → Libanon und in → Jordanien besitzt, in den ersten Jahren ihres Bestehens auch in → Ägypten, → Palästina, Tunesien, im Sudan und im Jemen besaß. Die Bewegung entwickelte sich in Syrien Ende der dreißiger, Anfang der vierziger Jahre aus einer panarabistisch gesonnenen Gruppierung namens Arabische Wiederbelebung vorwiegend im schulischen und akademischen Milieu. Als Begründer des Baath gelten zwei Damaszener Lehrer, der griechisch-orthodoxe Christ Michel Aflaq (1900-1990) und der sunnitische Muslim Salahaddin al-Bitar

(1912-1980), die sich seit ihrer gemeinsamen Studienzeit in Paris kannten, wo sie auch mit den verschiedenen nationalistischen Strömungen Europas und deren Gedankengut vertraut geworden waren. Unter ihren frühen Gefolgsleuten befanden sich auch Schüler des Philosophen Taqi al-Arsuzi aus dem – damals noch syrischen – Antakya, der die arabische Sprache zum Hauptkriterium für einen alle arabischen Regionen umfassenden nationalen Panarabismus erhoben hatte. »Die arabische Nation mit einer ewigen Botschaft« wurde bis heute eine der ideologischen Kernaussagen der Partei, wobei für »Nation« der aus dem → Islam entlehnte arabische Begriff *umma* steht, der gewöhnlich als Bezeichnung für die »(islamische) Gemeinschaft« diente und dient. Auch der Christ Aflaq sah zwar im Islam eine der bedeutendsten und einzigartigsten kulturellen Leistungen der Araber, forderte aber seine Unterordnung unter die Idee des panarabischen Nationalismus.

Auf dem ersten Kongreß der Partei 1947, der die offizielle Gründung des Baath markiert, wurde die Verfassung der Partei vorgelegt und diskutiert, die bis heute Grundlage ihres Selbstverständnisses ist. Die politischen Kernforderungen waren die Befreiung aller arabischen Länder aus der Abhängigkeit von → Kolonialismus bzw. Mandatsherrschaft und ihre Vereinigung zu *einem* Staat. Der Sozialismus war damals noch nicht Inhalt der Parteiverfassung, sondern wurde dies erst ab 1953, nachdem sich der Baath mit der von Akram Haurani geführten Arabischen Sozialistischen Partei zusammengeschlossen hatte, worauf auch die Mitgliederzahl beträchtlich wuchs. Dennoch spielte die Partei noch für mehrere Jahre eine eher marginale Rolle, konnte aber in dieser Zeit in der Armee Fuß fassen und vor allem aus den Reihen jener Offiziere, die nicht aus dem sunnitischen Establishment, sondern aus unterprivilegierten religiösen Minderheiten, an erster Stelle der der Alawiten (→ Religionsgemeinschaften), stammten und sich emporgearbeitet hatten, zahlreiche neue Anhänger gewinnen. Es waren nicht zuletzt diese Offiziere, die aus ihrer panarabischen Überzeugung heraus den Zusammenschluß Syriens mit Ägypten (1958) zur Vereinigten Arabischen Republik (VAR) betrieben und umso enttäuschter waren, als → Nasser nach dem Zusammenschluß die Baath-Partei verbot, so daß diese nur noch im Untergrund und außerhalb Syriens weiterexistieren konnte. Als nach dem raschen Ende der VAR 1961 unter einer neuen, rechtsgerichteten Regierung in Syrien die Baath-Partei weiterhin ausgeschlossen blieb, waren es vor allem die ihr angehörenden Offiziere, die im März 1963 erfolgreich putschten und die Partei – zunächst allerdings noch nicht als einzige – an die Macht brachten.

Die Partei hatte inzwischen nicht nur in Syrien, sondern auch im Irak und in einigen anderen Staaten eine streng hierarchisch gegliederte Organisation aufgebaut. An der Spitze der Partei über die Staatsgrenzen hinweg stand – die nationale Einheit der gesamten arabischen Welt vorwegnehmend – die »nationale Führung« mit einem Generalsekretär. Der »nationalen Führung« unterstand in den einzelnen Staaten die jeweilige »regionale Führung«, ebenfalls mit je einem Generalsekretär. In den einzelnen Regionen, d.h. realexistierenden Staaten, erfolgt die Wahl der Mitglieder der »regionalen Führung« und des Generalsekretärs durch den »Regionalkongreß«. Unterhalb des Kongresses ist die Partei hierarchisch aufgebaut und umfaßt (von oben nach unten) den »Distriktzweig«, die »Sektion«, die »Gruppe« und die »Zelle«.

Bereits einen Monat vor dem Putsch in Syrien hatten auch im Irak Baathisten die Macht übernommen. Auf dem anschließenden gemeinsamen Nationalkongreß zeichneten sich jedoch bereits erhebliche Divergenzen zwischen dem irakischen und dem syrischen Baath ab, die 1968 zu einem völligen Bruch führten, so daß fortan zwei »nationale Führungen« existierten, nämlich eine im Irak unter der nominellen Führung des dorthin exilierten Aflaq und eine zweite in Syrien.

Auch im syrischen Baath selbst waren die Jahre von 1963 bis 1971 durch heftige Flügelkämpfe gekennzeichnet, die teils durch ideologische Unterschiede, teils durch persönliche Machtrivalitäten ausgelöst wurden. Dem seit dem Putsch herrschenden, ideologisch gemäßigten Führungsduo General Amin al-Hafiz und Michel Aflaq stand eine linksdoktrinäre Gruppe um Salah Jadid und → Hafez al-Assad gegenüber, die sich 1966 an die Macht putschte, bald aber auch untereinander in Rivalität geriet. Schrittweise gelang es schließlich Hafez al-Assad, seinen Gegenspieler Jadid und dessen Anhänger von der Macht zu verdrängen, bis er selbst alle Schlüsselpositionen innehatte. 1971 war er nicht nur Präsident von Syrien, sondern auch Generalsekretär sowohl der »nationalen« wie der »regionalen Führung« des Baath in Syrien. Seitdem ist die Geschichte des Baath identisch mit der Syriens.

Balfour-Erklärung → Mandatszeit

Barak, Ehud

Ehud Barak war von Mai 1999 bis Februar 2001 israelischer Ministerpräsident. Er wurde 1942 im Kibbuz Mischmar Hasharon unter dem Namen Brog geboren und ist somit Sabra, ein in → Israel bzw. im Mandatsgebiet → Palästina geborener Israeli. Seine Eltern waren in den dreißiger Jahren aus Polen bzw. Litauen in das damalige britische Mandatsgebiet Palästina eingewandert. Baraks Abstammung und die frühe Immigration seiner Eltern kennzeichnen ihn als Mitglied der europäischstämmigen Elite (→ Aschkenasen), die die Geschicke Israels bisher bestimmt hat.

Als Siebzehnjähriger trat er in die Armee ein, der er mit kurzen Unterbrechungen 36 Jahre angehörte. Barak durchlief in der Armee eine Modellkarriere, die sich unschwer anhand seiner Aufgaben in den → Nahostkriegen nachvollziehen läßt. So kommandierte er im → Junikrieg 1967 eine Eliteeinheit der Pioniere, im → Oktoberkrieg 1973 war er Kommandeur eines Panzerbataillons an der Sinaifront, und 1982 wurde er zum Generalmajor befördert. Im gleichen Jahr, während der israelischen Invasion in den Libanon (→ Libanonkrieg), war Barak stellvertretender Kommandeur der israelischen Streitkräfte im → Libanon und wurde im April 1983 Leiter des militärischen Geheimdienstes (→ Geheimdienste); von 1991 bis 1995 war er Generalstabschef der israelischen Armee. Zusätzlich zu seiner militärischen Laufbahn hat Barak 1976 an der Hebräischen Universität in → Jerusalem einen Abschluß in Mathematik und Physik sowie 1978 an der Universität Stanford einen Magistertitel in Systemanalyse erworben.

Es wird vermutet, daß der damalige Ministerpräsident → Yitzhak Rabin aufgrund seines ähnlichen persönlichen Werdegangs eine gewisse Sympathie für Barak empfand, ihn in die Politik einführte und in seinem Kabinett als Innenminister einsetzte. Nach Rabins Ermordung übertrug → Shimon Peres Barak das Außenministerium, und nach Peres' Amtsniederlegung wurde Barak im Juni 1997 von der großen Mehrheit der Mitglieder der → Arbeitspartei zu ihrem Vorsitzenden gewählt. Somit kann man, was die Zeit nach seiner Militärlaufbahn betrifft, zu Recht von einer Blitzkarriere im politischen Establishment sprechen. Als Vorsitzender der Arbeitspartei ordnete Barak die Finanzen des hochverschuldeten Parteiapparats. Ein weiteres Anliegen war es ihm, einen Konsens zwischen Aschkenasen und → Sepharden zu schaffen.

Am 17. Mai 1999 wurde Barak mit über 56 Prozent der Stimmen in direkter Wahl zum Ministerpräsidenten gewählt und erzielte einen Vorsprung von zwölf Prozent gegenüber seinem Widersacher → Benyamin Netanyahu. Zu Beginn des Wahlkampfes sprachen die israelischen → Medien dem scheuen, zurückhaltend wirkenden und wenig publikumswirksamen Barak im Vergleich zum charismatischen Netanyahu kaum Chancen zu. Neben einem mangelnden Persönlichkeitsprofil sprach gegen Barak auch, daß er auf keine lange Mitwirkung in der Politik zurückblicken konnte. Daß er dennoch einen so deutlichen Sieg davontrug, beruhte auf einer Kombination von guten Beratern, einer ausgeklügelten Wahlkampfstrategie, die auf eine Politik der nationalen Einheit abzielte, und der Hervorhebung seiner militärischen Verdienste. Nicht zuletzt trug aber auch die in weiten Kreisen der israelischen Wählerschaft vorherrschende Verdrossenheit über Netanyahus Politik entscheidend zu Baraks Wahlsieg bei.

Baraks Wahl wurde generell als Entscheidung für den Frieden gewertet, wobei er ähnlich wie sein Ziehvater Rabin nicht Frieden um jeden Preis propagierte. Er ist eher ein Sicherheitsstratege, der – kombiniert mit seinem autoritären und disziplinierten Führungsstil – die seit Ende 1998 unterbrochenen Gespräche mit den Palästinensern wiederaufnahm, in der Jerusalemfrage jedoch bis zu dem Gipfeltreffen von → Camp David II ähnlich unnachgiebig war wie sein Vorgänger.

Von seinen Wahlversprechungen hat Barak lediglich den Abzug israelischer Truppen aus dem → Südlibanon eingelöst. Die Friedensverhandlungen mit → Syrien wurden im Dezember 1999 abgebrochen und liegen seit dem Tod von → Hafez al-Assad im Juni 2000 auf Eis. Die Aussicht auf einen dauerhaften und gerechten Frieden mit den Palästinensern war mit dem Scheitern von Camp David II und dem

Ausbruch der → Al-Aqsa-Intifada in weite Ferne gerückt. Erschwerend kam hinzu, daß Baraks Entscheidungsfreiheit durch das Auseinanderbrechen seiner Regierungskoalition und mehrere Mißtrauensanträge seitens der Opposition in der Knesset stark eingeschränkt wurde. Versuche, eine Notstandsregierung – also eine große Koalition mit dem → Likud unter dem Vorsitz → Ariel Sharons – zu bilden, verliefen erfolglos. Statt dessen trat Barak im Dezember 2000 völlig überraschend zurück und rief gleichzeitig für Februar 2001 außerordentliche Neuwahlen für das Amt des Ministerpräsidenten aus, für die er sich wieder zur Kandidatur stellte. Zwei Tage nach seinem Rücktritt eröffnete Barak seinen Wahlkampf und präsentierte sich als Garant des Friedensprozesses; die Wahl betrachtete er als Volksabstimmung über seine Friedenspolitik. Diese muß jedoch nach Baraks deutlicher Wahlniederlage gegen Ariel Sharon am 6. Februar 2001 als gescheitert angesehen werden. Kurz nach seiner Wahlschlappe kündigte Barak seinen vollständigen Rückzug aus der Politik an, doch wenige Tage später begann er überraschend Koalitionsverhandlungen mit dem Likud-Chef. Am 15. Februar nahm Barak gegen erbitterten Widerstand aus dem eigenen Lager das Angebot Sharons an, das Amt des Verteidigungsministers in einer Regierung der nationalen Einheit zu übernehmen. Aber eine Woche später verkündete er, sich nun doch nicht an der Regierung Sharons beteiligen zu wollen. Durch diese Widersprüchlichkeit verlor Barak viel von seiner Glaubwürdigkeit, und auch die Position der Arbeitspartei wurde dadurch weiter geschwächt.

Begin, Menachem → Likud, → Camp-David-Abkommen

Ben-Gurion, David

(1886-1973). → Israels erster Ministerpräsident, der trotz zahlreicher Kontroversen, die teilweise durch die Erkenntnisse der → Neuen Historiker hervorgerufen wurden, weiterhin in weiten Kreisen der israelischen Gesellschaft als Architekt des jüdischen Staats und »Vater der Nation« verehrt wird.

David Ben-Gurion (damals noch David Grün) emigrierte 1906 als überzeugter Zionist von Polen nach → Palästina und verdiente sich seinen Lebensunterhalt anfangs als Landarbeiter. Schon vor seiner Immigration hatte er sich der zionistisch-sozialistischen Organisation Poale Zion (Arbeiter Zions) angeschlossen und begann 1910, für deren Parteiorgan *Achdut* (Einheit) Artikel unter dem Namen Ben-Gurion zu schreiben. Kurz darauf reiste er nach Konstantinopel, um Jura zu studieren, und wurde dort zum Verfechter der Ottomanisierung der Juden → Palästinas auf dem Weg zu ihrer nationalen Wiedergeburt. Nach Ausbruch des Ersten Weltkriegs wurde Ben-Gurion jedoch 1915 aus dem Osmanischen Reich bzw. Palästina ausgewiesen und siedelte in die → USA über, wo er erfolglos versuchte, eine Armee jüdischer Freiwilliger aufzustellen. Nach der Verkündung der Balfour-Erklärung 1917 (→ Mandatszeit) kehrte er nach Palästina zurück und wurde ein Mitinitiator der jüdischen Gewerkschaft Histadrut, deren Generalsekretär er von 1921 bis 1933 war. Gleichzeitig beteiligte er sich maßgeblich am Aufbau der sozialistischen Arbeiterpartei (Mapai, → Arbeitspartei). Seit 1935 saß Ben-Gurion dem Jüdischen Exekutivrat vor, dem obersten Organ der jüdischen Selbstverwaltung während der britischen Mandatszeit. In seiner Position als Vorsitzender der *Jewish Agency* war er aktiv daran beteiligt, gegen den Widerstand der palästinensischen Araber und der britischen Mandatsmacht die Einwanderung jüdischer Flüchtlinge aus Europa nach Palästina zu organisieren.

David Ben-Gurion erkannte früh die Chance für einen jüdischen Staat, die der Teilungsplan der → Vereinten Nationen (→ UN-Resolutionen) eröffnete. Am 14. Mai 1948 proklamierte er gegen den ausgeprägten Widerstand in den eigenen Reihen die Unabhängigkeit des Staates Israel und wurde sein erster Ministerpräsident und Verteidigungsminister. Während des ersten → Arabisch-Israelischen Kriegs befürwortete Ben-Gurion die Expansion des Staatsgebiets und hatte in den folgenden Jahren entscheidenden Anteil daran, daß sich der junge Staat gegenüber den arabischen Nachbarstaaten militärisch, politisch und wirtschaftlich behaupten und festigen konnte.

1952 schloß er das in Israel höchst umstrittene sogenannte Wiedergutmachungsabkommen über deutsche Reparationszahlungen mit Konrad Adenauer (→ Deutsche Nahostpolitik). Ein Jahr später quittierte er den Staatsdienst, wurde jedoch von vielen weiterhin als Hauptdrahtzieher wichtiger Entscheidungen gesehen, so z.B. von dem jungen → Ariel Sharon, der im Oktober 1953 auf Ben-Gurions Anweisung das jordanische Dorf Qibya als Antwort auf Fedayinübergriffe dem Erdboden gleichmachte. Schon 1955, im Zusammenhang mit der Lavon-Affäre (→ Geheimdienste) – der Aufdeckung eines israelischen Spionagenetzwerks in → Ägypten –, wurde er erneut zum Verteidigungsminister ernannt und einige Monate später wieder zum Ministerpräsidenten gewählt. In dieser Position war Ben-Gurion eine der treibenden Kräfte, die die israelische Stärke im → Suezkrieg von 1956 beweisen wollten.

Im Juni 1963 zog sich David Ben-Gurion aus der aktiven Politik zurück, obwohl sein Engagement ungebrochen blieb und er u.a. noch 1965 zusammen mit einigen jüngeren Mitgliedern der Mapai wie → Shimon Peres und Moshe Dayan die Rafi-Partei gründete – hauptsächlich aufgrund persönlicher Differenzen mit seinem Nachfolger Levi Eshkol. Die letzten Jahre bis zu seinem Tod verbrachte Ben-Gurion in seinem Kibbuz Sde Boker in der Wüste Negev.

Bir-Zeit-Universität

Die Bir-Zeit-Universität ist die drittgrößte, älteste und politisch aktivste Universität in den Palästinensischen Gebieten. Insgesamt gibt es acht palästinensische Universitäten, wovon die Islamische Universität in Gaza diejenige mit der höchsten Studentenzahl ist, gefolgt von der An-Najah-Universität in Nablus. Weitere Universitäten befinden sich in Bethlehem, Hebron, → Jerusalem und in Gaza.

Die Bir-Zeit-Universität wurde 1924 als Dorfschule in Bir Zeit, nahe Ramallah, von palästinensischen Christen gegründet. 1935 wurde daraus bereits ein Gymnasium, 1953 ein College mit zweijährigem Studium; seit 1963 erkennt die → Amerikanische Universität Beirut, renommierteste Universität im Nahen Osten, die Diplome von Bir Zeit an. Universitätsstatus erlangte Bir Zeit jedoch erst 1973 unter der israelischen Besatzung.

Die Bir-Zeit-Universität wurde von den Israelis oft als Keimzelle des palästinensischen Nationalismus betrachtet und war dementsprechend vielfältigen israelischen Repressionen ausgesetzt. So hat die Besatzungsmacht regelmäßig Lehrpläne annulliert, Bücher konfisziert, die Finanzen genau geprüft, Dozenten und Studenten in Gewahrsam genommen (Verwaltungshaft) oder die Straßen nach Bir Zeit blockiert und so den Zugang erschwert. 1974 wurde der damalige und jetzige Universitätspräsident, Hanna Nasser, in einer Nacht- und Nebelaktion in den → Libanon deportiert. Israelische Truppen führten regelmäßig Razzien in der Universität und in den Wohnheimen durch, wobei es immer wieder Verletzte und 1986 sogar Tote gab. Vornehmlich wandte → Israel aber wiederholt die vorübergehende Schließung der Universität als Kollektivstrafe an.

Die längste Schließung war während der → Intifada, als die Bir-Zeit-Universität von Dezember 1987 bis April 1992 länger als alle anderen Bildungsinstitutionen geschlossen blieb. In dieser Zeit hielt der Lehrkörper eine »Universität im Exil« ab, d.h. die Professoren unterrichteten geheim weiter, u.a. in Wohnungen, Moscheen und Kirchen. Mangels staatlicher Strukturen hat die Universität in einigen Bereichen staatliche Funktionen übernommen, so z.B. in der Heilmittelkontrolle und in der Förderung ökologischer Landwirtschaft.

Bildung wird von den Palästinensern als menschliches Kapital, speziell im Exil, hochgeschätzt. Die Bir-Zeit-Universität verkörpert diese Wertschätzung besser als andere Einrichtungen, weil hier auch unter den widrigsten Umständen versucht wird, ein intellektuelles und tolerantes Klima zu bewahren. Seitdem die → Palästinensische Nationalbehörde die Macht übernommen hat, sind einige palästinensische Intellektuelle aus dem Exil zurückgekehrt und lehren nun an der Universität. Sie behalten sich das Recht vor, die Nationalbehörde scharf zu kritisieren.

Blauhelme → UN-Truppen

B'Tselem → Israelische Friedensbewegung

C

Camp-David-Abkommen

In Camp David wurde am 17. September 1978 vom ägyptischen Präsidenten → Sadat, dem israelischen Ministerpräsidenten Begin und dem amerikanischen Präsidenten Jimmy Carter das Camp-David-Abkommen unterzeichnet (zur Vorgeschichte → Ägypten, → Israel). Das Abkommen, das nach 13 zähen Verhandlungstagen zustande kam, bestand aus zwei Rahmenverträgen. Der erste Vertrag basierte auf der Resolution 242 des Sicherheitsrats der Vereinten Nationen (→ UN-Resolutionen) als Grundlage für einen künftigen umfassenden Friedensvertrag im Nahen Osten. Für den → Gazastreifen und das → Westjordanland wurde ein fünfjähriger Autonomiestatus vorgesehen, der nach dieser Übergangszeit von einer endgültigen Regelung abgelöst werden sollte, wobei zwar die Frage der Souveränität ausgespart blieb, Israel sich aber verpflichtete, die »legitimen Rechte des palästinensischen Volkes« anzuerkennen. Außerdem wurde ein Normalisierungsprozeß zwischen Israel und Ägypten umrissen, der als erster Schritt für entsprechende Abkommen mit den anderen Nachbarstaaten Israels verstanden wurde. Hatte dieses erste Dokument aus ägyptischer Sicht vor allem den Zweck, Ängste der anderen arabischen Staaten und besonders der Palästinenser zu besänftigen, so bezog sich das zweite, wesentlich konkretere Rahmenabkommen auf das künftige Verhältnis zwischen Israel und Ägypten, indem es den Abschluß eines Friedensvertrags zwischen den beiden Staaten vorsah, dem ein vollständiger Rückzug Israels vom Sinai vorauszugehen hatte. Der Friedensvertrag sollte die gegenseitige Anerkennung, die Einrichtung gegenseitiger diplomatischer Vertretungen, freien Warenaustausch und das Ende wirtschaftlicher Boykottmaßnahmen beinhalten. Bestandteil des Vertragswerks war auch ein Schriftwechsel, in dem Sadat einerseits erklärte, daß der arabische Teil → Jerusalems künftig auch arabischer Hoheit unterstellt werden müsse, während Begin auf ganz Jerusalem als Hauptstadt Israels bestand.

Umgesetzt wurden die Abkommen von Camp David lediglich in jenen Punkten, die unmittelbar die Beziehungen zwischen Ägypten und Israel betrafen. So wurde am 26. März 1979 nach erneuter amerikanischer Vermittlung in Washington ein umfassender Friedensvertrag unterzeichnet, dem bis April 1982 der schrittweise Rückzug der Israelis aus dem Sinai folgte.

Auch wenn Ägypten durch diesen Separatfrieden innerhalb der arabischen Welt in eine jahrelange Isolation geriet und der Frieden mit Israel ein »kühler« blieb, war er doch ein erster Schritt zu einer Aussöhnung mit dem jüdischen Staat auf einem Weg, dem schließlich auch die Osloer Verträge (→ Osloer Prinzipienerklärung, → Oslo-Abkommen) folgten. Sadat und Begin erhielten für ihre Politik im Dezember 1978 den Friedensnobelpreis.

Camp David II

In Anlehnung an die 1978 erfolgreich abgeschlossenen → Friedensverhandlungen zwischen → Ägypten und → Israel (→ Camp-David-Abkommen) fand auf Einladung von US-Präsident Clinton vom 11. bis 25. Juli 2000 in Camp David ein erneuter Nahostgipfel zwischen den Konfliktparteien Israel und → Palästina statt. Ein wochenlanges Tauziehen und innenpolitische Krisen auf beiden Seiten gingen dem Gipfel voraus. Beabsichtigt war, ein Rahmenabkommen zu verabschieden, das alle strittigen Fragen beinhalten sollte, die seit Beginn des Friedensprozesses immer wieder auf die Endstatusverhandlungen verschoben worden waren. Wie im → Wye-River-Abkommen vereinbart, lief die Frist für die endgültigen Verhandlungen am 13. September 2000 aus. → Arafat hatte wiederholt erklärt, daß er an diesem Tag einseitig den Staat Palästina ausrufen werde. In Anbetracht dieses Zeitdrucks und der Brisanz der Gesprächsthemen verhängten beide Seiten übereinstimmend eine Nachrichtensperre über die laufenden Verhandlungen.

Die Gesprächspartner → Barak und Arafat verhandelten zwei Wochen lang über Kompromißangebote und Zugeständnisse in ungeklärten Fragen – Rückkehrrecht der palästinensischen → Flüchtlinge, Grenzziehung, Wasserrechte (→ Wasser), Sicherheit und Status der → Siedlungen in den selbstverwalteten Palästinensischen Gebieten. Als größte Schwierigkeit erwies sich jedoch eine mögliche Regelung des künftigen Status von → Jerusalem. Obwohl es nach amerikanischen Angaben in allen Hauptpunkten, vor allem auch in der Jerusalemfrage, Fortschritte und Annäherungen gegeben hatte und Barak nach eigenen Angaben größere Zugeständnisse gemacht hatte als jede Regierung vor ihm – nämlich etwa 92 Prozent des → Westjordanlands und Ostjerusalems ausschließlich des Tempelbergs als Hauptstadt an die Palästinenser zu übertragen –, scheiterten die Verhandlungen letztendlich an der Unnachgiebigkeit beider Seiten, die in dieser so symbolbehafteten und emotionsgeladenen Frage keine Kompromisse eingehen wollten. Die amerikanischen Vermittler sowie die westliche Presse insgesamt sahen in Arafats Weigerung, die »historischen« israelischen Kompromißangebote anzunehmen, den Hauptgrund für das Scheitern. Arafat schien es zu diesem Zeitpunkt jedoch politisch nicht möglich, dem geforderten Verzicht auf das

Rückkehrrecht der palästinensischen Flüchtlinge zuzustimmen.

Ebenso wie die Gipfelverhandlungen verliefen weitere Bemühungen, bis zum 13. September das vereinbarte Abkommen über eine dauerhafte Friedensregelung auszuhandeln, ohne Ergebnis. Der Stichtag verstrich ohne erkennbare Fortschritte, und der Palästinensische Zentralrat verkündete, die vorgesehene Proklamation eines unabhängigen Staates Palästina ohne genaue Festlegung um mindestens weitere zwei Monate zu verschieben. Die angestauten Frustrationen und nicht erfüllten Hoffnungen auf seiten der Palästinenser sowie die Befürchtungen des rechten politischen Spektrums in Israel – vor allem der Siedler – gaben den extremen Kräften beider Seiten Auftrieb und entluden sich in der → Al-Aqsa-Intifada. Dennoch symbolisiert Camp David II einen Wendepunkt, denn zum ersten Mal im gesamten Osloer Friedensprozeß wurden die kompliziertesten Verhandlungsthemen des Konflikts offen angesprochen.

Christentum

In allen Staaten, die in diesem Lexikon behandelt werden, ist das Christentum mit unterschiedlichen Konfessionen vertreten. Die insgesamt etwa acht bis zehn Millionen Christen haben in diesen Staaten heute etwa folgende Anteile an der Gesamtbevölkerung: → Ägypten 7 bis 11 Prozent, → Palästina 6 Prozent, → Israel 2 Prozent, → Jordanien 4 Prozent, → Syrien 12 Prozent und → Libanon 40 Prozent (die Zahlen sind Schätzungen; die christlichen Kirchen selbst gehen in der Regel von höheren Anteilen aus). Die Zahl der Christen aller Konfessionen ist während des gesamten 20. Jahrhunderts proportional durch die höhere Geburtenrate in muslimischen Familien, aber auch in absoluten Zahlen durch eine starke Auswanderungsbewegung in die → USA, nach Südamerika und Europa erheblich zurückgegangen.

Die orientalischen Christen zerfallen in wenigstens 13 verschiedene Konfessionen von zahlenmäßig sehr unterschiedlicher Stärke. Die erste konfessionelle Spaltung geht auf mehrere Konzile im 4. und 5. Jahrhundert zurück und entzündete sich an der Definition der Natur Christi. Während die byzantinische Griechisch-Orthodoxe Reichskirche an der Auffassung festhielt, daß in Christus eine göttliche und eine menschliche Natur »unvermischt« verbunden seien, vertraten die Monophysiten die Lehre, daß in ihm nur die eine Natur des fleischgewordenen Wortes Gottes existiere. Das Schisma führte u.a. zur Herausbildung der Koptischen, der Syrisch-Orthodoxen (Jakobitischen) und der Armenischen Kirche. Über die Jahrhunderte gab es weitere Spaltungen insofern, als einzelne Teile mehrerer orientalischer Kirchen mit der Römisch-Katholischen Kirche unierten, ohne jedoch ihre innere Unabhängigkeit aufzugeben. Die heute wichtigsten Konfessionen sind folgende:

- Die Armenische Kirche
- Die Griechisch-Orthodoxe Kirche
- Die Griechisch-Katholische Kirche
- Die Koptische Kirche
- Die Maronitische Kirche

Die Armenische Kirche

Die → Armenier wurden in ihrer Heimat in Kleinasien bereits im 3. Jahrhundert durch den Hl. Gregor christianisiert, weshalb sich ihre Kirche auch als Gregorianische Kirche bezeichnet. Daneben finden sich auch die Bezeichnungen »gregorianisch-orthodox« und »armenisch-orthodox«, was insofern verwirrend ist, als diese Kirche mit den Griechisch-Orthodoxen nichts gemein hat, da sie wie die Kopten und andere Konfessionen Monophysiten geblieben sind. Ihren

»Heiligen Stuhl« nimmt der Katholikos ein, der seinen Sitz bis 1920 in Kilikien in der Türkei hatte. Seitdem gibt es zwei Katholikoi, einen in der Republik Armenien und einen zweiten in Antelias im Libanon. Im Jahre 1740 spaltete sich die Gregorianische Kirche, indem sich ein Teil des Klerus nach Rom orientierte, woraus die Armenisch-Katholische Kirche entstand, deren Patriarch seinen Sitz in Antelias im Libanon hat. Schließlich waren die protestantischen Missionare aus Europa und den USA im 19. Jahrhundert gerade unter den Armeniern besonders erfolgreich, weshalb Beirut nun auch noch der Sitz der Union der Armenisch-Evangelischen Kirchen ist.

Die Griechisch-Orthodoxe Kirche
Sie trennte sich im Schisma von 1054 von der weströmischen (= katholischen) Reichskirche und bildete die Reichskirche des byzantinischen Reiches, der vier Patriarchen vorstanden, nämlich jene von Konstantinopel, Antiochien (heute mit Sitz in Damaskus), → Jerusalem und Alexandria. Ihre ursprüngliche Bezeichnung als Melkiten, d.h. Anhänger der Reichskirche, wird inzwischen nur noch für die Griechisch-Katholische Kirche verwendet. In Syrien, Jordanien und Palästina stellen die Griechisch-Orthodoxen heute jeweils die größte christliche Konfession dar und die zweitgrößte im Libanon hinter den Maroniten, während sie in Ägypten (Koptische Kirche) kaum mehr eine Rolle spielen. Im hier behandelten Raum des Nahen Ostens hat die Griechisch-Orthodoxe Kirche etwa eine Million Anhänger, davon in Syrien etwa 500 000, im Libanon ca. 350 000 und in Jordanien, Palästina und Israel zusammen etwa 150 000.

Die Griechisch-Katholische Kirche
Sie ist eine Abspaltung von der Griechisch-Orthodoxen Kirche und entstand aus den 1724 einsetzenden Unionsbestrebungen von Teilen mehrerer orientalischer Kirchen

mit Rom. Ihre Mitglieder werden heute häufig Melkiten genannt (von der semitischen Bezeichnung für König, Kaiser), eine Bezeichnung, die vorher die Griechisch-Orthodoxen trugen. Das Griechisch-Katholische »Patriarchat von Antiochien, Alexandria, Jerusalem und dem ganzen Osten« hat seinen Sitz in Damaskus, der Patriarch selbst geht seinen Amtsgeschäften aber meistens vom Libanon aus nach. Ein Griechisch-Katholisches Seminar wurde 1882 in Jerusalem gegründet, nach der Eroberung Ostjerusalems durch Israel im → Junikrieg 1967 aber wurde es nach Harissa und schließlich nach Rabwé im Libanon verlegt. Die Liturgiesprache der Kirche ist Arabisch, doch zählen die Griechisch-Katholischen im Libanon und in Syrien zu den frankophilsten Einwohnern.

Im Einzugsbereich des Patriarchats von Antiochien leben die meisten Mitglieder der Griechisch-Katholischen Kirche: im Libanon etwa 300 000, in Syrien ungefähr 100 000. Kleinere Gemeinschaften finden sich auch in Jordanien, Palästina und Israel (zusammen etwa 70 000 Anhänger). Außerhalb dieses Ursprungsgebiets sind durch rege Auswanderung seit dem 19. Jahrhundert große Gemeinden in Nord- und Südamerika entstanden, die inzwischen so viele Mitglieder haben dürften wie die im Nahen Osten.

Die Koptische Kirche

Bedeutendste christliche Konfession in Ägypten mit einem Bevölkerungsanteil von knapp zehn Prozent (im Jahre 2000 etwa 6,6 Millionen der Gesamtbevölkerung, wobei die eigenen Angaben der Kirche allerdings weit höher liegen). Kleinere koptische Gemeinden bestehen auch in anderen arabischen Staaten, durch eine rege Auswanderung aber auch in Nord- und Südamerika, in Australien und Europa. Der Name »Kopte« leitet sich her von der griechischen Bezeichnung für Ägypten (Aigyptos), was wiederum auf Hikaptah, einen der Namen der Stadt Memphis, zurückgeht. Auf dem

Konzil von Chalcedon 451 trennte sich die Koptische Kirche von der Griechisch-Orthodoxen Reichskirche und bekannte sich zum Monophysitismus (nicht jedoch nach der eigenen Definition). Sie führt ihren Ursprung auf den Evangelisten Markus zurück. Nach der islamisch-arabischen Eroberung 641 verlor die Koptische Kirche in einem sich über Jahrhunderte hinziehenden Prozeß einen großen Teil ihrer Anhänger an den sunnitischen → Islam. Oberster Leiter der Gemeinschaft ist der Patriarch, auch Papst genannt, mit Sitz in Kairo. Gegenwärtiger Patriarch ist Shenuda III., der als 117. Nachfolger des Hl. Markus gilt. Ihm unterstehen weltweit über 60 Bischöfe, darunter in Jerusalem, Westafrika, Frankreich, Großbritannien und den USA.

Laut ägyptischer Verfassung ist im Land die Religionsfreiheit garantiert. Da sich Kopten seit dem 19. Jahrhundert den neuen, vom Westen übernommenen Schulsystemen rascher öffneten als die Muslime, entstand eine bedeutende akademische Elite; auch das Bestreben, an westlichen Universitäten zu studieren, ist bei ihnen stärker. Kopten sind als Minister regelmäßig in ägyptischen Regierungen vertreten. Sie fühlen sich dem ägyptischen Nationalismus weit stärker verbunden als panarabischen oder gar panislamischen Vorstellungen. Eine der bekanntesten koptischen Politikerfamilien ist seit Beginn des 20. Jahrhunderts die Familie → Ghali. In den neunziger Jahren des vergangenen Jahrhunderts waren Kopten vor allem in Oberägypten nicht selten Zielscheibe militanter islamistischer Gruppen (→ Islamismus).

Ein kleiner Teil (weniger als fünf Prozent) hat sich von der Koptischen Kirche getrennt und mit Rom uniert, dabei jedoch den koptischen Ritus beibehalten.

Die Maronitische Kirche

Die Maroniten tragen ihren Namen nach einem Mönch namens Maron aus dem 5. Jahrhundert, der bei Apamea in

Westsyrien ein Kloster gründete. Seine Anhänger folgten zunächst allen dogmatischen Beschlüssen der Konzile der byzantinischen Reichskirche, so auch denen von 628, als für die Diskussion um die Natur Christi als Kompromiß die Lehre formuliert wurde, Christus habe zwar zwei Naturen, aber nur einen Willen (Monotheletismus). Die Rücknahme dieses Beschlusses auf dem Konzil von 680, auf dem die Monotheletisten zu Häretikern abgestempelt wurden, wurde von den Anhängern Marons jedoch nicht nachvollzogen, was zur Herausbildung einer eigenen Kirche führte. In der Folgezeit gab diese zwar den Monotheletismus wieder auf, richtete sich aber nicht mehr nach der Griechisch-Orthodoxen Kirche aus, sondern spätestens seit der Berührung mit den Kreuzfahrern nach der Römisch-Katholischen, mit der sie unierte. Bis 1900 blieb die Sprache der Liturgie das Syrisch-Aramäische, das dann durch das Lateinische ersetzt wurde.

Kernland der Maroniten ist der Libanon (der Mont Liban mit dem Shoufgebirge, die nördliche Bekaa-Ebene und der → Südlibanon), wo sie heute etwa 20 Prozent der Bevölkerung ausmachen. Weitere größere Gemeinden bestehen vor allem in Aleppo, Damaskus, Kairo und Zypern sowie infolge größerer Auswanderungen in Detroit (USA) und São Paulo (Brasilien), jeweils mit einem Bischofssitz.

Durch die historisch bis ins 17. Jahrhundert zurückreichende traditionelle Protektion von seiten Frankreichs, vor allem während der → Mandatszeit, kamen zahlreiche Maroniten, die vorher fast ausschließlich als Bergbauern tätig waren, in die Küstenstädte, wo sie einen beachtlichen Anteil an der Hochfinanz erwerben konnten. Aufgrund des Nationalpakts von 1943 stellen sie den Staatspräsidenten, dessen Befugnisse durch das Taif-Abkommen 1989 erheblich eingeschränkt wurden. Wichtigste politische Partei ist die Kataib, der im → Libanesischen Bürgerkrieg bedeutsamste Gegner der muslimischen Gruppierungen. Viele Maroniten betrachten sich, obwohl sie Arabisch als Muttersprache sprechen, nicht als Araber, sondern als Nachkommen der syrischen Aramäer, wenn nicht gar der Phönizier.

Clinton-Plan → Al-Aqsa-Intifada

D

Dayan, Moshe → Junikrieg (1967)

Deir Yassin → Mandatszeit

Deutsche Nahostpolitik

Die Nahostpolitik der Bundesrepublik Deutschland ist seit ihren Anfängen in erster Linie gekennzeichnet durch die besonderen Beziehungen zum Staat → Israel. Die Haltung der Bundesrepublik zu den in diesem Lexikon behandelten arabischen Staaten unterliegt dieser Maxime und ist Teil eines komplexen Beziehungsgeflechts. (Auf die Nahostpolitik der DDR soll hier nicht eingegangen werden.)

Gemäß dem 1952 zwischen → David Ben-Gurion und Konrad Adenauer geschlossenen sogenannten Wiedergutmachungsabkommen verpflichtete sich die Bundesrepublik bis 1965 3,45 Milliarden DM als »Globalentschädigung« für jüdische NS-Flüchtlinge an Israel zu zahlen. Tatsächlich stammten zwischen 1953 und 1965 über 47 Prozent der einseitigen Kapitaltransfers, die nach Israel flossen, aus deutschen Wiedergutmachungszahlungen. Zuzüglich zu den Globalentschädigungen gibt es fortlaufende individuelle Wiedergutmachungsleistungen, die sich bis zum Jahr 2000 auf rund 30 Milliarden DM beliefen, und eine umfangreiche Entwicklungszusammenarbeit. Obwohl Adenauer 1953 den arabischen Staaten versicherte, daß die deutschen Leistungen an Israel die deutsche Neutralität im arabisch-israelischen Konflikt nicht verletzten, wurden diese Zahlungen im arabischen Lager als deutsche Unterstützung der israelischen Expansionspolitik gewertet. Das besondere Verhältnis Deutschlands zu Israel wurde über die Jahre kontinuierlich ausgebaut. Der → Golfkrieg z.B. veranschaulichte dies in besonderer Weise, ebenso der 50. Jahrestag der Staatsgründung Israels 1998, der auch in Deutschland auf einer Reihe offizieller und privater Veranstaltungen begangen wurde, die alle Aspekte der bilateralen Beziehungen widerspiegelten.

Die Bundesrepublik pflegt jedoch auch zu allen arabischen Nachbarstaaten Israels gute diplomatische Beziehungen. Diese wurden allerdings 1965, als die deutsch-israelischen Beziehungen mit der Eröffnung diplomatischer Vertretungen formalisiert wurden, abgebrochen und Anfang der siebziger Jahre wiederaufgenommen. Die deutsch-arabischen Handelsbeziehungen haben sich inzwischen relativ unabhängig von der Palästinafrage entwickelt. Die arabischen Staaten haben ihre wirtschaftliche Macht (»Ölwaffe«) niemals gezielt eingesetzt, um eine Kursänderung der deutschen Nahostpolitik zu bewirken. Gleichzeitig ist sich die Bundesrepublik der strategischen Lage und wirtschaftlichen Bedeutung der arabischen Länder bewußt.

Seit Anfang der siebziger Jahre verläuft die deutsche Nahostpolitik im institutionellen und inhaltlichen Rahmen der Europäischen Gemeinschaft bzw. → Europäischen Union (EU). Dadurch wurde der Spagat zwischen staatspolitischer Neutralität und moralischer Verpflichtung erleichtert, und die Bundesrepublik konnte sich der EU auch in israelkritischen Stellungnahmen anschließen. Unter Außenminister Genscher wurden gezielte Bemühungen unternommen, eine ausgewogenere Balance in der deutschen Nahostpolitik zu erlangen und die deutsch-israelischen Beziehungen zu »normalisieren«. Die deutsche Wiedervereinigung und internationale Befürchtungen vor einem zu starken Deutschland ließen jedoch die Bundesrepublik zunächst eine zögerliche Haltung gegenüber der → PLO einnehmen. Auch nachdem die → USA und die PLO im November 1988 – als die PLO das Existenzrecht Israels anerkannt hatte – offizielle Gespräche auf Botschafterebene initiierten, wertete die Bundesregierung ihre Beziehungen zur PLO noch nicht auf.

Um so erstaunlicher ist es, daß die Bundesrepublik das erste Land war, das nach Errichtung der → Palästinensischen Nationalbehörde Anfang August 1994 ein Vertretungsbüro in Jericho eröffnete, um deutsche und internationale Hilfsmaßnahmen besser zu koordinieren. Dieser Schritt wurde unter den Palästinensern, aber auch im gesamtarabischen Raum, sehr positiv aufgenommen. Zusätzlich zu ihren Anteilen an der EU-Hilfe stellte die Bundesrepublik 1994 knapp 77 Millionen DM für technische und finanzielle Zusammenarbeit zur Verfügung. Diese Hilfeleistungen konzentrieren sich speziell auf die Infrastruktur im Bereich der Wasserversorgung, Abwasserentsorgung und Müllbeseitigung, aber auch auf den Aufbau der palästinensischen Polizei. Der damalige Kanzler Helmut Kohl stattete → Arafat 1995 einen Besuch in Jericho ab, als Beweis für das elementare Interesse, das in Deutschland am Erfolg der → Friedensverhandlungen in Nahost vorhanden ist.

Die Beziehungen Deutschlands zu den Hauptakteuren des Nahostfriedensprozesses, speziell zu Israel, gestalteten sich mit → Netanyahus Amtsantritt und den stockenden → Friedensverhandlungen zunehmend schwieriger. Deutsche Politiker machten in Interviews Israel für die Stagnation des Friedensprozesses verantwortlich und wiesen darauf hin, daß Israel seine Verpflichtungen einhalten, seine Truppen zurückziehen und beim Bau jüdischer Siedlungen in den Palästinensischen Gebieten zu Konzessionen bereit sein müsse. Von der palästinensischen Seite fordert die Bundesrepublik eine »systematische Bekämpfung des Terrorismus im Rahmen rechtsstaatlicher Grundsätze«. Trotzdem stockte Deutschland sowohl bilateral als auch im Rahmen der EU seine finanzielle Hilfe an die Palästinenser auf, aber auch → Jordanien und → Ägypten erhielten finanzielle Zuwendungen, um die »Rahmenbedingungen des Friedens zu verbessern«.

Das Stagnieren dieses Prozesses bewog die Bundesrepublik, in Übereinstimmung mit ihren Partnern in der EU, im Verlauf der Jahre 1997 bis heute, allen Beteiligten wiederholt klarzumachen, daß es keine sinnvolle Alternative zur Fortsetzung der Friedensverhandlungen gibt – ein Indiz für die auch in Deutschland herrschende Überzeugung, daß das Überleben Israels mit einer gerechten Lösung für die Palästinenser verknüpft ist. Vor diesem Hintergrund sind auch die Vermittlungsbemühungen von Außenminister Joschka Fischer Anfang Juni 2001 zu sehen.

DFLP → PLO

Drusen → Islam

E

Europäische Union (EU)

Eine gemeinsame Außenpolitik bezüglich des Nahen Ostens bzw. Versuche, eine solche aufzubauen, waren innerhalb der Europäischen Gemeinschaft (EG) bis in die siebziger Jahre hinein kaum erkennbar. Während vor allem Frankreich, Großbritannien und Italien aus ihrer proarabischen Haltung meist keinen Hehl machten, waren z.B. die Niederlande stets darauf bedacht, → Israel besonders zu unterstützen. Und die Bundesrepublik Deutschland scheute sich aufgrund ihrer historischen Belastung meist, klare Positionen zu beziehen, stand im Zweifelsfalle aber immer auf der Seite Israels (während die DDR die von der → Sowjetunion vorgegebenen strikt proarabischen Positionen verfocht). Weder während des → Junikriegs 1967 noch während des → Oktoberkriegs 1973 konnte man sich auf eine gemeinsame Haltung verständigen. Lediglich die → UN-Resolution 242 wurde von allen Staaten der Gemeinschaft unterstützt, und erst der durch die Ölkrise erzeugte Druck führte 1973 zu einer Resolution des Ministerrats, in der die Palästinafrage nicht mehr nur auf ein Flüchtlingsproblem reduziert wurde (→ Flüchtlinge), sondern auch die legitimen Rechte der Palästinenser eingefordert wurden. Es folgten in den kommenden Jahren weitere Resolutionen in diesem Sinne, von denen jene von Venedig 1980 ausdrücklich auch das Recht der Palästinenser auf Selbstbestimmung einforderte; die → PLO wurde zwar noch nicht anerkannt, doch es wurde verlangt, sie »in die Verhandlungen mit einzubeziehen«, was der israelische

Ministerpräsident Begin mit Erpressung und München 1938 verglich, während die PLO die Resolution als unzureichend ablehnte.

Ende 1973 war auf Drängen von arabischer Seite in Kopenhagen auch ein europäisch-arabischer Dialog ins Leben gerufen worden, der jedoch aufgrund unterschiedlicher wirtschaftlicher und politischer Vorstellungen keine greifbaren Ergebnisse zeitigte. 1975 wurde dagegen zwischen der Europäischen Gemeinschaft und Israel ein Abkommen über Freihandel, finanzielle und technische Zusammenarbeit geschlossen, dem allerdings ähnliche Abkommen mit einer Reihe arabischer Staaten folgten. Die Strategie der EG-Kommission war es, durch Modernisierung und Steigerung des Handelsvolumens europäische Interessen in der Region zu wahren, um langfristig eine Zollunion oder sogar eine Freihandelszone zu errichten. Ende der achtziger Jahre traten dann immer stärker sicherheitspolitische Überlegungen in den Vordergrund. Die daraus entwickelte *Redirected Mediterranean Policy* hatte aber außer einigen weiteren Handelszugeständnissen und höheren Hilfsgeldern wenig Auswirkungen.

Nachdem bereits das → Camp-David-Abkommen 1978 den Europäern vor Augen geführt hatte, daß allein die → USA in der Lage waren, einen entscheidenden Friedensprozeß im Nahen Osten in Gang zu setzen, tat dies um so mehr die → Madrider Friedenskonferenz 1991, bei der sie zu reinen Statisten degradiert waren. Dagegen wuchs der EU in den folgenden Jahren die führende Rolle bei der wirtschaftlichen Absicherung der Umsetzung der → Oslo-Abkommen zu. Allein für die Jahre 1994 bis 1998 wurden aus dem EU-Budget 500 Millionen Euro für die besetzten Gebiete genehmigt. 1998 kamen 53 Prozent der Finanzhilfen an → Palästina von der EU.

Dennoch versuchte Europa gleichzeitig, auch politisch im Nahen Osten präsent zu bleiben. Die – rechtlich allerdings nicht bindende – Abschlußerklärung der Konferenz von Barcelona 1995 formulierte drei »Säulen« für die künftige Kooperation zwischen der EU und den arabischen Mittelmeeranrainern: 1. Regionale Sicherheit, vertrauensbildende Maßnahmen, Beachtung der Menschenrechte; 2. Einrichtung einer Freihandelszone bis 2010 (was sich inzwischen bereits als unrealistisch erweist), verstärkte wirtschaftliche Zusammenarbeit, Hilfestellungen bei der Anpassung der Volkswirtschaften; 3. Verstärkung des Kulturaustauschs, des Dialogs zwischen gesellschaftlichen Organisationen und der Zusammenarbeit in Bildungsfragen mit dem Ziel, zivilgesellschaftliche Strukturen zu fördern. Der Versuch des französischen Präsidenten Chirac, seit 1995 für die EU auch eine größere Rolle im Friedensprozeß zu erreichen, führte 1996 aufgrund der abweisenden Haltung der USA und der zögerlichen Strategie Großbritanniens zur Ernennung eines Sondergesandten der EU für den Friedensprozeß nach dem Vorbild des EU-Sondergesandten für den Jugoslawienkonflikt. Man einigte sich auf den Spanier Miguel Moratinos, einen früheren Botschafter in Israel, der auch bereits an der Konferenz von Barcelona maßgeblich beteiligt gewesen war. Bislang scheint er die ihm zugewiesenen bescheidenen Berater- und Vermittlerfunktionen effektiv vorwiegend hinter den Kulissen wahrzunehmen. Da er seine Rolle ausdrücklich nur als ergänzend zu jener der USA begreift, konnte er sich dort, wo man ihm wie auch in Israel zunächst ablehnend gegenüberstand, Respekt verschaffen.

Inzwischen hat sich gezeigt, daß der Barcelona-Prozeß, vor allem was die Fragen von Politik und Sicherheit angeht, völlig abhängig ist von Fortschritten in der Umsetzung der Oslo-Abkommen und daß die EU aufgrund israelischer Vorbehalte nicht in der Lage ist, außer durch flankierende wirtschaftliche Maßnahmen den Friedensprozeß im Nahen Osten entscheidend mitzugestalten.

F

Fadlallah, Scheich Muhammad Hussain → Hizbollah

Flüchtlinge

Dieser Begriff bezieht sich hier nur auf die vertriebenen Palästinenser, obwohl anzumerken ist, daß es im gesamten Nahen Osten immer wieder Flüchtlingswellen und erzwungene Bevölkerungsströme gab (→ Libanon, → Armenier, → Kurden, → Tscherkessen, → Aliya).

Das palästinensische Flüchtlingsproblem begann mit dem ersten → Arabisch-Israelischen Krieg von 1948/49, in dem schätzungsweise 730 000 Palästinenser (von den 1 300 000 im Mandatsgebiet → Palästina ansässigen) aus dem neu ausgerufenen Staat → Israel in das → Westjordanland, den → Gazastreifen und die umliegenden Aufnahmeländer, allen voran → Jordanien, flüchteten. Nur 100 000 bis 150 000 Palästinenser blieben in Israel. Eine zweite große Flüchtlingswelle gab es 1967 infolge des → Junikriegs, in dessen Verlauf weitere 300 000 Palästinenser heimatlos wurden, manche gar zum zweiten Mal, und aus dem Westjordanland und dem Gazastreifen nach Jordanien (200 000), → Syrien und → Ägypten vertrieben wurden. Nach dem zweiten → Golfkrieg schließlich gab es eine dritte Welle von Flüchtlingen: palästinensische Arbeitsmigranten, die aus den Golfstaaten ausgewiesen wurden und mehrheitlich nach Jordanien gingen. Ihre Zahl wird auf 300 000 bis 350 000 geschätzt.

Die große Mehrheit der Flüchtlinge siedelte zuerst in den von der UNRWA (United Nations Relief and Works Agency for Palestine Refugees in the Near East, → UN-Resolutionen), dem UN-Hilfswerk für Palästina-Flüchtlinge im Nahen Osten, verwalteten Flüchtlingslagern. 1999 wurde die palästinensische Bevölkerung weltweit auf 5,5 bis 7 Millionen geschätzt; Statistiken sind schwer zugänglich und politisch gefärbt. Die einzigen verläßlichen Zahlen sind die der UNRWA, die 1999 über 3 670 000 Palästinenser in ihrem Verwaltungsbereich in Jordanien, dem Westjordanland, dem Gazastreifen, Libanon und Syrien registriert hatte. Von diesen wiederum lebt etwa ein Drittel noch immer in Flüchtlingslagern, die sich allmählich in permanente Elendsquartiere verwandelt haben. Die höchste Anzahl der als Flüchtlinge registrierten Palästinenser findet sich in Jordanien mit etwas über 1,5 Millionen, gefolgt vom Gazastreifen und dem Westjordanland, deren Bevölkerung immer noch etwa zur Hälfte aus registrierten Flüchtlingen besteht, und zu etwa gleichen Teilen im Libanon und in Syrien. Erwähnenswert ist, daß von den 1,5 Millionen Flüchtlingen in Jordanien nur etwa 275 000 auch in Lagern leben. Außerdem beheimatet Jordanien – der einzige Staat, der Palästinensern die Staatsbürgerschaft verlieh – zusätzlich noch 600 000 bis 900 000 Palästinenser (Statistiken, die diese Zahlen belegen könnten, gehören in Jordanien zur Kategorie höchster politischer Brisanz), die nicht als Flüchtlinge registriert, sondern Nachkommen von Palästinensern sind, die schon vor der Gründung Israels nach Jordanien immigriert sind oder infolge der zweiten Fluchtwelle aus dem Westjordanland nach Jordanien kamen.

Lange Zeit betrachtete die internationale Gemeinschaft das Palästinaproblem in erster Linie nicht als nationales Problem, das nach einer staatlichen Lösung verlangt, sondern stellte die Flüchtlingsfrage und das Recht auf Heimkehr in den Vordergrund. Die Resolution 194 der UN-Vollversammlung vom Dezember 1948 (→ UN-Resolutionen) erkannte den palästinensischen Flüchtlingen ein »Recht auf Rückkehr« in ihre Wohnorte oder alternativ ein Recht auf Kompensation zu. Diese Resolution wurde seitdem jährlich durch weitere Beschlüsse bekräftigt, ohne daß bisher auch nur ein konkreter Schritt in diese Richtung realisiert werden konnte. Die Positionen der → PLO und der israelischen Regierung hinsichtlich des Flüchtlingsproblems bleiben unvereinbar. Die palästinensischen Verhandlungspartner beharren auf der Anerkennung des »Rechts auf Rückkehr«, wobei gewisse Verhandlungsspielräume zugestanden werden. Die israelische Regierung dagegen weigert sich standhaft, eine Schuld für die Vertreibung der Palästinenser anzuerkennen, und bezieht das Recht auf Rückkehr nur auf das 1950 erlassene *Right of Return Law*, wonach jedem Juden die Einreise nach Israel und die sofortige Erlangung der Staatsbürgerschaft ermöglicht wird. Palästinensischen Flüchtlingen und auch Palästinensern, die aus Israel oder den besetzten Gebieten stammen und ausgewandert sind, wird hingegen jegliches Rückkehrrecht verweigert. Statt dessen soll ihnen durch internationale Hilfeleistung die dauerhafte Ansiedlung in ihren Aufnahmeländern ermöglicht werden. Eventuell anfallende Entschädigungen verknüpft Israel mit Reparationszahlungen an diejenigen Juden, die seit 1948 aus arabischen Ländern ausgewiesen wurden oder diese freiwillig verlassen haben.

Die → Madrider Friedenskonferenz sah eine multilaterale Arbeitsgruppe zu der Flüchtlingsfrage vor. Dieses Gremium trat achtmal von Januar 1992 bis Dezember 1995 zusammen, ohne jedoch konkrete Ergebnisse vorweisen zu können. Die Diskussion über das Problem der Flüchtlinge von 1948 wurde aufgrund seiner immensen Tragweite immer wieder verschoben. Es soll künftig im Rahmen der bilateralen Gespräche zwischen Palästinensern und Israelis über den endgültigen Status der Palästinensischen Gebiete behandelt werden. Eine Debatte über eine Rückkehr in das israelische Staatsgebiet wird aber wohl an der ablehnenden Haltung Israels scheitern. Diejenigen Palästinenser, die 1967 vertrieben wurden, sollen Gegenstand von multilateralen Verhandlungen zwischen Israel, Ägypten, Jordanien und der → Palästinensischen Nationalbehörde sein, da die arabischen Nachbarn unmittelbar involviert sind. Vorläufig hat die israelische Regierung einem Familienzusammenführungsprogramm zugestimmt, nach dem jährlich 6000 Personen in die Palästinensischen Gebiete zurückkehren dürfen. Diese Zahl wurde jedoch nach israelischem Eingeständnis bisher immer weit unterschritten.

Friedensverhandlungen

Der zweite → Golfkrieg, die sogenannte »neue Weltordnung« der → USA sowie der finanzielle Bankrott der → PLO und die → Intifada, die ihr ursprüngliches Antriebsmoment verloren hatte, bewirkten eine Neuorientierung und die Wiederaufnahme von Friedensverhandlungen, allerdings unter veränderten Vorzeichen: Die PLO wurde de facto als Verhandlungspartner akzeptiert, bei der → Madrider Friedenskonferenz zwar noch nicht offiziell, wohl aber bei den Geheimverhandlungen in Oslo. Die USA übernahmen die Alleinverantwortung unter Ausschluß der internationalen Staatengemeinde, und die arabischen Gesprächspartner verhandelten aus einer klar unterlegenen Position, die aus ihrer Uneinigkeit während des Golfkriegs resultierte. Die Friedensverhandlungen verliefen in folgenden Etappen:

- Am 31. Oktober 1991 begann in Madrid eine Friedenskonferenz unter Beteiligung aller Konfliktparteien außer der PLO. An ihrer Stelle vertrat eine Delegation aus den besetzten Gebieten, die als Teil des jordanischen Verhandlungsteams auftrat, palästinensische Interessen. Die Schirmherrschaft übernahmen die USA und die → Sowjetunion. Die Verhandlungen wurden in Washington ohne nennenswerte Ergebnisse bis 1993 weitergeführt.

- Parallel zu den Washingtoner Verhandlungen fanden Geheimgespräche zwischen → Israel und der PLO in Oslo statt, die im August 1993 öffentlich und durch die Unterzeichnung der → Osloer Prinzipienerklärung (Declaration of Principles) am 13. September 1993 in Washington formalisiert wurden.

- Die Osloer Friedensverhandlungen dauerten von 1993 bis September 1995; sie wurden unterteilt in das → Oslo-I-Abkommen (auch Kairo-Abkommen oder Gaza-Jericho-Abkommen genannt) vom 4. Mai 1994 und das → Oslo-II-Abkommen vom 24. September 1995, auch bekannt als Taba-Abkommen.

- Schließlich gab es noch das → Hebron-Abkommen vom 15. Januar 1997, das mit wiederholter Verzögerung einen Teilabzug israelischer Truppen aus der Stadt Hebron im → Westjordanland vorsah.

- Die vorletzte Verhandlungsrunde wurde durch das → Wye-Abkommen vom 23. Oktober 1998 und dessen Umsetzung im Wye-II-Abkommen (unterzeichnet am 5. September 1999) beschlossen. Diese Vereinbarung sollte auf Druck der USA und unter Mithilfe → Jordaniens den schon festgefahrenen und totgesagten Friedensprozeß noch einmal in Gang bringen.

- Und letztendlich unternahm der amerikanische Präsident Clinton im Juli 2000 einen erfolglosen Versuch, auf dem Gipfeltreffen von → Camp David II die Kontrahenten dazu zu bewegen, vor Ablauf der Interimsperiode ein umfassendes Rahmenabkommen zu unterzeichnen.

Die Ende September 2000 begonnene → Al-Aqsa-Intifada wurde von vielen Beobachtern als endgültiger Todesstoß für den Friedensprozeß angesehen, obwohl Clinton Ende Dezember 2000 in einem verzweifelten allerletzten Versuch darauf hoffte, durch neuerliche amerikanische Vermittlungsvorschläge die Friedensverhandlungen vor Ablauf seiner Amtszeit am 20. Januar 2001 – sozusagen als deren krönendes Abschiedswerk – zu Ende zu bringen.

Ein sich anschließender Verhandlungsmarathon in Taba zwischen Israelis und Palästinensern endete im Januar 2001 ohne Ergebnisse. Die Wahl → Ariel Sharons im Februar 2001 löste in der arabischen Welt Bestürzung aus, und die Gewalt in den Palästinensischen Gebieten, aber auch in Israel, eskalierte weiter.

Fundamentalismus → Islamismus

G

Gazastreifen

Küstenstreifen im südwestlichen Teil des britischen Mandatsgebiets → Palästina, der zusammen mit dem → Westjordanland, den → Golanhöhen, Ostjerusalem (→ Jerusalem) und dem → Südlibanon (bis Mai 2000) die von → Israel besetzten Gebiete bildet. Nur etwa 8 km breit und 45 km lang, hat der Gazastreifen eine Gesamtfläche von 360 km². Einer

Volkszählung der → Palästinensischen Nationalbehörde zufolge betrug die Zahl der rasch wachsenden Bevölkerung (Wachstumsrate 4,4 Prozent) des Gazastreifens im November 1996 963 000, von denen 746 000 beim UN-Hilfswerk für Palästina-Flüchtlinge (UNRWA, → UN-Resolutionen) als → Flüchtlinge registriert waren. Nach einer letzten Schätzung von 1999 hat die Bevölkerung sich auf 1 112 000 vermehrt, von denen 52 Prozent unter 14 Jahren sind. Rund 6000 israelische Siedler besetzen gegenwärtig noch etwa 20 Prozent des Gebiets, was die ohnehin hohe Bevölkerungsdichte im Gazastreifen von mehr als 3320 Personen pro km² (eine der höchsten der Welt) noch weiter steigert. Der Gazastreifen ist im Gegensatz zum Westjordanland umzäuntes Gebiet – daher auch der naheliegende, oft erwähnte Vergleich mit einem großen Flüchtlingslager oder Gefängnis. Die hohe Anzahl der Flüchtlinge bewirkt weiterhin eine inkohärente Gesellschaftsstruktur, die – wiederum im Unterschied zum Westjordanland – keine gewachsenen Bindungen und Traditionen aufweist.

Obwohl Gaza während der → Mandatszeit einen wichtigen Hafen hatte und als Handelszentrum galt, ist die wirtschaftliche Basis heute extrem schwach. Außer Zitrusfrüchten und Gemüse »exportiert« der Gazastreifen hauptsächlich billige Arbeitskräfte nach Israel. Deshalb wird das Gebiet von den israelischen Grenzschließungen, die oft als Kollektivstrafe verhängt werden, besonders hart getroffen. Bedenkt man weiterhin, daß im Gazastreifen aufgrund der enorm hohen Arbeitslosigkeit von jedem Erwerbstätigen ungefähr 30 Menschen abhängig sind, erschließen sich einem die wahren Ausmaße der wirtschaftlichen Misere.

Nach dem ersten → Arabisch-Israelischen Krieg kam der Gazastreifen 1949 unter ägyptische Kontrolle. Er wurde zwar von Kairo aus verwaltet, aber nicht von → Ägypten annektiert, sondern behielt einen autonomen Status. Unter ägyptischer Aufsicht wurde im September 1948 die Gesamtpalästinensische Regierung (Hukumat Umum Filastin) ausgerufen, die Anspruch auf das gesamte Mandatsgebiet Palästina erhob. Nach kurzer Zeit wurde diese ineffektive »Regierung« jedoch nach Kairo verlegt und 1952 für beendet erklärt. Während des → Suezkriegs von 1956 wurde der Gazastreifen von der israelischen Armee okkupiert, wobei die Bevölkerung spontanen Widerstand leistete. Es war die einzige direkte Konfrontation zwischen Israelis und Palästinensern im Zeitraum von 1949 bis 1967 und diente als Auslöser für die Organisation des palästinensischen Widerstands. 1957 mußten die israelischen Streitkräfte den Gazastreifen verlassen, um ihn zehn Jahre später im → Junikrieg erneut zu erobern und zu besetzen. Bis 1971 leistete die Bevölkerung den Israelis erneut erbitterten Widerstand; bewaffnete Guerilla-Gruppen (Fedayin) der Al-Fatah (→ PLO, → Arafat) und der Volksfront für die Befreiung Palästinas (PFLP) befanden sich in einer dauerhaften Konfrontation mit Israel. Erst eine massive Militärkampagne unter → Ariel Sharon unterdrückte den bewaffneten Widerstand und etablierte Israel effektiv als Besatzungsmacht.

Die israelische Regierung unterstützte die islamistischen Gruppierungen, die aufgrund der Nähe und des Einflusses der ägyptischen → Muslimbrüder im Gazastreifen traditionell stark vertreten waren – ein bewußter Versuch Israels, dem Einfluß der PLO entgegenzuwirken. 1987, zeitgleich mit dem Ausbruch der → Intifada, etablierte sich die → Hamas im Gazastreifen und macht seitdem der PLO ihren Herrschaftsanspruch streitig. Die Palästinensische Nationalbehörde hat seit 1994 ihren Sitz in Gaza und übt die Oberhoheit über 67 Prozent des Gebiets aus.

Seit November 1998 besitzt der Gazastreifen als Resultat des → Wye-Abkommens einen internationalen Flughafen. Über den Ausbau des Seehafens, der zusammen mit anderen Infrastrukturprojekten für die wirtschaftliche Entwicklung von großer Bedeutung wäre und Gaza aus dem israelischen Würgegriff befreien könnte, wird noch verhandelt. Die Transitstrecke zwischen dem Gazastreifen und dem Westjordanland, die seit Dezember 1999 in Betrieb ist, sollte wesentlich dazu beitragen, die Isolation des Gebiets und seiner Bevölkerung zu mindern. Tatsächlich aber benötigen die Palästinenser auch für diese Strecke Sondergenehmigungen, die nur von der israelischen Verwaltungsbehörde ausgestellt werden.

Seit Beginn der palästinensischen Verwaltung haben sich die wirtschaftlichen Bedingungen im Gazastreifen noch weiter verschlechtert. Eine wesentliche Ursache sind die Abriegelungen des Gebiets, die von den israelischen Sicherheitskräften vermehrt angewandt werden. Aber auch die ausgeprägte Korruption innerhalb der Palästinensischen Nationalbehörde, insbesondere unter Arafats Gefolgsleuten, die Verschwendung und das Mißmanagement internationaler Hilfszahlungen sind nicht zu übersehen und verschärfen die sozialen Konflikte. Ein Großteil der Entwicklungshilfe wird beispielsweise zur Deckung der laufenden Kosten der Bürokratie und für Arbeitsbeschaffungsmaßnahmen verwendet und nicht für die Investition in produktive Wirtschaftszweige.

Geheimdienste

Die Geheimdienste des Nahen Ostens sind die wichtigsten Herrschaftsinstrumente ihrer Regierungen. Vor allem bei den arabischen Regimen verkörpern sie weitestgehend die Macht im Staate; wenig geschieht ohne Nachrichtendienste, selten etwas an ihnen vorbei. Auch die Existenz des Staates → Israel ruhte in der Vergangenheit immer wieder auf der Funktionsfähigkeit und taktischen Entschlossenheit seiner Geheimdienste.

Israel

In den Anfangsjahren des Staates Israel stützte sich die israelische Regierung hinsichtlich ihrer nachrichtendienstlichen Aktivitäten vor allem auf die Militärorganisation Haganah. Eine ihrer Eliteeinheiten war der Sherut Yediot (Geheimdienst), kurz Shai genannt, aus dem später der Militärgeheimdienst Aman entstand. Unter dem Kommando von Oberstleutnant Isser Beeri betrieb der Shai zunächst geheimdienstliche Aufklärung in den arabischen Dörfern und den arabischen Nachbarstaaten.

Im Auftrag von Ministerpräsident → David Ben-Gurion begann der Shai-Veteran Reuven Shiloah Ende der vierziger Jahre, das geheime Sicherheitsnetz des jungen Staates aufzubauen. Shiloah gründete Mitte 1949 das Komitee der Geheimdienstchefs (Vaadat Rashei Hasherutim), und noch heute tagen die Direktoren der verschiedenen Dienste regelmäßig einmal pro Woche.

Ben-Gurion und Shiloah splitteten den Shai in vier neue Organisationen auf: den Militärgeheimdienst Aman (Agaf Hamodiin), den Inlandsgeheimdienst Shin Bet (Sherut Bitachon Klali, auch Shabak genannt), den Auslandsnachrichtendienst (Machleket Hacheker) und das – nur noch bis März 1952 existierende – Institut für illegale Einwanderung (Mossad le-Aliya Bet). Der Shai-Stratege Isser Harel kümmerte sich bis auf weiteres um die Inlandsaufgaben, der Direktor der politischen Abteilung im Außenministerium, Boris Guriel, war zuständig für die Auslandsaktivitäten; die geheime Einwanderung der heimatlosen Juden steuerte Shaul Avigur, ebenfalls ein Shai-Mitbegründer.

Formell entstand der dem Ministerpräsidenten untergeordnete **Mossad** (Mossad le-Teum, Koordinierungsinstitut) erst am 2. März 1951 mit Reuven Shiloah als erstem Direktor, der jedoch 1952 zugunsten des ehrgeizigen Isser Harel zurücktrat. Elf Jahre dauerte die Amtszeit des legendären Geheimdienstchefs, der den Inlands- wie den Auslandsgeheimdienst kontrollierte. Gleichzeitig war er Vorsitzender des Komitees für Sicherheit und Nachrichten, dem außer dem Shin Bet auch die Polizei, der militärische Nachrichtendienst Aman und die Aufklärungsabteilung des Außenministeriums angehörten. Aufgrund dieser Machtfülle durfte sich Isser Harel mit der von Ben-Gurion geprägten Ehrenbezeichnung *Memune* schmücken (der Alleinverantwortliche). Ab 1963, dem Jahr, als Meir Amit Nachfolger von Harel wurde, hieß der Auslandsgeheimdienst offiziell Institut für Nachrichtendienst und Sonderaufgaben (Mossad le-Modiin u-le-Tafkidim Meyuhadim).

Bereits unter Reuven Shiloah festigte der Mossad die Zusammenarbeit mit der CIA, beschaffte dem relativ isolierten Israel dringend notwendige Wirtschaftsgüter und baute die Beziehungen zur weltweiten jüdischen Lobby aus. Unter Isser Harel bekämpfte der Mossad nicht nur Devisenschmuggel und arabische oder sowjetische Spione, sondern bespitzelte auch israelische Oppositionspolitiker, um die regierende Mapai-Partei zu unterstützen. Der *Memune* knüpfte zu jener Zeit auch enge Kontakte zu den Geheimdiensten in Teheran (Sazmani Amniyat Va Kisvar, SAVAK) und Ankara (Nationaler Sicherheitsdienst der Türkei, TNSS) sowie in Khartum und Addis Abeba.

In den fünfziger und sechziger Jahren erzielte der Mossad einige spektakuläre Erfolge. So beschaffte er 1956 Nikita Chruschtschows Geheimrede vom 20. Parteitag der KPdSU, und 1959 gelang es dem Agenten Zvi Aharoni, den flüchtigen Nazi-Verbrecher Adolf Eichmann in Argentinien zu identifizieren; ein Mossad-Team unter Rafi Eitan entführte ihn 1960 nach Israel, wo der Organisator der »Endlösung« 1961 nach einem aufsehenerregenden Prozeß zum Tode verurteilt und im Mai 1962 hingerichtet wurde.

Die Mossad-Abteilung für Spezialoperationen ging Anfang der sechziger Jahre gegen deutsche Raketenbauer vor, die → Ägypten bei der Entwicklung neuer Waffensysteme halfen (→ Rüstung). Im Rahmen ihrer »Operation Damokles« schickte sie den Wissenschaftlern und ihren Familien europaweit Briefbomben, wobei einige Empfänger verletzt wurden.

In den fünfziger Jahren ereignete sich jedoch auch Israels größte Geheimdienstniederlage, die sogenannte Lavon-Affäre. Ihr Name geht zurück auf den damaligen Verteidigungsminister Pinchas Lavon, der aufgrund der vom Militärgeheimdienst Aman geleiteten »Operation Susannah« zurücktreten mußte. Ein Ring israelischer Agenten und Saboteure hatte den Auftrag, Terroranschläge gegen westliche Einrichtungen in Ägypten durchzuführen, um die guten Kontakte zwischen → Nasser und den Amerikanern (→ USA) zu stören. Für Washington sollte es so aussehen, als ob die religiöse Opposition am Nil immer mächtiger würde und der Staat ihr nichts entgegenzusetzen hätte. Den wachsamen Ägyptern gelang es jedoch, den ganzen Ring auszuheben. In einem spektakulären Schauprozeß verurteilte Kairos Revolutionsgericht im Januar 1955 zehn israelische Agenten, zwei von ihnen zum Tode. Lavon trat im Februar 1955 zurück und zwei Wochen später auch der Aman-Direktor Benjamin Gibli. Die Affäre fügte der israelischen Regierung beträchtlichen Schaden zu, und Ben-Gurion legte, von den anhaltenden Diskussionen zermürbt, 1963 sein Amt nieder.

Isser Harel trat im März 1963 nach zwei mißlungenen Aktionen der »Operation Damokles« in Deutschland und der Schweiz als Mossad-Chef zurück; sein Nachfolger wurde Meir Amit, der damalige Direktor des Aman. Unter seiner Leitung verlegte der Mossad den Schwerpunkt seiner Geheimdienstaktivitäten wieder mehr auf die arabischen Nachbarstaaten. So desertierte im August 1966, vom Mossad organisiert, ein irakischer Pilot mit seiner MiG-21 nach Israel, wofür er mutmaßlich eine Million Dollar erhielt; der Westen verfügte damit erstmals über ein Exemplar des hochgeheimen Ostblockflugzeugs.

Aber auch während der fünfjährigen Amtszeit von Amit erlitt der Mossad schwere Rückschläge: Israels Superspione, Eli Cohen in Damaskus und Wolfgang Lotz in Kairo, wurden enttarnt. Die Syrer exekutierten Cohen 1965, und der gebürtige Deutsche Lotz erhielt im selben Jahr eine lebenslange Haftstrafe; er wurde jedoch nach dem → Junikrieg von 1967 gegen 4000 ägyptische Kriegsgefangene ausgetauscht.

Ende der sechziger und Anfang der siebziger Jahre sahen sich die israelischen Geheimdienste mit einer Anzahl palästinensischer Anschläge und Flugzeugentführungen konfrontiert. Der Höhepunkt war erreicht, als ein Kommando des Al-Fatah-Ablegers Schwarzer September am 5. September 1972 die israelische Olympiamannschaft in München überfiel, wobei elf Athleten, fünf Fedayin und ein deutscher Polizeibeamter ums Leben kamen. Im Rahmen der sich anschließenden Vergeltungsaktionen unter dem neuen Mossad-Chef Zvi Zamir tötete der Mossad in den nächsten sieben Jahren zahlreiche palästinensische Aktivisten, darunter auch die mutmaßlichen Hintermänner des Olympia-Anschlags. Im Juli 1973 erschossen Mossad-Agenten in Norwegen jedoch einen falschen Mann, den sie für Ali Hassan Salameh, → Arafats rechte Hand, hielten. In Wirklichkeit hieß der Getötete Ahmed Bouchiki und war ein Kellner aus Marokko. Mehrere Mossad-Agenten wurden von der norwegischen Polizei festgenommen und vor Gericht gestellt.

Der israelische Auslandsgeheimdienst sorgte in dieser Zeit für weitere Schlagzeilen: 1968 unterlief er ein französisches Handelsembargo und beschaffte konspirativ 200 Tonnen Uranoxyd für die israelische Atomwaffenproduktion; zu Weihnachten 1969 entführte der Mossad fünf – im Auftrag Israels gebaute – Raketenschnellboote, die im Hafen von Cherbourg festlagen; schließlich entwendeten und kopierten Mossad-Agenten die streng geheimen Baupläne des französischen Mirage-Kampfbombers, die zur Grundlage für den Bau der israelischen Militärflugzeuge *Nesher* und *Kfir* wurden.

Im Oktober 1973 erlitten die israelischen Geheimdienste jedoch einen massiven Rückschlag, als sie bei der Vorhersage der arabischen Mobilmachung zum → Oktoberkrieg versagten. Der Fallschirmjäger Yitzhak Hofi wurde daraufhin Nachfolger von Zvi Zamir. In seine Amtszeit fiel im Juli 1976 die Befreiung israelischer Geiseln auf dem Flughafen in Entebbe, und in Kenia verhinderte der Mossad einige Monate zuvor den geplanten Abschuß eines El-Al-Flugzeugs durch ein Kommando der Volksfront für die Befreiung Palästinas (PFLP). Im Juni 1981 zerstörten israelische Kampfflugzeuge den irakischen Atomreaktor Osirak nördlich von Bagdad; der Mossad lieferte für diese Aktion die entscheidenden Informationen.

Unter Hofi schufen Mossad und Aman zudem eine strategische Partnerschaft zwischen den Christen im Bürgerkriegsland → Libanon und der israelischen Regierung. Während des → Libanonkriegs von 1982 wurde Hofi jedoch abgelöst und durch seinen Stellvertreter Nahum Admoni ersetzt, unter dem der Mossad von hauseigenen Skandalen verschont blieb.

Zwei weitere spektakuläre Aktionen bestimmten die Mossad-Aktivitäten gegen Ende der achtziger Jahre. Im Oktober 1986 entführte der Mossad Mordechai Vanunu von Italien nach Israel, nachdem dieser Israels geheimes Atomwaffenpotential durch einen Artikel in der Londoner Zeitung *Sunday Times* öffentlich gemacht hatte; Vanunu wurde 1988 zu 18 Jahren Haft verurteilt. Ebenfalls 1988 ermordete ein Mossad-Kommando in Tunis Abu Jihad, den zweiten Mann in der Hierarchie der → PLO nach Yassir Arafat. Abu Jihad galt als einer der wichtigsten Hintermänner der → Intifada.

Seither blieben die weltweit aufsehenerregenden Aktionen des Mossad jedoch aus – bei den israelischen Geheimdiensten häuften sich vielmehr die Pannen und Skandale. Im Herbst 1991 flog eine weitere Aktion in Oslo auf; der norwegische Geheimdienstchef mußte zurücktreten, weil er Mossad-Agenten gestattet hatte, asylsuchende Palästinenser zu vernehmen. 1998 trat Mossad-Direktor Danny Yatom zurück, nachdem ein Attentat auf den Chef des Politbüros der radikalislamischen → Hamas in Amman, Khaled Mashal, fehlgeschlagen war. Darüber hinaus mußte Israel zur Besänftigung → Jordaniens Hamas-Gründer Scheich Ahmed Jassin und weitere 70 Häftlinge freilassen. Vier Mossad-Techniker wurden im Keller eines Gebäudes in Nikosia entdeckt, als sie iranische Diplomaten abhören wollten. Ähnliches geschah 1998 in Bern: der Mossad-Agent Isaak Bental flog auf, während er das Telefon eines in der Schweiz eingebürgerten Libanesen anzapfte. Im Sommer 2000 wurde er beim weltweit ersten Gerichtsverfahren gegen einen überführten Mossad-Agenten zu zwölf Monaten Gefängnis auf Bewährung verurteilt.

Trotz des latenten Niedergangs gibt sich der israelische Auslandsgeheimdienst optimistisch. Im Juli 2000 suchte Mossad-Chef Ephraim Halevy erstmals Nachwuchs per Stellenanzeige: »Der Mossad öffnet sich. Nicht für alle und nicht viel. Aber vielleicht für Sie.« Es sei, so hieß es, die Chance einer »leidenschaftlichen Karriere« bei »einer Eliteeinheit, die Kompetenz und außergewöhnliche Motivation erfordert«.

Der israelische Inlandsgeheimdienst **Shin Bet** ist heute vor allem für die Ausschaltung militanter Palästinenser zuständig. Gelegentlich kommt es hierbei zu spektakulären Aktionen, wegen israelischer Überreaktionen (u.a. Einsatz von Foltermethoden) zwangsläufig auch immer wieder zu Skandalen. Im Januar 1996 wurde der Hamas-Bombenbauer Yahya Ayasch (»Der Ingenieur«) von einem Sprengsatz getötet, den Shin-Bet-Techniker in seinem Mobiltelefon versteckt hatten; Israel machte Ayasch für den Tod von 130 Israelis verantwortlich.

Von Anfang an war der israelische Militärgeheimdienst **Aman** nahezu ausschließlich für die arabischen Armeen zuständig. Gelegentlich führten Mossad und Aman aber auch gemeinsame Operationen durch. Der wenig bekannte Technologiegeheimdienst Lakam war ein Ableger des Verteidigungsministeriums. Seine Existenz zählte lange Zeit zu den wichtigsten Staatsgeheimnissen Israels. Ende der fünfziger Jahre eingerichtet, diente er der Beschaffung wissenschaftlicher und technologischer Informationen. In der ersten Phase stand Shin-Bet-Veteran Benjamin Blumberg an der Spitze des Lakam, ab 1981 der frühere Mossad-Operationschef Rafi Eitan. Unter Verteidigungsminister → Yitzhak Rabin verlor der Lakam 1984 einen Großteil seiner Bedeutung. Die Ursache hierfür war die sogenannte Pollard-Affäre. Der Nachrichtenauswerter der US-Marine, Jonathan Pollard, war von Rafi Eitan persönlich angeworben worden und lieferte Israel die geheimsten Akten der amerikanischen Dienste: Material zum Chemiewaffenprogramm der Syrer und zur irakischen Atomrüstung (→ Rüstung), Informationen über die konventionellen Waffenprogramme aller arabischen Staaten sowie zahlreiche Satellitenaufnahmen der gesamten Nahostregion. Nach seiner Enttarnung in Washington wurde Pollard zu lebenslanger Haft verurteilt; sein Fall führte zu einer sehr starken Belastung der amerikanisch-israelischen Beziehungen. Als Konsequenz der Affäre wurde der Lakam 1986 aufgelöst.

Über die Geschichte der arabischen Geheimdienste ist relativ wenig bekannt, da die → Medien aller Nachbarstaaten Israels bei diesem Thema nicht frei berichten dürfen und die Öffentlichkeit auf politischem Weg selten etwas erfährt.

Syrien

→ Syrien verfügt über mindestens sechs Nachrichtendienste, deren Kompetenzen sich überschneiden, was auch die gegenseitige Überwachung vereinfacht. Der Allgemeine Geheimdienst, der Militärgeheimdienst und der Luftwaffengeheimdienst sind durch terroristische Auslandsoperationen in Erscheinung getreten. Syrische Agenten waren in den achtziger Jahren an Bombenanschlägen in Berlin (Maison de France 1983, Deutsch-Arabische Gesellschaft 1986) beteiligt und planten Attentate auf israelische Verkehrsmaschinen in mehreren Ländern (Fall Hindawi).

Der syrische Luftwaffengeheimdienst unterstützte den weltweit gesuchten Terroristen Carlos sowie seine deutschen und arabischen Komplizen. Im gleichen Zeitraum war Geheimdienstgeneral Ali Duba tief in die Aktivitäten des Drogen- und Waffenhändlers Monzer al-Kassar verstrickt. Über die sogenannte Verwaltung Innere Sicherheit übt das Baath-Regime Druck auf die eigene Bevölkerung aus und stabilisiert den Polizeistaat.

Es gehört zur jahrzehntelangen Tradition Syriens, den radikalen Palästinenserorganisationen, allen voran die Volksfront (PFLP) und die Demokratische Front (DFLP), als Domizil zu dienen und sie aktiv zu fördern. Zeitweise waren auch der PLO-Dissident Abu Nidal und seine Anhänger in Damaskus gern gesehene Gäste.

Libanon

Die Geheimdienste des Libanon werden von der syrischen Besatzungsmacht kontrolliert. Die dominierende *Direction Générale de la Sûreté Générale* (DGSG) untersteht dem Innenminister und kümmert sich um die allgemeine Sicherheit. Die *Direction Générale de la Sûreté de l'Etat* (DGSE), der Staatssicherheitsdienst, zählt zu den Kräften der inneren Sicherheit (Forces de Sécurité Intérieure, FSI) und ist dem Amt des Ministerpräsidenten zugeordnet.

Der Oberbefehlshaber der libanesischen Streitkräfte befehligt den militärischen Geheimdienst *Direction Générale du Renseignement*, auch Mukhabarat al-Askariya oder *Deuxième Bureau* genannt. Sowohl der Staatssicherheitsdienst als auch der Militärgeheimdienst sind an der Bekämpfung von Drogenhandel und Schmuggel beteiligt – ein Bereich, in dem sie sich jedoch in einem Konkurrenzverhältnis befinden.

Jordanien

Der jordanische Inlandsgeheimdienst greift hart bei der Verfolgung von Palästinensern durch, vor allem wenn es sich um Hamas-Aktivisten und andere Islamisten handelt (→ Islamismus). Die Überwachung funktioniert nahtlos. Der Militär- und Auslandsgeheimdienst Jordaniens ist in der Regel als Einheit zu sehen. Seine Aufklärungseinheiten konzentrieren sich im wesentlichen auf Syrien und Israel. Gleichzeitig kooperiert Jordanien mit westlichen Partnerdiensten, in der Mehrzahl geht die Initiative für eine Zusammenarbeit jedoch von den Europäern und Amerikanern aus. Jordanische Dienste waren in der Vergangenheit immer dann kommunikativ, wenn es darum ging, Schaden vom haschemitischen Königreich abzuwenden, z.B. bei den Deutschland-Operationen des Volksfront-Generalkommandos (PFLP-GC) gegen amerikanische Militärzüge 1987 und im Zusammenhang mit dem Lockerbie-Anschlag 1988. Trotzdem gelang es westlichen Ermittlern bisher nicht, eine Verbindung zwischen dem Volksfront-Generalkommando und dem Anschlag auf den Pan-American-Flug 103 nachzuweisen.

Ägypten

Eher undemokratischen Traditionen folgen auch die Geheimdienste im latent von Islamisten (→ Islamismus) bedrohten Nachbarstaat Ägypten. Der Inlandsnachrichtendienst (General Directorate of State Security and Investigation, GDSSI) versucht alle außerparlamentarischen, oppositionellen Bestrebungen auszuschalten. Der Auslandsgeheimdienst und der Allgemeine Nachrichtendienst (General Intelligence Service, GIS) konzentrieren sich jenseits der ägyptischen Grenzen gemeinsam auf die Bekämpfung radikalislamischer Landsleute.

Palästinensische Gebiete

In der → Osloer Prinzipienerklärung vom September 1993 wurde der → Palästinensischen Nationalbehörde die Gründung einer »starken Polizeitruppe« zugestanden. Das → Oslo-I-Abkommen erlaubte im Mai 1994 eine Obergrenze von 9000 Sicherheitskräften für den → Gazastreifen und Jericho. Die Quote für das → Westjordanland wurde durch das → Oslo-II-Abkommen auf 12 000 festgesetzt. Rasch zeigte sich, daß Arafats Regierung nach kurzer Zeit 30 000 Mann rekrutiert hatte; inzwischen sollen es 40 000 sein. Im Gazastreifen kommt ein Sicherheitsbeamter auf 50 Einwohner, das ist die höchste Polizeidichte der Welt.

Als eine von vier Sicherheitsorganisationen erlaubte Israel einen palästinensischen Geheimdienst. Auch bei ihm begann rasch eine intensive Aufsplitterung. Je nach Definition gibt es heute (2001) im Westjordanland und im Gazastreifen zwischen vier und neun palästinensische Geheimdienste. Der offizielle Allgemeine Geheimdienst (General Intelligence Service, GIS) steht unter dem Kommando von Brigadegeneral Amin al-Hindi, dem Chef der palästinensischen Gegenspionage.

Die Obersten Jibril Rajoub aus Jericho und Mohammed Dahlan aus Gaza sind die Chefs der Präventiv-Sicherheitstruppe (Preventive Security Force, PSF). Die Präsidentengarde *Force 17* wird von Oberst Faisal Abu Shirah in Gaza und Oberst Ikhmat Barakat in Jericho befehligt. Die Spezial-Sicherheitstruppe (Special Security Force, SSF) unter General Abu Yussuf al-Wahidi ist in Jericho stationiert und soll mutmaßlich die anderen Dienste überwachen.

Arafats Geheimagenten unterscheiden sich in ihren Methoden keineswegs von den israelischen Diensten. Sie greifen hart durch und werden deshalb immer wieder von Menschenrechtsorganisationen wie *Amnesty International* oder Al-Haq wegen willkürlicher und politisch motivierter Festnahmen kritisiert.

Ghali, Butros

(Geb. 1922). Bedeutender, auch international angesehener ägyptischer Politiker, zuletzt Generalsekretär der Vereinten Nationen (→ UN); der bisher einzige Araber in dieser Position überhaupt. Ghali entstammt einer angesehenen koptischen Familie. Bereits sein Vater und Großvater waren als Minister tätig gewesen. Nach seinem Studienabschluß an der Kairo-Universität 1946 studierte er in Paris Internationales Recht bis zu seiner Promotion 1949. Ein Forschungsjahr in den → USA absolvierte er 1954/55 als Fulbright-Stipendiat. An der Kairo-Universität erhielt er eine Professur für Internationales Recht und Internationale Beziehungen und war u.a. auch Leiter des Zentrums für Politische und Strategische Studien. Als Ismail Fahmi aus Protest gegen → Sadats Friedenspolitik gegenüber → Israel zurücktrat, holte ihn Sadat in sein Kabinett. Ghali hatte danach als Außenminister entscheidenden Anteil an der Ausarbeitung des → Camp-David-Abkommens und des Friedensvertrags mit Israel. 1991 wurde er als Generalsekretär der Vereinten Nationen Nachfolger von Perez de Cuellar. Mit seinem Versuch, den UN ein größeres Gewicht bei der Lösung nationaler und internationaler Konflikte zu verleihen, scheiterte er jedoch weitgehend, und zwar nicht zuletzt am Widerstand der USA, die ihm die Verschwendung von UN-Geldern und eine unnötige Aufblähung der UN-Bürokratie vorwarfen. Ghali wurde 1997 von Kofi Annan als Generalsekretär abgelöst.

Golanhöhen

Gebirgslandschaft im äußersten Südwesten → Syriens, von der etwa 1260 km² im → Junikrieg 1967 von → Israel besetzt wurden, worauf die Mehrheit der Bewohner (meist Drusen) nach Syrien flohen. (Die Angaben über die Zahl der → Flüchtlinge sind äußerst unzuverlässig und schwanken zwischen etwa 20 000 und 100 000.) Im → Oktoberkrieg 1973 erweiterte Israel das besetzte Gebiet um weitere 20 km², mußte aber durch das Truppenentflechtungsabkommen von 1974 den Hauptort der Region, Kuneitra, räumen, nachdem es diesen ohne ersichtlichen Grund mit Bulldozern dem Erdboden gleichgemacht hatte. Ungeachtet der → UN-Resolutionen des Sicherheitsrates 242 (November 1967) und 338 (Oktober 1973) annektierte Israel am 14. Dezember 1981 durch einen Gesetzesbeschluß der Knesset das besetzte Gebiet, ein Beschluß, der allerdings von keinem Staat anerkannt wurde. Israel begründete seinen Schritt damit, daß der Golan in biblischer Zeit Teil des Königreichs von David und Salomon gewesen sei sowie mit der strategischen Bedeutung der Golanhöhen; tatsächlich waren die tiefer gelegenen israelischen Grenzgebiete am oberen Jordan vor allem in den sechziger Jahren häufig von Syrien aus unter Beschuß genommen worden. Die militärstrategische Bedeutung der Golanhöhen hat in den letzten Jahren jedoch an Gewicht verloren.

Abgesehen von etwa 15 000 Drusen, die 1967 in vier Dörfern zurückgeblieben waren und teilweise die israelische Staatsbürgerschaft angenommen haben, leben gegenwärtig (2001) auf dem Golan etwa 17 000 israelische Siedler in 32 landwirtschaftlichen → Siedlungen (Kibbuzim und Moshavim) und in der Stadt Katzrin; die ursprünglich anvisierte Zahl von etwa 60 000 Siedlern bis zum Ende des Jahrtausends ist somit bei weitem nicht erreicht worden. Da Syrien andererseits nur über wenige landwirtschaftlich nutzbare Flächen verfügt, bedeutet die Besetzung der relativ wasserreichen Golanhöhen einen erheblichen ökonomischen Verlust für das Land.

Der Golan ist der Hauptstreitpunkt auf dem Weg zu einem Friedensabkommen zwischen Israel und Syrien, das, ausgehend von der Formel *Land gegen Frieden*, auf einem vollständigen Rückzug Israels auf die Grenze vom 4. Juni 1967 beharrt, dem Tag vor dem Beginn des → Junikriegs. Während die → Likud-Regierung einen Rückzug kategorisch ablehnte und sich lediglich auf Verhandlungen unter dem Motto *Frieden für Frieden* einlassen wollte, zeigte sich die Regierung der → Arbeitspartei unter → Yitzhak Rabin seit 1992 insofern flexibler, als sie einerseits zwar an einer nicht näher definierten siedlerischen und militärischen Präsenz auf dem Golan festhielt, andererseits aber ihre Bereitschaft zu – ebenfalls nicht näher definierten – Konzessionen erklärte. Die Geheimverhandlungen zwischen beiden Seiten waren offenbar recht weit vorangeschritten (Syrien spricht von 80 Prozent), als die neue Likud-Regierung unter → Benyamin Netanyahu nach dem Wahlsieg 1996 die bis dahin erreichten Einigungen ablehnte und zu neuen Gesprächen nur bereit war, wenn diese vom Punkt Null ausgingen, womit Syrien nicht einverstanden war. Die neue Regierung der Arbeitspartei unter → Ehud Barak versuchte seit 1999 unter Vermittlung der → USA, wieder direkte Verhandlungen mit Syrien aufzunehmen, wobei ein daraus resultierender, wie auch immer gearteter Rückzug vom Golan allerdings durch einen Volksentscheid gebilligt werden sollte. Syrien kann nach verschiedenen Presseberichten von Ende 1999 offenbar auf ein Schreiben verweisen, das der amerikanische Nahostbeauftragte Dennis Ross 1995 der syrischen Regierung übermittelt hat und woraus hervorgehen soll, daß Rabin prinzipiell einem Rückzug zugestimmt habe. Ob es sich dabei um einen Rückzug bis zur 1949 vereinbarten und bis zum 4. Juni 1967 geltenden Waffenstillstandslinie handeln sollte oder bis zur Grenze, die 1923 Engländer und Franzosen zwischen dem britischen Mandat → Palästina und dem französischen Mandat Syrien vereinbart hatten, ist unklar. Letzteres würde bedeuten, daß Israel am oberen Jordan etwa 60 km^2 des 1967 besetzten Gebiets und damit einen Großteil des Banyas, eines wichtigen Zuflusses des Jordan, behalten würde. Ein weiterer Streitpunkt sind die Nutzungs- und Zugangsrechte am See Genezareth, die Israel weiterhin allein beansprucht, während Syrien auf einem unbeschränkten Zugang zum Ostufer dieses wichtigen Wasserreservoirs besteht. Eine Nahostreise der amerikanischen Außenministerin Madeleine Albright Anfang Dezember 1999 brachte insofern einen Durchbruch, als am 15. Dezember 1999 in Washington erstmals wieder direkte Verhandlungen zwischen Ehud Barak und dem syrischen Außenminister Faruk ash-Shara über einen Friedensvertrag aufgenommen wurden – allerdings ohne Erfolg. Mit der Wahl → Ariel Sharons zum israelischen Ministerpräsidenten im Februar 2001 haben sich die Chancen auf eine Fortsetzung der Verhandlungen weiter verschlechtert.

Golfkrieg

Der erste Golfkrieg, die militärische Auseinandersetzung zwischen dem Irak und dem Iran (1980-1988), wird heute in der Regel als Irakisch-Iranischer Krieg oder als Irak-Iran-Krieg bezeichnet; auf diesen Krieg soll hier aufgrund der inhaltlichen Abgrenzung nicht näher eingegangen werden.

Die Kuwaitkrise als Vorstufe zum zweiten Golfkrieg begann am 2. August 1990, als Saddam Husseins Truppen in Kuwait einmarschierten. Im Gegenzug formierte sich im Januar 1991 eine antiirakische Allianz unter amerikanischer Führung, an der → Ägypten, → Syrien und Saudi-Arabien jeweils aus unterschiedlichen Gründen teilnahmen. Auf Druck der amerikanischen Regierung, die die arabischen Koalitionspartner nicht brüskieren wollte, beteiligte sich → Israel nicht an der von Januar bis Ende Februar 1991 dauernden Militäroffensive, obwohl es mit irakischen Scud-Raketen beschossen wurde und somit seinen Grundsatz der Selbstverteidigung diplomatischen Überlegungen unterwarf.

Der Golfkrieg veränderte die politische Landschaft des Nahen Ostens nachhaltig. In erster Linie bewirkte er eine Spaltung der vielgepriesenen »arabischen Nation« und stellte den Mythos des Panarabismus endgültig bloß. Die palästinensische Führung verkannte die machtpolitischen Verhältnisse und unterstützte Saddam Hussein. Die Sympathien für Saddam Hussein beschränkten sich jedoch nicht auf die Führung der → PLO, sondern waren auch unter den Palästinensern in den besetzten Gebieten, in → Jordanien und sogar in Syrien weit verbreitet. Saddam Husseins Anspruch, die künstlichen, vom → Kolonialismus geschaffenen Grenzen aufzuheben, fand in einer breiten arabischen Öffentlichkeit Resonanz, obwohl er als brutaler Diktator galt. Die von Saddam Hussein propagierte Verknüpfung zwischen der Befreiung Kuwaits und der → Palästinas, stieß bei vielen Palästinensern auf Zustimmung, insbesondere da unter ihnen der Eindruck vorherrschte, die Weltöffentlichkeit ignoriere das Palästinaproblem. Hinzu kam, daß viele Palästinenser zwar in Kuwait und anderen Golfstaaten gearbeitet hatten, sich dort jedoch diskriminiert fühlten und daher gegenüber den Kuwaitis wenig Sympathie empfanden.

Iraks Niederlage im Golfkrieg isolierte auch die PLO, die nach dem Zerfall des Ostblocks sowieso schon ihr politisches Gegengewicht verloren hatte. Die Palästinenser hatten viele Sympathien durch ihre demonstrative Parteinahme für Saddam Hussein eingebüßt – eben jene Sympathien und jenes Vertrauen, das sie durch die → Intifada gerade mühsam errungen hatten. Darüber hinaus bezahlte die PLO im Unterschied zur → Hamas mit ihrer offensichtlichen Parteinahme einen hohen finanziellen Preis. Saudi-Arabien und die Golf-Emirate reduzierten nicht nur drastisch ihre Zahlungen, sondern wiesen auch die meisten der am Golf lebenden und arbeitenden Palästinenser aus, allein 250 000 bis 300 000 aus Kuwait.

Der finanzielle Ruin der PLO, die geschwächte Position der arabischen Staaten im allgemeinen und die hoffnungslose Lage der Palästinenser im besonderen sowie der gesteigerte Einfluß der → USA, die nach dem Golfkrieg ihre »neue Weltordnung« umsetzen wollten, ermöglichten schließlich die → Madrider Friedenskonferenz.

Gush Shalom → Israelische Friedensbewegung

H

Habash, George → PLO

Hamas

(Arab. »religiöser Eifer« oder »Enthusiasmus«, Abk. für arab. Harakat al-Muqawama al-Islamiya, Islamische Widerstandsbewegung). Die Hamas wurde im → Gazastreifen von Scheich Ahmed Jassin gegründet und erwuchs aus der Organisation der → Muslimbrüder. Eine Woche nach Ausbruch der → Intifada im Dezember 1987 gab sie ihren ersten öffentlichen Aufruf heraus. Finanziell wird die Hamas von Exilpalästinensern unterstützt, aber auch von Kuwait und Saudi-Arabien sowie vermutlich vom Iran und dem Sudan.

Zu Recht wird vermutet, daß → Israel ursprünglich der Entstehung der Hamas wohlwollend gegenüberstand, da es sich davon eine Schwächung des palästinensischen Widerstands und der → PLO erhoffte. Sehr schnell stellte sich jedoch heraus, daß die Hamas Israel gegenüber eine weit unversöhnlichere Haltung einnimmt als die PLO. So weigert sich die Hamas bis heute, Israel (den »hebräischen Staat« oder das »zionistische Gebilde«) anzuerkennen und eine politische Lösung oder Zweistaatenregelung anzunehmen. Für sie gilt das gesamte Gebiet → Palästinas als islamisches *waqf*, als ein heiliges, den Muslimen auf ewig gestiftetes Land, das ihnen bis zum jüngsten Gericht vorbehalten ist. Daher steht Palästina auch nicht für Verhandlungslösungen zur Verfügung und kann nur im Kampf befreit werden. Die → Friedensverhandlungen lehnt die Hamas kategorisch ab, da sie einen Ausverkauf unveräußerlicher Rechte der muslimischen Bevölkerung Palästinas bedeuten würden. Ziel der Hamas ist es, in ganz Palästina, Israel eingeschlossen, einen islamischen Staat zu errichten. Gemäß den ideologischen Vorgaben islamistischer Bewegungen führt der Weg zur Befreiung Palästinas nur über die Befreiung der Gemeinschaft der Gläubigen. Der Jihad (→ Islamismus), der heilige Kampf, ist demnach in erster Linie der Kampf zur Rechtleitung und Besinnung jedes einzelnen Muslims. Erst dann folgt der bewaffnete Kampf gegen Israel und gegen moderate säkulare Palästinenser.

Scheich Jassin gründete schon 1973 ein islamisches Zentrum (Al-Mujamma al-Islami) in Gaza, aus dem 1978 die Islamische Universität von Gaza – heute die größte der palästinensischen Universitäten (→ Bir-Zeit-Universität) – hervorging. Das Zentrum erfüllte karitative, kulturelle und religiöse Aufgaben, soziale Dienste also, die auch das Betätigungsfeld anderer islamistischer Bewegungen kennzeichnen. Es entwickelte sich allmählich von einer Wohlfahrtseinrichtung zu einer mächtigen Institution, die für einen Großteil der Bevölkerung im Gazastreifen unentbehrlich wurde. Der Scheich betätigte sich jedoch nicht nur philanthropisch. Mitte der achtziger Jahre entstand eine militante islamistische Bewegung, Jihad Islami, zu deren Umfeld Scheich Jassin gerechnet wurde, als er 1984 wegen Waffenbesitzes von israelischen Sicherheitskräften verhaftet wurde. Nach elf Monaten Haft kam er im Rahmen eines Häftlingsaustauschs mit dem PFLP-Generalkommando (→ PLO) von Ahmed Jibril wieder frei.

Der Ausbruch der Intifada zwang die islamistischen Bewegungen, sich neben ihren rein sozialen Aufgaben auch aktiv am Widerstand zu beteiligen. So entstand – in Konkurrenz zur PLO, aber auch zum Jihad Islami – die Hamas, die eigene Flugblätter herausgab, eigene Streiktage ausrief und ihre Ideologie mit nationalistischen Argumenten anreicherte. Die Bewegung etablierte sich recht schnell und wurde straff organisiert in einen politischen Arm, der für die Beteiligung an der Intifada und Propaganda zuständig war, einen in Untergrundzellen organisierten militärischen Arm und einen Sicherheitsapparat. Eine Sondereinheit, die extremistischen Izzedin-al-Qassam-Brigaden (Kataib Izzedin al-Qassam), die hauptsächlich für die Terroranschläge und Selbstmordattentate verantwortlich war und ist, wurde Ende 1991 gegründet. Sie machte durch die Serie der Selbstmordanschläge 1996 von sich reden, die als Rache für die Ermordung des »Ingenieurs« Yahya Ayasch verübt wurden.

Im Mai 1989 wurde Scheich Jassin zusammen mit 250 anderen Hamas-Aktivisten im Zuge eines israelischen Versuchs, die Organisation zu zerschlagen, erneut gefangengenommen und zu lebenslanger Haft verurteilt. Ein Versuch der Izzedin-al-Qassam-Brigaden, ihn gegen einen 1992 gekidnappten israelischen Soldaten freizupressen, schlug fehl. Trotz seiner zahlreichen Gebrechen – seit früher Jugend ist er vollkommen gelähmt und während der Haft erblindet – hielt Scheich Jassin acht Jahre lang im Gefängnis an seinen Überzeugungen fest und galt weiterhin als spiritueller Führer der Hamas. Er kam 1997 auf Druck König Husseins (→ Hussein Ibn Talal) frei, und zwar im Rahmen eines Austauschs mit zwei israelischen Mossad-Agenten (→ Geheimdienste), die in → Jordanien ein gescheitertes Attentat auf den Leiter des politischen Büros der Hamas in Amman, Khaled Mashal, verübt hatten. Israelische Anstrengungen, die Bewegung während Jassins Inhaftierung zu schwächen oder gar zu zerschlagen, wie z.B. die Deportation von 415 Hamas- und Jihad-Islami-Aktivisten in das Niemandsland zwischen dem → Libanon und Israel im Dezember 1992, zeitigten keinen Erfolg. Im Gegenteil: Die Deportation schadete Israels Ruf und konnte für die Hamas dank des Sprechers der Deportierten, Abdel-Aziz Rantisi, als Public-Relations-Sieg verbucht werden.

Die islamistischen Gruppierungen bilden heute das Rückgrat der Opposition innerhalb der palästinensischen Gesellschaft. Sie haben somit die radikalen und linken säkularen Strömungen in der palästinensischen Nationalbewegung abgelöst, da diese keine überzeugenden Alternativen zum moderaten Kurs des Friedensprozesses von → Arafats Al-Fatah (→ PLO) anbieten konnten. Der Jihad Islami und die Hamas entstanden zwar beide aus der Organisation der Muslimbrüder, jedoch unterscheiden sie sich deutlich voneinander. Jihad Islami, eine radikale und ebenso militante Gruppe wie die Hizb at-Tahrir al-Islami, die in den fünfziger Jahren unabhängig von den Muslimbrüdern im → Westjordanland gegründet wurde, beabsichtigt nicht, eine Massenpartei zu sein. Vielmehr macht sie es sich zur Aufgabe, die Verwundbarkeit der israelischen Armee aufzuzeigen und medienwirksame Angriffe auszuführen. 1995 verübte der Jihad Islami zwei Selbstmordanschläge in Israel und mehrere Attentate im Gazastreifen als Reaktion auf die Ermordung ihres Führers Fathi Shikaki. Die Hamas hingegen, die auch als Arm der Muslimbrüder in den besetzten Gebieten angesehen wird, tritt als kampfbereite Basisorganisation auf und versucht, der Al-Fatah ihre politische Rolle streitig zu machen.

Zusammen mit zehn anderen palästinensischen Gruppen, der Allianz Palästinensischer Kräfte (Palestinian Forces Alliance) in Damaskus hat sich die Hamas gegen die → Oslo-Abkommen ausgesprochen. Seither verübt sie immer wieder Anschläge in Israel, um die → Friedensverhandlungen zu untergraben. Das Kräftemessen zwischen der PLO (vor allem Al-Fatah) und der Hamas geht zurück auf die Anfangsphase der Intifada und wurde während des → Golfkriegs, der der Hamas ein finanzielles Monopol verschaffte, verstärkt. Der zunehmende Einfluß der Hamas, der sich bei

Wahlen in den Berufsverbänden, Studentenorganisationen und Handelskammern äußerte, bewog die Al-Fatah, Versuche zu unternehmen, sie in die PLO einzugliedern. Doch die Bedingungen der Hamas waren unannehmbar, so wollten sie z.B. 40 Prozent der Sitze im Palästinensischen Nationalrat (Palestinian National Council, PNC). Die Spannungen verstärkten sich dahingehend, daß mit Errichtung der → Palästinensischen Nationalbehörde bürgerkriegsähnliche Zustände befürchtet wurden. Je hoffnungsloser die Situation erscheint, z.B. in Zeiten des stagnierenden Friedensprozesses, desto größer ist der Zulauf für die Hamas. Die Popularität der Bewegung beruht auch auf der Tatsache, daß ihre Führer als unbestechlich und integer gelten – ein Vorbild, mit dem sich die Al-Fatah Arafats schwer messen kann. Die Wahlen zum ersten Palästinensischen Legislativrat im Januar 1996 hat die Hamas trotz Aussichten auf Erfolg aus prinzipiellen Gründen boykottiert, um dem Friedensprozeß die Legitimation zu verweigern.

Trotz der Differenzen versuchen sowohl die Al-Fatah als auch die Hamas, weiterhin im Dialog zu bleiben. Nachdem Arafat mit drastischen Mitteln, z.B. der Massenverhaftung von Hamas-Führern und -Aktivisten, die Gewaltspirale nicht durchbrechen konnte, hat er einen versöhnlicheren Kurs eingeschlagen unter der Bedingung, daß die Hamas die Legitimität der palästinensischen Verwaltung anerkennt und sich an die Vereinbarungen mit den Israelis hält. Dazu gehört auch, daß keine Anschläge in den Palästinensischen Gebieten verübt werden. Die Schwierigkeit in den Verhandlungen besteht jedoch auch darin, daß die Führung der Hamas stark dezentral organisiert ist und somit zum Teil widersprüchliche Meinungen vertreten werden. Im allgemeinen ist die interne Führung im → Gazastreifen pragmatischer und eher bereit, einen Kompromiß mit der PLO und sogar einen »Waffenstillstand« mit Israel zu vereinbaren, während die Exilführer, die im November 1999 aus → Jordanien ausgewiesen wurden, eine weit unversöhnlichere Haltung einnehmen und an Gewaltanwendungen festhalten wollen. Mehrere Selbstmordanschläge der Hamas und von Jihad Islami trugen demgemäß im Frühjahr 2001 zu einer weiteren Konflikteskalation im Rahmen der → Al-Aqsa-Intifada bei.

Hariri, Rafik

(Geb. 1944). Sunnit, libanesischer Großunternehmer und Politiker. Ministerpräsident des → Libanon von 1992 bis 1998. Aus ärmlichen Verhältnissen in Saida (Sidon) im Süden stammend, studierte er in Beirut zwei Jahre an der Arabischen Universität, bevor er nach Saudi-Arabien ging, wo er etwa fünf Jahre teils als Lehrer für die Kinder im Umfeld des Königshauses, teils als Buchhalter in einem Unternehmen arbeitete, bevor er seine eigene Baufirma *Sconeast* gründete. Aufgrund seiner hervorragenden Beziehungen zum Königshaus erhielt er bald äußerst lukrative Aufträge, darunter auch für den Bau des königlichen Kongreßzentrums, was ihm weitere Aufträge im gesamten Nahen Osten einbrachte. Aus seiner 1978 gegründeten Firma *Oger* entstand durch Zukäufe rasch ein internationales Geflecht, das weit über die Baubranche hinausging (Banken, Versicherungen, Computer etc.). Offizielle Zahlen liegen nicht vor, doch wird heute sein Vermögen auf über zehn Milliarden US-Dollar geschätzt. Hariri blieb auch während des → Libanesischen Bügerkriegs dem Libanon verbunden und finanzierte über seine 1979 gegründete Stiftung, die zunächst Islamisches Institut für Kultur und Höhere Bildung hieß und 1984 in *Hariri Foundation* umbenannt wurde, eine große Anzahl von Hilfsprojekten, vor allem im schulischen und sozialen Bereich, in seiner Heimatstadt Saida und in Beirut; die Stiftung, längst überkonfessionell ausgerichtet, finanzierte Zehntausenden von Studenten ein Auslandsstudium in Europa oder in den → USA. Politisch trat er erstmals in den achtziger Jahren in Erscheinung, als er als Sondergesandter für Saudi-Arabien an den libanesischen »Versöhnungskonferenzen« in der Schweiz sowie 1989 an dem erfolgreichen Abschluß des Taif-Abkommens beteiligt war (→ Libanesischer Bürgerkrieg, → Libanon).

Der persönliche wirtschaftliche Erfolg Hariris, seine guten Beziehungen sowohl zu Saudi-Arabien als auch zu → Syrien sowie seine großen Erfahrungen im Bausektor machten ihn zum Idealkandidaten für das Amt des Ministerpräsidenten 1992. Der Wiederaufbau des Landes und vor allem Beiruts wurde dementsprechend als seine Hauptaufgabe angesehen, der er auch höchste Priorität einräumte. Nicht zuletzt umstrittenes Finanzgebaren der von ihm 1994 ins Leben gerufenen Gesellschaft *Solidère* (Libanesische Gesellschaft für die Entwicklung und den Wiederaufbau des Zentrums von Beirut) ließen ihn jedoch bald in die Kritik geraten, was schließlich 1998 dazu führte, daß er vom neugewählten Staatspräsidenten → Emile Lahud nicht mehr berufen, sondern durch → Salim al-Hoss ersetzt wurde. Aufgrund der sich verschlechternden Wirtschaftslage und eines überwältigenden Wahlsiegs Hariris bei den Parlamentswahlen im Herbst 2000 sah sich Lahud allerdings gezwungen, Hariri im Oktober 2000 erneut zum Ministerpräsidenten zu ernennen, nachdem sich 106 der 128 Abgeordneten für ihn ausgesprochen haben sollen.

Hawatmeh, Nayef → PLO

Hebron-Abkommen

Das am 15. Januar 1997 auch auf Druck → Jordaniens unterzeichnete Abkommen schrieb den sofortigen Teilabzug der israelischen Streitkräfte aus 80 Prozent der Stadt Hebron fest, wobei → Israel die Kontrolle über eine Enklave mit 450 jüdischen Siedlern unter etwa 80000 Palästinensern behalten sollte. Es unterschied sich nicht wesentlich von den »Richtlinien über Hebron«, die im → Oslo-II-Abkommen von der Regierung → Rabin ausgehandelt wurden. Die palästinensische Seite mußte sich jedoch eingestehen, daß der Status von Hebron ein Fehler des Interimsabkommens war, da de facto eine Zweiteilung der Stadt herbeigeführt wurde.

Der endgültige Status der Stadt Hebron wurde bewußt aus dem Oslo-II-Abkommen ausgeklammert, da sie einen umstrittenen Sonderfall darstellt. 1968 besetzte Rabbi Moshe Levinger mit 70 Anhängern ein Hotel in der Altstadt Hebrons und legte somit den Grundstein für die Anwesenheit jüdischer Siedler inmitten von Hebrons Geschäftszentrum. Levinger gehört zu den Galionsfiguren der nationalistisch-religiösen Siedlerbewegung und Gründern des 1974 entstandenen Gush Emunim (Block der Getreuen, → Kach). Begründet wurde die Aktion mit der unmittelbaren Nähe zur Ibrahim-Moschee (Höhle Machpela bzw. Patriarchengräber), die sowohl Muslimen als auch Juden heilig ist. Im Oktober 1968 begannen jüdische Siedler mit dem Bau von Kiryat Arba, einer der größten und berüchtigtsten Wehrsiedlungen des → Westjordanlands, in direkter Nachbarschaft zu Hebron.

In den Richtlinien des Oslo-II-Abkommens war die Umgruppierung und der Truppenrückzug aus Teilen Hebrons ursprünglich für den 28. März 1996 vorgesehen. Doch aufgrund des Wechselseitigkeits-Prinzips, das dort festgelegt und von → Shimon Peres 1996 implementiert wurde, konnte der Rückzug der israelischen Armee aus Hebron infolge zweier palästinensischer Selbstmordattentate im Frühjahr 1996 ausgesetzt werden. Auf diesen Präzedenzfall berief sich → Netanyahu, als er im September 1997 nach Terroranschlägen in → Jerusalem die Verhandlungen ganz einstellte und die → Oslo-Abkommen als nicht mehr bindend ansah. Einen Monat nach dem Zustandekommen des Hebron-Abkommens billigte der zuständige israelische Kabinettsausschuß den Bau der jüdischen Siedlung Har Homa auf dem Jabal Abu Gneim südlich von Jerusalem. Dies führte zu einem weiteren Stillstand der Verhandlungen und einer wiederholten Verzögerung des dritten israelischen Truppenteilrückzugs. Erst im Oktober 1998 wurden auf Druck der → USA die blockierten → Friedensverhandlungen mit dem → Wye-Abkommen fortgesetzt.

Herzl, Theodor → Zionismus

Hizbollah

Schiitische Partei und Miliz im → Libanon. Die Bezeichnung Hizbollah (Partei Gottes) geht auf zwei Koranverse zurück, von denen der erste lautet: »Die Partei Gottes, sie werden die Sieger sein« (Koran 5/56).

Die Hizbollah entstand als Reaktion auf die israelische Invasion in den Libanon 1982 (→ Libanonkrieg) und mit Unterstützung der Pasdaran (Revolutionswächter), die vom Iran mit wohlwollender Duldung → Syriens in den Libanon entsandt wurden. Den Kern der Hizbollah bildeten anfangs mit dem Khomeini-Regime im Iran sympathisierende schiitische Geistliche, ehemalige Mitglieder der schiitischen Amal-Partei, die mit deren gemäßigter politischer Position nicht einverstanden waren und die Islamische Amal gründeten, sowie schiitische Studenten aus der Muslimischen Studentenvereinigung. Geistlicher Mentor war und ist der schiitische Gelehrte Scheich Muhammad Hussain Fadlallah. Die beiden Hauptziele der Hizbollah waren zunächst die Errichtung eines islamischen Staates im Libanon nach iranischem Vorbild (als Vorstufe dafür wurde Ende 1982 bereits die Islamische Republik Baalbek-Hermel ausgerufen) und der Kampf gegen den → Zionismus, konkret gegen die israelische Besatzung im → Südlibanon und die mit dieser verbündeten Südlibanesischen Armee (SLA).

Zumindest in der ersten Phase zählten Geiselnahmen (bis 1988) und Terroranschläge gegen ausländische Einrichtungen (z.B. 1983 gegen die amerikanische Botschaft) zu den im Ausland besonders negativ registrierten Aktivitäten. Als verantwortlich dafür bezeichnete sich meist eine Gruppe mit dem Namen Organisation Islamischer Jihad (→ Islamismus), die von den meisten Beobachtern als zumindest mit Teilen der Hizbollah identisch angesehen wird. Ob Geiselnahmen nach islamischer Vorstellung legitim waren, war in der Hizbollah zumindest umstritten und wurde später auch eindeutig abgelehnt. Dagegen solidarisierte sich die Hizbollah 1984 mit den Attentaten gegen amerikanische und französische Truppen, die als Teil der multinationalen Streitkräfte im Libanon stationiert waren. Offiziell trat die Hizbollah erst Anfang 1985 mit einer Schrift in Form eines offenen Briefes »an die Entrechteten im Libanon und in der Welt« an die Öffentlichkeit. 1987 folgte von schiitischen Geistlichen ein Entwurf für eine Islamische Republik Libanon, von der sich die Amal umgehend distanzierte. Der Gegensatz zwischen der Amal und der Hizbollah eskalierte 1987-1989 im Südlibanon und den südlichen, meist schiitischen Vororten Beiruts zu einem regelrechten innerschiitischen Bürgerkrieg, der erst durch syrisches Eingreifen entschärft wurde. Fortan konzentrierte der militärische, inzwischen von iranischen

Pasdaran gut ausgebildete und vorwiegend durch den Iran gut ausgerüstete Zweig der Hizbollah seine Aktivitäten auf die sogenannte »Sicherheitszone« → Israels im Südlibanon und führte diesen »Befreiungskampf« auch nach Beendigung des → Libanesischen Bürgerkriegs fort, da sie im Gegensatz zu den anderen Bürgerkriegsparteien ihre Waffen nicht abliefern mußte. Der Rückzug Israels aus der »Sicherheitszone« im Mai 2000 bedeutete eine große Aufwertung für die Hizbollah, die dies als ihren alleinigen Erfolg ansah, zumal UN-Generalsekretär Kofi Annan im Juni 2000 das Gespräch mit dem Generalsekretär der Hizbollah, Scheich Hassan Nasrallah, suchte und diesen Kontakt danach in Israel ausdrücklich rechtfertigte.

Obwohl sie das politische System des Libanon ursprünglich völlig ablehnte, ist die Hizbollah in den neunziger Jahren als politische Partei selbst integrierter Bestandteil dieses Systems geworden und hat vielen radikalen Vorstellungen abgeschworen. Bei den Parlamentswahlen von 1996 errang die Partei acht der 27 für die Schiiten vorgesehenen Sitze (von insgesamt 128). In der schiitischen Bevölkerung hat sie durch ihr soziales Engagement (Krankenhäuser, Schulen, Waisenhäuser, Rehabilitationszentren etc.) ein hohes Maß an Attraktivität gewonnen, vielleicht mehr als durch ihre militärischen Erfolge. Sie unterhält eigene Baufirmen für die Beseitigung der durch den Bürgerkrieg und israelische Angriffe verursachten Schäden. Ferner besitzt die Partei zwei Radiostationen (Saut al-Iman und Saut an-Nidal), eine Fernsehstation (Al-Manar), eine Wochenzeitung (Al-Ahd) und eine Monatszeitschrift (Al-Bilad). Damit hat sie sich eine solide Existenzgrundlage und eine Legitimation für ihre weitere zivile Existenz auch nach einem eventuellen Friedensabkommen zwischen Israel und Syrien und einem darauf gewiß folgenden Friedensabschluß zwischen Israel und dem Libanon geschaffen, da in diesem Fall die militärischen Einheiten aufgelöst würden. Daß die Hizbollah seit dem vollständigen israelischen Rückzug keinerlei Angriffe auf Nordisrael unternommen hat, zeigt, daß sie sich dem syrischen Druck fügt, was sich bei einem Scheitern aller Friedensbemühungen allerdings unverzüglich ändern könnte.

Hoss, Salim al-

(Geb. 1929). Sunnit, Ministerpräsident des → Libanon 1976-1980, Erziehungsminister 1985-1987, Ministerpräsident 1987-1990, Abgeordneter im Parlament seit 1992 und erneut Ministerpräsident von 1998 bis 2000. Hoss studierte an der → Amerikanischen Universität Beirut (AUB) und an der *Indiana University* in den → USA, wo er in Wirtschaftswissenschaften promovierte. 1955-1976 unterrichtete er dieses Fach auch an der AUB. Hoss gilt als intellektuell brillanter, integrer, auf Ausgleich bedachter und realistischer Technokrat.

Hrawi, Elias

Staatspräsident des → Libanon 1989-1998. Hrawi wurde 1929 in Haouch el-Omara, einem Vorort von Zahle, in einer maronitischen Landbesitzerfamilie geboren. An der Jesuiten-Universität Saint Joseph in Beirut erwarb er einen Abschluß in Handelslehre und baute anschließend in der Bekaa-Hochebene eine Konservenfabrik mit Vertrieb in die arabischen Staaten und nach Europa auf. Unmittelbar vor dem → Libanesischen Bürgerkrieg stand er in der Bekaa den Genossenschaften der Zuckerrübenbauern und -verarbeiter sowie der Vereinigung der landwirtschaftlichen Genossenschaften vor. 1972 erstmals ins libanesische Parlament gewählt, war er während des Bürgerkriegs 1980-1982 Minister für Öffentliche Arbeiten. Seine Wahl zum Staatspräsidenten

1989 erfolgte nach der Ermordung seines Vorgängers René Muawad gut zwei Wochen nach dessen Amtsübernahme.

Hrawi galt stets als Mann → Syriens (Radio Damaskus hatte seine Wahl bereits gemeldet, bevor sie erfolgt war), zumal er auch enge private Wirtschaftsbeziehungen mit Syrien unterhielt. Im Mittelpunkt seiner Amtszeit stand einerseits der militärische Kampf gegen die Anhänger von Michel Aoun und andererseits die Umsetzung des Abkommens von Taif. In der Bevölkerung genoß er über alle Konfessionen und Parteien hinweg kein hohes Ansehen, doch war er bestrebt, die Gräben zwischen den Bürgerkriegsparteien zu schließen und eine Säkularisierung des libanesischen Staates einzuleiten. Eine seiner letzten – allerdings erfolglosen – Bemühungen in dieser Hinsicht war das Bestreben, die Zivilehe im Land einzuführen. Hrawi wurde 1998 von → Emile Lahud als Staatspräsident abgelöst.

Hussein Ibn Talal (König Hussein)

(1935–1999). Dritter König des Haschemitischen Königreichs → Jordanien. Hussein wurde in Amman als Sproß der Haschemitischen Dynastie, in 42. Generation direkter männlicher Abstammung vom Propheten, geboren. Seine Ausbildung sollte ihn auf seine bevorstehenden Aufgaben vorbereiten, d.h. er genoß klassischen arabischen Unterricht, besuchte aber auch die britische Militärakademie Sandhurst. Mit 15 Jahren kam er das erste Mal in Kontakt mit der Realität nahöstlicher Politik, als 1951 sein von ihm verehrter Großvater König Abdallah I. in seinem Beisein beim Besuch der Al-Aqsa-Moschee in → Jerusalem von einem Palästinenser erschossen wurde; Hussein selbst entging nur knapp der zweiten Kugel. Zwei Jahre später, nachdem sein Vater Talal Ibn Abdallah aufgrund eines Nervenleidens abgesetzt worden war und ein Kronrat die Führung des Königreichs bis zu seiner Volljährigkeit übernommen hatte, wurde Hussein am 2. Mai 1953 zum jordanischen Souverän gekrönt. Zu diesem Zeitpunkt hätte niemand mit seinem zähen Überlebenswillen und taktischen Geschick gerechnet; in den 46 Jahren seiner Herrschaft wandelte sich König Hussein jedoch vom oft belächelten »kleinen König« zu einem der angesehensten Politiker der arabischen Welt. Seine Legitimität bezog er aus der Abstammung vom Propheten, aus der Rolle der Haschemiten als Anführer des arabischen Aufstands während des Ersten Weltkriegs, als Vaterfigur der »geeinten« jordanischen Familie und nicht zuletzt als höchste Instanz im patrimonialen Allokationsapparat (→ Rentenstaat). Jedoch waren es auch seine Person, sein Gespür für politische Strömungen und sein Pragmatismus, die das Haschemitische Königreich über fast ein halbes Jahrhundert lang geprägt haben.

Die fünfziger Jahre waren die Hochphase des arabischen Nationalismus und der antikolonialen Kräfte – eine Zeit, die es König Hussein erschwerte, seine besondere Beziehung zu Großbritannien oder aber auch die Einverleibung des → Westjordanlands und Ostjerusalems durch seinen Großvater zu rechtfertigen. Wiederholt wurde die Daseinsberechtigung Jordaniens und die Herrschaft der Haschemiten in Frage gestellt, zunächst von syrischen Nationalisten und Panarabisten, später verstärkt von jordanischen Bürgern palästinensischer Herkunft. Nach dem Putschversuch 1957 von Ali Abu Nuwar löste der König das Parlament auf, verbot politische Parteien und rief den Ausnahmezustand aus. Von diesem Zeitpunkt an regierte König Hussein bis zum Beginn des Liberalisierungsprozesses 1989 als unumstrittener Alleinherrscher in einem System, das als *benevolent dictatorship* (wohlwollende Diktatur) bezeichnet werden kann. Seine schwerwiegendste Fehlentscheidung traf König Hussein 1967, als er sich unter regionalem Druck, speziell von

→ Gamal Abdel Nasser, unvorbereitet zum Krieg gegen → Israel überreden ließ und dadurch nicht nur die Herrschaft über das Westjordanland und Ostjerusalem verlor, sondern das zweite Mal einen immensen Flüchtlingsstrom absorbieren mußte (→ Flüchtlinge). In den folgenden Jahren kam es wegen der Repräsentation der Palästinenser zu einer Rivalität zwischen König Hussein und der → PLO. Die Etappen dieser Beziehung führten vom bewaffneten Konflikt 1970 (Schwarzer September) über die De-jure-Anerkennung der PLO als einzige Repräsentantin der Palästinenser auf dem arabischen Gipfeltreffen in Rabat 1974, die Wiederaufnahme der Idee einer möglichen jordanisch-palästinensischen Föderation nach dem Abzug der PLO aus Beirut 1982, den Ausbruch der → Intifada 1987 bis zu König Husseins Aufgabe des Souveränitätsanspruchs auf das Westjordanland und Ostjerusalem 1988. Diese territoriale Abkoppelung war die logische Schlußfolgerung des → Junikriegs von 1967 und ermöglichte es König Hussein, sich von da an der Innenpolitik und der dringlichen Frage der Herausbildung einer jordanischen Identität zu widmen.

Der Liberalisierungsprozeß, der 1989 nach wirtschaftlich bedingten Ausschreitungen im Süden Jordaniens (Unruhen in Maan) begann, zielte auch darauf ab, mittels demokratischer Institutionen eine allmähliche Loslösung der Geschikke Jordaniens von der Person des Königs zu bewirken. Zu sehr waren im Bewußtsein der Jordanier König Hussein und das Fortbestehen Jordaniens miteinander verwoben. Trotz großer Zugeständnisse an die Opposition behielt König Hussein jedoch die Zügel weiterhin fest in der Hand, und die kurzfristige Ernennung seines Sohnes → Abdallah Ibn Hussein zum Thronfolger muß auch als weiteres Mittel zur Sicherung der Haschemitischen Dynastie gewertet werden. Im Westen wurde der König in den letzten Jahren vor seinem Tod hauptsächlich als Friedensvermittler geschätzt; seine Grabrede für → Yitzhak Rabin und sein Vermittlungsversuch bei den Wye-Verhandlungen (→ Wye-Abkommen), als er im Oktober 1998, schon vom Krebs gezeichnet, seinen Klinikaufenthalt unterbrach, um zwischen → Yassir Arafat und → Benyamin Netanyahu zu vermitteln, seien hier als Beispiele genannt. Doch ebenso sind seine langjährigen heimlichen Kontakte zu fast allen Führern der israelischen → Arbeitspartei, von Golda Meir zu → Shimon Peres, ein offenes Geheimnis. Innenpolitische Erwägungen sowie der zweite → Golfkrieg, in dem König Hussein sich dem Druck seiner Bevölkerung beugen mußte und eine offiziell neutrale Stellung bezog, ermöglichten den Friedensvertrag mit → Israel allerdings erst 1994, ein Jahr nach der israelisch-palästinensischen → Osloer Prinzipienerklärung.

Der Monarch hat es geschafft, dem kleinen – aufgrund der fehlenden Ressourcen völlig unbedeutenden – Land einen permanenten, unumstrittenen Platz im Nahen Osten einzuräumen. Dies geschah hauptsächlich mit Hilfe der persönlichen Intervention des Königs in außenpolitischen Belangen sowie seiner Haltung in innenpolitischen Angelegenheiten, die von einer Mischung aus Toleranz und Unnachgiebigkeit geprägt war. Legendär sind sein Mut und seine Versöhnungsbereitschaft gegenüber früheren Gegnern, speziell gegenüber ehemaligen Putschisten und potentiellen Attentätern – und deren Zahl war nicht gering. Es wird gemutmaßt, daß Hussein mehr als 30 Anschläge überlebt hat. Gestorben ist er am 7. Februar 1999 in Amman an Lymphknotenkrebs. Nachfolger als König von Jordanien wurde sein Sohn Abdallah Ibn Hussein.

Hussein-MacMahon-Korrespondenz → Mandatszeit

Husseini, Faisal

(Geb. 1940 in Bagdad, gest. im Mai 2001 in Kuwait). Palästinensischer Politiker, wichtiges Al-Fatah-Mitglied und Angehöriger einer der führenden aristokratischen Familien → Palästinas. Sein Vater, Abdel Qader al-Husseini, gehörte zu den wichtigsten palästinensischen Persönlichkeiten, die 1948 bei den Kämpfen um → Jerusalem ums Leben kamen; sein Onkel war der berühmte, aber nicht unumstrittene Haj Amin al-Husseini, der damalige Mufti von Jerusalem.

Nach seinem Studium in → Ägypten, wo die Familie im Exil lebte, kehrte Husseini 1964 nach Jerusalem zurück und arbeitete zusammen mit der neugegründeten → PLO in deren Büro in Jerusalem. Er war früh politisch aktiv, schon mit zwanzig Jahren zählte er zu den Mitbegründern der Generalunion Palästinensischer Studenten (GUPS). 1966 ging Faisal Husseini in → Syrien auf die Militärschule von Aleppo, die er ein Jahr später mit einem Abschluß in Militärwissenschaft beendete. Er ließ sich für die Palästinensische Befreiungsarmee (Palestine Liberation Army, PLA) rekrutieren und gelangte illegal in das → Westjordanland, wo er kurz darauf von den Israelis verhaftet wurde und ein Jahr im Gefängnis verbrachte. Trotzdem gelang es ihm, die permanente Aufenthaltsgenehmigung für Jerusalem wiederzuerlangen.

1979 gründete Husseini die *Arab Studies Society*, die in Ostjerusalem im Orient-Haus ihren Sitz hat und die er bis zu seinem Tod leitete. Von 1982 bis 1987 stand er permanent unter Hausarrest. Aufgrund seines Widerstandsvermögens und seiner politischen Beharrlichkeit wurde er zu einer der führenden palästinensischen Persönlichkeiten innerhalb der besetzten Gebiete, der die Konfrontation mit → Israel nie gescheut hat und oft genug unter sogenannter Verwaltungshaft (administrative detention) festgehalten wurde.

Allerdings revidierte er seine ursprüngliche Position und verwarf den militärischen Kampf zur Lösung der Palästinafrage. Husseini wurde anschließend einer der Pioniere, die wiederholt versucht haben, einen palästinensisch-israelischen Dialog zustande kommen zu lassen. Dennoch wurde er bei der → Madrider Friedenskonferenz von den Israelis nicht als Verhandlungspartner akzeptiert, da er als Bewohner Ostjerusalems den israelischen Anspruch auf eine »geeinte, ungeteilte Hauptstadt Jerusalem« in Frage gestellt hätte. Und obwohl er keine offizielle Rolle in den Osloer Geheimverhandlungen spielte, nahm er doch bei der Unterzeichnungszeremonie der → Osloer Prinzipienerklärung teil und wurde anschließend zusammen mit → Hanan Ashrawi und Saeb Erekat zum Mitglied des palästinensischen Führungskomitees ernannt.

Bis zu seinem Tod war Husseini in der → Palästinensischen Nationalbehörde Minister ohne Geschäftsbereich und in dieser Funktion vor allem für die Jerusalemfrage zuständig. Außerdem leitete er das Orient-Haus in Ostjerusalem, das inoffiziell als palästinensische Vertretung in Jerusalem gilt. 1994 erließ die israelische Regierung ein Gesetz, das die politischen Aktivitäten der PLO und der palästinensischen Institutionen in Ostjerusalem verbietet und ihnen jegliche Versammlungen, Protestmärsche, Konferenzen oder Petitionen bei Androhung hoher Geld- oder Gefängnisstrafen untersagt. Dessen ungeachtet – und trotz wiederholter Schließungen – empfing Husseini im Orient-Haus als einer Art PLO-Niederlassung ausländische Gäste und koordinierte die Jerusalem betreffenden palästinensischen Aktivitäten.

I

Internationale Islamische Organisationen

Nach dem Zusammenbruch des Osmanischen Reiches fanden mehrere internationale islamische Kongresse statt, die als wichtigsten Diskussionspunkt meist die Frage der Wiedererrichtung des Kalifats – ergebnislos – erörterten. Der Versuch, aus diesen Kongressen eine ständige Institution zu machen, hatte jedoch bis zum Ende des Zweiten Weltkriegs keinen dauerhaften Erfolg. Erst danach kam auf Betreiben Pakistans in Karatschi ein internationaler islamischer Kongreß zusammen, aus dem sich die Einrichtung des Kongresses der Islamischen Welt konstituierte, der jedoch heute weitgehend bedeutungslos geworden ist. Gegenwärtig sind in erster Linie zwei internationale islamische Organisationen, eine auf nichstaatlicher und eine auf staatlicher Ebene, zu erwähnen, die von erheblicher Bedeutung für die Meinungsbildung in der islamischen Welt sind, nämlich die Muslimische Weltliga (MWL), in englischsprachigen Selbstzeugnissen meist Rabita genannt (nach dem arabischen Wort für Liga), und die Organisation der Islamischen Konferenz (Organisation of Islamic Conference, OIC).

Die **Muslimische Weltliga** wurde 1962 in Mekka gegründet und bestand zunächst aus 21 prominenten muslimischen Religionsgelehrten und Intellektuellen aus 18 Staaten. Die Mitgliederzahl wuchs bis ins Jahr 2000 auf 62 an. Offizielles Hauptziel der Weltliga ist es, den → Islam und seine Lehren zu verbreiten, Vorurteile gegenüber dem Islam abzubauen und die Zusammenarbeit zwischen muslimischen Staaten zu fördern. Politischer Anlaß für die Gründung war das Bemühen, eine Gegenbewegung zu den verschiedenen linken und säkularen politischen Strömungen der damaligen Zeit, vor allem zum Nasserismus, in die Wege zu leiten. Sitz der Weltliga ist seit ihrer Entstehung Mekka, und Saudi-Arabien ist der Hauptgeldgeber, was diesem Land naturgemäß einen erheblichen Einfluß auf die Entscheidungen der Weltliga verschafft. Oberstes Entscheidungsgremium ist die Konstituierende Versammlung mit dem Generalsekretär an der Spitze. Ihm zur Seite steht das Generalsekretariat, welches für die Umsetzung der Beschlüsse der Konstituierenden Versammlung zuständig ist. Zu den nachgeordneten Institutionen zählen der Oberste Weltrat für Moscheen, der sich u.a. für den Erhalt der muslimischen religiösen Stiftungen (auqaf, sg. waqf) einsetzt, der Rat für Islamisches Recht, dessen Beschlüsse inzwischen eine beachtliche Autorität besitzen, und die Islamische Hilfsorganisation, die im sozialen Bereich aktiv ist. Die Weltliga besitzt Beraterstatus beim Wirtschafts- und Sozialrat (ECOSOC) der Vereinten Nationen (→ UN) und ist Mitglied der UNESCO. Außerhalb Saudi-Arabiens unterhält sie Büros in 31 islamischen und nichtislamischen Staaten, darunter auch in Paris, London und New York. Unter ihren Veröffentlichungen ist die englischsprachige Wochenzeitschrift *The Muslim World League Journal* hervorzuheben.

Die **Organisation der Islamischen Konferenz (OIC)** wurde im Mai 1969 auf einem Treffen von Staatschefs islamischer Staaten gegründet. Den Anstoß dazu gab die Besetzung der heiligen islamischen Stätten in der Altstadt von → Jerusalem 1967 und der Brandanschlag auf die Al-Aqsa-Moschee 1969. Die erste Konferenz der Außenminister islamischer Staaten fand 1970 in Dschidda in Saudi-Arabien statt, wo seither auch das Generalsekretariat der OIC »provisorisch« residiert, bis es seinen ständigen Sitz »im befreiten Jerusalem« nehmen wird. Gegenwärtig (2001) hat die OIC 56 Mitgliedsstaaten, in denen Muslime die Mehrheit oder eine große Minderheit der Bevölkerung stellen: Afghanistan, → Ägypten, Albanien, Algerien, Aserbaidschan, Bahrain, Bangladesch, Benin, Brunei, Burkina Faso, Djibuti, Gabun, Gambia, Guinea, Guinea-Bissau, Guyana, Indonesien, Irak, Iran, Jemen, → Jordanien, Kamerun, Kasachstan, Kirgisien, die Komoren, Kuwait, → Libanon, Libyen, Malaysia, die Malediven, Mali, Marokko, Mauretanien, Mozambique, Niger, Nigeria, Oman, Pakistan, → Palästina (PLO), Qatar, Saudi-Arabien, Senegal, Sierra Leone, Somalia, Sudan, Surinam, → Syrien, Tadschikistan, Togo, Tschad, Tunesien, Türkei, Turkmenistan, Uganda, Usbekistan sowie die Vereinigten Arabischen Emirate. Beobachterstatus haben Bosnien-Herzegowina, die Elfenbeinküste, Thailand und die Zentralafrikanische Republik. Höchstes Gremium ist die Gipfelkonferenz der Könige, Staats- und Regierungspräsidenten der Mitgliedsstaaten, die etwa alle drei Jahre zusammentreten soll. Die bisherigen Konferenzen fanden statt in Rabat (1969), Lahore (1974), Mekka (1981), Casablanca (1984 und 1994), Kuwait (1987), Dakar (1991), Teheran (1997) und Doha (2000). Jährlich werden zusätzlich Konferenzen der Außenminister abgehalten. Hauptziel der OIC gemäß ihrer 1974 verabschiedeten Charta ist es, die Solidarität und die Kooperation zwischen den Mitgliedsstaaten zu fördern und muslimische Völker beim Erhalt bzw. Erwerb ihrer Unabhängigkeit zu unterstützen sowie im besonderen – und darin spiegelt sich der ursprüngliche Anlaß für ihre Gründung wider – die Anstrengungen zu koordinieren, um die Heiligen Stätten zu schützen und das palästinensische Volk in seinem Kampf um seine Rechte und die Befreiung seiner Heimat zu unterstützen. Um diese Ziele zu verwirklichen, wurden mehrere ständige Komitees und Unterorganisationen gegründet, so z.B. das Jerusalem-Komitee, das ständige Komitee für Information und kulturelle Angelegenheiten, die Islamische Kommission für wirtschaftliche, kulturelle und soziale Angelegenheiten, das ständige Komitee für wissenschaftliche und technische Zusammenarbeit, die Islamische Organisation für Bildung, Wissenschaft und Kultur (ISESCO), die Islamische Entwicklungsbank (IDB) und die Islamische Industrie- und Handelskammer (ICCI). Die OIC bekennt sich ausdrücklich zur Charta der Vereinten Nationen (→ UN), bei denen sie einen Beobachterstatus innehat, und arbeitet mit ihnen eng zusammen. Umgekehrt war z.B. auf dem Gipfeltreffen in Teheran 1997 auch der Generalsekretär der Vereinten Nationen Kofi Annan anwesend.

Auch wenn die OIC kaum konkrete politische Erfolge vorweisen kann, so haben doch ihre Unterorganisationen, wobei die Islamische Entwicklungsbank besonders hervorzuheben ist, wachsende Bedeutung im wirtschaftlichen, kulturellen und sozialen Bereich. Da zahlreiche Mitgliedsstaaten nicht ihren Beitragszahlungsverpflichtungen für die OIC entsprechend der Zahl ihrer Bevölkerung nachkommen oder nachkommen können, rückte Saudi-Arabien schnell in die Rolle des wichtigsten Geldgebers, was – und dies wird von Kritikern immer wieder vorgebracht – auch Einfluß auf politische Entscheidungen in eine bestimmte konservative Richtung hat.

Intifada

(Arab. »Erhebung«, »Abschütteln«). Massenprotest und Aufstand der Palästinenser in den seit 1967 von → Israel besetzten Gebieten des → Westjordanlands, des → Gazastreifens und Ostjerusalems. Der unmittelbare Auslöser der »Revolution der Steine«, wie die Intifada auch genannt wird, war ein Verkehrsunfall am 7. Dezember 1987 im Flüchtlingslager Jabaliya im Gazastreifen. Ein israelischer Militärlaster raste in eine Reihe von wartenden palästinensischen Autos, wobei vier palästinensische Arbeiter getötet und mehrere schwer verletzt wurden. Es entstand der Verdacht, der Unfall sei ein Racheakt für einen am Vortag in Gaza ermordeten israelischen Geschäftsmann gewesen; die Beerdigung der Opfer in Jabaliya wurde somit zu einer Demonstration gegen die Besatzung. Die Unruhen breiteten sich schnell aus und erfaßten innerhalb einer Woche auch das gesamte Westjordanland und Ostjerusalem. Angefacht wurden sie durch die Eskalation der Gewalt und die repressiven Unterdrückungsmethoden der israelischen Armee unter dem damaligen Verteidigungsminister → Yitzhak Rabin.

Die Intifada war kein ferngesteuertes Unternehmen der → PLO aus Tunis; die PLO brauchte vielmehr etwa zwei Wochen, um zu reagieren und sich mit ihrer Jugendorganisation (Shabiba) formell an die Spitze des Aufstands zu stellen. Die Intifada war vor allem Ausdruck der wachsenden allgemeinen Hoffnungslosigkeit einer Bevölkerung, die seit über zwanzig Jahren unter israelischer Besatzung keine Änderung ihrer Lage – weder durch die PLO noch durch andere arabische Staaten oder ihre bisherige Politik der Erduldung (Sumud) – sah und beschloß, selbst aktiv zu werden. Bezeichnend ist in diesem Zusammenhang, daß der Aufstand anfangs hauptsächlich von Jugendlichen getragen wurde, die außer der Besatzung keine andere Herrschaftsform kannten. Hinzu kamen die Frustrationen über eine sich konstant verschlechternde wirtschaftliche Lage, grassierende Arbeitslosigkeit und eine wachsende Bevölkerung, der aufgrund der israelischen Siedlungspolitik und Konfiszierungen immer weniger Land zur Verfügung stand.

Tatsächlich hatte die israelische Besetzung der im → Junikrieg 1967 eroberten Gebiete relativ schnell dauerhafte Formen angenommen. Verschiedene Methoden, wie z.B. Landbeschlagnahme für militärische Zwecke, Übernahme von jordanischem Staatsland und des Eigentums von Abwesenden oder Enteignungen für öffentliche Zwecke, dienten dazu, palästinensisches Land unter israelische Kontrolle zu bringen. Der Ausbau des Netzwerks israelischer → Siedlungen wurde und wird stetig vorangetrieben; damit verbunden ist die israelische Forderung, die Kontrolle über das Wasserpotential (→ Wasser) des Westjordanlands zu behalten. Die Besatzung weitete sich in jeder Hinsicht zu einem perfekt inszenierten und institutionalisierten Polizeistaat aus, der jeden Aspekt palästinensischen Lebens durch Militärverordnungen kontrollierte – auch nach Einführung der Zivilverwaltung im Oktober 1981; sie äußerte sich unter anderem in der Verletzung grundlegender Bürger- und Menschenrechte, Ausgangssperren, Deportationen, Verwaltungshaft ohne Rechtsverfahren, Hausarrest, Häusersprengungen, in der Zensur und dem Verbot jeglicher politischen Betätigung.

Relativ schnell wurden die spontanen Demonstrationen koordiniert, und es bildete sich die von der PLO gelenkte Vereinigte Nationale Führung (Al-Qiyada al-Wataniya al-Muwahida), die seit Anfang Januar 1988 in regelmäßigen Aufrufen und Flugblättern Anweisungen für Aktionen gegen die israelische Besatzung gab und einen totalen Volksaufstand ausrief. Neben Demonstrationen waren Generalstreiks und die Weigerung, Steuern zu zahlen, die wichtigsten Formen des zivilen Ungehorsams. Als Ziele des Aufstands kristallisierten sich die Befreiung von der israelischen Besatzungsmacht und die Errichtung eines palästinensischen Staates heraus sowie der Aufbau einer eigenen politischen, sozialen und ökonomischen Infrastruktur.

Eines der bedeutendsten Merkmale der Erhebung war die Entstehung zahlreicher örtlicher Komitees, die den organisatorischen Aufbau vorantrieben und in verschiedenen Bereichen Selbsthilfegruppen bildeten. Die palästinensischen Frauen spielten hierbei eine herausragende Rolle. Israel erkannte sehr schnell die Bedrohung, die von diesen Volkskomitees ausging, erklärte sie für ungesetzlich und drohte ihren Mitgliedern Haftstrafen bis zu zehn Jahren an. Trotzdem setzten die Komitees ihre Arbeit fort und übernahmen eine Vielzahl von Aufgaben, die üblicherweise in den Bereich von öffentlichen Dienstleistungen fallen. Sie setzten sich aus Vertretern unterschiedlicher politischer Kräfte und Organisationen zusammen. Die neuen Strukturen, die so auf kommunaler Ebene geschaffen wurden, haben eine bleibende Veränderung in der Organisationsform der palästinensischen Gesellschaft bewirkt und nachhaltig zur Emanzipation palästinensischer Frauen beigetragen.

Obwohl zu Beginn der Intifada alle politischen Strömungen betonten, daß eine wirkungsvolle Zusammenarbeit unabdinglich für die Mobilisierung der Bevölkerung und letztendlich für den Erfolg des Aufstands sei, stellte sich relativ früh heraus, daß es schwerwiegende Differenzen mit den Islamisten (→ Islamismus), besonders in Gaza, gab. Im Kontext der Intifada enstand somit die → Hamas (Abk. für arab. Harakat al-Muqawama al-Islamiya, Islamische Widerstandsbewegung) unter Scheich Ahmed Jassin mit ihren eigenen Aktivitäten und ihrem eigenen politischen Programm.

Mit der Volkserhebung wollten sich die Palästinenser auch aus der wirtschaftlichen Abhängigkeit von Israel befreien. In dieser Hinsicht konnten sie beachtliche Anfangserfolge verbuchen, nämlich durch den Boykott israelischer Waren, den Rücktritt palästinensischer Polizisten und Steuereintreiber sowie die Zerschlagung des Kollaborateur- und Spitzelnetzes, wobei die Verfolgung von tatsächlichen und vermeintlichen Kollaborateuren besonders gegen Ende der Intifada immer mehr ausuferte und es vereinzelt zu Fällen von Selbstjustiz rivalisierender Gruppierungen und willkürlichen Ermordungen kam. Neben hohen menschlichen Verlusten – Schätzungen sprechen von Tausenden von Toten und Verletzten – hat die Intifada den Palästinensern wirtschaftlich sehr geschadet. Abgesehen von den privaten Einbußen der

Händler und Geschäftsleute, die durch den Generalstreik verursacht wurden, versuchte Israel, lebensnotwendige Geldüberweisungen durch die PLO und andere Organisationen in die besetzten Gebiete zu unterbinden. Dazu kamen Ausgangssperren, Hunderte von Haussprengungen und die Schließung der Schulen und Universitäten. Auch Israel mußte erhebliche ökonomische Einbußen in Kauf nehmen, die jedoch relativ schnell kompensiert wurden – hauptsächlich durch die Beschäftigung von Gastarbeitern aus den Philippinen und aus Rumänien.

In erster Linie bewirkten die Intifada und der Versuch, sie zu unterdrücken, einen dramatischen Imageverlust für Israel, der mit einer Stärkung des palästinensischen National- und Selbstbewußtseins einherging. Die Öffentlichkeit in der westlichen Welt erfuhr die wahren Ausmaße der palästinensischen Tragödie, das »menschliche« Antlitz der Besatzung wurde enttarnt und Israels Mythos eines belagerten Opfers zerstört. Der Umfang und die Intensität des Widerstands kamen für Israel überraschend, die Armee war auf solch eine Kampfform nicht vorbereitet, und die Moral innerhalb der Armee litt erheblich. Hinzu kamen massive Selbstzweifel innerhalb der israelischen Gesellschaft, die das israelische Selbstverständnis bis heute entscheidend prägen und eine Radikalisierung zwischen Gegnern und Befürwortern einer friedlichen Regelung mit den Palästinensern bewirkten.

Die Intifada hatte nachhaltige regionale Auswirkungen. Entmutigt durch die außerordentliche Gipfelkonferenz in Algier im Juni 1988, auf der die Führungsrolle der PLO bestätigt wurde, und unter dem Eindruck der palästinensischen Forderungen nach einem eigenen, unabhängigen Staat, gab König Hussein (→ Hussein Ibn Talal) am 31. Juli 1988 den Herrschaftsanspruch → Jordaniens auf das Westjordanland auf. In den besetzten Gebieten wurde dieser Schritt als größter Erfolg der Intifada gefeiert. Als Antwort darauf wurde am 15. November 1988 während der Tagung des Palästinensischen Nationalrats in Algier der Staat → Palästina proklamiert, der eine Zweistaatenregelung und somit die Anerkennung Israels impliziert. Dies ebnete den Weg für die Akzeptanz der PLO als potentieller Verhandlungspartner. Obwohl viele der medienwirksamen Errungenschaften für die Palästinenser durch ihre Unterstützung Saddam Husseins im → Golfkrieg zunichte gemacht wurden, entstand im Zuge des Golfkriegs eine rege Reisediplomatie auf seiten der → USA, die im Rahmen der politischen Neuordnung (New World Order) nach dem Zerfall der → Sowjetunion ernsthafte Schritte zur Beilegung des Nahostkonflikts unternahmen. Die Unterzeichnung der → Osloer Prinzipienerklärung bedeutete das Ende dieser Intifada.

Irgun → Mandatszeit

Islam

(Arab. »Hingabe«, »Unterwerfung unter Gott«). Die Muslime, die Anhänger des Islam, zerfallen in zwei große Hauptgruppen, **Sunniten** und **Schiiten**, wobei die Sunniten mit etwa 80 Prozent weltweit die Mehrheit bilden. Die Sunniten kennen keinen Klerus und keine höchste personifizierte Lehrinstanz; allerdings kommt den Theologen/Rechtsgelehrten (ulama) bzw. den entsprechenden Fakultäten an den Hochschulen, darunter der → Al-Azhar-Universität in Kairo, eine gewisse meinungsbildende Rolle zu, ferner seit jüngerer Zeit auch der Muslimischen Weltliga (→ Internationale Islamische Organisationen). Das Amt des Kalifen, das zuletzt vom osmanischen Sultan mitbekleidet wurde und nie eine religiöse Lehrautorität verkörperte, wurde 1924 von Kemal Atatürk abgeschafft. In den in diesem Lexikon behandelten

Staaten bilden die Sunniten in → Syrien, → Jordanien, → Ägypten und → Palästina die überwiegende Mehrheit; im → Libanon sind sie heute mit geschätzten 16 bis 20 Prozent die drittstärkste Konfession nach den Schiiten und den christlichen Maroniten (→ Christentum).

Der Prophet Mohammed (ca. 570-632 n.Chr.) hatte den Koran, die Botschaft, die Gott ihm während mehrerer Jahre über den Erzengel Gabriel offenbarte, als arabisches Gegenstück zu den Heiligen Texten der Juden und Christen verstanden, was dazu führte, daß Juden und Christen als »Schriftbesitzer« (ahl al-kitab) im expandierenden islamischen Staat einen Sonderstatus als »Schutzbefohlene« genossen. Ähnlich wie Moses im → Judentum, aber im Gegensatz zu Jesus, hat Mohammed selbst bereits ein Staatswesen errichtet. Der Streit um seine politische Nachfolge, das Kalifat, führte bereits Mitte des 7. Jahrhunderts im sogenannten Ersten Bürgerkrieg (656-661 n.Chr.) zum Schisma zwischen Sunniten und Schiiten: Während die Sunniten (sunna = Lehre und Verhalten des Propheten) lediglich an dem Grundsatz festhielten, daß der Kalif (Stellvertreter des Propheten im politischen Sinne) aus dem Stamm des Propheten, den Quraisch, kommen müsse, verfochten und verfechten die Schiiten die Ansicht, daß der Imam (Führer der Gemeinde) ausschließlich ein direkter Nachkomme Alis sein dürfe, des vierten Kalifen und Schwiegersohns des Propheten, der als einziger durch seine Söhne Hassan und Hussein das Blut des Propheten weitervererbt habe. Erst nach dem rein aus der Machtfrage entstandenen Schisma entwickelten die beiden Konfessionen schrittweise ihre z.T. erheblich unterschiedlichen Glaubensinhalte, wobei die Sunniten in der Regel die politische Macht ausübten und die Schiiten im »Untergrund« wirkten. Wichtigster dogmatischer Unterschied bei den Schiiten ist die religiöse Überhöhung der Person Alis und der ihm nachfolgenden Imame, die als frei von Sünden und als unfehlbar angesehen werden. Die sogenannten Zwölfer-Schiiten (auch Imamiya oder Djafariya genannt) bilden die größte schiitische Konfession; sie glauben, daß der 12. Imam, Muhammad al-Muntazar, um 873 entschwunden sei, aber weiter in der »Verborgenheit« lebe und erst vor dem Jüngsten Tag als Mahdi (Rechtgeleiteter, Führer) zurückkehren werde, um der Gerechtigkeit zum Sieg in der Welt zu verhelfen. (Nicht zu verwechseln mit diesem Imambegriff ist die Bezeichnung Imam für den Vorbeter in der Moschee – auch bei den Sunniten – sowie als Ehrentitel für besonders herausragende Theologen, wie z.B. Ayatollah Khomeini.) Ein weiterer, auch politisch bedeutsamer Unterschied zwischen Sunniten und Zwölfer-Schiiten besteht darin, daß sich innerhalb der Schia ein hierarchisch gestaffelter Klerus mit dem *mardja-e-taqlid* (die Quelle des Nacheiferns) herausgebildet hat, was die Sunniten nicht kennen. Die Zwölfer-Schia ist seit dem 16. Jahrhundert Staatsreligion im Iran. Im Irak (vorwiegend im Zentrum und im Süden) sind die Zwölfer-Schiiten mit etwa 55 Prozent den Sunniten überlegen, und im Libanon, der ausschließlich aus religiösen Minderheiten besteht, bilden sie heute mit über 30 Prozent die stärkste Minderheit (vorwiegend im Süden sowie in der Bekaa-Ebene).

Während die Sunniten zwar vier verschiedene »Rechtsschulen« entwickelt haben, die sich indes gegenseitig anerkennen, sind die Schiiten schon früh in zahlreiche, sich gegenseitig ablehnende Sekten zerfallen, von denen in den hier behandelten Staaten heute die Ismailiten, Alawiten und Drusen vertreten sind. Die **Ismailiten**, die vom 10. bis 12. Jahrhundert unter dem Namen Fatimiden in Ägypten und den angrenzenden Regionen herrschten, sind heute mit weniger als einem Prozent der Bevölkerung nur noch in Mittelsyrien in und um Salamiya und Masyaf vertreten und erkennen den Agha Khan als Imam an.

Auch die **Alawiten** (vor der → Mandatszeit meist Nusairiya genannt) sind im wesentlichen nur in Syrien ansässig, doch beträgt dort ihr Anteil an der Bevölkerung etwa zehn Prozent. Ihr traditionelles Siedlungsgebiet ist das Nusairiya- oder Ansariyagebirge im Nordwesten des Landes. Kleinere Gruppen finden sich im äußersten Norden des Libanon sowie in und um Iskenderun in der Südtürkei. Ihre Religion gilt als eine Geheimlehre, in die nur wenige Gläubige völlig eingeweiht werden. Wesensmerkmal ist eine weitere Überhöhung des vierten Kalifen Ali, der als gleichrangig mit dem Propheten Mohammed, ja zuweilen geradezu als gottähnlich angesehen wird. Zusätzlich sind altorientalische und christliche Elemente aufgenommen worden, die ihren Glaubensvorstellungen einen stark synkretistischen Charakter verleihen. Dadurch, daß Präsident → Hafez al-Assad und eine Reihe seiner engsten Gefolgsleute Alawiten waren bzw. sind, ist die soziale und wirtschaftliche Situation dieser ehemals eher als »hinterwäldlerisch« eingestuften Sekte erheblich aufgewertet worden, was viele Sunniten, die im Land mit mindestens 70 Prozent absolut überwiegen, mit Mißfallen betrachten, zumal diese die Alawiten als Ungläubige ansehen. (Die syrischen Alawiten sind nicht zu verwechseln mit den türkischen Alevis, die mit ihnen zwar den Namen teilen, nicht aber den historischen Ursprung und die Glaubensinhalte.)

Die **Drusen** schließlich stellen im Libanon, wo sie vor allem im Shoufgebirge, im Süden der Bekaa-Ebene und in Beirut leben, etwa sechs bis sieben Prozent der Bevölkerung und sind mit etwa drei bis vier Prozent auch in Syrien (konzentriert im Hauran/Jabal Druz) sowie mit ca. acht Prozent der arabisch sprechenden Bevölkerung in → Israel (vorwiegend im westlichen Galiläa) vertreten. Auch ihr Glaube galt lange als Geheimreligion, in deren Lehren nur die wenigen sogenannten »Verständigen« (uqala) eingeweiht waren, während die große Masse der »Unwissenden« (djuhala) nur rudimentäre Kenntnisse besaß. Heute ist ihr religiöses Schrifttum allgemein zugänglich. Die Drusen haben sich im 11. Jahrhundert aus den Ismailiten entwickelt, als sie begannen, den Fatimidenkalifen al-Hakim als Inkarnation des göttlichen Willens zu verehren. Sie betrachten sich heute offiziell als Muslime, doch gelten sie Sunniten wie Schiiten als Ungläubige. Tatsächlich stellt sich ihre Lehre als im höchsten Maße synkretistisch dar.

Eine noch junge, ebenfalls aus der Schia hervorgegangene Sekte bilden schließlich die **Bahai**, die Mirza Hussein Baha-Ullah in der zweiten Hälfte des 19. Jahrhunderts begründete und die weltweit mit einigem Erfolg missionieren. Die Zahl ihrer Anhänger wird heute auf etwa fünf Millionen geschätzt. Ihre religiösen Zentren sind Akko und Haifa in Israel. Im Iran sind sie seit der islamischen Revolution schweren Verfolgungen ausgesetzt (→ Religionsgemeinschaften).

Islamismus (Islamisten)

(Arab. Islamiya, Islamiyun). Heterogene Strömungen und Gruppierungen, die die Errichtung eines islamischen Staates, die Wiedereinführung des islamischen Rechts (Scharia) und die Rückbesinnung auf die Wertvorstellungen aus der Zeit des Propheten und der ersten vier Kalifen fordern, ohne aber auf moderne naturwissenschaftliche und technologische Errungenschaften zu verzichten. »Islamismus« bzw. »Islamisten« ist die Eigenbezeichnung dieser Bewegungen, während sie im Westen daneben auch mit Begriffen wie »islamischer Fundamentalismus«, »politischer Islam«, »Reislamisierung«, »militanter Islam« etc. bezeichnet werden. Der westliche, ursprünglich amerikanisch-protestantische Begriff

»Fundamentalismus« wird in Form einer Lehnübersetzung als *usuliya* zunehmend auch in der arabischen Welt von den Gegnern des Islamismus auf diesen angewandt.

Als Beginn des organisierten modernen Islamismus wird in der Regel die Gründung der Gemeinschaft der → Muslimbrüder (Gamaat al-Ikhwan al-Muslimin) in → Ägypten 1928 durch den Lehrer Hassan al-Banna angesehen. Die Muslimbrüder wandten sich von Anfang an auch gegen westliche Einflüsse, die sie als zerstörerisch für das islamische Wertesystem ansahen und denen sie vor allem durch ein islamisches Erziehungswesen sowie den Aufbau eines islamisch geprägten sozialen Netzes entgegenzuwirken suchten. Vorausgegangen war ihrer Gründung in intellektuellen theologischen Kreisen, vor allem in Ägypten, eine langjährige Diskussion, in der es um eine Neubestimmung der Rolle des → Islam in Staat und Gesellschaft gegangen war. Einer der Väter dieser Diskussion war Muhammad Abduh (1849-1905), der in den letzten sechs Jahren seines Lebens neben anderen Funktionen auch das Amt des Mufti von Ägypten bekleidet hatte. Abduh verwarf die unkritische Nachahmung (taqlid) überlieferter religiöser Traditionen (wie auch europäischer Einflüsse) und forderte die Anwendung des *ijtihad*, d.h. die Entscheidungsfindung mit Hilfe der menschlichen Vernunft (aql) für das Allgemeinwohl (maslaha) der muslimischen Gemeinschaft. Dabei trennte er strikt zwischen den religiösen Pflichten (ibadat) im engeren Sinne, wie z.B. Beten, Fasten etc., die im Koran und in der Sunna eindeutig geregelt seien, und den Regeln des zwischenmenschlichen Zusammenlebens (muamalat), für das Koran und Sunna nur allgemeine ethische Grundsätze bereithielten, innerhalb derer es den Gläubigen überlassen bleibe, die zwischenmenschlichen Beziehungen je nach der spezifischen historischen Situation zu gestalten. Ohne daraus expressis verbis einen entsprechenden Schluß zu ziehen, schuf er damit die theoretische

Grundlage für eine Trennung von Religion (din) und Staat (daula). Vor allem nach der offiziellen Abschaffung des Kalifats durch Atatürk 1924 entbrannte über diese Frage unter Abduhs Schülern eine heftige Auseinandersetzung. Während Ali Abdarraziq (1888-1966) in einem berühmten Buch die Ansicht vertrat, daß weder im Koran noch vom Propheten eine bestimmte Staatsform vorgegeben worden sei, hielt die Mehrzahl seiner Gegner, allen voran Rashid Rida (1865-1935), an der Forderung nach einer engen Verbindung von Religion und Staat fest, manifestiert im Kalifat, und sorgte dafür, daß Abdarraziq die Lehrerlaubnis an der → Al-Azhar-Universität entzogen wurde. Die Abkehr der Theologen von den Reformansätzen Abduhs, Abdarraziqs und einiger anderer, die gleichzeitig weiter um sich greifende Verwestlichung und Säkularisierung des öffentlichen Lebens in Ägypten sowie die Fortdauer der englischen Kolonialherrschaft waren der Nährboden, auf dem die Bewegung der Muslimbrüder rasch gedieh.

Während des Kampfes der arabischen Staaten um die Unabhängigkeit spielten islamistische Gruppen dennoch nur eine untergeordnete Rolle, da sie völlig im Schatten weitgehend säkularer Strömungen des arabischen Nationalismus agierten, an denen auch arabische Christen einen erheblichen Anteil hatten. Nach dem Zweiten Weltkrieg versuchten die Islamisten, sich in den nun unabhängigen Staaten erneut Gehör zu verschaffen. Auch außerhalb Ägyptens, so in → Jordanien, → Palästina und → Syrien, faßten die Muslimbrüder Fuß, und neue Gruppierungen tauchten auf, wie z.B. die Islamische Befreiungspartei in Jordanien/Palästina, deren Begründer Taqiyuddin an-Nabhani erstmals den Entwurf einer Verfassung für einen vereinigten islamischen Staat vorlegte. Die systematische Unterdrückung der Muslimbrüder in Ägypten unter → Nasser in den fünfziger und sechziger Jahren schuf zahlreiche Märtyrer wie den 1966 hingerichteten Sayid Qutb, dessen Schriften noch heute für viele radikale Islamisten wegweisend sind. Zu seinen wesentlichen Thesen, bei deren Entwicklung er auch auf Gedanken des pakistanischen Islamisten Al-Maududi (1903-1979) zurückgriff, zählt sein Konzept der *djahiliya*, mit dem im historischen muslimischen Selbstverständnis »die Zeit der Unwissenheit« vor der Offenbarung des Koran bezeichnet wird; Qutb indessen belegt mit diesem Begriff die gegenwärtig real existierenden Gesellschaften in den islamischen Staaten, denen die *hakimiyat allah*, die Herrschaft Gottes, gegenübergestellt werden müsse. Um diese zu erreichen, müsse ein andauernder Heiliger Kampf (jihad) gegen den gegenwärtigen Unglauben in den islamischen Staaten, d.h. gegen die gegenwärtigen »ungläubigen« Regierungen, aber auch darüber hinaus geführt werden, um dem Islam zum Sieg über die gesamte Welt zu verhelfen.

Der Niedergang des panarabischen, meist links und säkular ausgerichteten Nationalismus, nicht zuletzt infolge der wiederholten militärischen Erfolge → Israels, die erfolgreiche islamische (tatsächlich islamistische) Revolution im Iran 1979 und die gegenüber den Muslimbrüdern liberalere Politik → Sadats in Ägypten gaben islamistischen Gruppen seit Ende der siebziger Jahre einen erheblichen Auftrieb. In Ägypten selbst schworen die Muslimbrüder offiziell zwar der Gewalt ab, begannen aber – da sie selbst keine politische Partei gründen durften – systematisch andere Parteien, Gewerkschaften und staatliche Institutionen, insbesondere den Justizapparat, zu unterwandern. Im Umfeld der Muslimbrüder bildeten sich zudem im Untergrund neue militante Gruppen wie u.a. Al-Jihad, aus deren Reihen die Mörder Sadats kamen, At-Takfir wa l-Higra (Bezichtigung des Unglaubens und Auszug aus dem Heidentum) und Al-Gamaa al-Islamiya (die islamistische Gemeinschaft), auf deren Konto zahlreiche Morde und Terroranschläge bis weit in die neunziger Jahre hinein gingen. Im → Libanon bildete sich im Zuge des

→ Libanesischen Bürgerkriegs die → Hizbollah, während der → Intifada in Palästina entstanden → die Hamas und noch militantere Gruppen, denen allen nicht nur die Ablehnung des Friedensprozesses mit Israel, sondern auch der → PLO gemeinsam ist. Lediglich in Syrien wurden durch die blutige Niederschlagung eines islamistischen Aufstands in Hama 1982 islamistische Aktivitäten auf Jahre hinaus gewaltsam beendet. Ende der neunziger Jahre schien man auch in Ägypten den Terrorismus langsam in den Griff zu bekommen und versuchte auch durch präventive Verhaftungen von Muslimbrüdern vor Wahlen, z.B. zur Rechtsanwaltskammer im Sommer 2000, ein weiteres islamistisches Eindringen in die Institutionen zu verhindern.

Israel

Amtliche Bezeichnung »Medinat Yisrael«. Israel grenzt mit einer Fläche von knapp 22 000 km² und 273 km Mittelmeerküste an → Jordanien, → Syrien, den → Libanon und an → Ägypten. Über die genaue Grenzziehung zu Syrien und den selbstverwalteten Palästinensischen Gebieten (→ Westjordanland und → Gazastreifen) wird noch verhandelt.

Israel hatte 2000 6 300 000 Einwohner, wobei in dieser Zahl auch die annähernd 370 000 jüdischen Siedler in den besetzten Gebieten und in Ostjerusalem enthalten sind. Die Bevölkerung besteht aus 79 Prozent Juden, 15 Prozent Muslimen, 2 bis 3 Prozent Christen sowie 2 bis 3 Prozent Drusen und anderen. Die ethnische Zusammensetzung der Israelis wurde gemäß einer Schätzung von 1996 folgendermaßen angegeben: 32 Prozent Juden aus Europa und Amerika, 21 Prozent Juden, die in Israel geboren wurden (Sabras), 14 Prozent Juden aus Afrika, 13 Prozent Juden aus Asien, etwa 20 Prozent Nichtjuden (hauptsächlich die palästinensische Minderheit in Israel, nicht-jüdische Einwanderer und eine geringe Anzahl von → Tscherkessen). Israels jüdische Bevölkerung setzt sich zum größten Teil aus Einwanderern zusammen, die in der Entstehungsphase des → Zionismus vornehmlich aus Mittel- und Osteuropa (→ Aschkenasen) und später zunehmend aus anderen Regionen der Welt kamen (→ Aliya). In den siebziger Jahren erlangten die orientalischen Juden (→ Sepharden oder Misrachim) die Mehrheit in Israel. Mit der Einwanderung von Juden aus der ehemaligen → Sowjetunion (Olim) hat sich das Verhältnis wieder zugunsten der Aschkenasen gewandelt. 1999 wurde eine Netto-Einwanderungsrate von 4,4 auf 1000 Bewohner gemessen. Die Altersstruktur der israelischen Bevölkerung ist ausgewogener als in den benachbarten Regionen, und auch die Bevölkerungszuwachsrate liegt mit 1,8 Prozent deutlich unter der der Nachbarstaaten und der Palästinensischen Gebiete.

Hebräisch ist die offizielle Sprache, Arabisch gilt als offizielle Sprache der arabischen Minderheit. Das → Judentum ist die offizielle Religion, aber die muslimische und christliche Minderheit richten sich jeweils nach ihren eigenen Kalendern. → Jerusalem wurde schon 1950 zur Hauptstadt ernannt, doch widerspricht dieser Beschluß allen internationalen Bestimmungen. Bis auf Costa Rica und Honduras unterhalten alle Staaten ihre diplomatischen Vertretungen in Tel Aviv – auch nachdem 1980 das territorial wiedervereinigte Jerusalem einseitig zur ewigen und unteilbaren Hauptstadt erklärt wurde.

Das Pro-Kopf-Einkommen der Israelis ist im Vergleich zu allen umliegenden Staaten bei weitem das höchste; 1998 lag es bei 15 810 US-Dollar. Der → Junikrieg 1967 leitete eine Phase mit hohem Wirtschaftswachstum ein. Etwa zur selben Zeit wurden die → USA zur Hauptquelle für Kapitalimporte. Nach dem Machtwechsel zum → Likud 1977 entstand eine galoppierende Inflation, gekoppelt an ein hohes Außenhandelsdefizit. Die Inflation erreichte 1984 mit über 370 Prozent ihren Höhepunkt, und somit wurden – auch auf Druck aus den USA – im folgenden Jahr durchgreifende Sparmaßnahmen eingeleitet. Die Wirtschaftskrise, die durch die → Intifada ausgelöst worden war, traf besonders die Entwicklungsstädte mit ihrer vorwiegend orientalischen Bevölkerung; und schließlich stellte die Eingliederung der Masseneinwanderung von Juden aus der ehemaligen Sowjetunion eine neue Herausforderung dar. Seit der Unterzeichnung der → Oslo-Abkommen zeichnet sich ein positiver Trend in der Investitionstätigkeit vorwiegend ausländischer Unternehmen und im Tourismus ab; dieser ist jedoch aufgrund der Eskalation seit 2000 ins Stocken geraten.

Am 14. Mai 1948 erklärte → David Ben-Gurion die Unabhängigkeit Israels. Diese Erklärung stützte sich zum einen auf den historisch begründeten Anspruch des jüdischen Volkes, nach → Palästina, in das Gelobte Land des Alten Testaments, zurückzukehren – ein Anspruch, der vom Zionismus wiederaufgenommen und neu formuliert wurde. Zum anderen basierte Israels Unabhängigkeitserklärung auf internationalen Bemühungen, die in der → UN-Resolution 181 gipfelten und das Ende der britischen → Mandatszeit markierten. Die jüdische Nationalbewegung, bestrebt, jüdische Identität neu zu bestimmen und der Diskriminierung und dem Antisemitismus in den Heimatländern zu entgehen, ließ in ihrem ideologischen Konzept und politischen Programm die Existenz der arabischen Bewohner → Palästinas jedoch außer acht. Deren Verdrängung (→ Flüchtlinge) – teils geplant, teils zwangsläufig – führte zu verzweifeltem Widerstand, der jedoch unorganisiert und nicht effektiv umgesetzt wurde. Arabische Intentionen auf Eigenstaatlichkeit und Selbstbestimmung in Palästina blieben unerfüllt und boten den Nährboden für einen Konflikt, der bis heute anhält. Fünf arabisch-israelische Kriege und ein kontinuierlicher Zustand militärischer Konfrontation waren die

Folge. Erst die Annäherung an Ägypten und die Unterzeichnung des → Camp-David-Abkommens 1978 leiteten eine allmähliche Befriedung zwischen Israel und seinen arabischen Nachbarn ein. Die → Friedensverhandlungen, die 1991 mit der → Madrider Friedenskonferenz ihren Anfang nahmen, führten zwar zur gegenseitigen Anerkennung zwischen Israel und den Palästinensern, repräsentiert durch die → PLO, und zu Friedensverträgen mit ihnen und Jordanien, doch bedeuten sie noch lange nicht das Ende des Konflikts – wie der Ausbruch der → Al-Aqsa-Intifada allzu deutlich zeigt.

Das politische System Israels ist eine parlamentarische Demokratie mit einer Vielzahl politischer Parteien und demokratischer Einrichtungen. Viele der Parteien sowie auch andere Institutionen wurden vom Yishuv – der jüdischen Gemeinschaft während der Mandatszeit – geschaffen. Das moderne Staatswesen Israel baute nach Erlangung der Unabhängigkeit auf diesen Einrichtungen auf. Die israelische Parteienlandschaft ist geprägt von dem Spannungsfeld zwischen der → Arbeitspartei, die bis 1977 das politische Geschehen dominierte, und dem Likud, der zunehmend an Einfluß gewann. Darüber hinaus kommt einer großen Anzahl kleinerer Parteien eine überproportional große Rolle zu, da keiner der zwei großen Blöcke allein regierungsfähig ist. Diese kleineren Parteien verlaufen entlang multidimensionaler Ebenen: abgesehen von der üblichen Rechts-Links-Skala gibt es in Israel das gewichtige säkular-religiöse Spektrum. Hinzu kommen als weitere Bestimmungsfaktoren die zionistische Orientierung, die ethnische Zugehörigkeit und die Kompromißbereitschaft gegenüber den Palästinensern. Zusätzlich zu den Parteien sind im politischen Geschehen Israels eine Reihe politischer Basisorganisationen und Bürgerrechtsbewegungen von großer Bedeutung. Zu nennen wären z.B. die Siedlerbewegung Gush Emunim und der

Dachverband der Siedler (Yesha), die vermehrte → Siedlungen in den besetzten Gebieten und die Annektierung des biblischen Landes Judäa und Samaria propagieren, während die einflußreiche Friedensbewegung *Peace Now* (Shalom Achshav) sich für territoriale Konzessionen an die Palästinenser auf der Basis der UN-Resolution 242 einsetzt (→ Israelische Friedensbewegung).

Der Knesset, dem aus 120 Abgeordneten bestehenden israelischen Parlament, steht die Gesetzgebungsgewalt und die Kontrolle über die Regierung zu. Das Parlament wird von israelischen Bürgern über 18 Jahren mit einer (gemessen an europäischen Verhältnissen) sehr hohen Wahlbeteiligung von durchschnittlich 80 Prozent für eine vierjährige Legislaturperiode gewählt. Es besteht das einfache Verhältniswahlrecht, und ganz Israel gilt als ein Wahldistrikt. 1992 wurde die einprozentige Sperrklausel auf 1,5 Prozent angehoben, was der Zersplitterung der israelischen Parteienlandschaft jedoch nur geringfügig entgegenwirkte. Das Kabinett wird von der Knesset bestätigt und ist ihr gegenüber verantwortlich. → Benyamin Netanyahu war 1996 der erste Ministerpräsident, der durch eine Wahlgesetzänderung direkt gewählt wurde. Der Staatspräsident wird von der Knesset für eine Amtszeit von fünf Jahren gewählt und übt hauptsächlich repräsentative Aufgaben aus.

Israel besitzt bis heute anstelle einer schriftlichen Verfassung die Unabhängigkeitserklärung, das Übergangsgesetz und einzelne Grundgesetze zu spezifischen Aspekten des staatlich-gesellschaftlichen Lebens. Eine Verfassung wurde nie verabschiedet, weil diese die Stellung der Religion im Staat hätte definieren müssen. Die Debatte um die Ausarbeitung einer Verfassung spiegelte deutlich die fundamentale Spaltung der israelischen Nation in ein religiöses und ein säkulares Lager wider. Der jüdische Charakter Israels und der Status des Judentums in der israelischen Gesellschaft sind z.B. in der Zuständigkeit religiöser Gerichte für Personenstandsfragen verankert. Dadurch ist u.a. die Zivilehe in Israel ausgeschlossen, und Frauen sind vor rabbinischen Gerichten nicht gleichberechtigt. Die Richter des Oberrabbinats sind zwar Staatsbeamte, aber nur dem religiösen Recht verpflichtet. Auch das Rückkehrgesetz von 1950, das jedem Juden das Recht zugesteht, nach Israel einzuwandern, und das Staatsbürgerschaftsgesetz von 1952, nach dem jeder Jude nach der Einwanderung zum Staatsbürger wird, dienen dazu, den jüdischen Charakter Israels zu garantieren – auch wenn dadurch der demokratische Charakter kompromittiert wird.

Israels Innenpolitik und die gesellschaftspolitische Entwicklung wurden und werden entscheidend – wenn auch nicht ausschließlich – von den äußeren Gegebenheiten geprägt. Der Junikrieg von 1967 gilt als wichtigste historische Zäsur. Von der Staatsgründung bis zu diesem Datum beschäftigte sich Israel vor allem mit der landwirtschaftlichen Erschließung des Landes, der Eingliederung massiver Ströme von Neueinwanderern und dem Aufbau einer kohärenten Gesellschaft gemäß den Grundfesten des zionistischen Gedankens. David Ben-Gurion, der erste Ministerpräsident, regierte mit einer Unterbrechung (1953-55) bis 1963 und verkörperte den Typus der Machtelite aus den Gründerjahren. Für ihn war das Prinzip der zentralen Staatsgewalt (Mamlachtiut) von größter Bedeutung. Der Staat wurde als Instrument betrachtet, um aus der jüdischen Diaspora ein funktionierendes, solides Gemeinwesen zu schaffen, das den massiven Anfangsschwierigkeiten widerstehen konnte. Zwischen 1948 und 1951 verdoppelte sich die jüdische Bevölkerung Israels. Die Einwanderergruppen waren jedoch wenig vom zionistischen Pioniergedanken erfüllt: Annähernd die Hälfte der Neueinwanderer waren Überlebende des Holocaust. Auch die Einwanderer aus Asien und Afrika waren mehrheitlich mittellos, ideologisch unmotiviert und stellten den neu gegründeten Staat auf eine wirtschaftliche und gesellschaftliche Belastungsprobe.

Um dem israelischen Sicherheitsbedürfnis gerecht zu werden, wurde die Armee (Zahal) in dieser Zeit massiv ausgebaut, aber auch die Gewerkschaft (Histadrut) sowie die landwirtschaftlichen Kollektive (Kibbuzim und Moshavim), deren Gründung in der Mandatszeit erfolgte, vergrößerten sich. Dabei entstand aus der relativ unstrukturierten Agrargesellschaft des Yishuv allmählich eine wohlfahrtsstaatlich geprägte Industriegesellschaft mit deutlich getrennten sozialen Schichten. Die Abstufung erfolgte generell auf der Basis des Zeitpunkts der Einwanderung und des Herkunftslands. Dabei sind die neu ankommenden Juden aus Asien und Afrika am unteren Ende der gesellschaftlichen Skala anzusiedeln.

Eine Außenseiterrolle fällt der palästinensischen Minderheit, also den nichtjüdischen Staatsbürgern Israels arabischer Herkunft (israelische Araber oder palästinensische Israelis genannt) zu, die vor dem Junikrieg in den Grenzen Israels lebten. Diese Minderheit verblieb bei der Gründung Israels in ihrem angestammten Gebiet und zählte 1949 schätzungsweise 160 000 Menschen. Sie machen heute knapp 20 Prozent der Bevölkerung aus, treten aber erst seit kurzem als politischer Faktor in Erscheinung. Bis 1966 standen sie unter Militärverwaltung, und auch heute noch besitzen sie einen Zweite-Klasse-Status. Seit 1967 besteht für diese Minderheit die Möglichkeit, mit Palästinensern aus den besetzten Gebieten in Kontakt zu treten, ein Umstand, der ihre zwiespältigen Loyalitäten deutlich zum Ausdruck bringt. Der Ausbruch der → Intifada 1987 bewog die Mehrheit der palästinensischen Minderheit Israels, sich mit der Bevölkerung der besetzten Gebiete zu solidarisieren.

Infolge der Unruhen (→ Al-Aqsa-Intifada), die das gescheiterte Gipfeltreffen von → Camp David II nach sich zog, kam es zu blutigen Ausschreitungen mit tödlichen Folgen im nördlichen Teil Israels, das mit den Ballungszentren Nazareth und Umm el-Fahm eine hohe arabische Bevölkerungsdichte aufweist. Diese Zusammenstöße, bei denen die israelische Polizei mit Spezialeinheiten und Scharfschützen gegen die arabischen Bürger des Staates Israel vorging, straften den demokratischen Anspruch der israelischen Regierung Lügen. Gleichzeitig trugen sie zu einer starken Entfremdung zwischen den arabischen Bürgern Israels und einem sich als jüdisch begreifenden Staat bei. Sie waren aber auch Ausdruck der seit über 50 Jahren angestauten Frustrationen auf seiten der palästinensischen Minderheit, die seit Gründung des Staates unter einer Diskriminierung auf allen Ebenen der Gesellschaft leidet. Bei den jüdischen Bürgern Israels offenbarte sich das schwelende Mißtrauen gegenüber den arabischen Bürgern und trat in Straßenschlachten in Nazareth offen zutage. Die Konfrontationen nahmen darüber hinaus gefährliche religiöse Züge an. Diese jüngsten Eskalationen stehen zwar im Zusammenhang mit den palästinensischen Bemühungen um Eigenstaatlichkeit, doch betont die palästinensische Minderheit Israels immer wieder, daß es ihr um die Erlangung eines gleichberechtigten Status innerhalb von Israel geht – und nicht um eine Art »Anschluß« an ein palästinensisches Gebilde.

Der Junikrieg von 1967 verwandelte den Charakter Israels – sowohl in seinem Selbstverständnis als auch in bezug auf seinen realpolitischen Handlungsspielraum. Israel verdreifachte sein Gebiet und vergrößerte die palästinensische Bevölkerung, die unter seinen Herrschaftsbereich kam, um ein Vielfaches. Durch den Junikrieg wurden die Israelis zum Besatzer und »vom David zum Goliath«. Die heutige Polarisierung der israelischen Gesellschaft nahm im Junikrieg ihren Anfang und wurde unter dem Eindruck der Intifada verstärkt. Mit der fortschreitenden Befriedung der israelischen Grenzen und der Aussicht auf einen möglichen, umfassenden Friedensschluß mit den Palästinensern läßt die äußere Bedrohung Israels nach und vermindert damit den Druck, die innergesellschaftlichen Spannungen unter Kontrolle zu halten. Dabei geht es im wesentlichen um mehrere Bruchlinien, die eine einheitliche israelische Identität demontieren. Abgesehen von der jüdisch-arabischen Trennung und der sephardisch-aschkenasischen Aufspaltung, gibt es eine offensichtliche Polarisierung der Gesellschaft in »Falken«, die eine Rückgabe von Land gegen Frieden aus religiösen bzw. nationalistischen Gründen ablehnen, und in »Tauben«, die größere Kompromißbereitschaft mit den Palästinensern zeigen. Sie sind bereit, im Gegenzug für Friedensverträge, Sicherheitsgarantien und eine Normalisierung der Beziehungen zu den arabischen Nachbarstaaten die Gesamtheit oder einen Großteil der im Junikrieg besetzten Gebiete zurückzugeben. Diese Polarisierung entzündet sich regelmäßig am politischen Tagesgeschehen, in erster Linie an der Siedlungsfrage. Sobald jedoch wieder eine Bedrohung von außen besteht, verwischen sich diese Unterschiede und die »Falken« werden meinungsbestimmend.

Eine andere maßgebliche Bruchlinie ist die Spaltung in orthodoxe und nichtorthodoxe Israelis, eine Spaltung, die nach der Ermordung von Ministerpräsident → Rabin akzentuiert wurde. Etwa 30 Prozent der jüdischen Bevölkerung Israels sind orthodox in dem Sinne, daß sie Israel vorzugsweise als jüdischen Staat sehen, der auf der Tora als Staatsverfassung aufgebaut ist. Eine Mehrheit dieser Israelis wählt regelmäßig eine der kleinen, religiösen Parteien: die Nationalreligiöse Partei, Agudat Israel, Degel Hatora oder die Schas, die sich zum Sammelbecken orthodoxer Juden sephardischer Herkunft etabliert hat. Nicht alle orthodoxen Juden sind aber Zionisten. Zu erwähnen wären die ultraorthodoxen Haredim, die die Gründung des Staates Israel durch Menschenhand als Häresie empfinden. Sie spalten das orthodoxe Lager in zwei ideologische Richtungen:

die zionistischen Orthodoxen (oder Nationalreligiösen) und die antizionistischen Ultraorthodoxen (Haredim). Diese Bruchlinien bewirken die Vielzahl der Parteien und die Unberechenbarkeit israelischer Politik. So wurde z.B. im Juli 2000 Moshe Katsav, ein unbekannter Politiker aus dem Likud-Lager, der sich aber der Unterstützung sephardischer Juden sicher sein konnte und somit den Generationenwechsel in Israel symbolisiert, dem Friedensnobelpreisträger → Peres in der Wahl zum achten Staatspräsidenten vorgezogen.

Vor diesem Hintergrund der Polarisierung der israelischen Gesellschaft und der Divergenz der parteipolitischen Interessen erscheint es zunehmend schwierig, einen Friedensschluß mit den Palästinensern zu erreichen, der allen Lagern innerhalb Israels gerecht wird. Während der Regierungszeit → Netanyahus kam der Friedensprozeß fast vollständig zum Erliegen; aber auch nach dem Amtsantritt von → Barak erwiesen sich die schwierigen Themen wie Jerusalem, → Wasser und Siedlungen als kaum zu überwindende Hindernisse. Nicht zu unterschätzen ist auch das Sicherheitstrauma der Israelis, die sich seit dem ersten → Arabisch-Israelischen Krieg bis zum → Golfkrieg von feindlich gesinnten Nachbarn umringt wähnen. Die Erfahrung der Kriege und Terroranschläge ist Teil der kollektiven Psyche der israelischen Öffentlichkeit geworden. Erst die Intifada und die Ergebnisse der → Neuen Historiker relativieren den israelischen Opfermythos und bereiten vielleicht den Weg zu einem neuen Nahen Osten.

Israelische Friedensbewegung

Die israelische Friedensbewegung ist ein Konglomerat verschiedener Organisationen, die sich in → Israel für Frieden,

Menschenrechte sowie den Ausgleich mit den Palästinensern und den arabischen Nachbarstaaten einsetzen.

Die älteste und bekannteste dieser Organisationen ist Shalom Achshav (Peace Now, Frieden Jetzt), die 1978 – ein weites politisches Spektrum umfassend – als breite Bewegung entstand, um für den Frieden mit → Ägypten einzutreten. Shalom Achshav bot eine vereinende Plattform für kleinere Gruppierungen, die zu Gemeinschaftsaktionen und Großdemonstrationen zusammentrafen, wie z.B. während des → Libanonkriegs (1982), als *Peace Now* über eine viertel Million Demonstranten mobilisierte, um gegen das Massaker von Sabra und Shatila zu demonstrieren. Auch in der Kontroverse um die jüdische Besiedlung der besetzten Gebiete und während der → Intifada vermochte Shalom Achshav, eine breite Front zu bilden und aktiv in Erscheinung zu treten. Politisch gibt es zwischen dieser Bewegung, der Meretz und der → Arbeitspartei enge Verbindungen, was dazu führte, daß *Peace Now* mit Antritt der Regierung → Rabin sich mehr und mehr mit ihrer Kritik zurückhielt und weniger präsent war.

Zu Beginn der Regierung Rabin entstand 1992 mit Gush Shalom (Friedensblock) eine neue Friedensgruppierung, die sich radikaler als Shalom Achshav empfand und von dem deutschstämmigen Publizisten Uri Avnery mitbegründet wurde. Der direkte Auslöser für die Bildung von Gush Shalom war die Deportation von 415 Palästinensern (viele von ihnen → Hamas-Anhänger) in das Niemandsland zwischen dem → Libanon und Israel. Gush Shalom engagiert sich mit Demonstrationen, Mahnwachen und Zeitungsannoncen und ruft z.B. auch zum Boykott von Produkten aus israelischen → Siedlungen in den besetzten Gebieten auf.

Nach dem Mord an Yitzhak Rabin im November 1995 formierte sich eine Bewegung, die sich Dor Shalom (Friedensgeneration) nennt. Diese Organisation wurde von Anhängern Rabins gebildet und rekrutiert sich aus dem finanzkräftigen urbanen Spektrum Israels, das durch Rabins Ermordung politisiert wurde. Inzwischen widmet sich Dor Shalom vermehrt sozialen Problemen in Israel.

Andere wichtige Gruppierungen innerhalb des israelischen Friedenslagers sind z.B. Frauenorganisationen wie Nashim Be Shachor (Frauen in Schwarz), die zu Zeiten der Intifada mit wöchentlichen Mahnwachen gegen die israelische Unterdrückung und Okkupation demonstrierten, und Bat Shalom, eine israelische Frauengruppe in Westjerusalem, die mit ihrer Partnergruppe in Ostjerusalem das Konzept »Zwei Hauptstädte für Zwei Staaten« vertritt. Andere Organisationen, die sich mit jeweils einem spezifischen Aspekt der Friedensarbeit beschäftigen oder die gegen die Besatzung eine radikalere Haltung als Shalom Achshav zum Ausdruck bringen wollten, sind oder waren u.a. Dai Lekibush (Genug mit der Besatzung), die vor allem palästinensischen Bürgern Israels ein nichtzionistisches Forum bietet, oder Yesh Gvul (Es gibt eine Grenze), eine Gruppe von Soldaten, die sich in der Zeit des → Libanonkriegs organisierten und den Militärdienst in den besetzten Gebieten verweigerten. Weitere Gruppierungen vereinen Bürger einzelner Bevölkerungsgruppen, wie die religiös-orthodoxen Juden (Oz Ve Shalom, Stärke und Frieden) oder → Sepharden (Hamisrach El Hashalom, Orient für den Frieden), die gegen das stereotype Vorurteil, wonach Juden aus diesen Gruppen eher nach rechts tendieren, kämpfen.

Aus der Friedensbewegung sind darüber hinaus israelische Menschen- und Bürgerrechtsorganisationen erwachsen, als deren wichtigste B'Tselem gilt. Sie wurde 1989 nach Beginn der Intifada gegründet und verfolgt aufmerksam die Entwicklungen in den besetzten Gebieten; sie dokumentiert in Berichten und Presseerklärungen Menschenrechtsverletzungen durch die israelische Armee und seit dem → Oslo-I-Abkommen auch durch die → Palästinensische Nationalbehörde. Weiterhin existieren eine Reihe von Gruppen und Organisationen, die im Bereich jüdisch-arabischer, israelisch-palästinensischer Verständigung aktiv sind. Diese Vielfalt wird von der Überzeugung aller Gruppen geeint, daß nur auf der Grundlage von territorialem Verzicht Frieden mit den Palästinensern verwirklicht werden kann.

Mit fortschreitender Umsetzung der offiziellen → Friedensverhandlungen wurde die Präsenz der israelischen Friedensbewegung immer geringer. Zu Beginn der → Al-Aqsa-Intifada war sie auffällig schweigsam, und es dauerte einige Wochen, bis Gush Shalom sich zu den Ereignissen äußerte und u.a. die Auseinandersetzung als »Palästinensischen Unabhängigkeitskrieg« bezeichnete und eine »Nationale Agenda« als Gegenvorschlag zur Politik der israelischen Regierung veröffentlichte. Diese Agenda baut auf den jahrzehntealten Überzeugungen der Friedensbewegung auf und besagt, daß Frieden nur unter folgenden Bedingungen möglich sein wird: ein palästinensischer Staat neben dem Staat Israel, → Jerusalem als Hauptstadt beider Staaten, die Grüne Linie als Friedensgrenze sowie eine gerechte Lösung des palästinensischen Flüchtlingsproblems.

Izzeddin-al-Qassam-Brigaden → Hamas

J

Jassin, Scheich Ahmed → Hamas

Jerusalem

(Hebr. Yerushalayim, arab. Al-Quds). Hauptstadt → Israels und möglicherweise die eines zukünftigen palästinensischen Staates. Die ungelöste Jerusalemfrage ist einer der strittigsten Punkte in den → Friedensverhandlungen zwischen Israelis und Palästinensern.

Im Juni 1980 wurde die De-facto-Annexion Ostjerusalems von 1967 bekräftigt und Groß-Jerusalem von der Knesset als Hauptstadt des Staates Israel bestätigt, eine Entscheidung, die sofort von den Vereinten Nationen (→ UN) verurteilt wurde. Im Gegenzug propagierte der arabische Fez-Plan zwei Jahre später einen unabhängigen Staat → Palästina mit Al-Quds als Hauptstadt. Einig sind sich die Antagonisten nur in Hinblick auf die Unteilbarkeit Jerusalems. Die Stadt ist so sehr zum zentralen Dreh- und Angelpunkt jeder zukünftigen Friedensregelung geworden, daß das Thema bis zum Gipfeltreffen von → Camp David II aus allen offiziellen Verhandlungsrunden ausgegrenzt wurde, da diese sonst von vornherein zum Scheitern verurteilt gewesen wären.

Die Stadt hatte seit der Entstehung der drei monotheistischen Religionen einen besonderen Status, da sie von großer spiritueller Bedeutung für die drei Religionen ist. Für Juden ist sie der Ort des zerstörten Zweiten Tempels und der Ort der Rückkehr des Messias sowie der Wiedererrichtung des Tempels. Christen beziehen die spirituelle Bedeutung der Stadt aus der Tatsache, daß Jesus in Jerusalem gewirkt hat und dort gekreuzigt wurde; außerdem soll auch der christliche Messias am Jüngsten Tag in Jerusalem wiedererscheinen. Nach islamischem Glauben war Jerusalem vor Mekka die erste Gebetsrichtung (Qibla), und Mohammed fuhr von Jerusalem aus gen Himmel.

Obwohl Jerusalem vor etwa 4000 Jahren von kanaanitischen Stämmen gegründet wurde und in seiner langen Geschichte immer wieder verschiedenen Eroberungen ausgesetzt war – durch Israeliten, Ägypter, Assyrer, Perser, Römer, Byzantiner, Muslime, Kreuzritter, Osmanen und Briten – errang es erst in der zweiten Hälfte des 20. Jahrhunderts erneute politische Bedeutung. Der Teilungsplan der Vereinten Nationen (Resolution 181 der Vollversammlung, → UN-Resolutionen) sah 1947 vor, daß Jerusalem nach Beendigung des britischen Mandats (→ Mandatszeit) einen *corpus separatum* unter internationaler Oberhoheit bilden sollte, der allen Religionen ungehinderten Zugang zu ihren heiligen Stätten ermöglichte. Diese Regelung wurde jedoch weder von den Juden noch von den Arabern akzeptiert und von der Realität des → Arabisch-Israelischen Kriegs von 1948/49, in dem Jerusalem geteilt wurde, eingeholt. Das israelisch-jordanische Waffenstillstandsabkommen von 1949 besiegelte die Zweiteilung Jerusalems, und bis 1967 war die Stadt in einen jüdischen Westteil und (trans)jordanischen Ostteil, der auch die Altstadt umfaßt, geteilt. Die palästinensische Bevölkerung Westjerusalems floh in den Ostteil der Stadt oder nach → Jordanien. Das jüdische Westjerusalem wurde von den Israelis annektiert und im Januar 1950 zu ihrer Hauptstadt erklärt, während der Großvater von König Hussein (→ Hussein Ibn Talal), König Abdallah I., das → Westjordanland und Ostjerusalem unter lautem Protest der → Arabischen Liga offiziell seinem Königreich einverleibte. Beide

Staaten verstießen somit gegen das geltende internationale Recht und machten den UN-Beschluß zunichte.

Im → Junikrieg 1967 eroberte die israelische Armee unter Moshe Dayan und → Yitzhak Rabin in einer Blitzaktion die Altstadt Jerusalems sowie das gesamte Gebiet des Westjordanlands. Ostjerusalem wurde von Israel annektiert, und die palästinensischen Bewohner erhielten einen Sonderstatus; von nun an konnten sie israelische Pässe erwerben, wovon allerdings kaum jemand Gebrauch machte.

Die etwa 180 000 palästinensischen Einwohner Ostjerusalems unterliegen mehreren Formen der Diskriminierung. So können sie z.B. ihre Identitätskarte und Aufenthaltsberechtigung in Ostjerusalem dadurch verlieren, daß sie in einen arabischen Vorort außerhalb der Grenzlinien Groß-Jerusalems ziehen. Die Verlängerung ihrer Identitätskarte sowie der Erhalt eines *Laissez-passer* (Passierschein) für eine Reise oder die Registrierung von Eheschließungen, Geburten oder ähnlichem sind mit erniedrigenden bürokratischen Schikanen verbunden. Weiterhin erhalten die von Palästinensern bewohnten Distrikte trotz gleich hoher Steuerabgaben nur einen Bruchteil der städtischen Versorgung – sei es bei der Müllbeseitigung, dem Straßenbau, der Straßenbeleuchtung oder den entscheidenden Lizenzen für den Hausbau.

Unter Teddy Kollek, der von 1965 bis 1993 Bürgermeister Jerusalems war, wurden vielfältige Bestrebungen unternommen, Groß-Jerusalem vollständig unter israelische Oberhoheit zu bringen. Dazu diente vornehmlich der erweiterte Siedlungsbau (→ Siedlungen), der bis heute darauf ausgerichtet ist, einen Kordon um die Stadt zu errichten, um den arabischen Teil vom Westjordanland zu isolieren, die arabische Bevölkerung in eine Minderheit zu verwandeln, entlegene jüdische Siedlungen – wie das Gelände der Hebräischen Universität auf dem Berg Skobus, welches während der 19jährigen Teilung der Stadt völlig von Westjerusalem abgeschnitten war – miteinander zu verbinden und de facto eine zukünftige Wiederaufteilung der Stadt zu verhindern.

Diese Politik der vollendeten Tatsachen hat entsprechende Ergebnisse zum Nachteil der Palästinenser bewirkt. Durch die schleichende Judaisierung Ostjerusalems hat sich die Bevölkerungsstruktur dahingehend verändert, daß seit 1993 die Juden auch im Ostteil der Stadt die Mehrheit bilden (im Jahre 2000 etwa 200 000; die jüdische Gesamtbevölkerung Jerusalems betrug 2000 etwa 430 000). Die nochmalige israelische Ausweitung der Stadt und die Errichtung eines Großraums Jerusalem (Metropolitan Jerusalem Plan), der von der Rabin-Regierung zwei Jahre nach Unterzeichnung der → Osloer Prinzipienerklärung verkündet wurde, entbehrt jedoch jeder rechtlichen Grundlage und erschwert die Verhandlungsbasis. Hinzu kommen vermehrte Anzeichen, daß die → Palästinensische Nationalbehörde gezwungen sein könnte, eine Alternative zu Ostjerusalem als mögliche Hauptstadt eines zukünftigen Staates anzunehmen. Abu Dis, ein unbedeutender palästinensischer Vorort östlich Jerusalems, ist diesbezüglich immer öfter im Gespräch. Auch → Ehud Barak vertrat in bezug auf Jerusalem zunächst die Maximalposition, nämlich daß Jerusalem die ungeteilte Hauptstadt Israels bleiben soll, während → Faisal Husseini, der innerhalb der Palästinensischen Nationalbehörde für Jerusalem zuständige Minister, sich bis zu seinem Tod im Mai 2001 auf das *corpus separatum* des UN-Teilungsplans berief und auch Westjerusalem in die Verhandlungen miteinbeziehen wollte.

Während der Verhandlungen auf dem Gipfeltreffen von Camp David II kristallisierte sich die Frage hinsichtlich der Souveränität über den Tempelberg (Haram esh-Sharif oder Berg Moria) einmal mehr als unüberbrückbares Hindernis heraus. Barak modifizierte die bisherige israelische Position durch die Bereitschaft, Jerusalem als Hauptstadt zweier Staaten anzuerkennen. Allerdings würde in diesem Szenario der Tempelberg unter israelischer Herrschaft verbleiben, ein Vorschlag, der nicht nur für die Palästinenser inakzeptabel ist, sondern für die muslimische Gemeinschaft weltweit. Beide Seiten beharren auf dem Tempelberg nicht nur aus religiösen Motiven, sondern auch weil er als nationales Symbol gilt, das häufig für politische Zwecke eingesetzt wird. Vorschläge, die heiligen Stätten gemeinsam zu verwalten oder den Haram esh-Sharif unter internationale oder alternativ »göttliche« Souveränität zu stellen, verhallten bisher erfolglos. Die demonstrative Provokation → Ariel Sharons, unter starkem Polizeischutz Ende September 2000 den Tempelberg zu besuchen, ging auf und wurde zum unmittelbaren Auslöser der → Al-Aqsa-Intifada.

Eine endgültige Lösung der Jerusalemfrage setzt neben mehr Flexibilität und Kompromißbereitschaft beider Seiten vor allem auch eine Demystifizierung der Stadt voraus.

Jihad → Islamismus

Jihad Islami → Hamas

Jordanien

Amtliche Bezeichnung »Haschemitisches Königreich Jordanien« (arab. Al-Mamlaka al-Urdunniya al-Hashimiya). Jordanien ist der arabische Staat, der die längste Grenze zu → Israel hat und auch an das → Westjordanland, an → Syrien, den Irak und an Saudi-Arabien grenzt. Die Fläche beträgt knapp 90 000 km² und hat nur bei Akaba einen Zugang zum Roten Meer. Die jordanische Bevölkerung wurde

1999 auf 4560000 geschätzt und ist – abgesehen von der politischen Unterteilung in Palästinenser und Ostjordanier – sehr homogen. Ethnisch besteht sie zu 98 Prozent aus Arabern, je einem Prozent aus → Tscherkessen und → Armeniern, und die religiöse Trennungslinie liegt bei 96 Prozent sunnitischen Muslimen (→ Islam) und vier Prozent Christen unterschiedlicher Konfessionen (→ Christentum). Ähnlich wie in den benachbarten palästinensischen Gebieten weist Jordanien eine recht junge Bevölkerung mit 43 Prozent unter 14 Jahren auf; die hohe Zuwachsrate beträgt 3,05 Prozent. 80 Prozent der Bevölkerung leben in Städten, hauptsächlich im Ballungsraum Amman/Zarka – ein Umstand, der auch durch wiederholte Flüchtlingszuströme (→ Flüchtlinge) entstanden ist.

1922 wurde der Teil östlich des Jordans vom britischen Palästinamandat (→ Mandatszeit) als semiautonomes Gebiet Transjordanien unter der Herrschaft Emir Abdallahs ausgegliedert; dies bedeutete in erster Linie, daß die Balfour-Erklärung auf diesem Gebiet nicht implementiert werden würde. Abdallah, ein Sohn des Scherifen Hussein Ibn Ali von Mekka, der im Jahre 1916 aus dem Hedschas den arabischen Aufstand gegen die Osmanen angeführt hatte, begründete die haschemitische Dynastie in Jordanien. Im Gegenzug für die Unterstützung der Briten in ihrem Feldzug gegen das marode Osmanische Reich versprach sich Hussein ein großarabisches Königreich. Sein Sohn Abdallah hatte zeitlebens ähnliche Ambitionen, doch fielen sie der Kolonialpolitik (→ Kolonialismus) der europäischen Großmächte zum Opfer. 1923 erlangte das Emirat Transjordanien einen quasi unabhängigen Status. 1928 wurde durch ein Abkommen mit Großbritannien eine Verfassung erlassen und ein Legislativrat errichtet; entgegen aller Formalien stand das Land jedoch weiterhin unter britischer Oberhoheit. Erst 1946 wurde das britische Mandat offiziell beendet, 1948 durch das Englisch-Jordanische Abkommen ersetzt und das unabhängige Königreich Transjordanien proklamiert. 1950, ein Jahr nach dem ersten → Arabisch-Israelischen Krieg vereinigte König Abdallah I. Transjordanien mit dem annektierten palästinensischen Westjordanland in dem Haschemitischen Königreich Jordanien. De facto war Jordanien jedoch weiter abhängig von der finanziellen Unterstützung der Briten, auch schränkte der britische Oberbefehl über die Armee Jordaniens Souveränität erheblich ein.

Als »Schwarze Legende« von Abdallah I. wurden jene Umstände bekannt, die zur Annexion des Westjordanlands und Ostjerusalems führten. Frühe Kontakte zur zionistischen Bewegung (→ Zionismus) wurden Abdallah schon immer vorgeworfen – Anschuldigungen, die sich auch durch die Forschungsergebnisse der → Neuen Historiker Israels erhärtet haben. Demnach richtete Emir Abdallah seine Expansionsbestrebungen nach → Palästina und eignete sich im Einvernehmen mit den Zionisten und den Briten die von der Arabischen Legion besetzten Teile 1949 an. Damit veränderte er die Realitäten des kleinen scheinbar unabhängigen Staates schlagartig. Das eingegliederte Westjordanland bedeutete nicht nur einen Gewinn in wirtschaftlicher, sondern auch in demographischer Hinsicht: Abdallah I. verdreifachte die Bevölkerung seines Königreiches. Der Zustrom von palästinensischen Flüchtlingen und die Ausweitung der jordanischen Staatsbürgerschaft auf die Bewohner des Westjordanlands, die im Durchschnitt urbaner geprägt und besser ausgebildet waren als die Bewohner Transjordaniens, sollte die Zukunft des Königreichs in entscheidendem Maße mitbestimmen.

König Abdallah I. fiel im Juli 1951 beim Besuch der Al-Aqsa-Moschee in → Jerusalem einem Attentat zum Opfer. Sein Sohn Talal regierte aufgrund eines Nervenleidens nur kurz, doch in seiner Regierungszeit wurde eine neue Verfassung erlassen, die bis heute Gültigkeit hat und die Regierung dem Parlament gegenüber verantwortlich macht. 1953, nach Erlangung der Volljährigkeit, bestieg Talals Sohn → Hussein den Thron und lenkte die Geschicke des Staates für die nächsten 46 Jahre.

Zu Beginn seiner Amtszeit und im Kontext der ideologisch aufgeladenen Atmosphäre der fünfziger Jahre im Nahen Osten wagte der junge König Hussein einen Schritt, der als »demokratisches Experiment« in die jordanische Geschichtsschreibung eingegangen ist: In diese Phase der Liberalisierung und unter dem Druck nationalistischer Parteien fällt die Entlassung des britischen Oberkommandierenden der jordanischen Armee, John Bagot Glubb (Glubb Pascha), 1956. Als Folge wurde die finanzielle Unterstützung durch Großbritannien eingestellt, eine Rolle, die daraufhin die → USA und später, in eingeschränktem Maße, die ölreichen Golfstaaten übernahmen. Nach den Wahlen von 1956 wurde Suleiman Nabulsi, ein Linksnationalist, mit der Regierungsbildung beauftragt. Er verfolgte eine proägyptische (→ Nasser), prosowjetische Außenpolitik und kündigte 1957 das Englisch-Jordanische Abkommen von 1948 auf; damit war endgültig das Ende der britischen Oberhoheit in Jordanien erreicht. Ein versuchter Staatsstreich unter Führung von Ali Abu Nuwar einen Monat später lieferte König Hussein den nötigen Vorwand, Nabulsi abzuberufen, die Armee zu säubern, das Kriegsrecht zu verhängen, Parteien zu verbieten und die Presse zu kontrollieren. Fortan regierte der König in der ihm eigenen Mischung aus Repression, Paternalismus und Kooptation. Er stützte sich dabei auf Strukturen, die sein Großvater während der Entstehungsgeschichte des Emirats etabliert hatte. In diesem System ist die Nähe zum Königshaus und die Bedeutung verwandtschaftlicher Beziehungen besonders wichtig (→ Klientelismus), speziell die tribale Bevölkerung (→ Tribalismus) wird so in den Apparat mit eingebunden und mit Pfründen versorgt. Zum Erhalt eines solchen Systems sind Mittel notwendig, die Jordanien nicht selber produktiv erwirtschaften kann und die es somit auf Dauer von Geberländern abhängig machen (→ Rentenstaat).

Die Spannungen zwischen Ostjordaniern und Palästinensern und die Versuche, beiden Bevölkerungsteilen gerecht zu werden, ohne die prekäre Balance zu gefährden, haben Jordaniens Geschichte entscheidend mitgeprägt. Gerecht werden wollte König Hussein allerdings in erster Linie seinem eigenen Anspruch, die Palästinenser zu repräsentieren – ein Anspruch, dessen Verwirklichung zunehmend erschwert wurde. Die Gründung der → PLO im Jahre 1964 bot den meisten Palästinensern eine willkommene Alternative. Verheerend wirkte sich auch der Verlust des Westjordanlands im → Junikrieg 1967 aus. Jordanien verlor nicht nur wichtige Einnahmequellen und mußte dazu neue Flüchtlingsströme absorbieren, sondern wurde auch seiner Rechtfertigungsgrundlage beraubt. Die Konkurrenzsituation zwischen Jordanien und der PLO, die seit 1967 immer mehr an Einfluß gewann, gipfelte schließlich im sogenannten Schwarzen September 1970, der mit hohen Verlusten zur vollständigen Zerschlagung der Fedayin, der bewaffneten palästinensischen Guerilla-Verbände, führte.

Innenpolitisch hatten diese bürgerkriegsähnlichen Zustände eine verstärkte Jordanisierung des Staatsapparats und der Armee zur Folge, die den palästinensischen Bevölkerungsteil noch weiter vom jordanischen Regime entfremdete. Versuche auf jordanischer Seite, den Anspruch auf → Palästina weiter geltend zu machen, wie z.B. der 1972 verkündete Plan einer Föderation zwischen Jordanien und Palästina, wurden mit der Gipfelkonferenz von Rabat 1974, auf der die PLO von allen arabischen Staaten, einschließlich Jordanien, als alleinige und legitime Vertretung der Palästinenser anerkannt wurde, zunichte gemacht. Die logische und folgerichtige Konsequenz des Entschlusses von Rabat zog König Hussein jedoch erst 1988 mit der Aufgabe aller Herrschaftsansprüche auf Palästina und der Lösung aller Bindungen zwischen dem Westjordanland und Jordanien. Erst nach diesem Entschluß konnte auch die für Jordanien so zentrale Frage der nationalen Identität, die bis dato in einem ambivalenten Zustand schwebte, unvoreingenommen angegangen werden.

Bis zur vollständigen Aufgabe des Westjordanlands wurden die innenpolitischen Belange immer den palästinensischen Beziehungen und der eventuellen Wiedereingliederung des Westjordanlands in das jordanische Staatsgebilde untergeordnet. So wurde nach 1967 das gewählte Parlament aufgelöst und der Ausnahmezustand verhängt. Zwar gab es halbherzige Versuche von Partizipation, es wurden Konsultativ- und Stammesräte gebildet – der letzte war der Nationale Konsultativrat von 1978 –, doch dauerte es bis 1989, bevor aufgrund ursprünglich wirtschaftlichen Drucks, der aber mehr und mehr gesellschaftspolitische Formen annahm, Parlamentswahlen abgehalten wurden. Damit wurde die zweite umfassende Liberalisierungsphase eingeläutet. Die Wahlen von 1989 zeigten deutlich die Macht der → Muslimbrüder, die als Wohltätigkeitsorganisation das Parteienverbot von 1957 umgehen konnten und seit den fünfziger Jahren vom Regime als Gegengewicht zu den linken und nationalistischen Kräften geduldet und sogar gefördert wurden. Seit Beginn der politischen Öffnung hat sich der Einfluß islamistischer Gruppierungen jedoch wieder relativiert. Der gesamte Prozeß der Demokratisierung erfuhr mit der Wahlgesetzänderung von 1993 einen Stillstand, und zu Recht kann man die innenpolitischen Repressionen seit 1995 und die Verschärfung des Presserechts 1997 als eine graduelle Rücknahme der freiheitlichen Errungenschaften ansehen. Zwar haben sich einige institutionelle Veränderungen etablieren können; so sind seit 1992 politische Parteien wieder zugelassen, wenn auch mit bestimmten Einschränkungen, und 1991 wurde eine Nationalcharta unter effektiver Miteinbeziehung der Opposition erlassen. Strukturell hat sich jedoch nichts an dem jordanischen System verändert. Der König steht immer noch außerhalb und über der Regierung, er kann das Parlament jederzeit per Dekret außer Kraft setzen, und er entscheidet, welche Themen zum Schutz des Allgemeinwohls von jeglicher Kritik ausgeschlossen werden. Ein weiterer Schwachpunkt der jordanischen Gesellschaft ist die nicht entwickelte Zivilgesellschaft, die zersplitterte Parteienlandschaft und die uneinige Opposition.

Von besonderer Bedeutung für den Liberalisierungsprozeß erwies sich der 1994 geschlossene Friedensvertrag mit Israel, der zwischen den beiden Partnern rasch und ohne Probleme eine Normalisierung der offiziellen Beziehungen herbeiführte. Die Anerkennung der Grenzen war für Jordanien wichtig, da somit der oft geäußerten Provokation des → Likud »Jordanien ist Palästina« der Boden entzogen wurde. So sehr die jordanische Führung den Friedensschluß mit Israel begrüßte, so sehr wurde er zunehmend in der Öffentlichkeit kritisiert. Die Berufsverbände führten die Ablehnungsfront aus Linken und Nationalisten, aber auch aus → Islamisten gegen die Normalisierungspolitik an. Aus ihrer Sicht bedeutete Frieden mit Israel eine Abkehr von der palästinensischen Frage, und man fürchtete, daß Israel die arabische Wirtschaft durch das Einfallstor Jordanien zu dominieren versuche. König Hussein ging gegen diese Kritik massiv vor, und die Verschärfung des Pressegesetzes erfolgte in diesem Zusammenhang.

Es bleibt abzuwarten, inwieweit König → Abdallah II. die Politik seines Vaters fortsetzen wird. Das dringlichste Problem ist ohne Zweifel die schwierige finanzielle Situation des Landes. Da Jordanien in nur sehr begrenztem Maße

Landwirtschaft betreibt, außer Pottasche und Phosphat über keine nennenswerten Bodenschätze verfügt, eine schwach entwickelte Produktionsbasis hat, an akutem Wassermangel leidet, und darüber hinaus noch stark dienstleistungsorientiert ist und eine aufgeblähte Bürokratie vorweist, ist es auf die finanzielle Hilfe internationaler Geberländer angewiesen. In seiner kurzen Amtszeit hat König Abdallah II. eine ähnliche Flexibilität wie sein Vater bewiesen, sich an äußere Umstände und starke Nachbarn anzupassen – eine unumgängliche Überlebensstrategie. Denn die Zeiten des Ölbooms, von denen Jordanien indirekt durch Gastarbeiterüberweisungen und direkt durch Finanzspritzen und verbilligte Öllieferungen profitierte, sind längst vorbei. Seit Mitte der achtziger Jahre und verstärkt durch das Ende des Irak-Iran-Krieges, von dem Jordanien als Transitland für irakische Waren profitierte, hat das Königreich mit einem beträchtlichen Handelsdefizit zu kämpfen. Die Staatsverschuldung erreichte Ende 1988 die Höhe von 8,3 Milliarden US-Dollar und zwang die Regierung, ein Strukturanpassungsprogramm mit dem Internationalen Währungsfonds abzuschließen, welches wiederum der Auslöser für die Maan-Unruhen von 1989 war. Der zweite → Golfkrieg wirkte sich schließlich katastrophal auf die jordanische Wirtschaft aus; nicht nur verzeichnete sie einen Rückgang von Finanzhilfen, sondern es mußte erneut ein Flüchtlingsstrom von 250 000 bis 300 000 Palästinensern aus den Golfstaaten absorbiert werden. Zwischen 1992 und 1993 erlebte Jordanien eine kurzlebige Wachstumsrate von 12,1 Prozent, die hauptsächlich durch einen Bauboom der Rückkehrer ausgelöst worden war. Doch 1993 war die Wirtschaftskrise wieder voll im Gang, und vor diesem Hintergrund ist auch der Friedensschluß mit Israel zu sehen. Die erwartete Friedensdividende ist jedoch ausgeblieben. König Abdallah II. hat sich in seiner Außenpolitik nun wieder in verstärktem Maße den Golfanrainerstaaten zugewandt, doch ohne Privatisierung und ohne Abbau des inflationären Staatsapparats bieten sporadische Finanzspritzen keine dauerhafte Lösung der jordanischen Probleme.

Judentum

Die älteste monotheistische Religion; auf sie beziehen sich das → Christentum und der → Islam. Die Begriffe Judentum und Juden bezeichnen sowohl eine religiöse als auch eine ethnische Gemeinschaft. Nach traditionellem Selbstverständnis sind die Juden die Nachfahren Abrahams über Isaak, Jakob und dessen 12 Söhne, die als Stammväter der 12 Stämme Israels gelten. Der Name Jude leitet sich von Juda, dem vierten Sohn Jakobs ab. Als Jude gilt, wer von einer jüdischen Mutter abstammt oder zum Glauben *per rite* übergetreten ist.

Die jüdische Geschichte läßt sich grob in drei Abschnitte einteilen. Die biblische Periode beginnt mit den Patriarchen, es folgt der Auszug aus Ägypten unter Moses und die Herrschaft der Richter und der Könige in → Israel. In diese Zeit fällt die legendäre Herrschaft König Davids, der → Jerusalem zu seiner Hauptstadt machte, sein Königreich einte und ausweitete und dem Staatsgebilde organisatorische Strukturen verlieh. Er und sein Sohn Salomon, der den Ersten Tempel in Jerusalem errichten ließ, gelten im jüdischen Bewußtsein als mythische Figuren. Im Jahre 597 v. Chr. erobert Nebukadnezar Jerusalem und zerstört 586 v. Chr. den Tempel. Damit beginnt die Babylonische Gefangenschaft, deren Erfahrungen für das spätere Judentum bestimmend blieben. Das Exil währte knapp 50 Jahre, bis der Perserkönig Kyros Babylon eroberte und den Juden die Rückkehr ins heutige Israel/→ Palästina ermöglichte. Die biblische Zeit endet mit der römischen Eroberung und der Zerstörung des

Zweiten Tempels im Jahre 70 n. Chr. Danach beginnt die Diaspora, der zweite große Abschnitt in der jüdischen Geschichte, der sich bis zur Mitte des 20. Jahrhunderts erstreckt. Die Diaspora, die Zerstreuung der Juden, ist von unterschiedlichen Erfahrungen geprägt. Einerseits bildeten sich Hochkulturen im Zusammenspiel mit verschiedenen Einflüssen, wie die babylonische Exilgemeinde, die einflußreiche jüdische Gelehrte hervorbrachte, oder das goldene jüdische Zeitalter auf der iberischen Halbinsel vom 9. bis zum 12. Jahrhundert, eine Synthese kreativer Wechselwirkung zwischen jüdischer und islamischer Kultur. Andererseits ist die Diaspora gezeichnet von Vertreibung, Diskriminierung, Verfolgung, Inquisition, Ghettoisierung und letztendlich der Shoa (Holocaust). Das Judentum spaltete sich im Exil in → Aschkenasen und → Sepharden, die aufgrund separater Entwicklungen formelle und rituelle Unterschiede in ihrer Glaubensausübung aufweisen. Die Entstehung des → Zionismus und die Gründung des Staates Israel schließlich markieren den vorläufig letzten dritten Abschnitt.

Die Tora (Lehre) bezieht sich im erweiterten Sinne auf die gesamte jüdische Lehre, im engeren Sinne auf die fünf Bücher Mose (Pentateuch). Diese schriftliche Lehre wird begleitet und erläutert vom Talmud, dessen innerer Kern, die Mischna, eine im 2. Jahrhundert fertiggestellte Sammlung der bis dahin nur mündlich überlieferten Gesetzesvorschriften und die Diskussionen der Gelehrten, enthält. Tora und Talmud zusammen bilden das jüdische Religionsgesetz (Halacha), das Juden zur Einhaltung von Geboten und Verboten verpflichtet. Eine zentrale Rolle spielt der Tempel, da in ihm nach jüdischer Tradition Gottes Gegenwart am stärksten offenbart wird. Der einzige geweihte Ort für den Tempel ist der Tempelberg in Jerusalem, auf dem sich gegenwärtig der Haram esh-Sharif befindet, die drittheiligste Stätte des Islam.

Wie in anderen Religionen haben sich auch im Judentum unter dem Eindruck äußerer Einflüsse verschiedene Strömungen entwickelt. Im Mittelalter entstand so die mystische Seite des jüdischen Glaubens, die Kabbala, eine endzeitlich-messianische Bußbewegung, deren Anhänger die biblischen Texte einer theosophischen Reflexion unterzogen. Das 18. Jahrhundert wird generell als eine Zeit des Umbruchs für das Judentum gesehen, in der mehrere messianische Bewegungen entstanden; die wichtigste wurde von Sabbatai Zewi angeführt. Die bedeutendste Entwicklung im 18. Jahrhundert war jedoch die Entstehung des Chassidismus, einer volkstümlich religiösen Erneuerungsbewegung, die sich in kürzester Zeit über ganz Osteuropa ausbreitete und bis heute große Teile des aschkenasischen Judentums beherrscht.

Eine Sonderrolle kommt am Ende des 18. Jahrhunderts Moses Mendelssohn zu, der unter dem Eindruck der Aufklärung versuchte, das Judentum neu zu definieren. Er legte den Grundstein sowohl für die politische Emanzipation der Juden als auch für die Haskala, die die Säkularisierung des jüdischen Lebens und die Integration – wenn nicht gar Assimilation – der Juden in die jeweilige Gesellschaft, in der sie lebten, propagierte. Im 19. Jahrhundert entwickelten sich daraus zwei konträre Strömungen: der → Zionismus und das Reformjudentum, das jegliche nationalistischen Elemente einer Volkszugehörigkeit bewußt ablehnte und sich auf die religiöse Komponente der jüdischen Identität konzentrierte. In den → USA entwickelte sich später – um die ethnischen Elemente wieder stärker hervorzuheben – das Konservative Judentum in Abgrenzung zum Reformjudentum.

Der Zionismus akzentuierte in akuter Weise ein Problem, das jüdische Gelehrte seit Anfang des 19. Jahrhunderts beschäftigte, nämlich die Rolle des Nationalismus im Judentum. Sind Juden in erster Linie eine Religionsgemeinschaft oder eine Nation? Das ist eine Frage, die auch heute noch im Staat Israel von großer Brisanz ist. Ein 1997 von orthodoxen Rabbinern eingebrachtes Konvertierungsgesetz stellt wieder auf neue Weise die alte Frage: Wer ist ein Jude? Eine Frage, deren Antwort der Staat Israel schon zu Beginn seiner Existenz schuldig blieb, als auf eine geschriebene Verfassung verzichtet wurde, da diese – um dem Anspruch der Gleichheit aller Bürger gerecht zu werden – das jüdische Volk in weltlichen Termini definieren müßte.

Junikrieg (1967)

Auch »Sechstagekrieg« genannt; derjenige Nahostkrieg, der in der arabischen Welt geradezu einen traumatischen Schock hinterließ. Wachsende Spannungen an der syrisch-israelischen Grenze seit 1965, begleitet von Guerilla-Aktionen der → PLO vom → Libanon und von → Jordanien aus, bewogen → Syrien, wieder engeren Kontakt zu → Ägypten zu suchen, zu dem die Beziehungen nach dem Auseinanderfallen der Vereinigten Arabischen Republik 1961 eingefroren worden waren. Zusätzlich zur Wiederaufnahme der diplomatischen Beziehungen schloß → Nasser Ende 1966 ein Verteidigungsabkommen mit dem neuen Baath-Regime (→ Baath-Partei) in Damaskus. Als die Zwischenfälle an der syrischen Grenze weiter eskalierten, zog Nasser Mitte Mai 1967 umfangreiche militärische Verbände auf dem Sinai zusammen und forderte die dort stationierte → UN-Truppe UNEF auf, den Sinai zu verlassen. Spätestens zu diesem Zeitpunkt begann → Israel, seine Reservisten zu mobilisieren, während die → Sowjetunion und die arabischen Staaten schon vorher massive israelische Truppenkonzentrationen an der syrischen Grenze gemeldet hatten. Am 21. Mai errichtete Nasser eine Blockade in der Straße von Tiran, was die Spannungen weiter verschärfte. Jordanien und der Irak schlossen sich in dieser Situation, in der die Bevölkerung der arabischen Welt geradezu von einer hysterischen Siegesgewißheit erfaßt wurde, dem syrisch-ägyptischen Verteidigungsabkommen und dem inzwischen gebildeten gemeinsamen Oberkommando an. Zur Entwicklung einer gemeinsamen arabischen Strategie kam es jedoch nicht mehr, da Israel – offensichtlich mit einem klaren strategischen Konzept – am 5. Juni mit massiven Luftangriffen die Luftwaffe Ägyptens, Syriens und Jordaniens bereits am Boden fast völlig vernichtete. Geschützt durch die eigene Luftüberlegenheit rückten die israelischen Truppen unter dem Oberbefehl von Moshe Dayan (Verteidigungsminister Israels 1967-1974) in die arabischen Nachbarstaaten vor und besetzten den → Gazastreifen und den gesamten Sinai, Ostjerusalem, das → Westjordanland und schließlich auch die → Golanhöhen. Den am 7. Juni vom UN-Sicherheitsrat geforderten sofortigen Waffenstillstand akzeptierte Jordanien sofort, Ägypten folgte einen Tag später und Syrien am 10. Juni. Ägypten, Syrien und Jordanien verloren insgesamt etwa 18 000 Soldaten, 400 Kampfflugzeuge und mindestens 500 Panzer, während Israel den Tod von 700 Soldaten und den Verlust von lediglich 20 Flugzeugen und 60 Panzern zu verzeichnen hatte.

Israel hatte mit diesem Krieg das von ihm kontrollierte Gebiet verdreifacht. Das Angebot, über einen Rückzug aus den besetzten Gebieten – allerdings mit Ausnahme Ostjerusalems und unter dem Vorbehalt einiger weiterer, nicht näher definierter Grenzbereinigungen – mit den betroffenen arabischen Staaten jeweils in direkte Verhandlungen zu treten, wurde von diesen abgelehnt, zumal sie sich durch die Resolution 242 (→ UN-Resolutionen), die vom UN-Sicherheitsrat im November 1967 beschlossen wurde und einen bedingungslosen Rückzug Israels forderte, bestärkt fühlten.

K

Kach

(Hebr. »So ist es!«). Extremste Gruppierung im Spektrum der nationalistischen Parteien → Israels. Sie wurde 1973 von dem New Yorker Rabbiner Meir Kahane, der 1972 nach Israel ausgewandert war, gegründet. Kach profilierte sich durch extremistische Propaganda und Taten in den besetzten Gebieten; so war Kahane dafür berüchtigt, zusammen mit seinen Anhängern in Wildwestmanier die arabische Bevölkerung Israels und die Palästinenser des → Westjordanlands wiederholt aufgefordert zu haben, das Land zu verlassen.

Trotzdem konnte die Partei bei den Wahlen von 1984 die vom israelischen Parteiengesetz vorgesehene 1,5 Prozenthürde überwinden, und Meir Kahane erhielt einen Sitz in der Knesset. Doch die ausdrücklich rassistische Position der Partei veranlaßte die Knesset, ein »Antirassismus-Gesetz« zu verabschieden; somit wurde ihr 1988 durch Entscheid des Obersten Gerichtshofs die Zulassung zu den Wahlen verweigert. Kahane wurde 1990 in New York von einem Muslim ermordet. Seitdem scharen sich seine Anhänger um Rabbi Moshe Levinger, den Gründer der Siedlung Kiryat Arba bei Hebron. Kiryat Arba hat sich seit den achtziger Jahren zur politischen Hochburg ultranationalistischer Siedler, viele von ihnen aus den → USA, etabliert. Von den Extremisten unter ihnen gingen bereits mehrere terroristische Aktionen aus, u.a. die Attentate auf palästinensische Bürgermeister 1980, ein Anschlag auf den Felsendom in → Jerusalem 1982 und das Blutbad von 1994, in dem Baruch

Goldstein, Mitglied der Kach, mehr als 30 betende Palästinenser in der Ibrahim-Moschee (Grab der Patriarchen) in Hebron ermordete und dadurch zum ersten Mal den Friedensprozeß ernsthaft gefährdete. Daraufhin wurden die Siedlergruppierungen Kach und Kahane Chai (Kahane lebt!) vom israelischen Kabinett verboten. Beide agitierten jedoch weiter gegen den Friedensprozeß und provozierten Gewalttätigkeiten.

Kahane, Meir → Kach

Kataib → Libanesischer Bürgerkrieg, → Libanon

Khaddam, Abdelhalim

(Geb. 1932). Der Sunnit Abdelhalim Khaddam war seit 1989 einer der drei Vizepräsidenten und Stellvertreter von → Hafez al-Assad in → Syrien; er gilt als intelligenter und geschickter Verhandlungspartner. Bereits als Schüler trat er der → Baath-Partei bei und freundete sich mit Assad an. Er studierte Jura und war danach in Damaskus von 1951 bis zur Machtübernahme der Baath-Partei 1963 als Anwalt und Lehrer tätig. Unter dem Baath-Regime bekleidete er zunächst verschiedene Gouverneursposten (in Hama, Kuneitra und Damaskus), bevor er 1969 als Wirtschafts- und Außenhandelsminister Mitglied der Regierung wurde. In den folgenden innerparteilichen Machtkämpfen stand er auf der Seite Assads, der ihn nach seiner Machtübernahme 1970 dafür zum Außenminister ernannte und in den obersten

Führungskreis (Oberkommando) der Baath-Partei holte. Khaddam wirkte 1975-1990 entscheidend an der syrischen Intervention in den → Libanesischen Bürgerkrieg und anschließend an der Gestaltung der Nachkriegsordnung des Nachbarstaats mit. Unter den Sunniten (→ Islam) in Syrien wurde er oft als möglicher Nachfolger Assads angesehen, was bei den Sunniten, der weitaus größten Bevölkerungsgruppe Syriens, die sich vielfach von der kleinen Minderheit der Alawiten bevormundet fühlt, gewiß zu einer größeren Akzeptanz des Baath-Regimes geführt hätte. Khaddam, der mit einer Alawitin verheiratet ist, wurde 1998 von seinem Posten als Außenminister abgelöst. Sein Nachfolger wurde Faruk ash-Shara, er selbst blieb jedoch Vizepräsident.

Klientelismus

Klientelistische Beziehungen, auch Patronage genannt, sind informelle, persönliche und asymmetrische Verbindungen, in denen ein Patron einem oder mehreren Klienten meist finanzielle oder wirtschaftliche Vorteile verschafft und im Gegenzug politische Loyalität, Wahlstimmen und ähnliches erhält. Patronagebeziehungen können temporär sein oder aber sich in scheinbar permanenten, traditionellen Strukturen verfestigen. Auf individueller Ebene begegnet man Klientelismus als *wasta* (Vermittlung, Beziehung; von arab. wasat, die Mitte), ein häufig beklagtes, aber auch immer wieder angewandtes Mittel, um an knappe Ressourcen zu gelangen – z.B. an einen Arbeits- oder Studienplatz, eine Einfuhrgenehmigung oder sonstige wirtschaftliche Konzessionen.

Die häufigste Variante des Klientelismus ist die politische Gefolgschaft im Austausch gegen wirtschaftliche Versorgung oder Bevorzugung. Dieses Phänomen, in dem politische Partizipation oft durch klientelistische Beziehungen überlagert oder ausgehöhlt wird, ist nicht nur in Entwicklungsländern zu finden. Im gesamten Nahen Osten nimmt der Klientelismus einen sehr großen Stellenwert ein; ihm kommt speziell in den Gesellschaften und den politischen Systemen des → Libanon und → Jordaniens, eine besondere Bedeutung zu. Grundlegend für die Präsenz klientelistischer Muster sind Beziehungsgeflechte, die auf der Familie, dem Clan oder gar dem Stamm beruhen. Diese sind bezeichnend für die Region und werden durch die Mentalität des → Tribalismus genährt. Klientelistische Beziehungen können darüber hinaus auch entlang religiöser und ethnischer Bindungen bestehen. Diese Beziehungsgeflechte manifestieren sich in unterschiedlichster Weise. Am häufigsten kann man sie jedoch als Verteilungskoalitionen betrachten, die speziell in einer Rentierökonomie (→ Rentenstaat) eine übergeordnete Funktion einnehmen.

Die Existenz dieser klientelistischen Verteilungskoalitionen wirkt sich auf die Wirtschaft problematisch aus; Verteilungskämpfe, ungleicher Wettbewerb, ungerechte Einkommensverteilung und Produktionsineffizienz seien nur als einige Beispiele aufgeführt. Dazu kommt, daß das Patronagesystem eindeutig innovationshemmend und daher auf die gesamte Wirtschaft stagnierend wirkt. Diese wirtschaftlichen Manifestationen wiederum können gravierende politische Folgen haben. Als krasses Beispiel kann man den Libanon anführen; aber auch diejenigen politischen Spannungen in Jordanien, die auf ungleicher Ressourcenaufteilung zwischen Ostjordaniern und Palästinensern beruhen, haben u.a. ihre Wurzeln in den Verteilungsmechanismen des Klientelismus. Darüber hinaus ist der Klientelismus, wenn er als Hauptregulativ zwischen Staat und Individuum eingesetzt wird und somit bürokratische Institutionen ersetzt, ein wichtiges Mittel zur Machtsicherung autoritärer, patrimonialer Systeme und wirkt einer möglichen Demokratisierungspolitik entgegen.

König Abdallah II. → Abdallah Ibn Hussein

König Hussein → Hussein Ibn Talal

Kollek, Teddy → Jerusalem

Kolonialismus

Unter Kolonialismus versteht man die Eroberung und Besiedlung von Überseeterritorien durch europäische Mächte. Eine Vorreiterrolle kam im 16. Jahrhundert Portugal, Spanien und den Niederlanden zu. Als Hochzeit des Kolonialismus gilt allerdings die Besitzergreifung weiter Gebiete Asiens und Afrikas im 19. Jahrhundert durch die Hauptkolonialmächte Großbritannien und Frankreich; aber auch Deutschland, Italien und Belgien spielten keine unwesentliche Rolle. Es gab drei klassische arabische Kolonien – also Gebiete, die unter direkten Besitz und direkte Verwaltung einer europäischen Fremdherrschaft fielen: nämlich die britische Kolonie Aden, besetzt seit 1839, Algerien, das Frankreich sich 1830 einverleibt hatte, und Libyen, das 1911/12 von Italien annektiert wurde. Weiterhin spricht man seit 1882 vom britischen Protektorat in → Ägypten und seit 1899 vom Kondominium im Sudan. Alle diese Gebiete erlangten im Laufe des 20. Jahrhunderts ihre Unabhängigkeit.

Auf das hier behandelte Kerngebiet des Nahen Ostens und des arabisch-israelischen Konflikts wirkte sich hauptsächlich die Rivalität der zwei Antagonisten Großbritannien und Frankreich aus. Obgleich keine direkten Kolonien errichtet wurden, versuchte jede der beiden Kolonialmächte, ihre strategischen Einflußsphären in der Levante abzusichern. Um diese Art der indirekten Herrschaft zu gewährleisten, wurden entweder Protektorate festgelegt, oder es wurde durch Konzessionen und Kontrolle der Infrastruktur versucht, die wirtschaftliche Überlegenheit zu erlangen. Schon vor dem Zerfall des Osmanischen Reiches intervenierten die europäischen Großmächte in der Region. So errichtete Frankreich 1860 den autonomen *Mont Liban* (→ Libanon), um der christlichen Mehrheit dieses Gebiets besonderen Schutz zukommen zu lassen.

Während des Ersten Weltkriegs, als das Ende der osmanischen Herrschaft abzusehen war, planten die Alliierten Großbritannien, Frankreich und – bis zum Ausbruch der Oktoberrevolution – auch Rußland (→ Sowjetunion) eine Neuaufteilung der nichttürkischen Gebiete in Einflußsphären oder sogar in klar definierten territorialen Besitz. In dem Sykes-Picot-Abkommen ging es Großbritannien in erster Linie um den Schutz des Suezkanals, der die Verbindung zu den Kronkolonien in Indien ermöglichte, und um die Infrastruktur zu den neuerschlossenen Rohölvorkommen im Persischen/Arabischen Golf. Frankreich war weiterhin auf seine Schutzmachtposition den libanesischen Christen gegenüber verpflichtet und versuchte, die britische Vormachtstellung im Nahen Osten zu unterminieren. Um jedoch dem vorherrschenden Prinzip des amerikanischen Präsidenten Woodrow Wilson von dem Selbstbestimmungsrecht aller Nationen nicht zuwiderzuhandeln, konnten keine Kolonien im althergebrachten imperial-kolonialistischen Stil errichtet werden. Statt dessen wurde eine Anzahl sich widersprechender Abkommen und Vereinbarungen getroffen, die sich letztendlich in der → Mandatszeit mit ihren unterschiedlich klassifizierten Mandaten zwischen Großbritannien und Frankreich widerspiegelten und die Region bis heute nachhaltig beeinflussen.

Kurden

Die Kurden sind ein indogermanisches Volk mit einer iranischen Sprache. Von den heute etwa 25 Millionen Kurden lebt mehr als die Hälfte im Osten der Türkei. Der Rest verteilt sich auf die benachbarten Grenzregionen Irans, des Irak und → Syriens. Größere Gruppen sind weiterhin in der Republik Armenien und im → Libanon angesiedelt, wohin sie nach dem Ersten Weltkrieg meist als Flüchtlinge aus der Türkei gelangten. Die überwiegende Mehrzahl der Kurden ist muslimisch (sunnitisch), doch finden sich unter ihnen auch noch zahlreiche Jeziden, Anhänger einer synkretistischen Religion aus altorientalischen und islamischen Elementen. Erste nationale Bestrebungen, die aber ohne große Resonanz in den kurdischen Regionen blieben, artikulierten sich Ende des 19. Jahrhunderts und wurden im Friedensvertrag von Sèvres 1920 auch berücksichtigt. Der revidierte Friedensvertrag von Lausanne sah 1923 für die Kurden allerdings keine wie auch immer geartete Autonomie mehr vor.

Bezüglich der in diesem Lexikon behandelten Staaten spielte die 1978 von Abdallah Öcalan in der Türkei gegründete Kurdische Arbeiterpartei (PKK) eine große Rolle, die im Südosten der Türkei die Errichtung eines kurdischen Staates anstrebte und deren Führung seit 1980 ihren Sitz in Damaskus und ihr wichtigstes militärisches und politisches Ausbildungszentrum im von Syrien kontrollierten Norden der libanesischen Bekaa-Ebene hatte. Syrien versuchte, die Präsenz der PKK als Faustpfand in seinen Streitfragen mit der Türkei zu nutzen, sah sich aber nach massiven militärischen Drohungen 1998 gezwungen, diese Präsenz zu beenden und Öcalan außer Landes zu schicken. Seit Öcalan 1999 in Kenia von türkischen Sicherheitsbeamten festgenommen und in der Türkei inhaftiert wurde, hat die PKK ihre militärischen Aktionen offiziell eingestellt.

L

Lahud, Emile

(Geb.1936). Maronit, General, Staatspräsident des → Libanon seit 1998. Nach dem Besuch der Höheren Schule absolvierte er die Offiziersschule, erhielt 1957-1959 eine weitere militärische Ausbildung am renommierten Dartmouth Naval College in Großbritannien und hatte anschließend im Libanon verschiedene militärische Ämter inne. 1988 zum General befördert, ernannte ihn Staatspräsident → Elias Hrawi 1989 zum Oberbefehlshaber der libanesischen Streitkräfte. Nach Beendigung des → Libanesischen Bürgerkriegs erwies er sich bei der Restrukturierung der politisch und konfessionell zerrissenen 55 000 Mann starken Armee als ebenso effizient wie bei der Auflösung der Bürgerkriegsmilizen. Lahud wurde im Parlament von 118 der insgesamt 128 Abgeordneten zum Staatspräsidenten gewählt, verfügt also über eine breite überparteiliche und überkonfessionelle Basis. Hinzu kommt das Ansehen, das er in → Syrien und in der übrigen arabischen Welt genießt. Die Zusammenführung der verschiedenen Konfessionen auf der Basis von gegenseitiger Toleranz und Gleichbehandlung sowie die Bekämpfung der Korruption hat er zu den Hauptzielen seiner Amtszeit erklärt. Lahud ist nach General Fuad Shihab (→ Libanon) erst der zweite Militär im Amt des libanesischen Staatspräsidenten und wird häufig mit diesem verglichen.

Lehi (Stern-Gruppe) → Mandatszeit

Libanesischer Bürgerkrieg (1975-1990)

Die Ursachen für den Libanesischen Bürgerkrieg, der im → Libanon selbst in der Regel nur als »die Ereignisse« (les événements, Al-hawadith) bezeichnet wurde, sind zahlreich und werden in der Literatur unterschiedlich gewichtet. Vor allem der Stellenwert interner und externer Ursachen ist umstritten: strukturelle Schwäche der staatlichen Institutionen; Aufbau des Staates nach konfessionellem Proporz; demographische Verschiebungen zugunsten der Muslime, vor allem der Schiiten, und zuungunsten der Christen, vor allem der Maroniten, bei gleichzeitigem Festhalten am Proporz, der auf einer Volkszählung von 1932 beruhte; immer größeres Auseinanderklaffen der wirtschaftlichen Schere zwischen reich und arm unter besonderer Benachteiligung bestimmter konfessioneller Gruppen; Entwicklung der → PLO und ihrer Kampfeinheiten zu einem »Staat im Staate«; massive Einmischung anderer Staaten, vor allem → Syriens und → Israels.

Unmittelbar vor Ausbruch der Kampfhandlungen standen sich zwei Lager gegenüber. Auf der einen Seite war dies die PLO mit ihren Kampfeinheiten Al-Fatah, Saiqa (prosyrisch), Arabische Befreiungsfront (proirakisch), Volksfront für die Befreiung Palästinas und Demokratische Front für die Befreiung Palästinas (beide von Libyen unterstützt). Von libanesischer Seite wurde die PLO von der Nationalen Front unter Führung des Drusenchefs Kamal Jumblat unterstützt (Jumblat wurde im März 1977 ermordet). Zu dieser Bewegung gehörte die Progressive Sozialistische Partei (PSP, drusisch), die prosyrische und die proirakische → Baath-Partei, die Sozial-Nationale Syrische Partei (PNSS), die Amal (schiitisch) sowie mehrere kommunistische und nasseristische Gruppen bzw. Milizen. All diesen Gruppierungen stand auf der anderen Seite ein vorwiegend maronitisches Bündnis gegenüber, das sich kurz nach Beginn der Kampfhandlungen offiziell als Libanesische Front (Front Libanais) mit ihrer Miliz namens Libanesische Streitkräfte (Forces Libanaises) konstituierte. Dieses Bündnis setzte sich zusammen aus der Kataib unter der Führung von Pierre Gemayel, der Nationalliberalen Partei des Libanon von Camille Chamoun, der Marada-Miliz des damaligen Staatspräsidenten Suleiman Frangié sowie kleineren Gruppen wie den radikalen Zedernwächtern, die einen rein christlichen Libanon anstrebten.

Unmittelbarer Auslöser des Bürgerkriegs war die Beschießung von Kirchenbesuchern – darunter Pierre Gemayel, der Führer der maronitischen Kataib-Miliz – durch Mitglieder der palästinensischen Demokratischen Front am 13. April 1975. Bereits am Nachmittag desselben Tages eröffneten Kataib-Milizionäre das Feuer auf einen Bus der palästinensischen Arabischen Befreiungsfront und töteten 27 Insassen. In der folgenden Nacht brachen die ersten schweren Kampfhandlungen aus. Die wichtigsten Phasen des Krieges stellen sich sodann folgendermaßen dar:

April 1975 - Juni 1975: Schwere Kämpfe zwischen Bewohnern palästinensischer Flüchtlingslager und christlicher Vorstädte in Beirut, Tripolis, Saida und Sur. Ein neues Kabinett unter Rashid Karame erreicht am 1. Juli einen Waffenstillstand.

Ende Juli 1975 - März 1976: Wiederaufnahme und Ausweitung der Kämpfe zu einem innerlibanesischen Bürgerkrieg durch intensive militärische Unterstützung der Palästinenser seitens muslimischer Milizen. Kamal Jumblat, der Führer der Drusen, fordert die völlige Abschaffung des Konfessionalismus und die Säkularisierung des Staates. Vertreter der Libanesischen Front sprechen sich dagegen für eine Teilung des Libanon aus. Der sunnitische Leutnant Ahmed Khatib spaltet die Armee durch die Gründung der Armee des Arabischen Libanon (ALA), die schwere Artillerie zum Einsatz bringt. PLO, ALA und Nationale Front bilden ein gemeinsames Kommando und bringen die Libanesische Front an den Rand einer Niederlage.

April 1976 - Oktober 1976: Um einen Sieg der Palästinenser und der Nationalen Front zu verhindern, entsendet der syrische Präsident → Hafez al-Assad Truppen in den Libanon, worauf Kämpfe zwischen prosyrischen palästinensischen Milizen und vor allem der Al-Fatah ausbrechen, die mit einer Niederlage der ersteren endet. Das langsame Vorrücken der syrischen Truppen nutzt die Libanesische Front, unterstützt von Teilen der regulären Armee, zu schweren Angriffen auf palästinensische Stellungen; das letzte palästinensische Flüchtlingslager im Osten Beiruts (Tel al-Zaatar) fällt. Der neue libanesische Staatspräsident Elias Sarkis erklärt, die syrische Armee sei auf Wunsch des Libanon einmarschiert. Durch Vermittlung Saudi-Arabiens kommt es am 16. Oktober zur Beendigung des syrisch-palästinensischen Kriegs und zur Aufstellung einer 25 000 Mann starken arabischen Friedenstruppe im Libanon, in der Syrien das Hauptkontingent stellt. Die Palästinenser werden weiter geduldet, jedoch unter strenger Einhaltung des Kairo-Abkommens (→ Libanon).

Februar 1978: Nachdem sich das Verhältnis zwischen Syrien und der Libanesischen Front sehr schnell wieder abgekühlt hat, kommt es erstmals eine Woche lang in Ostbeirut zu schweren Gefechten und Straßenkämpfen zwischen der syrischen Armee auf der einen und der offiziellen libanesischen Armee und Milizen der Libanesischen Front auf der anderen Seite.

April 1978: Schwere Kämpfe in Beirut zwischen palästinensischen und syrischen Verbänden einerseits und christlichen Milizen andererseits, die durch saudische und sudanesische Einheiten der Friedenstruppe beendet werden. Ein einstimmiger Beschluß des Parlaments, demzufolge den Palästinensern fortan jede militärische Aktivität auf libanesischem Boden untersagt sei, bleibt ohne Wirkung.

Juni 1978: Nachdem die Spannungen zwischen der Kataib, die aus ihrer Sympathie für Israel keinen Hehl macht, und den ebenfalls maronitischen Anhängern des ehemaligen Staatspräsidenten Suleiman Frangié, der enge Beziehungen zu Syrien unterhält, immer gravierender werden, kommt es zu vereinzelten Kämpfen und schließlich zu einem Überfall einer Kataib-Einheit auf den Küstenort Ehden, wobei Tony Frangié, der älteste Sohn Suleimans, samt Frau und Tochter umkommen. Seitdem bleiben das nördliche maronitische Gebiet um Zghorta, wo Frangié und seine Marada-Miliz (mit syrischer Unterstützung) herrschen, und das südliche Maronitengebiet getrennt.

Juli 1978 - Oktober 1978: Die syrische »Friedenstruppe« nimmt in zunehmendem Maße Ostbeirut und andere Hochburgen der Libanesischen Front unter schweres Artilleriefeuer, das erst auf Vermittlung Saudi-Arabiens abklingt.

Ab Ende 1978: Während im → Südlibanon Major Saad Haddad mit seinen vorwiegend maronitischen und von Israel alimentierten Truppen den »Freien Libanon« ausruft, entwickelt sich im längst de facto geteilten Beirut entlang der Grünen Linie der fast alltägliche Kleinkrieg zwischen palästinensischen Einheiten und verbündeten Milizen im Westen und christlichen, zuweilen von offiziellen Armeeeinheiten unterstützten Milizen im Osten. Syrien gruppiert seine Truppen um und verringert seine Präsenz in Beirut erheblich.

Ab Anfang 1980: Nachdem schon in den Jahren und Monaten zuvor die Spannungen zwischen den Schiiten und den Palästinensern ständig angestiegen waren (zunächst ausgehend vom Südlibanon, wo die ständigen palästinensischen Aktionen gegen Israel zu heftigen israelischen Gegenschlägen auf Kosten der einheimischen Schiiten führten), kommt es in den Westbeiruter Vororten zu schweren Kämpfen zwischen der proiranischen schiitischen Amal-Miliz, die sich bisher im Bürgerkrieg relativ zurückgehalten hatte, und der proirakischen palästinensischen Arabischen Befreiungsfront. Diese Gegnerschaft hält im Grunde während des ganzen Bürgerkriegs an.

Herbst 1980: Nachdem es zwischen der von Bashir Gemayel, dem Sohn Pierre Gemayels, geführten Kataib-Miliz und der ebenfalls maronitischen Tiger-Miliz, an deren Spitze Camille Chamouns Sohn, Danny Chamoun, steht, immer häufiger zu gewalttätigen Auseinandersetzungen kommt, läßt Bashir Gemayel die Tiger-Miliz blutig zerschlagen und gliedert sie in seine eigene Truppe ein, die sich nun *Forces Libanaises* nennt. Diese Truppe umfaßt jetzt mehr als 6000 aktive Kämpfer und 10 000 Reservisten.

Ende 1980 - Juni 1981: Der zunächst erfolgreiche Versuch der *Forces Libanaises*, das von ihr kontrollierte Gebiet auf die Stadt Zahle (mehrheitlich griechisch-katholisch) in der Bekaa-Ebene auszuweiten, wird von den Syrern mit heftigen Bombardierungen von Zahle und den Christenvierteln Beiruts beantwortet. Auf Drängen der *Forces Libanaises* schießen die Israelis zwei syrische Kampfhubschrauber ab, worauf die Syrer Boden-Luft-Raketen in der Bekaa-Ebene stationieren. Auf Vermittlung Saudi-Arabiens heben die Syrer die Blockade von Zahle auf, und die *Forces Libanaises* verlassen die Stadt wieder.

Januar 1982 - Mai 1982: Heftige Straßenkämpfe in Tripolis zwischen syrischen Truppen und einer überwiegend alawitischen Miliz einerseits und Palästinensern nebst lokalen sunnitischen Milizen andererseits; Zusammenstöße zwischen sunnitischen Milizen und syrischen Truppen in und um Westbeirut sowie zwischen libanesischen Muslimen und Palästinensern in Westbeirut und im Südlibanon.

6. Juni 1982: Beginn der israelischen Invasion in den Libanon (→ Libanonkrieg), deren erklärtes Kriegsziel die Beseitigung des militärischen Potentials der Palästinenser im Libanon ist. Erreicht wird dieses Ziel Ende August 1982 mit der Evakuierung von etwa 15 000 palästinensischen Kämpfern und Zivilisten unter dem Schutz einer multilateralen Truppe.

September 1982: Am 14. September fällt der neugewählte Präsident Bashir Gemayel noch vor seinem offiziellen Amtsantritt als Nachfolger von Sarkis einem Bombenattentat zum Opfer, dessen Urheber offiziell nie ermittelt wurden. Die Israelis besetzen daraufhin auch Westbeirut, aber nicht die palästinensischen Flüchtlingslager. Am 17. und 18. September verüben Kämpfer der *Forces Libanaises* in den Lagern Sabra und Shatila ein Massaker unter den zurückgebliebenen Palästinensern, gegen das die Israelis nicht einschreiten. Am 20. September wählt das Parlament Amin Gemayel fast einstimmig zum neuen Präsidenten.

Ende 1982 - Herbst 1983: Kämpfe zwischen den mit Duldung der israelischen Besatzungsmacht in das Shoufgebirge eingedrungenen Milizen der *Forces Libanaises* und der Drusenmiliz Walid Jumblats, die Unterstützung auch anderer drusischer Fraktionen erhält, um die Vorherrschaft in dieser bis zum Beginn des Krieges halb drusisch, halb maronitisch besiedelten Region. Nach dem Abzug der Israelis aus dem Shoufgebirge Anfang September 1983 schlagen die Drusen die *Forces Libanaises* vernichtend, Dutzende von Christendörfern werden zerstört, Tausende umgebracht und Zehntausende in die Flucht getrieben.

Sommer 1983 - Februar 1984: Eine der blutigsten Phasen seit Beginn des Bürgerkriegs. Nach der Paraphierung des israelisch-libanesischen Friedensabkommens am 17. Mai 1983 bildet sich gegen das Abkommen ein politisches und militärisches prosyrisches Bündnis aus der Progressiven Sozialistischen Partei der Drusen, der Syrischen Volkspartei, der Baath-Partei und anderen »linken« Gruppen sowie dem Sunniten Rashid Karame und dem Maroniten Frangié; es richtet sich gegen Staatspräsident Amin Gemayel, die Regierung unter dem Sunniten Saeb Salam sowie die *Forces Libanaises*. Das Bündnis gibt sich den Namen Front der Nationalen Errettung. Offiziell gehört die schiitische Amal-Miliz sowie die im Südlibanon und in der Bekaa-Ebene 1982 neu entstandene radikale schiitische und proiranische → Hizbollah nicht zur Front, militärisch steht sie jedoch auf ihrer Seite. Es folgt schwerer Beschuß Westbeiruts durch drusische und syrische Artillerie und ein Aufstand der Schiiten in Westbeirut, der nur im Zentrum zunächst von der offiziellen Armee niedergeschlagen werden kann. Gleichzeitig werden die multilateralen Truppen (→ USA, Frankreich, Italien, Großbritannien), die von der See und aus der Luft massiv eingreifen, immer häufiger das Ziel schiitischer Terrorkommandos, was am 23. Oktober 1983 in der Sprengung des amerikanischen und französischen Hauptquartiers mit Hunderten von Toten gipfelt. Im Februar 1984 tritt die Regierung zurück, die überwiegend aus Schiiten bestehende 6. Brigade der Armee läuft zur Amal-Miliz über, die multilateralen Truppen ziehen ab, und am 29. Februar erklärt Staatspräsident Gemayel in Damaskus den – nie ratifizierten – israelisch-libanesischen Vertrag für hinfällig. Unter Rashid Karame als Premier wird eine neue Regierung gebildet, in die auch der Drusenführer Walid Jumblat und der Amalführer Nabih Berri eintreten.

Frühjahr 1983 - Ende 1983: Parallel zu den obigen Vorgängen kommt es zunächst in der Bekaa-Ebene, anschließend in Tripolis zu schweren innerpalästinensischen Kämpfen zwischen → Arafat-treuen und prosyrischen Einheiten, jeweils unterstützt von verschiedenen libanesischen Gruppen und Grüppchen. Diese Auseinandersetzungen führen schließlich in Tripolis auch zu einem innerlibanesischen muslimischen Konfessionskrieg zwischen propalästinensischen Sunniten und prosyrischen Alawiten, in den dann die syrische Armee massiv eingreift. Am Ende steht die neuerliche

Vertreibung der Arafat-treuen Palästinenser und ihre Evakuierung auf griechischen Schiffen.

Mitte 1984 - Anfang 1985: Während in Westbeirut vornehmlich die noch dort lebenden Christen unter der zunehmenden »Schiitisierung« der Stadt zu leiden haben, treten zunächst die Drusen und dann die schiitischen Milizionäre der Amal zum entscheidenden Schlag gegen die einzige sunnitische Miliz, die Murabitun, an, was deren Ende bedeutet.

März 1985: Sich schon länger abzeichnende Spannungen innerhalb der *Forces Libanaises* zwischen jenen Teilen der Kataib und anderer maronitischer Gruppierungen, die der auf Ausgleich mit Syrien bedachten Linie des Staatspräsidenten Amin Gemayel folgen, und jenen Teilen, die, angeführt von Samir Geagea, weiter auf eine Zusammenarbeit mit Israel setzen, führen zum Bruch. Dieser entlädt sich im Raum Saida, aus dem sich die Israelis im Januar zurückgezogen hatten: Die proisraelischen Verbände schlagen gegen die Palästinenserlager los, aber auch gegen die dort in das Vakuum nachgerückte, vorwiegend sunnitische reguläre Brigade der Armee, müssen sich aber schließlich sieglos nach Norden zurückziehen. In der Folge fliehen etwa 85 000 Christen aus der Region, und 50 Dörfer werden zerstört.

Ab 20. Mai 1985: Beginn des sogenannten Lagerkriegs, in dem sich nun verbündete prosyrische und Arafat-treue Palästinenser einerseits und die Amal-Miliz sowie die 6. Brigade der regulären Armee andererseits gegenüberstehen. Die palästinensischen Lager Sabra und Shatila werden erobert, wobei es zu ähnlich barbarischen Exzessen kommt wie 1982 durch christliche Milizionäre. Das Lager Burj el-Barajneh hält der Belagerung jedoch stand. Dieser Krieg, der zeitweilig auch auf die Lager bei Saida übergreift, wird über Jahre, immer wieder einmal von Waffenstillständen unterbrochen, fortgesetzt. Etwa gleichzeitig eskalieren die Spannungen zwischen der Amal und den Drusen, die im November 1985 in Westbeirut in einem regelrechten Krieg mit schweren Waffen gipfeln. Mitte 1986 kommt es in Westbeirut auch zu schweren Kämpfen zwischen der Amal und einer neuen sunnitischen Miliz und im Januar und Februar 1987 zu einem der grausamsten und zerstörerischsten Waffengänge überhaupt zwischen der Amal und der Progressiven Sozialistischen Partei der Drusen, die inzwischen aber auch durch Sunniten und linke Milizen verstärkt worden ist. Als sich eine Niederlage der Schiiten abzeichnet, rückt am 22. Februar 1987 die syrische Armee in Westbeirut ein.

September - Oktober 1985: Syrische Truppen besetzen die Städte Zahle und Tripolis, nachdem sich unmittelbar zuvor in Zahle schiitische Freischärler und Milizionäre der *Forces Libanaises* heftige Kämpfe geliefert und in Tripolis Freischärler der sunnitisch fundamentalistischen Organisation Tauhid gegen ein Bündnis verschiedener linker libanesischer Gruppen einen gnadenlosen Krieg geführt haben.

Januar 1986 - September 1986: Elie Hobeika, der Samir Geagea als Chef der *Forces Libanaises* nachgefolgt war, unterzeichnet am 28. Dezember 1985 in Damaskus ein Abkommen, in dem einerseits die Abschaffung des Proporzsystems (nach einer Übergangszeit), eine Verringerung der Vollmachten des Präsidenten und die Einrichtung eines Senats, andererseits aber auch eine enge politische und militärische Bindung an Syrien vereinbart wird. Vor allem gegen den zweiten Teil regt sich heftiger Widerstand – stillschweigend auch bei den Muslimen mit Ausnahme der Amal, offen bei den meisten Christen, vor allem in der Kataib –, zumal auch der Staatspräsident Amin Gemayel das Abkommen ablehnt. Es kommt einerseits zu schweren Kämpfen in Ostbeirut und den nördlich angrenzenden christlichen Gebieten zwischen den Hobeika zur Seite stehenden Teilen der *Forces Libanaises* – unterstützt von syrischen Truppen – und andererseits den dem Staatspräsidenten gegenüber loyalen Teilen, denen auch die reguläre libanesische Armee zur Seite steht. Hobeika verliert diese Kämpfe und muß das Land verlassen. Ende September kehrt er zwar wieder zurück, scheitert aber erneut in verlustreichen Kämpfen bei dem Versuch, Ostbeirut zurückzuerobern. Damit ist das Abkommen gescheitert.

September 1987 - Mai 1988: Innerschiitische Kämpfe zunächst im Süden des Landes, schließlich aber auch in den südlichen Vororten Beiruts, zwischen der Hizbollah, die die Errichtung eines islamischen Staats proklamiert, und der Amal, die unter Nabih Berri weiterhin für einen demokratischen, mit gleichen Rechten für alle → Religionsgemeinschaften ausgestatteten Libanon eintritt. Erst als die syrische Armee auch die Vororte Beiruts besetzt, kommt es zu einem prekären Waffenstillstand, der jedoch immer wieder, zuletzt Anfang 1989, gebrochen wird.

22. September 1988 - 13. Oktober 1990: Die letzte, aber besonders verlustreiche und zerstörerische Phase des Bürgerkriegs. Als die Wahl eines neuen Staatspräsidenten nicht zustande kommt, ernennt Amin Gemayel am 22. September 1988, seinem letzten Amtstag, eine militärische Übergangsregierung unter dem Armeekommandanten Michel Aoun. Dem widersetzt sich der bisherige Ministerpräsident → Salim al-Hoss, wodurch nun zwei Regierungen nebeneinander bestehen. Armee und Verwaltung spalten sich, wobei die Zentralbank beide finanziert. Zunächst kommt es jedoch ab dem 10. Februar 1989 zu schweren Kämpfen zwischen christlichen Armeeeinheiten und den *Forces Libanaises* in den christlichen Kerngebieten, die mit einem Teilsieg der Armee enden. Als Aoun danach den Syrern offen den Krieg erklärt, verhängen diese eine Blockade des Gebiets der Regierung Aoun und beginnen, mit weitreichender Artillerie systematisch Wohnviertel zu zerstören. Aoun antwortet mit gleichen Waffen nicht nur gegen syrische Stellungen, sondern auch gegen drusische und schiitische Siedlungen. Trotz erheblicher internationaler Friedensbemühungen, bei denen die → Arabische Liga und eine Troika aus den Königen von Marokko und → Jordanien sowie dem algerischen Präsidenten eine führende Rolle einnehmen, intensivieren vor allem die Syrer ihre Bombardements bis Anfang September 1989. Erst als die Troika am 13. September ein Kompromißpapier mit erheblichen Zugeständnissen an Syrien vorlegt, lenkt Syrien ein, und auch Aoun sieht sich aufgrund internationalen wie auch einheimischen Drucks gezwungen nachzugeben. Unter saudi-arabischer Ägide treten am 1. Oktober 1989 in Taif 62 libanesische Parlamentsabgeordnete zu einem Konklave zusammen und stimmen am 22. Oktober mit überwiegender Mehrheit dem »Dokument der nationalen Verständigung« zu (→ Libanon). Aoun mit seinen Anhängern widersetzt sich jedoch dem Abkommen von Taif, während das Parlament mit großer Mehrheit zustimmt, und der Krieg setzt sich ein weiteres Jahr fort. Ende November 1989 wird → Elias Hrawi, zwar ein Maronit, aber ein Mann Syriens, vom restlichen Parlament zum neuen Staatspräsidenten gewählt, nachdem dessen Vorgänger René Muawad bereits nach 17 Tagen im Amt einem Attentat zum Opfer gefallen war. Hoss wird mit der Regierungsbildung beauftragt, Aoun wird die Führung der Armee offiziell entzogen; er wird durch General → Emile Lahud ersetzt. Als die Zentralbank nun ihre Zahlungen an die »Regierung« Aoun einstellt, wird deren materielle Basis immer prekärer. Auch der Versuch Aouns, die Herrschaft über die von den *Forces Libanaises* kontrollierten christlichen Gebiete zu gewinnen, schlägt nach schweren Kämpfen fehl und treibt diese zur Anerkennung der legalen Regierung unter Hoss. Da alle Versuche scheitern, den inzwischen international völlig isolierten Aoun zum Einlenken zu bewegen, beginnen syrische Truppen, unterstützt von muslimischen Einheiten der libanesischen Armee, Ende September 1990 das verbliebene

Gebiet Aouns zu belagern und erobern es am 13. Oktober, ohne auf größere Gegenwehr zu stoßen.

Der Libanesische Bürgerkrieg ging damit zu Ende. Er hat etwa 70 000 Tote und 100 000 Verletzte gefordert. Ungefähr ein Drittel der Bevölkerung befand sich zumindest zeitweise auf der Flucht; viele von ihnen kehrten bis heute nicht in ihre angestammten Wohngebiete zurück. Die materiellen Schäden (Infrastruktur, Wohnungen etc.) werden auf etwa fünf Milliarden US-Dollar geschätzt.

Libanon

Amtliche Bezeichnung »Libanesische Republik« (République Libanaise, arab. Al-Jumhuriya al-Lubnaniya); unabhängiger Staat seit 1943 bzw. 1946. Die Einwohnerzahl wurde 1999 auf ca. vier Millionen geschätzt, darunter etwa 400 000 palästinensische → Flüchtlinge und etwa ebenso viele Gastarbeiter (vor allem Bauarbeiter aus → Syrien und Dienstmädchen vom indischen Subkontinent). Die Fläche des Staates beträgt ca. 10 170 km². Aufgrund der gebirgigen Struktur ist nicht einmal die Hälfte der Fläche landwirtschaftlich nutzbar. Nennenswerte Bodenschätze gibt es keine.

Die historische Entwicklung, die Besiedlungsgeschichte und das hohe Maß an religiöser Fragmentierung haben erheblich früher als in den meisten anderen arabischen Staaten zur Entstehung einer spezifisch libanesischen nationalen Identität geführt. Sofern diese – vor allem von konservativen maronitischen Kreisen – nicht sogar auf das Erbe der altorientalischen Phönizier zurückgeführt wird, gilt vor allem Maroniten und Drusen die Herrschaft der Emire Fakhraddin I. (reg. 1516-1543), seines Enkels Fakhraddin II. (reg. 1590-1635) sowie Bashir II. (reg. 1788-1840) als älteste Manifestation eigener Staatlichkeit. Tatsächlich war es diesen religiös weitgehend indifferenten Emiren gelungen, der osmanischen Oberherrschaft ein hohes Maß an Autonomie abzutrotzen und sich kulturell und wirtschaftlich Europa zu öffnen. Fakhraddin II. formulierte erstmals das Verlangen nach »vollständiger Unabhängigkeit unseres Landes«. Nach den schweren Ausschreitungen der Drusen gegen die Maroniten im Jahre 1860 wurde 1861 in Istanbul von den Osmanen und den europäischen Mächten Frankreich, Großbritannien, Preußen, Österreich und Rußland (→ Sowjetunion) für den Libanon ein *règlement organique* vereinbart, das ihm Autonomie zusicherte. Unterstellt wurde das Land einem nichtlibanesischen christlichen Generalgouverneur (Mutasarrif), der von Istanbul ernannt wurde, dessen Ernennung aber der Zustimmung der europäischen Unterzeichnerstaaten bedurfte. Dem Mutasarrif stand ein Rat von elf gewählten Vertretern der Konfessionen zur Seite (vier Maroniten, drei Drusen, zwei Griechisch-Orthodoxe, ein Sunnit, ein Schiit). Das autonome Gebiet (Mutasarrifiya) umfaßte allerdings nur den mehrheitlich maronitisch besiedelten Berg Libanon (Mont Liban, Jabal Lubnan). Nicht eingeschlossen waren die Küstenstädte Sidon (Saida) und Tyrus einschließlich des Hinterlands im Süden, Beirut, Tripolis nebst Hinterland im Norden sowie die Bekaa-Hochebene im Osten; letztere Gebiete blieben unter unmittelbarer osmanischer Kontrolle. Dieses bis zum Ersten Weltkrieg dauernde halbe Jahrhundert innerer Autonomie stand im Zeichen einer wachsenden Einflußnahme des Westens im wirtschaftlichen und kulturellen Bereich (→ Amerikanische Universität Beirut). Beirut entwickelte sich zum Zentrum der literarischen arabischen »Renaissance« (nahda) und des aufkeimenden arabischen Nationalismus – Gedanken, die von dort in die übrige arabische Welt ausstrahlten.

Zu Beginn des Ersten Weltkriegs hoben die Osmanen den autonomen Status des *Mont Liban* auf. Nachdem das Land während des Krieges eine große Hungersnot erlebt und –

meist durch Auswanderung – rund ein Viertel seiner Bevölkerung verloren hatte, wurde es 1918 von den Alliierten unter General Allenby eingenommen und 1919 von französischen Truppen besetzt. Gemäß den im Sykes-Picot-Abkommen von 1916 (→ Mandatszeit) zwischen Briten und Franzosen getroffenen Geheimabsprachen und den Verträgen von San Remo 1920 erhielt Frankreich die Mandatsherrschaft über Syrien und den Libanon. Frankreich war von Anfang an bestrebt, ein großarabisches Reich oder auch nur ein Großsyrien zu verhindern und den Libanon als eine von Syrien getrennte politische Einheit zu betrachten. Im Gegensatz zum ehemaligen »Kleinlibanon«, dem Autonomiegebiet des *Mont Liban*, wurde durch die Einbeziehung aller Küstenstädte, der Bekaa-Ebene und einiger weiterer Regionen im Süden und Norden der »Großlibanon« geschaffen, der damit überhaupt erst ökonomisch lebensfähig wurde und die internationalen Grenzen erhielt, die das Land heute noch besitzt. Andererseits wurden durch diese territoriale Vergrößerung und die damit einhergehende erhebliche quantitative Stärkung des muslimischen – vor allem schiitischen – Bevölkerungsanteils, der eine Einheit mit Syrien forderte, auch jene Probleme vorprogrammiert, die später immer wieder zu Konflikten führen sollten.

Bereits 1926 wurde der Libanon zur Republik erklärt und erhielt eine Verfassung, die vom Libanesischen Repräsentativen Rat erarbeitet worden war. Die Verfassung schrieb die Grenzen des Großlibanon fest und formulierte den Begriff der »Libanesischen Nation«, blieb bei der Forderung nach gleichberechtigter Beteiligung der verschiedenen Konfessionen aber noch vage und setzte keinen bestimmten Proporz für die Verteilung der Regierungsämter fest. Außenpolitisch behielt jedoch Frankreich alle Entscheidungsgewalt, und de facto blieb der französische Hochkommissar die höchste Instanz im Staate, die über sogenannte »Berater« auch weiterhin die Innenpolitik entscheidend prägte.

Französisch wurde offizielle zweite Amtssprache neben dem Arabischen.

Zum ersten Staatspräsidenten wurde 1926 vom Parlament der griechisch-orthodoxe Rechtsanwalt Charles Dabbas gewählt, den die Franzosen vorgeschlagen hatten und der eine recht breite Zustimmung über die verschiedenen Konfessionen hinweg genoß, was sich auch in seiner problemlosen Wiederwahl 1929 bestätigte. Da eine weitere Wiederwahl von Dabbas 1932 nach der Verfassung nicht möglich war, setzte schon früh ein heftiges Tauziehen um die nächsten Kandidaten ein. Nachdem sich die beiden aussichtsreichsten Anwärter, die Maroniten Emile Eddé (Führer des Nationalen Blocks) und Bishara al-Khouri (Führer des Konstitutionellen Blocks), gegenseitig ihrer Chancen beraubt hatten und ein sunnitischer Muslim, der bisherige Parlamentspräsident Muhammad al-Jisr, unversehens eine breite Parlamentsmehrheit als Kandidat für das Amt des Staatspräsidenten erringen konnte, griff der französische Hochkommissar ein, setzte die Verfassung außer Kraft und löste das Parlament auf. Zu Beginn des Jahres 1932 hatte al-Jisr eine Volkszählung durchführen lassen, die folgendes Ergebnis erbrachte:

Christen:		*Muslime:*	
Maroniten	29%	Sunniten	23%
Griech.-Orth.	10%	Schiiten	20%
Griech.-Kath.	6%	Drusen	6%
Armenier	4%		
Sonstige	1%		
Summe:	50%		49%

Sich auf diese knappe christliche Mehrheit berufend, setzten die Franzosen selbst einen maronitischen Präsidenten ein. Nach der Wahl eines neuen Parlaments 1934 wählte dieses erst 1936 mit knapper Mehrheit den frankophilen Eddé zum Präsidenten. Begleitet von Protesten seitens muslimischer Panarabisten und der neu gegründeten, vor allem von Griechisch-Orthodoxen getragenen Syrischen Volkspartei, die ein Großsyrien unter Einschluß des Libanon forderten, unterzeichnete die neue Regierung einen Freundschaftsvertrag mit Frankreich, in dem die Souveränität des Libanon festgeschrieben und die Aufnahme des Landes in den Völkerbund innerhalb von drei Jahren zugesagt wurde, Frankreich sich aber weiterhin eine bestimmende Rolle im militärischen und außenpolitischen Bereich sicherte. Frankreich hat diesen Vertrag jedoch nie ratifiziert. Kurz nach Beginn des Zweiten Weltkriegs 1939 hoben die Franzosen erneut die Verfassung auf und lösten das Parlament auf. Eddé trat 1941 zurück. Wie Syrien wurde auch der Libanon nach der Besetzung Frankreichs durch Deutschland von der Vichy-Regierung verwaltet, weshalb noch im selben Jahr britische und »freifranzösische« Truppen von → Palästina aus in den Libanon einmarschierten. Vor allem auf britischen Druck hin erklärten die Franzosen im November 1941 den Libanon für unabhängig, versuchten die Umsetzung dieser Erklärung jedoch massiv zu behindern. In Vorbereitung auf die Unabhängigkeit einigte sich 1942 ein Kreis von Politikern verschiedener Konfessionen um den Maroniten Bishara al-Khouri und den Sunniten Riyad as-Sulh auf den sogenannten Nationalpakt, der – obwohl nie schriftlich fixiert – schließlich Verfassungsrang erhalten sollte. Der Nationalpakt besagte, daß der Libanon ein vollkommen unabhängiger souveräner Staat sein sollte, zwar »mit arabischem Gesicht und arabischer Sprache«, aber mit einem »speziellen Charakter«, wobei er seine kulturellen Bindungen zum Westen beibehalten, gleichzeitig aber mit den arabischen Staaten zusammenarbeiten sollte, solange diese seine Unabhängigkeit achteten. Die öffentlichen Ämter im Staate sollten streng nach Proporz im Verhältnis 6:5 für Christen und

Muslime besetzt werden. Der Nationalpakt kam bereits in bzw. nach den Wahlen 1943 zur Umsetzung: Es wurde ein Parlament aus 55 Abgeordneten gewählt – 30 Christen und 25 Muslime; Präsident wurde mit überwältigender Mehrheit der Maronit Bishara al-Khouri, der den Sunniten Riyad as-Sulh zum Ministerpräsidenten ernannte. Bis heute gilt dieser Grundsatz: Staatspräsident ist ein Maronit, Ministerpräsident ein Sunnit und Parlamentspräsident ein Schiit.

Als die neue Regierung bereits nach wenigen Wochen alle das französische Mandat und die französischen Vorrechte betreffenden Klauseln aus der Verfassung strich und die volle Souveränität des Landes erklärte, ließ der französische Generaldelegierte Helleu die meisten Mitglieder der Regierung einschließlich Khouri verhaften, löste das Parlament auf und ernannte Emile Eddé zum Staatsoberhaupt. Im Protest gegen das französische Vorgehen fanden erstmals die beiden bereits 1936 bzw. 1937 gegründeten paramilitärischen Organisationen, nämlich die maronitische Kataib unter der Führung von Pierre Gemayel und die sunnitische Najjada-Bewegung, zusammen und organisierten einen Generalstreik. Die einsetzenden Demonstrationen und Unruhen sowie erneuter britischer und amerikanischer Druck bewogen Frankreich schließlich zum Einlenken, und die gewählte Regierung kehrte am 22. November 1943 im Triumphzug nach Beirut zurück. Zwar dauerte es aufgrund fortgesetzter französischer Bevormundungsversuche noch weitere drei Jahre, bis die letzten französischen Truppen das Land verließen, doch war – nicht zuletzt dank der britischen und amerikanischen Unterstützung – die Unabhängigkeit nicht mehr rückgängig zu machen, zumal der Libanon inzwischen Gründungsmitglied nicht nur der → Arabischen Liga, sondern auch der Vereinten Nationen (→ UN) geworden war.

Die ersten 30 Jahre des souveränen libanesischen Staates waren außenpolitisch – entsprechend den Vorgaben des Nationalpakts – von dem Bestreben geprägt, einerseits gute Beziehungen zum Westen, vor allem zu Frankreich und den → USA, zu pflegen und andererseits enge Bindungen zu den arabischen Staaten zu wahren, ohne sich aber in deren Auseinandersetzungen einzumischen. Innenpolitisch gelang es, während dieses Zeitraums eine liberale Wirtschaftsordnung – mit freien Wechselkursen bereits seit 1948 – aufzubauen, die Beirut bald zum Finanzzentrum des Nahen Ostens machte, sowie eine Meinungsfreiheit zu gewährleisten, die in der arabischen Welt einzigartig war (→ Medien). Die zahlreichen Bildungseinrichtungen, allen voran die vier Universitäten (Amerikanische Universität Beirut, Universität Saint Joseph, Libanesische Universität und Arabische Universität) übten zusätzlich eine große Anziehungskraft auf Intellektuelle aus der gesamten arabischen Welt aus. Das politische System blieb – ebenfalls im Gegensatz zu allen anderen arabischen Staaten – grundsätzlich demokratisch, konnte jedoch zwei grundlegende Schwächen nicht überwinden, nämlich den strikten Konfessionalismus (so blieb z.B. das Personenstandsrecht völlig den Konfessionen überlassen) und einen damit eng verquickten → Klientelismus, der die Korruption entscheidend förderte. Politische Parteien gab es zwar dem Namen nach, doch blieben diese einerseits fast immer konfessionsgebunden und andererseits in ihrer Führung meist von einzelnen Familien und Clans beherrscht, die mit den Parteien identifiziert wurden. Von Stimmenkauf bei Parlamentswahlen wurde immer wieder berichtet. Berge und Banken sowie die demokratische Grundordnung trugen dem Libanon damals den Ruf ein, »die Schweiz des Nahen Ostens« zu sein, doch waren die wachsenden sozialen Gegensätze zwischen den benachteiligten Gruppen – vornehmlich den Schiiten und den seit 1948 etwa 100 000 palästinensischen Flüchtlingen – und den z.T. extrem wohlhabenden Wirtschaftskreisen unübersehbar.

Die erste schwere Krise überstand der Libanon 1958. Präsident Khouri mußte 1952 zurücktreten, nachdem es ihm 1948 noch gelungen war, eine Parlamentsmehrheit für eine Verfassungsänderung zu erringen, die ihm eine zweite Amtsperiode gestattete. Zu seinem Nachfolger wurde – mit breiter Unterstützung u.a. seitens der Kataib und des Nationalen Blocks (beide maronitisch), der Progressiven Sozialistischen Partei (drusisch unter Führung von Kamal Jumblat) und der Syrischen Volkspartei (vorwiegend griechisch-orthodox) – Khouris Erzrivale Camille Chamoun gewählt. Schon in den ersten Jahren seiner Amtszeit sah sich Chamoun mit einer breiten Sympathiewelle für den ägyptischen Präsidenten → Nasser konfrontiert, dessen panarabisch-nationalistische Ideen vor allem bei den Sunniten eine große Resonanz fanden. Als Nasser 1956 den Suezkanal verstaatlichte und es zum → Suezkrieg kam, forderten Chamouns eigener Ministerpräsident Abdallah al-Yafi und weitere sunnitische Politiker den Abbruch der Beziehungen zu Frankreich und Großbritannien, was Chamoun strikt von sich wies. Statt dessen ersetzte er Yafi, der aus Protest zurückgetreten war, durch den Sunniten Sami as-Sulh, der keiner nasseristischen Sympathien verdächtig war, und machte Charles Malik, der als absolut proamerikanisch galt, zum Außenminister. Kurz darauf trat die neue Regierung der Eisenhower-Doktrin bei; somit konnte Chamoun darauf bauen, daß die USA ihm im Falle eines pronasseristischen Umsturzversuchs militärisch zu Hilfe kommen würden. Die daraufhin immer angespannter werdende Lage wurde Anfang 1958 durch den Zusammenschluß → Ägyptens mit Syrien weiter verschärft. Als die bürgerkriegsähnlichen Unruhen von Beirut aus auf andere, vorwiegend muslimische und drusische Gebiete übergriffen, bat Chamoun die USA um militärische Hilfe, die sogleich gewährt wurde. Die amerikanischen Truppen vermochten die Situation jedoch nicht zu bereinigen, die noch dadurch komplizierter wurde, daß Chamouns Amtszeit auslief und ihn seine Gegner verdächtigten, er hätte es wie einst Khouri auf eine zweite Amtsperiode abgesehen. Chamoun unterließ diesen Versuch jedoch, und das Parlament wählte den Maroniten Fuad Shihab zum neuen Staatspräsidenten. General Shihab war seit Ende 1956 Verteidigungsminister gewesen und hatte sich auch bei vielen Muslimen große Sympathien dadurch erworben, daß er die Armee aus den Unruhen strikt herausgehalten hatte. Als er nach seinem Amtsantritt im September jedoch eine fast ausschließlich aus Regierungsgegnern unter Führung von Rashid Karame zusammengesetzte Regierung bildete, formierte sich unter den Maroniten, angeführt von der Kataib, massiver Widerstand, der zu noch heftigeren bürgerkriegsähnlichen Ausschreitungen führte. Erst als Pierre Gemayel, der Führer der Kataib, und als weiterer Maronit Raymond Eddé, der Sohn von Emile Eddé und Führer des Nationalen Blocks, in das Kabinett Karames aufgenommen wurden, normalisierte sich die Lage im Lande rasch.

Shihabs Präsidentschaft erwies sich trotz eines 1961 von der Syrischen Volkspartei unternommenen Umsturzversuchs, der jedoch rasch niedergeschlagen wurde, politisch und wirtschaftlich als ausgesprochen erfolgreich; die sozialen Gegensätze zwischen arm und reich, aber auch zwischen den verschiedenen Konfessionen wurden spürbar abgebaut. Die Kritik richtete sich vor allem darauf, daß das Militär eine der Hauptstützen Shihabs war und er sich zunehmend des militärischen Geheimdienstes (Deuxième Bureau) bediente, letzteres allerdings auch, um den Klientelismus einzudämmen.

Die Wahl seines Nachfolgers Charles Hélou vom Konstitutionellen Block, kein Militär, sondern ein sehr gebildeter Journalist, verlief 1964 erstmals in der Geschichte des unabhängigen Libanon unter völlig undramatischen Umständen. In Hélous Amtszeit fielen dann jedoch bereits Ereignisse und wurden Entwicklungen sichtbar, die das fragile und gesellschaftlich vielfach fragmentierte politische Gebilde des Libanon grundsätzlich in Frage stellten. Rückblikkend erweist sich das auf Ausgleich bedachte und unverbindliche Wesen Hélous, der sich zudem auf keine eigene Hausmacht stützen konnte, als verhängnisvoll. Hauptsächlicher Auslöser für den schrittweisen Zusammenbruch des bisher auf der Basis des Nationalpakts gewahrten libanesischen Konsenses waren die zunehmenden Spannungen zwischen dem libanesischen Staat und den Palästinensern. Die Spannungen entstanden nach dem → Junikrieg 1967 (aus dem sich der Libanon noch klug herausgehalten hatte), als im Süden und Südosten des Landes immer neue Militärlager und Ausbildungscamps für aus Syrien und → Jordanien eingesickerte Fedayin errichtet wurden. Die in den palästinensischen Flüchtlingslagern im Libanon neu angeworbenen Fedayin starteten immer häufiger militärische Aktionen gegen → Israel, die entsprechende heftige Gegenschläge der israelischen Armee provozierten. Die Folge war ein Strom schiitischer und maronitischer Flüchtlinge aus dem Süden des Landes vor allem in die Vorstädte Beiruts. Als Hélou ebenfalls Militär gegen die Palästinenser einsetzte, die immer mehr zu einem Staat im Staate wurden, übten andere arabische Staaten – allen voran Syrien und Ägypten – derart massiven Druck auf den Libanon aus, daß sich das Parlament schließlich gezwungen sah, dem Kairo-Abkommen vom November 1969 über die Rechte der palästinensischen Widerstandsorganisationen im Libanon zuzustimmen. Dieses schrieb zwar fest, daß die libanesische Souveränität über alle Lager der Palästinenser gelte, doch sprach es den Palästinensern ausdrücklich das Recht zu, in den Lagern bewaffnete Einheiten aufzustellen, und verpflichtete den Libanon, den Waffennachschub in die Lager zu erleichtern. Auch wenn das Parlament dem Kairo-Abkommen fast einstimmig zugestimmt hatte, bestand längst quer durch den Libanon ein grundlegender Dissens über den Umgang mit den Palästinensern. Die Hauptantagonisten waren der Drusenführer Kamal Jumblat und Pierre Gemayel, der Führer der maronitischen Kataib. Jumblat sprach sich für eine bedingungslose Unterstützung der Palästinenser aus und machte sich zunehmend auch zum Sprecher der linken muslimischen Gruppen; als solcher befürwortete er eine Abschaffung des Konfessionalismus, d.h. eine Umwandlung des geltenden politischen Systems in eine laizistische und einheitliche Republik, was Gemayel hingegen strikt ablehnte.

Hatte Hélou bereits die reformerischen Ansätze Shihabs nur noch halbherzig verfolgt, so wurden diese 1970 durch die Wahl Suleiman Frangiés zum Nachfolger Hélous endgültig aufgegeben, ja ins Gegenteil verkehrt. Frangié war einer jener traditionellen maronitischen *Landlords*, die staatliche Ämter in erster Linie dazu benutzten, ihre eigene Klientel zu bedienen. Eine der ersten Aktionen der neuen Regierung war die Auflösung des *Deuxième Bureau*, womit nicht nur ein wichtiges Organ zur Eindämmung der Korruption, sondern die Kontrolle über die verschiedenen linken, meist nasseristischen, muslimischen und propalästinensischen Gruppen verlorenging. Der Waffenhandel florierte, und nicht nur die Palästinenser und die Kataib rüsteten auf, sondern es bildeten sich sowohl im maronitischen als auch im muslimischen Lager zahlreiche neue Milizen. Zudem schufen die Aufgabe aller Reformansätze in Richtung eines Sozialstaates für alle Bürger und der daraus erwachsende Verlust wirtschaftlicher Perspektiven in sozial benachteiligten Gruppen, allen voran bei den Schiiten, jenen politischen und sozialen Sprengsatz, der 1975 mit dem Ausbruch des → Libanesischen Bürgerkriegs explodierte und das Land für 16 Jahre in ein aberwitziges Tollhaus verwandelte.

Wie bereits in der Krise von 1958, so stand auch die Suche nach einer friedlichen Beendigung des Bürgerkriegs unter dem Motto »kein Sieger und kein Besiegter« (la ghalib wala maghlub), um die Hauptakteure das Gesicht wahren zu lassen. Das Taif-Abkommen vom Oktober 1989, dem in einer streng geheimen Sitzung 56 von 62 anwesenden Parlamentariern (von insgesamt 73 noch lebenden, bereits 1972 gewählten Abgeordneten) zustimmten und das die Beendigung des Bürgerkriegs einleitete, sah dann jedoch eindeutig die Maroniten als Verlierer. Zwar sollte auch künftig der Staatspräsident ein Maronit sein, doch wurde seine Funktion auf überwiegend repräsentative Aufgaben beschränkt. Dagegen wurden der sunnitische Ministerpräsident, das Kabinett, das Parlament und der schiitische Parlamentspräsident erheblich gestärkt, z.B. unter anderem dadurch, daß der Ministerpräsident nicht mehr vom Staatspräsidenten, sondern nur vom Parlament abberufen werden kann. Außerdem werden die Parlamentssitze nicht mehr nach dem Schlüssel 6:5 zugunsten der Christen, sondern paritätisch 6:6 zwischen Muslimen und Christen aufgeteilt, konkret 54:54. Dies entspricht zwar nicht der seit der letzten Volkszählung von 1932 inzwischen völlig veränderten demographischen Situation – die Schiiten bilden längst die inzwischen größte Minderheit und die Muslime insgesamt die Mehrheit, auch wenn die Schätzungen erheblich divergieren –, doch konnten die Maroniten, indem ihnen das Amt des Staatspräsidenten zugeteilt blieb, zumindest das Gesicht wahren.

Die Schwäche → Elias Hrawis, der bei allen Konfessionen des Landes sowie auch in Syrien keinen Rückhalt mehr besaß, führte dazu, daß im Herbst 1998 – mit syrischer Billigung – der maronitische General → Emile Lahud, der zweite Militär überhaupt, zum neuen Staatspräsidenten gewählt wurde. Lahud beließ → Rafik Hariri nicht im Amt des Ministerpräsidenten, sondern beauftragte den erfahrenen sunnitischen Politiker → Salim al-Hoss mit der Regierungsbildung. Da Lahud als effizienter, über jede Korruption erhabener Offizier gilt, wird er häufig mit General Shihab verglichen, und es wurden ähnliche Hoffnungen in ihn gesetzt.

Die sich verschärfende Wirtschaftskrise und politischer Druck zwangen Lahud im Oktober 2000, Rafik Hariri wieder mit dem Amt des Ministerpräsidenten zu betrauen, nachdem dieser in den Parlamentswahlen einen überragenden Erfolg erzielt hatte.

Libanonkrieg (1982)

Die israelische Invasion in den → Libanon (1982) war der bislang letzte der fünf großen → Nahostkriege zwischen → Israel und den arabischen Staaten. Die massive Präsenz verschiedener militärischer Einheiten der → PLO, darunter vor allem der Al-Fatah, im Libanon, ihre aktive Teilnahme am → Libanesischen Bürgerkrieg und ihre wiederholten Raketenangriffe vom Libanon aus auf Nordisrael und gegen die von Israel unterhaltene Südlibanesische Armee (→ Südlibanon) hatte in den vorangegangenen Jahren immer wieder zu schweren israelischen Gegenschlägen geführt, die vor allem zu Lasten der libanesischen Zivilbevölkerung gegangen waren, ohne den Widerstand der PLO nennenswert zu schwächen. Längst war Israel zudem Partei im Libanesischen Bürgerkrieg geworden, indem es die maronitischen *Forces Libanaises* massiv mit Waffenlieferungen unterstützte, und zwar offenbar aus der Hoffnung heraus, nach dem Bürgerkrieg eine politische Allianz mit einem christlichen Libanon schließen zu können.

Im Sommer 1981 war es nach heftigen Artilleriegefechten zwischen Israel und den Palästinensern durch amerikanische Vermittlung zu einem Waffenstillstand gekommen. Die israelische → Likud-Regierung unter Menachem Begin bereitete seitdem eine Großoffensive in den Libanon vor, um die PLO endgültig politisch und militärisch zu zerschlagen. Das Attentat auf den israelischen Botschafter Shlomo Argov in London – wie sich später herausstellte durch die aus der PLO ausgeschlossene Terrorgruppe von Abu Nidal – lieferte den Anlaß, zur Tat zu schreiten. Die Invasion begann am 6. Juni 1982. Trotz heftigen Widerstands der PLO und verbündeter libanesischer Bürgerkriegsparteien sowie auch der im Libanon stehenden syrischen Truppen, deren Luftwaffe mehrere Dutzend MiGs verlor, rückte die israelische Armee unaufhaltsam vor und hatte bereits am 24. Juni Ostbeirut erreicht und Westbeirut eingeschlossen, das dann etwa zwei Monate lang einer völligen Blockade (inklusive Lebensmittel und Wasser), ständigem Artilleriefeuer und schweren Luftangriffen ausgesetzt war. Die dabei verursachten Schäden übertrafen bei weitem diejenigen, die bis dahin durch den bereits sechs Jahre währenden Bürgerkrieg entstanden waren.

Durch amerikanische Vermittlung stimmte schließlich die PLO der Evakuierung ihrer Führung um → Arafat und ihrer in Westbeirut stehenden Kampfeinheiten auf dem Seewege zu. Die noch in der Stadt verbliebenen syrischen Truppen wurden unter dem Schutz der inzwischen eingetroffenen multinationalen Truppen (US-Amerikaner, Franzosen und Italiener) in die Bekaa-Ebene verlegt. Noch im August wurde Bashir Gemayel zum neuen Staatspräsidenten gewählt; doch bereits am 14. September kam er bei einem Bombenattentat ums Leben, worauf die Maroniten die Palästinenser, Israel → Syrien und Syrien Israel der Urheberschaft beschuldigten. Sofort danach besetzten die Israelis trotz vorheriger anderslautender Zusagen auch Westbeirut, worauf unter den Augen israelischer Soldaten unmittelbar das blutige Massaker der *Forces Libanaises* an zurückgebliebenen palästinensischen Zivilisten und Schiiten in den Lagervororten Sabra und Shatila folgte.

Der bisherige Verlauf der Invasion löste erstmals nicht nur in der gesamten Weltöffentlichkeit, sondern auch in Israel selbst heftigste Kritik aus: »Israel hat seine Unschuld verloren«, war auf Demonstrationsplakaten der → israelischen Friedensbewegung zu lesen. Wegen des Massakers wurde Verteidigungsminister → Ariel Sharon entlassen und ein Untersuchungsausschuß eingesetzt. Der Bruder und Nachfolger Bashir Gemayels als Staatspräsident, Amin Gemayel, zeigte sich israelischen Offerten zur Zusammenarbeit gegenüber weitgehend immun. Ein im Mai 1983 vereinbartes Abkommen über den Abzug der israelischen Truppen, das u.a. im Südlibanon das Weiterbestehen der mit Israel verbündeten Südlibanesischen Armee zum Schutz der israelischen Nordgrenze vorsah, wurde aufgrund des Widerstands Syriens und der muslimischen Bürgerkriegsparteien vom Libanon nie ratifiziert. Angesichts des andauernden Bürgerkriegs im Libanon, in dem die israelische Armee immer häufiger zwischen die Fronten geriet, der umfangreichen Verstärkung der syrischen Panzerverbände in der Bekaa-Ebene, des sich zunehmend organisierenden schiitischen Widerstands (→ Hizbollah), der wachsenden Einsicht der Begin-Regierung, daß die ursprünglichen Ziele der Invasion nicht zu erreichen waren, zumal viele palästinensische Kämpfer rasch wieder ins Land zurückkehrten, und der wachsenden Kritik in Israel wie in der Weltöffentlichkeit sah sich die israelische Regierung schließlich gezwungen, im September 1983 die Armee bedingungslos zunächst bis auf die Höhe des Awali-Flusses nördlich von Saida (Sidon) zurückzuverlagern. Da weitere Verhandlungen Ende 1984 erneut zu keinem Ergebnis führten, zog sich die israelische Armee von Februar bis Juni 1985 schließlich in eine 10-20 km breite sogenannte »Sicherheitszone« nördlich der internationalen israelisch-libanesischen Grenze zurück, die erst im Mai 2000 vollständig geräumt wurde.

Likud

(Hebr. »Zusammenschluß«). Der Likud ist ein national-konservativer Block von mehreren israelischen Parteien. Seine Geschichte – ebenso wie die der → Arbeitspartei – ist von zahlreichen Spaltungen und Neugruppierungen gekennzeichnet. Ausgangsorganisation war die Herut-Partei (Freiheit) unter dem Vorsitz von Menachem Begin. Sie wurde 1948 gegründet und formulierte ein ultranationalistisches Parteiprogramm. Sie bildete über mehrere Jahre die einzig wirkliche Oppositionspartei. 1965 schloß sich die Herut-Partei mit der Liberalen Partei zum Gahal-Block zusammen, der bis 1973 existierte, als Begin den Zusammenschluß mit drei kleineren Parteien vollzog und somit eine Allianz von säkularen Ultranationalisten, Konservativen und Anhängern der freien Marktwirtschaft bildete.

Die ideologische Basis dieser Parteien ist die Ausdehnung israelischer Herrschaft auf das gesamte Gebiet westlich des Jordan. Die Wähler rekrutieren sich vornehmlich aus unterprivilegierten Schichten der sephardischen Bevölkerungsgruppe (→ Sepharden), die die ärmeren Viertel der Großstädte und die Entwicklungsstädte im Norden und Süden des Landes bewohnen; der Ausbau jüdischer → Siedlungen in den von → Israel besetzten Gebieten spricht diese Bevölkerungsschicht besonders an.

Bei den Wahlen 1977 wurde der Likud stärkste Fraktion und übernahm erstmals die Regierungsverantwortung; Menachem Begin wurde Ministerpräsident. Er trat jedoch 1983 aus Gesundheitsgründen und wegen wachsender Kritik an der israelischen Invasion in den Libanon (→ Libanonkrieg) zurück und überließ das Amt Yitzhak Shamir. 1978 schloß die Likud-Regierung unter Begin das → Camp-David-Abkommen und ein Jahr später erfolgte die Unterzeichnung des Friedensvertrags mit → Ägypten. Die in diesem Vertrag vereinbarte Rückgabe der Sinaihalbinsel vollzog sich allerdings unter größtem Protest einiger Abgeordneter, die sich daraufhin abspalteten und die Tehiya-Partei (Wiederauferstehung) gründeten. Diese wiederum wird vor allem von der Siedlerbewegung Gush Emunim (Block der Getreuen) unterstützt, die alle von Israel eroberten Gebiete als unverzichtbaren Bestandteil von Erez Israel ansieht und zu keinem Kompromiß mit den Palästinensern bereit ist.

Von 1984 bis 1990 bildeten der Likud und die Arbeitspartei die »Koalition der nationalen Einheit«, die daran zerbrach, daß Shamir die damalige Friedensinitiative der → USA ablehnte. Er bildete daraufhin bis zum Ende seiner Amtszeit eine Koalition aus Likud und mehreren rechten und religiösen Parteien. Die Wahlen zur 13. Knesset 1992 brachten wieder die Arbeitspartei an die Regierung, die Amtsperiode → Yitzhak Rabins wurde jedoch jäh durch seine Ermordung im November 1995 beendet. Mit Hilfe einer Änderung des Wahlmodus errang → Benyamin Netanyahu den Vorsitz des Likud und führte ihn 1996 zu einem knappen Sieg über die Arbeitspartei. Als Oppositionspartei hat der Likud die 1993 zwischen Israel und der → PLO unterzeichnete → Osloer Prinzipienerklärung scharf kritisiert. Während der Amtszeit Netanyahus wurde dann der Friedensprozeß unter dem Druck der Siedler und extremistisch-religiöser Parteien fast vollständig unterbrochen, wobei der Siedlungsbau noch intensiviert wurde. Terroristische Anschläge der → Hamas lieferten Netanyahus Regierung weitere Vorwände, die Fortführung der Verhandlungen und den Abzug israelischer Truppen aus dem → Westjordanland aufgrund sicherheitsrelevanter Überlegungen immer wieder zu verschieben.

Netanyahus umstrittene und skandalträchtige Amtszeit hat dem Likud großen Schaden zugefügt und zu der unerwartet hohen Wahlniederlage 1999 geführt. Netanyahu zog die politische Konsequenz und trat von allen Ämtern zurück. Den

Vorsitz des Likud übernahm → Ariel Sharon, der am 6. Februar 2001 zum israelischen Ministerpräsidenten gewählt wurde.

M

Madrider Friedenskonferenz

Unter der Schirmherrschaft der → USA und der → Sowjetunion fanden am 31. Oktober und 1. November 1991 erstmals direkte Verhandlungen statt, an denen alle Parteien des arabisch-israelischen Konflikts teilnahmen: → Israel, → Syrien, der → Libanon und eine gemischte jordanisch-palästinensische Delegation. Die → PLO wurde auf israelischen Druck hin ausgeschlossen. Israel weigerte sich, auch mit Palästinensern aus Ostjerusalem zu verhandeln, da dies nach israelischer Auffassung die Zweiteilung der Stadt implizieren würde. Die Bereitschaft der arabischen Staaten, in direkte Verhandlungen mit Israel einzutreten, war dennoch ein Novum, da sie ein Ende der Ablehnungshaltung und indirekt eine Akzeptanz des Staates Israel bedeutete.

Die Konferenz wurde anstelle der lange angestrebten internationalen Konferenz unter Schirmherrschaft der Vereinten Nationen (→ UN) abgehalten und besiegelte den alleinigen Hegemonialanspruch der USA infolge des → Golfkriegs. Von den USA als Auftakt zu Verhandlungen gedacht, die einen umfassenden Frieden auf der Grundlage der → UN-Resolutionen 242 und 338 sowie des Prinzips *Land ge-*

gen Frieden anstrebten, stellte die Konferenz in Madrid letztendlich nur ein medienwirksames Forum dar, wo altbekannte Forderungen und Anschuldigungen vorgetragen wurden.

Die Madrider Friedenskonferenz bildete jedoch den Auftakt zu bilateralen und multilateralen Verhandlungen. Die von Madrid ausgehenden bilateralen Verhandlungen umfaßten zehn Gesprächsrunden, die in dem Zeitraum von November 1991 bis Juli 1993 in Washington mit der Zielsetzung geführt wurden, israelisch-jordanische, israelisch-libanesische und israelisch-syrische Friedensverträge abzuschließen. Gleichzeitig sollte es zwischen Israelis und Palästinensern zu einem vage formulierten Zwischenabkommen bezüglich einer palästinensischen Selbstverwaltung kommen. Die multilateralen Verhandlungen, an denen auch die → EU teilnahm, fanden in drei Runden zu je fünf Arbeitsgruppen statt, die die übergreifenden Themen regionales → Wasser, → Flüchtlinge, Umwelt, Wirtschaftsfragen sowie Rüstungskontrolle (→ Rüstung) und regionale Sicherheit behandelten. Israel boykottierte zwei Arbeitsgruppen der ersten Verhandlungsrunde, an der Palästinenser von außerhalb der besetzten Gebiete teilnahmen. Syrien und der Libanon boykottierten alle multilateralen Verhandlungen mit der Begründung, man müsse zunächst Erfolge in den bilateralen Gesprächen erzielen.

Die Verhandlungsrunden führten zu keinem Ergebnis und scheiterten hauptsächlich an Verfahrensfragen. Erschwert wurde die Situation durch die Weigerung Israels, während der Verhandlungsdauer einen Siedlungsstopp (→ Siedlungen) zu verhängen, so daß sich der Eindruck erhärtete, Israel benutze die Verhandlungen als Verzögerungstaktik. Auch der Regierungswechsel in Israel 1992 bedeutete keine Verbesserung der Ausgangssituation. Schließlich verdichteten sich Gerüchte über israelisch-palästinensische Geheimverhandlungen in Oslo, die im Endeffekt den in Madrid begonnenen Prozeß überholten. → Jordanien schloß 1994 einen separaten Friedensvertrag mit Israel, und die bilateralen Gespräche mit Syrien dauerten bis Anfang 1996 an, als → Netanyahus Amtsübernahme die Gespräche abrupt beendete.

Mandatszeit

Die Mandatszeit (1920-1947), in der Großbritannien nach dem Ersten Weltkrieg → Palästina treuhänderisch verwaltete, ist von besonderer Bedeutung für das Verständnis des fortwährenden israelisch-palästinensischen Konflikts. Ihr vorangegangen waren drei sich widersprechende Vereinbarungen, die von den Kolonialmächten Großbritannien und Frankreich sowie Rußland (→ Sowjetunion) getroffen wurden.

Von Juli 1915 bis März 1916 gab es einen diplomatischen Briefwechsel (Hussein-MacMahon-Korrespondenz) zwischen dem Haschemitenherrscher Scherif Hussein Ibn Ali von Mekka und dem britischen Hochkommissar für → Ägypten, Sir Henry MacMahon, in dem letzterer im Auftrag der britischen Regierung als Gegenleistung für einen arabischen Aufstand gegen die Türken zusagte, innerhalb eines nicht genau umrissenen Gebiets die Unabhängigkeit der Araber anzuerkennen und die Errichtung eines großarabischen Reiches zu unterstützen.

Zur gleichen Zeit verhandelten Großbritannien, Frankreich und Rußland über ein Geheimabkommen, das Sykes-Picot-Abkommen (nach der Oktoberrevolution 1917 enthüllte Rußland diese Vereinbarung und erklärte sie für ungültig), bezüglich der Aufteilung des Osmanischen Reichs, wobei sie ihre Einflußsphären im Nahen Osten festlegten. Demnach sollte Rußland den Nordosten des ehemaligen Osmanischen

Reichs mit Konstantinopel, den Dardanellen, der Westküste des Bosporus und Teile der Küste Kleinasiens und des Schwarzen Meers erhalten. Frankreich eignete sich das Velayat (Provinz) von Adana und die syrisch-libanesische Küste mit einer zusätzlichen Einflußsphäre an, die das heutige → Syrien umfaßt. Großbritannien schließlich erhielt den Ostteil Mesopotamiens und erweiterte seine Einflußsphäre über den Westteil, inklusive des heutigen → Jordanien. Palästina, mit Ausnahme der Hafenstädte Haifa und Acre, die auch an Großbritannien gingen, sollte internationalisiert werden. Durch das Zusatzabkommen von Saint-Jean-de-Maurienne wurde Italien die Oberhoheit über den südlichen Teil der Türkei zugesprochen. Demnach verblieb allein die arabische Halbinsel unter haschemitischer Herrschaft.

Außerdem übermittelte die britische Regierung mit Zustimmung der → USA durch ihren Außenminister Lord Arthur Balfour am 2. November 1917 die berühmt gewordene Balfour-Erklärung an den englischen Zionistenführer Baron Lionel Rothschild; sie hatte folgenden Inhalt: »... die Regierung Seiner Majestät betrachtet mit Wohlwollen die Errichtung einer nationalen Heimstätte für das jüdische Volk in Palästina und wird ihr Bestes tun, die Erreichung dieses Ziels zu erleichtern, wobei wohlverstanden nichts geschehen soll, was die bürgerlichen und religiösen Rechte der bestehenden, nichtjüdischen Gemeinschaften in Palästina oder die Rechte und den politischen Status der Juden in anderen Ländern in Frage stellen könnte«. Zu diesem Zeitpunkt stellten Juden in Palästina etwa acht Prozent der Bevölkerung. Die Balfour-Erklärung war für die vom → Zionismus angestrebte jüdische Staatsgründung von enormer Bedeutung. Für Großbritannien hingegen stand in erster Linie die Sicherung seiner militärischen und strategischen Interessen in der Region im Vordergrund. Die palästinensisch-arabische Seite hingegen sah diese Erklärung als britischen Vertrauensbruch und empfindliche Niederlage. Diese drei miteinander konkurrierenden Versprechungen demonstrieren sehr anschaulich die Widersprüchlichkeit britischer Nahostpolitik gegen Ende des Ersten Weltkriegs.

Die arabischen Hoffnungen auf Selbstbestimmung oder gar Unabhängigkeit zerschlugen sich, statt dessen wurde – entgegen den Zusagen an Scherif Hussein, wohl aber im Einklang mit dem Sykes-Picot-Abkommen – das englisch-französische Mandatssystem errichtet. Im April 1920 wurde auf der Konferenz von San Remo mit der Übertragung des Palästinamandats der britische koloniale Anspruch auf das Heilige Land anerkannt. Der Völkerbund billigte es im Juli 1922 mit der Auflage, die Balfour-Erklärung, die in der Präambel des Mandats verankert wurde, zu erfüllen.

Die Mandatsherrschaft war darauf ausgerichtet, im Rahmen der Ideologie des Völkerbunds diejenigen »Völker, die noch nicht fähig sind, für sich allein zu stehen«, von »fortschrittlichen« Nationen verwalten zu lassen, um sie dann in die Unabhängigkeit zu entlassen. Das britische Mandat über Palästina erfüllte diese Zielsetzung jedoch nicht, im Gegensatz zu dem französischen Mandat über den → Libanon und über Syrien oder dem britischen Mandat über Transjordanien, das 1922 vom Palästinamandat abgespalten und separat verwaltet wurde. Das Palästinamandat trug im Gegenteil zur Eskalation des Konflikts bei. Je klarer die zionistischen Absichten erkennbar wurden, desto mehr wuchs der Widerstand der arabischen Bevölkerung. Obwohl die britische Regierung zunächst nicht bereit war zuzugeben, daß ihre Versprechungen unvereinbar waren, sah sie sich dennoch gezwungen, nach einem dreijährigen Aufstand der Palästinenser (1936-1939) das MacDonald-Weißbuch zu verabschieden und darin u.a. die jüdische Einwanderung (→ Aliya) stark zu beschränken. Im Kontext der Judenverfolgung durch Nazideutschland und der Entwicklungen in Europa war dies jedoch praktisch nicht durchzusetzen.

Der Beginn des Zweiten Weltkriegs führte vorübergehend zu einer Waffenpause zwischen den Konfliktparteien in Palästina. Inzwischen hatten sich die jüdischen paramilitärischen Organisationen jedoch zu einer gut ausgerüsteten Streitmacht entwickelt. Einzelne dieser Gruppierungen, wie die Irgun und Lehi (Stern-Gruppe), setzten auch extreme Mittel ein, um ihren Forderungen Nachdruck zu verleihen. Hierzu gehörten u.a. Terrorakte gegen die britische Mandatsgewalt und das Massaker von Deir Yassin, bei dem im April 1948 254 Palästinenser ermordet wurden und das somit zu einer massiven Fluchtwelle der Palästinenser führte (an diesem Massaker war nach neuesten Erkenntnissen auch die Haganah beteiligt). 1947 mußte Großbritannien erkennen, daß sich das Palästinamandat in der Praxis nicht durchführen ließ, und übertrug die Verantwortung für die Lösung des Palästinaproblems den Vereinten Nationen (→ UN), die daraufhin die Teilung Palästinas in zwei Staaten beschlossen (→ UN-Resolutionen).

Maroniten → Christentum

Medien

Die Medienlandschaft in → Israel, den Palästinensischen Gebieten (→ Westjordanland, → Gazastreifen), im → Libanon, in → Syrien und → Ägypten ist teilweise äußerst vielfältig. Während die Presse in Israel und mit gewissen Einschränkungen im Libanon weitgehend frei von staatlicher Bevormundung oder gar Zensur (abgesehen von einer gewissen Militärzensur) arbeiten kann und westliches Niveau erreicht, ist sie in Ägypten, → Jordanien und den Palästinensischen Gebieten zumindest einer erheblichen Selbstzensur und in Syrien schließlich offizieller Staatszensur unterworfen. Entsprechendes gilt für Rundfunk und Fernsehen.

Ägypten

Mit dem Libanon hat Ägypten bereits eine lange Pressetradition gemeinsam, die bis zum Ende des 19. Jahrhunderts zurückreicht (Gründung der Zeitung *Al-Ahram* 1875 durch zwei Libanesen), jedoch häufig – vornehmlich unter → Nasser – politischen Repressionen unterworfen war. Die führenden Tageszeitungen sind heute *Al-Ahram* (die Pyramiden), *Al-Gumhuriya* (die Republik) und *Al-Wafd* (benannt nach der Wafd-Partei) sowie die Abendzeitung *Al-Masa* (der Abend); die Tageszeitung *Ash-Shaab* (das Volk), die von der inzwischen völlig islamistisch ausgerichteten Arbeitspartei herausgegeben wird und den → Muslimbrüdern nahesteht, kämpft gegenwärtig (2001) gegen ein drohendes Publikationsverbot. Eine englischsprachige Tageszeitung gibt es in Ägypten nicht, dagegen aber zwei englischsprachige Wochenblätter, nämlich *Al-Ahram Weekly* und *Middle East Times*.

Israel

Versuche, regelmäßige Informationspublikationen herauszugeben, reichen bis in die zweite Hälfte des 19. Jahrhunderts zurück. Eine Presse im modernen Sinne begann sich in der → Mandatszeit zu etablieren, war allerdings einer strengen Zensur unterworfen. Seit der Unabhängigkeit entwickelte sich eine sehr vielfältige freie Presselandschaft, zunächst häufig in Form von Parteizeitungen, die aber zunehmend unabhängigen, in drei privaten Medienkonzernen erscheinenden Blättern Platz machten. Eine begrenzte Zensur, die häufig zu öffentlichen Auseinandersetzungen geführt hat, besteht für den militärischen Bereich. Gegenwärtig führend sind die hebräischen Tageszeitungen *Haaretz* (das Land), die älteste (seit 1919) Zeitung auf hohem journalistischen Niveau, *Yediot Aharonot* (Neue Nachrichten), ein Massenblatt mit der höchsten Auflage, und *Maariv* (Heute Abend), ebenfalls ein Massenblatt. Die erst 1983 begründete Wirtschaftszeitung *Globes* genießt inzwischen in Wirtschaftskreisen ein hohes Ansehen. Besondere Bedeutung kommt der englischsprachigen Tageszeitung *Jerusalem Post* zu, von der eine internationale Ausgabe auch in den → USA und eine französische Wochenausgabe in Frankreich herausgegeben wird. Seit 1997 erscheint auch eine englische Ausgabe von *Haaretz*, die versucht, ein liberales Gegengewicht zur konservativen *Jerusalem Post* zu bilden. Die einzige arabische Tageszeitung, *Al-Ittihad* (die Vereinigung), richtet sich in erster Linie an die arabisch-israelischen Staatsbürger, wird jedoch auch in den Palästinensischen Gebieten gelesen.

Palästinensische Gebiete

Mit der Besetzung des → Westjordanlands und des → Gazastreifens durch Israel 1967 verschwanden zunächst alle arabischen Zeitungen. Bereits ein Jahr später erschien *Al-Quds* (arab. Name für Jerusalem) und ab 1971 *Al-Fajr* (die Morgendämmerung). Da die besetzten Gebiete von der israelischen Militärverwaltung unter das aus der britischen → Mandatszeit datierende Ausnahmerecht gestellt wurden, blieb die arabische Presse ständigen massiven Eingriffen ausgesetzt, und zahlreiche Journalisten wurden wiederholt in Haft genommen. Doch auch die großen Hoffnungen auf eine freiere Berichterstattung unter der → Palästinensischen Nationalbehörde wurden in den neunziger Jahren bitter enttäuscht, da kritische Journalisten zunehmend unter Schikanen zu leiden hatten. Die wichtigsten Tageszeitungen sind gegenwärtig: *Al-Quds*, *Al-Hayat al-Jadida* (das neue Leben) und *Al-*

Ayam (die Tage). Neben einem halben Dutzend arabischsprachigen Wochenzeitungen gibt es auch zwei englischsprachige, nämlich *The Jerusalem Times* und den *Palestine Report*.

Libanon

Der Libanon weist heute im arabischen Nahen Osten die größte Medienvielfalt und – ununterbrochen seit der Unabhängigkeit – auch die größte Pressefreiheit auf. Alle Presseorgane befinden sich ausschließlich in staatsunabhängigem Privatbesitz. Eine Zensur findet nicht statt; in den verschiedenen Blättern kommen die Meinungen aller politischen Parteien zum Ausdruck. Tabu sind jedoch herabsetzende Äußerungen über die 16 im Land vertretenen Religionen bzw. Konfessionen. Außerdem wird seit der Stationierung syrischer Truppen in den siebziger Jahren Kritik an Syrien nur verhalten geäußert. Unter den Tageszeitungen mit hohen journalistischen Ansprüchen sind in erster Linie der traditionsreiche *An-Nahar* (der Tag) zu nennen, der bereits seit 1933 besteht, und dessen französischsprachiges Pendant *L'Orient-Le Jour* (entstanden durch einen Zusammenschluß der beiden ursprünglich selbständigen Zeitungen *L'Orient* und *Le Jour*) sowie der linksliberale *As-Safir* (der Botschafter) und die Zeitung *Al-Hayat* (das Leben). Letztere, die ebenfalls im Libanon begründet wurde, wird heute in London herausgegeben, ist im Libanon, da sie dessen Politik weiterhin besonders aufmerksam verfolgt, jedoch sehr verbreitet (siehe internationale arabische Presse). Die bedeutendste englischsprachige Tageszeitung im Land ist heute *The Daily Star*. Weite Verbreitung genießen außerdem *Al-Anwar* (die Lichter) und *Al-Kifah al-Arabi* (der arabische Kampf). Unter den Wochenzeitungen sind in erster Linie zu nennen *Al-Usbu al-Arabi* (die arabische Woche), *La Revue du Liban* und *Monday Morning*.

Jordanien

Erste Versuche, regelmäßig erscheinende Presseorgane zu begründen, erfolgten in Transjordanien zwischen den Weltkriegen, doch erst mit dem Pressegesetz von 1953, das in der Folgezeit mehrfach modifiziert wurde, wurde ein Rahmen geschaffen, innerhalb dessen sich die – durchweg in privater Hand befindlichen – Presseorgane bewegen konnten. Die Qualität der Zeitungen blieb jedoch bescheiden, was einerseits auf die mangelhafte Qualifikation vieler Journalisten und andererseits auf die vom Pressegesetz errichteten Restriktionen zurückzuführen ist. Eine staatliche Zensur besteht zwar nicht, doch erfolgt eine deutlich spürbare Selbstzensur. Kritik wird lediglich auf regionaler und lokaler Ebene geübt, dagegen ist das Königshaus tabu. Inwieweit sich öffentliche Äußerungen König Abdallahs II. (→ Abdallah Ibn Hussein) nach seinem Amtsantritt 1999 über die Notwendigkeit einer freien Presse in der Praxis niederschlagen werden, muß die Zukunft zeigen. Die drei führenden arabischen Tageszeitungen sind: *Al-Arab al-Yawm* (die Araber heute), *Ad-Dustur* (die Verfassung) und *Ar-Ray* (die Meinung). Hinzu kommt die englischsprachige *Jordan Times*.

Syrien

In Syrien ist die Presselandschaft noch ausgesprochen unterentwickelt. Die Medien sind in Staatsbesitz bzw. im Besitz der seit 1963 herrschenden → Baath-Partei. Die einzigen beiden landesweit erscheinenden arabischen Tageszeitungen *Tishrin* und *Al-Baath* verbreiten die offiziellen politischen Sichtweisen von Staat und Partei und können lediglich im lokalen und kulturellen Bereich zuweilen gewisse eigene Akzente setzen. Bei der englischen *Syria Times* verhält es sich nicht anders, auch wenn diese an nichtsyrische Leser gerichtet ist. Seit den neunziger Jahren ist dennoch eine gewisse Liberalisierung im Informationssektor insofern zu beobachten, als das offizielle Verbot von Satellitenschüsseln in der Praxis nicht mehr umgesetzt wird und ausländische Presseerzeugnisse (vor allem aus dem Libanon, aber auch aus Europa) weit verbreitet sind. Auch das Bestreben der syrischen Regierung, den Bürgern den Zugang zum Internet zu verwehren, ist offenbar mit dem Amtsantritt von → Bashar al-Assad 2000 aufgegeben worden, der sich für eine grundsätzliche Öffnung Syriens für alle modernen Medien einsetzt. In diesem Zusammenhang sind auch Äußerungen zu sehen, die seit Ende 2000 in der syrischen Presse selbst erscheinen und offen und ungestraft eine Liberalisierung der Presse sowie ein Ende der Zensur fordern.

Internationale arabische Presse
In Europa und Amerika erscheint eine beachtliche Zahl arabischer Presseorgane, wobei es sich einerseits um Exilzeitungen und -zeitschriften handelt, die jeweils einen sehr begrenzten Leserkreis ansprechen, andererseits um internationale arabische Tageszeitungen, die zum Teil auf hohem journalistischen Niveau stehen und auch international Beachtung finden. In erster Linie sind hier *Al-Hayat* (das Leben) und *Ash-Sharq al-Awsat* (der Mittlere Osten) zu nennen, deren Hauptredaktionen sich in London befinden und die gleichzeitig in mehreren europäischen (darunter auch Frankfurt), amerikanischen und arabischen Städten erscheinen. *Al-Hayat* ist ursprünglich eine libanesische Zeitung, und Libanesen stellen auch weiterhin das Gros der Journalisten. Inzwischen mehrheitlich in saudi-arabischem Besitz, widmet sie weiterhin eine Seite der libanesischen Innenpolitik; kritische Äußerungen über Saudi-Arabien unterbleiben allerdings. Ist *Al-Hayat* in weiten Teilen als liberal anzusehen, so ist *Ash-Sharq al-Awsat* – ein rein saudi-arabisches Unternehmen – konservativ. Beide Zeitungen verfolgen auch einen hohen literarischen Anspruch und haben eine Vorreiterrolle bei der Modernisierung der arabischen Sprache übernommen.

Meir, Golda → Arbeitspartei

Militär → Rüstung

Mossad → Geheimdienste

Mubarak, Hosni

(Geb. 1928). Ägyptischer Staatspräsident seit 1981. Muhammad Hosni Mubarak wurde am 4. Mai 1928 in Kafr al-Masalha im Nildelta geboren. Seine militärische Ausbildung zum Jagdflieger erhielt er in der Militärakademie, die er 1950 abschloß. Seine soldatische Karriere erreichte ihren Höhepunkt mit der Ernennung zum Stabschef der Luftwaffe 1971 und zum Luftmarschall 1974. Obwohl er sich bis dahin politisch nie hervorgetan hatte, ernannte ihn → Sadat 1975 zu seinem einzigen Vizepräsidenten. Fortan zeichnete er sich durch ein hohes Maß an Loyalität gegenüber Sadat aus und stand auch im Friedensprozeß von Camp David (→ Camp-David-Abkommen) voll auf dessen Seite. Nach der Ermordung Sadats 1981 übernahm er dessen Amt und konnte sich darin, entgegen der Einschätzung zahlreicher Beobachter, rasch fest etablieren. Innen- und außenpolitisch setzte er Sadats Politik pragmatisch fort. Sein größter außenpolitischer Erfolg war die Beendigung der Isolierung → Ägyptens innerhalb der arabischen Welt und die Wiederaufnahme des Landes in die → Arabische Liga 1989. Seither gewann Mubarak, nicht zuletzt durch eine besonnene und pragmatische prowestliche Politik (so z.B. in der Kuwaitkrise 1990/91, → Golfkrieg), schrittweise die traditionelle Führungsrolle Ägyptens in der arabischen Welt zurück und versuchte auch immer wieder, im Friedensprozeß zwischen → Israel und den anderen arabischen Staaten im positiven Sinne zu vermitteln. Innenpolitisch sah er sich aufgrund zahlreicher Terroranschläge in den neunziger Jahren zu einem härteren Vorgehen gegen islamistische Strömungen gezwungen (→ Islamismus). Mubarak selbst war fünfmal das Ziel von Attentatsversuchen, zuletzt 1999. Im September 1999 wurde er mit 93 Prozent der Stimmen für weitere sechs Jahre im Amt bestätigt (→ Ägypten).

Muslimbrüder

(Arab. Gamaat al-Ikhwan al-Muslimin, Gemeinschaft der Muslimbrüder). Die Muslimbrüder sind die älteste islamistische Organisation im Nahen Osten. Sie wurde 1928 von dem Lehrer Hassan al-Banna in → Ägypten zunächst als Jugendorganisation gegründet. Al-Banna war nicht unbeeinflußt von der islamischen Reformbewegung um Muhammad Abduh (→ Islamismus), doch war sein Weltbild undifferenziert und strikt antiwestlich. Streng hierarchisch organisiert, streben die Muslimbrüder die Wiederherstellung der islamischen Ordnung in Gesellschaft und Staat sowie die Errichtung eines islamischen Großreiches an.

Muslime → Islam, → Religionsgemeinschaften

Muslimische Weltliga → Internationale Islamische Organisationen

N

Nahostkriege

Obwohl es im Nahen Osten in der zweiten Hälfte des 20. Jahrhunderts eine ganze Reihe von Kriegen gegeben hat, wird die Bezeichnung »Nahostkriege« vorwiegend für die fünf Waffengänge zwischen → Israel und seinen arabischen Nachbarstaaten verwendet, nämlich für den → Arabisch-Israelischen Krieg (1948/49), den → Suezkrieg (1956), den → Junikrieg (1967), den → Oktoberkrieg (1973) und den → Libanonkrieg (1982).

Nasser, Gamal Abdel

(1918-1970). Präsident → Ägyptens 1956-1970. Nasser war zweifelsohne der arabische Politiker, der den gesamten Nahen Osten im dritten Quartal des 20. Jahrhunderts am entscheidendsten geprägt hat. Er wurde 1918 in einem Vorort von Alexandria als Sohn eines kleinen Postangestellten geboren, besuchte die Elementarschule in Al-Khatatiba, einem Dorf im Nildelta, und absolvierte dann die Höhere Schule in Kairo, wo er bei einem Onkel lebte. Nach Abschluß der Schule begann er zunächst ein Jurastudium, brach dieses aber bereits nach kurzer Zeit ab, um 1936 mit dem Eintritt in die Königliche Militärakademie eine Laufbahn als Soldat einzuschlagen. Als Leutnant diente er sodann in der ägyptischen Armee im Sudan, wo er sich mit einer Reihe von jungen Offizieren anfreundete (darunter auch → Sadat), die später zu seinen wichtigsten politischen Weggefährten zählten. 1948 nahm er aktiv am → Arabisch-Israelischen Krieg teil. Die Enttäuschung über die britische Bevormundung Ägyptens, die innenpolitischen Verhältnisse unter König Faruk und die Niederlage im Krieg gegen → Israel ließen in ihm die Entscheidung zum revolutionären Umsturz reifen. Gemeinsam mit anderen sogenannten Freien Offizieren, die er im Laufe der Jahre insgeheim um sich geschart hatte, putschte er 1952 erfolgreich ohne größeres Blutvergießen. Der daraufhin gebildete Revolutionäre Kommandorat bestimmte zunächst General Muhammad Nagib zum neuen Staatspräsidenten, wobei Nasser selbst im Hintergrund blieb. Doch bald kam es zwischen den beiden zu erheblichen Spannungen, die 1954 dazu führten, daß Nagib fortan unter Hausarrest gestellt wurde und Nasser das Amt des Premierministers übernahm. In einem Referendum im Juni 1956, in dem er der einzige Kandidat war, ließ sich Nasser mit 99,9 Prozent der Stimmen als neuer Staatspräsident bestätigen, nachdem kurz vorher bereits eine neue Verfassung angenommen worden war, die aus Ägypten einen sozialistischen Einparteienstaat machte. Zu dieser Zeit hatte Nasser bereits mit dem 1954 vereinbarten Abzug der Briten einen großen Erfolg vorzuweisen. Ebenfalls 1954 war ein erfolgloses Attentat auf ihn verübt worden, hinter dem die → Muslimbrüder gestanden haben sollen, was zu einem strikten Verbot dieser Organisation führte und Nassers rigorose Haltung gegen alle islamistischen Tendenzen zeitlebens begründete (→ Islamismus).

Weder militärische Niederlagen wie der → Suezkrieg 1956 und der → Junikrieg 1967 gegen Israel noch die gescheiterte Vereinigung mit → Syrien zur Vereinigten Arabischen Republik (1958-1961) oder das verlustreiche Eingreifen der ägyptischen Armee im Jemen (1962-1967) vermochten sein Ansehen in weiten Bevölkerungsschichten der gesamten arabischen Welt wesentlich zu schmälern. Zusammen mit

Nehru und Tito war er seit der Konferenz von Bandung 1955 einer der unbestrittenen Wortführer der blockfreien Staaten innerhalb der Dritten Welt. Seine kritische Haltung gegenüber konservativen Regimen, allen voran Saudi-Arabien, und sein alleiniger Führungsanspruch innerhalb der arabischen Welt führten jedoch immer wieder auch zu Spannungen, und seine unversöhnliche Haltung gegenüber Israel und damit auch gegenüber dem Westen ließen ihn in immer größere Abhängigkeit zum Ostblock geraten. Innenpolitisch war seine Herrschaft eine Linksdiktatur mit verstaatlichter Presse und den üblichen »sozialistischen« Fehlentwicklungen in der Wirtschaft. Dennoch löste 1970 Nassers überraschender Tod, der den Niedergang des säkularen arabischen Nationalismus einleitete, eine Welle der Anteilnahme aus.

Netanyahu, Benyamin

(Geb. 1949 in Tel Aviv). Benyamin »Bibi« Netanyahu war von 1996 bis 1999 → Israels neunter Ministerpräsident und von 1993-1999 Vorsitzender des → Likud. Seit seiner verheerenden Niederlage gegen → Ehud Barak bei den Wahlen im Mai 1999 hat er sich vollständig von der politischen Bühne zurückgezogen – obwohl Kenner der israelischen Szene mit einem wahrscheinlichen politischen Comeback rechneten, besonders nachdem er im September 2000 von allen Vorwürfen, speziell der Korruption, freigesprochen wurde und im Dezember 2000 seine Bereitschaft signalisierte, erneut für das Amt des Ministerpräsidenten zu kandidieren; er zog seine Kandidatur später jedoch wieder zurück.

Netanyahu war der erste Ministerpräsident, der nach der Errichtung des Staates Israel geboren wurde und der erste, der durch ein direktes Mandat in sein Amt gewählt worden war. Aufgrund seines ausgeprägten Charismas wird Netanyahu in Israel auch »der Magier« genannt, und er versprach sich daher viel von einer Direktwahl, in der das Persönlichkeitsprofil stärker zum Ausdruck kommt; Netanyahu unterstützte die Änderung des Wahlmodus als einziges Likudmitglied von Anfang an. Eine zweite Reform des israelischen Wahlrechts war die Einführung innerparteilicher Vorwahlen, die es dem Likud-Neuling Netanyahu ermöglichten, relativ schnell an die Parteispitze zu gelangen.

Netanyahu verbrachte einen großen Teil seiner Kindheit in den → USA. Nachdem er seinen Armeedienst von 1967 bis 1972 in einer israelischen Eliteeinheit abgeleistet hatte, kehrte er zum Studium der Architektur und der Betriebswirtschaftslehre an das *Massachusets Institute of Technology* (MIT) in die USA zurück. Er arbeitete in Boston, als sein Bruder Yonathan bei der Geiselbefreiungsaktion in Uganda (»Operation Entebbe«) 1976 ums Leben kam. Dieses Ereignis war ein entscheidender Wendepunkt in Netanyahus Leben; er kehrte endgültig nach Israel zurück. Kritiker meinen allerdings, daß er damals schon das Potential erkannte, politisches Kapital aus dieser Tragödie zu schlagen. Auf jeden Fall gründete Netanyahu 1980 das *Yonathan Institute for the Study of Terrorism.*

Anfang der achtziger Jahre begann auch die politische Tätigkeit Netanyahus, die ihn zurück in die USA führte, zunächst für zwei Jahre von 1982 bis 1984 an die israelische Botschaft in Washington und später als Botschafter Israels bei den Vereinten Nationen (→ UN). In dieser Eigenschaft trainierte er sein rhetorisches Können und erläuterte der amerikanischen Öffentlichkeit die oft schwierigen und unbequemen israelischen Positionen. Diese Fähigkeit kam ihm auch später zugute, u.a. 1991, als er Israels Hauptverhandlungsführer bei der → Madrider Friedenskonferenz war.

Seit 1988 war Netanyahu Knessetmitglied. Er zählte zum rechten Flügel des Likud, der u.a. zeitweise auch die Meinung vertrat, daß es schon einen palästinensischen Staat in → Jordanien gäbe. Sein Wahlslogan für das Amt des Ministerpräsidenten war »Frieden mit Sicherheit«, wobei er eindeutig die Sicherheit und Stärke Israels über den Frieden stellte. Netanyahus Amtszeit ist von Skandalen und einer Manövrierunfähigkeit gekennzeichnet, die durch seine breit gefächerte Koalition mit allen religiösen Parteien verursacht wurde. Während seiner Amtszeit erlebten die → Friedensverhandlungen mit den Palästinensern einen heftigen Rückschlag. Hindernisse auf dem Weg zum Frieden waren z.B. der verstärkte Siedlungsbau (→ Siedlungen) und Netanyahus Forderung, die Verhandlungen über den endgültigen Status → Palästinas vor Rückgabe der im → Oslo-II-Abkommen festgelegten Gebiete zu führen. Die Verhandlungen mit → Syrien brachen während seiner Regierungszeit vollständig ab, und die Beziehungen zu den arabischen Nachbarstaaten verschlechterten sich dramatisch. Zudem vertiefte sich unter Netanyahu die Spaltung innerhalb Israels zwischen säkularen und religiös-nationalistischen Gruppierungen.

Neue Historiker

Unter den Neuen Historikern und den Neuen Soziologen versteht man eine israelische Wissenschaftlergeneration, die seit Ende der siebziger bzw. achtziger Jahre die offiziellen Geschichtsdeutungen und die Ideale des ursprünglichen → Zionismus hinterfragt. Zu ihren Vertretern gehören u.a. Benny Morris, Ilan Pappé, Avi Shlaim, Tom Segev, Zeev Sternhell, Simcha Flapan, Idit Zertal, Uri Ram, Sammy Smooha und Baruch Kimmerling. Inzwischen wird diese Auseinandersetzung nicht nur unter israelischen Akademikern geführt, sondern auch in der breiten Öffentlichkeit.

Seit Öffnung der Archive wurde der Gründungsmythos → Israels gründlich in Frage gestellt. Benny Morris entfachte als erster eine heftige Kontroverse, als er nachweisen konnte, daß es eine bewußte Vertreibungspolitik gegenüber der palästinensischen Bevölkerung im → Arabisch-Israelischen Krieg von 1948/49 gegeben hat und daß die israelische Führung weit weniger friedensbereit war, als sie vorzugeben versuchte. Die offizielle zionistische Geschichtsschreibung wurde auch innerhalb Israels immer wieder angezweifelt, hauptsächlich von linken Antizionisten. Neu allerdings ist der wissenschaftliche Versuch einer historischen Rekonstruktion der Ereignisse. Das jüdische Recht auf die jüdische Präsenz in → Palästina, das bisher als unantastbar galt, wurde angezweifelt und der Zionismus als kolonialistische Bewegung dargestellt, genährt durch den klassischen britischen → Kolonialismus. In dieser Hinsicht sind die Neuen Historiker und Soziologen der palästinensischen oder generell der arabischen Sichtweise näher als der offiziellen israelischen. Was sie jedoch von der arabischen Lesart unterscheidet, ist, daß sie aus der Mitte der israelischen Gesellschaft arbeiten und nicht gegen sie.

Anstatt des bisherigen Mythos, der dem ideologisch motivierten israelischen David, der nur aufgrund seiner überlegenen Einstellungen und seines inneren Zusammenhalts bestehen konnte, einen arabischen Goliath gegenüberstellt, ordnen die Neuen Historiker die Ereignisse eher einer pragmatischen, geopolitischen Realität unter. So sehen sie zum Beispiel die Politik Großbritanniens am Ende der → Mandatszeit nicht als Ausverkauf jüdischer Interessen oder einer voreingenommenen, araberfreundlichen Politik, sondern im Kontext der englischen Wirtschaftskrise, die das Empire dazu nötigte, sich auf die strategisch wichtigen Gebiete zu beschränken. Auch hat Avi Shlaim frühe Kontakte und politische Abkommen zwischen Transjordanien und der *Jewish Agency* belegt, die de facto auf eine Zusammenarbeit hindeuten. Zeev Sternhell zeigt auf, daß sich hinter den sozialistisch-humanitären Idealen der zionistischen Idee reale nationalistische Ambitionen verbergen. Die Neuen Soziologen widerlegen außerdem das zionistische Ideal einer homogenen Gesellschaft »neuer« Juden, indem sie auf die Diskriminierung und den teils auch offenen Rassismus gegenüber jüdischen Einwanderern aus arabischen Ländern und gegenüber den arabischen Bürgern Israels hinweisen. Tom Segev untersucht zudem in seinem Buch *Die siebte Million* das Verhältnis der jüdischen Führung während der Mandatszeit zum Holocaust. Er stellt die provokative These auf, daß die Führung es unterlassen habe, alles in ihrer Macht Stehende zu tun, um die europäischen Juden zu retten.

Kritiker werfen den Neuen Historikern vor, »nationalen Selbstmord« zu begehen und den inneren Zusammenhalt der israelischen Gesellschaft zu schwächen; daraus ließe sich z.B. erklären, warum → Rabin ein nationales Tabu gebrochen und die → PLO anerkannt hat. Der Verdienst der Neuen Historiker liegt jedoch darin, die Geschichte des Zionismus, die Entstehung des Staates Israel und den arabisch-israelischen Konflikt mit einer gewissen Objektivität zu betrachten. Sie sind Teil der zweiten Generation von Israelis, die nicht mehr direkt am Kampf um die staatliche Unabhängigkeit beteiligt waren, sondern durch den → Junikrieg, die Auswirkungen der Besatzung, den → Libanonkrieg und die → Intifada geprägt sind; daher sind sie eher in der Lage, Israel nicht nur als Opfer zu begreifen.

Die Erkenntnisse der Neuen Historiker und Soziologen hinterlassen einen nachhaltigen Eindruck bei der heutigen israelischen Gesellschaft und beeinflussen ihr Selbstverständnis. Das facettenreiche Gegenbild, das die keineswegs als einheitlich anzusehenden Wissenschaftler entwerfen, birgt Chancen in sich. Die ausgelöste Debatte kann eine schrittweise Veränderung des Bewußtseins bewirken, vor allem, wenn sich solche Erkenntnisse in Schulbüchern und in der Öffentlichkeit niederschlagen und somit im Sinne einer möglichen friedlichen Koexistenz mit den Palästinensern wirken.

O

Oktoberkrieg (1973)

Der Oktoberkrieg wird in → Israel und der westlichen Welt auch Yom-Kippur-Krieg, in der arabischen Welt auch Ramadankrieg genannt. Er war der letzte der → Nahostkriege, an dem → Ägypten den entscheidenden Anteil hatte und dessen Ausgang dazu führte, daß → Sadat den Frieden mit Israel suchte (→ Camp-David-Abkommen). Seit seinem Amtsantritt Ende 1970 hatte Sadat vergebens versucht, auf diplomatischer Ebene durch verstärkte Kontakte zum Westen und – über die Vereinten Nationen (→ UN) und die → USA – auch indirekt mit Israel, Bewegung in die festgefahrene Nahostsituation zu bringen. Israel, seit dem → Junikrieg 1967 Besatzungsmacht über das → Westjordanland, Ostjerusalem (→ Jerusalem), den → Gazastreifen, die → Golanhöhen und den Sinai, war unbeeindruckt geblieben von allen → UN-Resolutionen, die es zum Rückzug aus diesen Gebieten aufforderten, und die arabischen Nachbarstaaten verharrten unter dem Schock der vernichtenden Niederlage in einer ratlosen und unflexiblen Bewegungslosigkeit. Parallel zu den diplomatischen Bemühungen begann Sadat jedoch, seine Armee für einen neuen Waffengang zu rüsten (→ Rüstung), und trat in engen Kontakt zur neuen syrischen Regierung unter → Hafez al-Assad, um die militärische Koordination sicherzustellen.

Die unter geschickten Täuschungsmanövern vollzogenen ägyptischen und syrischen Kriegsvorbereitungen blieben den israelischen → Geheimdiensten verborgen bzw. wurden von diesen fehlinterpretiert, weshalb der kombinierte Angriff am 6. Oktober die israelische Armee unvorbereitet und völlig überraschend traf. Entsprechend erfolgreich für die arabische Seite verlief der Krieg in seiner Anfangsphase. Mit 70 000 Soldaten überquerte die ägyptische Armee an mehreren Stellen den Suezkanal und durchbrach die Bar-Lev-Linie, die nur mit einigen hundert israelischen Soldaten besetzt war. Am dritten Tag war das Ostufer fast vollständig in ägyptischer Hand, nachdem drei Brückenköpfe installiert waren und ein erster israelischer Gegenangriff erfolgreich abgewehrt werden konnte. Ebenso rasch vollzog sich zunächst der Vormarsch der Syrer auf den → Golanhöhen, der erst wenige Kilometer vor der israelischen Grenze zum Stillstand kam. Hier war die erste israelische Gegenoffensive, die wie auf dem Sinai am 8. Oktober eingeleitet wurde, jedoch erfolgreicher, indem sie den syrischen Angriff nicht nur aufhielt, sondern bis zum 10. Oktober bereits alle syrischen Truppen wieder aus dem Golan zurückdrängte und israelische Verbände sich anschickten, die nach dem Junikrieg von 1967 gezogene Waffenstillstandslinie zu überschreiten und weiter nach → Syrien vorzudringen. In dieser kritischen Phase drängte Syrien Ägypten, seine Offensive auf dem Sinai fortzusetzen, um die syrische Front zu entlasten. Als die Ägypter die Fortsetzung ihrer Offensive mit einiger – durch unterschiedliche Einschätzungen innerhalb der Armeeführung über die Erfolgsaussichten verursachten – Verzögerung am 14. Oktober begannen, waren israelische Verbände schon weit nach Syrien bis in die Reichweite von Damaskus vorgestoßen, wurden dann aber nicht zuletzt von inzwischen eingetroffenen irakischen Truppen an einem weiteren Vordringen gehindert. Die Ägypter, die auf dem Sinai mit Panzerverbänden in zwei Stoßrichtungen nach Osten und Südosten vorrückten, wurden von den Israelis in schwere Kämpfe verwickelt und erlitten große Verluste. Als die Israelis, beginnend mit der Landung von Luftlandetruppen auf dem Westufer des Suezkanals, sich anschickten, im Rücken der ägyptischen Offensivkräfte eine weitere Front zu errichten, war der Krieg im Grunde entschieden, auch wenn sich die Kämpfe noch über eine Woche lang hinzogen, wozu wesentlich massive Waffenlieferungen beitrugen, die über Luftbrücken von den USA über die Niederlande nach Israel und von der → Sowjetunion nach Ägypten gelangten. Eine erste Aufforderung des UN-Sicherheitsrats zum Waffenstillstand am 21. Oktober wurde von Israel nicht beachtet, doch als die Sowjetunion mit einem direkten Eingreifen drohte, wurden die Kämpfe am 24. Oktober eingestellt. Der Druck, den der Westen zunehmend auf Israel zur Beendigung des Krieges ausübte, war nicht zuletzt auch ein Ergebnis des Einsatzes der »Ölwaffe«. Am 16. Oktober hatten die arabischen Ölförderländer ein Ölembargo gegen die USA und die Niederlande verhängt und durch kräftige Steigerung des Ölpreises die westlichen Staaten insgesamt in wirtschaftliche Bedrängnis gebracht.

Syrien und Ägypten verloren im Oktoberkrieg insgesamt 15 000 Soldaten, weitere 8000 gerieten in israelische Gefangenschaft. Auch die Verluste an Kriegsmaterial waren beträchtlich: fast 2000 Panzer und 400 Kampfflugzeuge. Weit geringer waren die israelischen Verluste: 2700 getötete Soldaten, 400 zerstörte Panzer und 120 abgeschossene Kampfflugzeuge; sie waren jedoch weit höher als im Junikrieg 1967.

Der Oktoberkrieg hatte realistischen arabischen Politikern wie Sadat endgültig bewiesen, daß ein militärischer Sieg über Israel auf absehbare Zeit nicht möglich sein würde. Andererseits hatte der Krieg aufgrund der beachtlichen arabischen Anfangserfolge und der unerwarteten Solidarität, die andere arabische Staaten mit Syrien und Ägypten durch den Einsatz der »Ölwaffe« und die Entsendung von Hilfstruppen bewiesen hatten, auch in weiten Kreisen Israels die Einsicht wachsen lassen, daß allein durch die Demonstration militärischer Stärke auf Dauer das Sicherheitsproblem Israels nicht zu lösen ist.

Olympia-Anschlag von München 1972 → Geheimdienste

Organisation der Islamischen Konferenz → Internationale Islamische Organisationen

Orient-Haus → Faisal Husseini

Oslo-I-Abkommen

Das Oslo-I-Abkommen (auch Kairo-Abkommen oder Gaza-Jericho-Abkommen genannt) wurde im Anschluß an die → Osloer Prinzipienerklärung am 4. Mai 1994 in Kairo unterzeichnet und beinhaltet die Umsetzung der ersten Phase der palästinensischen Selbstverwaltung im → Gazastreifen und in Jericho. Dabei standen vier Bereiche im Vordergrund:

- die Sicherheitsaspekte, die trotz des israelischen Truppenrückzugs gewahrt werden müssen. → Israel legte großen Wert darauf, für die Dauer der Interimsphase die Kontrolle über die äußere Sicherheit zu behalten, während palästinensische Polizeikräfte für die innere Sicherheit der selbstverwalteten Gebiete zuständig sein sollten.
- die Übertragung von Befugnissen der israelischen Zivilverwaltung auf die → Palästinensische Nationalbehörde.

- das Justizwesen und Gesetzgebungsverfahren sowie die Abgrenzung der jeweiligen Zuständigkeitsbereiche.
- die Wirtschaftsbeziehungen und die Öffnung des palästinensischen Markts für israelische Produkte, die Gegenstand des separaten Paris-Protokolls vom 29. April 1994 waren; gemäß dieser Vereinbarung behielt Israel die Zollhoheit und beschränkte weiterhin den Export palästinensischer Waren.

Die festgelegte Interimsphase belief sich auf fünf Jahre und brachte → Arafat im Mai 1999 nach erfolglosem Ablauf der Frist in Zugzwang, den unabhängigen Staat → Palästina auszurufen; er ließ sich mit der Aussicht auf Wiederaufnahme der Verhandlungen nach den vorgezogenen israelischen Parlamentswahlen davon abhalten.

Die Verhandlungen, die zum Oslo-I-Abkommen führten, verliefen nicht ohne Hindernisse und Rückschläge. Strittig waren die Größe der Enklave Jericho sowie die Fragen der Grenzübergangskontrollen bzw. die Kontrolle und der Status der jüdischen → Siedlungen; die Existenz der israelischen Siedlungen im Gazastreifen bedeutete überhaupt eines der größten Probleme. Rund 40 Prozent des Gazastreifens fielen nicht unter die palästinensische Selbstverwaltung, sondern stehen weiterhin der israelischen Armee und etwa 5000 Siedlern zur Verfügung.

Es zeigte sich rasch, daß zwischen den Grundsätzen der Osloer Prinzipienerklärung und ihrer Umsetzung große Diskrepanzen zutage traten, z.B. sollten die Kompetenzen der Palästinensischen Nationalbehörde eingeschränkt werden und die israelischen Militärverordnungen bestehenbleiben. Ebenso wurde die Abriegelung der Grünen Linie von 1967 (zwischen dem → Westjordanland und Israel) als Kollektivstrafe kontinuierlich fortgesetzt, und die israelische Armee betreibt weiterhin eine bewußte Politik der territorialen Zerstückelung der besetzten Gebiete (Bantustanisierung), indem sie willkürlich den Norden des Westjordanlands vom Süden und beide Gebiete von Ostjerusalem abschneidet, um somit die Spaltung und Entfremdung innerhalb der palästinensischen Gesellschaft zu vertiefen. Die Abriegelungen bedeuten für die palästinensische Wirtschaft enorme Verluste. Außerdem wird dadurch die Bewegungsfreiheit zwischen dem Westjordanland und dem Gazastreifen dermaßen eingeschränkt, daß die Wahrung der Integrität einer einzigen territorialen Einheit nicht gegeben ist, wie dies in der Osloer Prinzipienerklärung vorgesehen war. Auch die sogenannten vertrauensbildenden Maßnahmen, wie z.B. die Freilassung palästinensischer politischer Häftlinge, sind bisher nur unvollständig umgesetzt worden.

Oslo-II-Abkommen

Das Oslo-II-Abkommen (auch Taba-Abkommen oder Israelisch-Palästinensisches Interimsabkommen über das → Westjordanland und den → Gazastreifen genannt) wurde am 24. September 1995 nach zähen Verhandlungen und trotz wachsender Kritik in beiden Lagern in Taba geschlossen und vier Tage später in Washington unterzeichnet. Gemäß dem ursprünglichen Plan, den die → Osloer Prinzipienerklärung festgelegt hatte, sollte diese zweite Stufe der palästinensischen Selbstverwaltung längst beendet sein. Aufgrund von Anschlägen und Verzögerungsmaßnahmen wurde sie jedoch immer wieder verschoben und mit 14monatiger Verspätung implementiert. Das Oslo-II-Abkommen unterteilt das Westjordanland (→ Jerusalem und Hebron ausgenommen) in drei Zonen:

- Zone A macht drei Prozent des Westjordanlands aus und umfaßt die sechs städtischen Ballungszentren Nablus, Ramallah, Bethlehem, Jenin, Kalkilya und Tulkarem, in denen die palästinensische Selbstverwaltung stufenweise alle zivilen und polizeilichen Befugnisse erhält und keine israelische Militärpräsenz mehr erlaubt ist.

- Zone B umfaßt 25 Prozent des Westjordanlands und schließt die übrigen palästinensischen Städte, die Flüchtlingslager und einen Großteil der Dörfer ein. Hier erhält die → Palästinensische Nationalbehörde alle zivilen Kompetenzen; Polizeibefugnisse und sicherheitsrelevante Angelegenheiten werden jedoch gemeinsam mit der israelischen Militärverwaltung ausgeübt.
- Zone C umfaßt mit 72 Prozent den verbleibenden Großteil des Westjordanlands, einschließlich der → Siedlungen, Militärgebiete sowie Umgehungs- und Verbindungsstraßen, und verbleibt unter israelischer Militärverwaltung; lediglich die zivilen Belange der palästinensischen Bevölkerung dieser Gebiete obliegen der Palästinensischen Nationalbehörde.

Die Palästinensische Nationalbehörde verfügt nach dem Oslo-II-Abkommen also über weniger als 30 Prozent des Westjordanlands – aufgeteilt in kleine und verstreute Kantone (auch »Flickenteppich« oder »Inselreich Oslo« genannt), die das israelische Militär jederzeit völlig abriegeln kann. In diesen drei Zonen leben jedoch 90 Prozent der palästinensischen Bevölkerung, womit sich die widersprüchlichen Interpretationen des Abkommens manifestieren: Die Palästinenser waren von territorialer Selbstbestimmung ausgegangen, und die israelische Regierung bezog dies auf die Bevölkerung.

Der zweite Teil des Oslo-II-Abkommens legte die Wahlen zum Palästinensischen Legislativrat fest, die am 20. Januar 1996 – nach der Umgruppierung der israelischen Truppen aus Zone A – stattfanden. Wählen durften die Bewohner des Westjordanlands, des Gazastreifens sowie Ostjerusalems. Die Wahlen waren relativ frei und verliefen ohne besondere Vorkommnisse, nur die Bewohner Ostjerusalems wurden durch eine außergewöhnlich starke israelische Militärpräsenz eingeschüchtert. Dies zeigte sich an der Wahlbeteiligung, die im Gazastreifen mit 86 Prozent und im Westjordanland mit 74 Prozent relativ hoch war, in Ostjerusalem jedoch nur knapp 40 Prozent betrug. Die Wahl war ein klarer Sieg für die Al-Fatah, denn die Opposition, an erster Stelle die → Hamas, hatte zum Boykott der Wahlen aufgerufen. Die Wahlen verliehen der palästinensischen Führung eine gewisse politische Legitimität; das Problem der Korruption und Ineffizienz der Selbstverwaltungsbehörde wurde bis dato aber davon nicht beeinflußt.

Etwa einen Monat nach Unterzeichnung des Oslo-II-Abkommens wurde → Yitzhak Rabin von einem religiösen Extremisten erschossen – Ergebnis einer Hetzkampagne fanatischer Siedler und extremer religiöser Kreise, die die Aufgabe israelischer Hegemonie über die besetzten Gebiete verhindern wollten.

Osloer Prinzipienerklärung

Die Osloer Prinzipienerklärung (Declaration of Principles) wurde am 13. September 1993 in Washington unterzeichnet und mit dem historischen Händedruck zwischen → Rabin und → Arafat besiegelt. Sie schuf die Grundlage zwischen → Israel und der → PLO, palästinensische Selbstverwaltungsgebiete in den besetzten Gebieten zu errichten und die sogenannten Endstatusverhandlungen (final status talks) aufzunehmen. Die Selbstverwaltung sollte phasenweise eingeführt werden und begann im → Gazastreifen und in Jericho als erster Schritt in einer fünfjährigen Interimsperiode.

Die Osloer Prinzipienerklärung resultierte aus einem geheimgehaltenen Dialog zwischen israelischen und palästinensischen Intellektuellen. Die ersten Kontakte knüpften Yair Hirschfeld und Ahmad Qurei (Abu Ala) in London. Der Dialog wurde nach der Wahl Rabins 1992 als Alternative zu den stockenden Washingtoner Verhandlungen der → Madrider Friedenskonferenz aufgewertet, als Außenminister → Peres und sein Stellvertreter Yossi Beilin Uri Savir als Verhandlungspartner entsandten. Die Palästinenser wurden in dieser Phase u.a. durch → Mahmoud Abbas (Abu Mazen) vertreten.

Durch Vermittlung des norwegischen Außenministers Johan Jørgen Holst fanden seit Januar 1993, nachdem das israelische Parlament das Verbot von Kontakten zu »terroristischen Organisationen« aufgehoben hatte, zahlreiche Sitzungen in der Nähe von Oslo statt, unter strikter Geheimhaltung, sogar vor den → USA. Am 20. August 1993 bestätigten Peres, Abbas und Holst den Entwurf der Erklärung; erst eine Woche später weihten sie den amerikanischen Außenminister Warren Christopher ein. Als Bedingung für die offizielle Unterzeichnung in Washington galt die gegenseitige Anerkennung der PLO und Israels, die am 9. September erfolgte. Dabei einigten sich die langjährigen Konfliktparteien, gegenseitig ihre legitimen politischen Rechte anzuerkennen und auf der Grundlage von Verhandlungen einen politischen Weg zu finden, der zu einem umfassenden, gerechten und dauerhaften Frieden führen sollte. In Kairo wurde ein Verbindungsbüro eröffnet, das die Verhandlungen, die zu den → Oslo-Abkommen führten, koordinierte.

Der in Oslo begonnene Prozeß lief von Anfang an Gefahr, an der Umsetzung zu scheitern. Schon der erste israelische Truppenrückzug aus dem Gazastreifen und Jericho, der auf den 13. Dezember 1993 festgelegt worden war, mußte verschoben werden. Es gab divergierende Interpretationen des Abkommens und viele ungeklärte Punkte, die absichtlich ausgeklammert wurden, wie z.B. die Jerusalem- und die Flüchtlingsfrage (→ Flüchtlinge). Die PLO strebte stets die Gründung eines unabhängigen Nationalstaats → Palästina als Endresultat an, obwohl sie sich in den Anfangsstadien mit einer eingeschränkten Selbstverwaltung der Bevölkerung zufriedengegeben hatte. Nach einer anfänglichen Euphorie äußerte man recht schnell Kritik an der Prinzipienerklärung und ihrem Zustandekommen. Immer öfter wurde kritisiert, die PLO hätte aus Angst davor, nicht in die → Friedensverhandlungen einbezogen zu werden, einen vorschnellen Ausverkauf palästinensischer Interessen betrieben. Und tatsächlich weist auch der eigentliche historische Durchbruch, nämlich die gegenseitige Anerkennung, eine Asymmetrie zwischen dem Staat Israel und der Befreiungsorganisation PLO auf.

Der vielbeschworene »Geist von Oslo« ist heute (Juni 2001) in sein Gegenteil verkehrt worden. Anstelle des Friedensprozesses hat Israel ein System ausgebaut, das dem der Apartheid gleicht: Abriegelungen der besetzten Gebiete, Kontrollen, Enteignungen sowie Straßen, die nur von israelischen Fahrzeugen befahren werden dürfen. Palästinensische Dörfer werden von jüdischen Siedlungen umzingelt und durch Umgehungsstraßen voneinander getrennt. Es existieren weiterhin zwei verschiedene Rechts- und Wirtschaftssysteme, und seit 1993 – hauptsächlich als Folge der Abriegelungen – ist das palästinensische Sozialprodukt um 35 Prozent gesunken. Auch auf palästinensischer Seite hat sich nach den Wahlen von 1996 und infolge der bürokratischen und autokratischen Regierungsform der → Palästinensischen Nationalbehörde, die ebenfalls Menschenrechte verletzt, große Ernüchterung breitgemacht.

P

Palästina

(Griech./Lat. »Philisterland«, arab. Filastin, hebr. Erez Israel). Territorium, das als geographisch-politische Einheit erst durch die Grenzziehung Großbritanniens und das britische Mandat (→ Mandatszeit) definiert wurde. Zur Zeit des Osmanischen Reiches war es Teil der Provinz (Velayat) → Syrien, die das heutige → Israel mit den besetzten bzw. selbstverwalteten Gebieten, → Jordanien, Syrien und den → Libanon umfaßte. Das Gebiet zwischen der Ostküste des Mittelmeers und dem Jordan war aufgrund seiner strategischen Lage als Landbrücke zwischen Asien und Afrika schon immer als Durchgangsland umkämpft und daher auch den Einflüssen der verschiedenen Kulturen ausgesetzt. Als Heimat dreier Weltreligionen wurde es zusätzlich zum Zentrum vielfältiger Auseinandersetzungen.

Die politische Dimension der Palästinafrage geht zurück auf die Entstehung des → Zionismus und die vermehrte jüdische Einwanderung (→ Aliya) in das britisch verwaltete Mandatsgebiet (→ Mandatszeit). Der zionistische Slogan »Ein Land ohne Volk für ein Volk ohne Land« negierte jedoch die Existenz der dort ansässigen Bevölkerung und verursachte eine starke Gegenbewegung: den palästinensischen Nationalismus. Obwohl die zwei konkurrierenden Nationalismen sich oft auf biblische und vorbiblische Zeiten beziehen, um ihre Legitimation zu stärken, ist das gegenwärtige Palästinaproblem in den rivalisierenden Machtansprüchen und realpolitischen Umständen des 19. und 20. Jahrhunderts zu suchen. Die Palästinenser vertreten die Auffassung, daß ihnen als alteingesessener Bevölkerung schon seit Ende des Ersten Weltkriegs staatliche Unabhängigkeit gebührt, gemäß dem Grundsatz der nationalen Selbstbestimmung, der 1919 von Woodrow Wilson und dem Völkerbund aufgestellt wurde. Israels Staatsgründung und die darauffolgenden Kriege (→ Nahostkriege), verbunden mit Vertreibung und Flucht (→ Flüchtlinge), stellen daher ein Unrecht dar, das es wiedergutzumachen gilt.

Die Versuche, diese historische Ungerechtigkeit zu überwinden, entwickelten sich nicht immer linear. Dabei durchlief die Konzeption für Palästina und seine territoriale Einheit sowohl im palästinensischen Selbstverständnis als auch in der Weltöffentlichkeit Metamorphosen, die nicht nur die Ideologien der Zeit widerspiegeln, sondern auch von einem wachsenden Pragmatismus im Umgang mit diesem Problem zeugen. Nach der Gründung Israels, die im britisch-jordanisch-israelischen Einvernehmen die Errichtung eines palästinensischen Staates verhinderte, wurde die Palästinafrage zur Zeit → Nassers und des arabischen Nationalismus vorerst dem Ziel eines panarabischen Einheitsstaates untergeordnet. Erst nach dem → Junikrieg 1967 besannen sich die Palästinenser auf sich selbst. Mit der Gründung der → PLO organisierte sich ein palästinensischer Widerstand, der ein deutlich abgegrenztes nationales Bewußtsein demonstrierte. Das Schlagwort »die arabische Einheit ist der Weg zur Befreiung Palästinas« wurde umgewandelt in »die Befreiung Palästinas ist der Weg zur arabischen Einheit«. Damit trat auch der Anspruch, einen eigenen Staat aufzubauen, in den Vordergrund.

Die Strategie zur Befreiung Palästinas durchlief verschiedene Etappen: vom Guerilla-Kampf als Militärstrategie und von aufsehenerregenden Gewalt- bzw. Terroraktionen über die Unterwanderung arabischer Nachbarstaaten bis hin zum passiven und aktiven Widerstand in den besetzten Gebieten (→ Intifada). Der bewaffnete Kampf als einziger Weg zur Befreiung Palästinas wurde dann vollends aufgegeben und mit Beginn der → Friedensverhandlungen der letzte pragmatische Schritt vollzogen. Parallel dazu änderte sich die Auffassung von der Art und Größe des zu etablierenden Staates. Zu Beginn des organisierten Widerstands 1964 propagierten die Al-Fatah (→ PLO, → Arafat) und andere Gruppierungen der PLO die Errichtung eines demokratischen Staates im gesamten ehemaligen Mandatsgebiet Palästina, in dem Muslime, Juden und Christen gleichberechtigt zusammenleben sollten. Diese Idee bestand kontinuierlich in marginalisierten linken israelischen und palästinensischen Kreisen fort und hat in letzter Zeit angesichts der schwierigen Durchführbarkeit der Zweistaatenlösung wieder eine gewisse Bedeutung gewonnen. Der → Oktoberkrieg 1973 zwang die Palästinenser jedoch dazu, einen territorial kleineren Staat in den 1967 von Israel besetzten Gebieten zu akzeptieren; dieser Staat sollte zunächst allerdings nur ein erster Schritt in Richtung Befreiung ganz Palästinas sein. Unter dem Eindruck realpolitischer Entwicklungen gewann dieses Teilstaatkonzept allmählich aber an breiter Akzeptanz. Auf der Tagung des Palästinensischen Nationalrats 1988 in Algier beschloß die PLO schließlich die Errichtung eines palästinensischen Staates im → Westjordanland und im → Gazastreifen mit Ostjerusalem als Hauptstadt, der an der Seite Israels existieren sollte. Es ist allerdings fraglich, ob in der gegenwärtigen Situation (2001) selbst dieses eingeschränkte politische Selbstbestimmungsrecht verwirklicht werden kann.

Palästinensische Minderheit in Israel → Israel

Palästinensische Nationalbehörde

(Arab. As-Sulta al-Wataniya al-Filastiniya; Palestinian National Authority, PNA). Palästinensische Regierung, die von → Yassir Arafat nach Unterzeichnung des → Oslo-I-Abkommens in den selbstverwalteten, ehemals besetzten Gebieten des → Gazastreifens und in Jericho gebildet wurde. Ihre Regierungszeit war auf fünf Jahre konzipiert, um während der Interimsperiode, die zur Umsetzung der Osloer Abkommen benötigt werden sollte, die Belange der Palästinenser zu regeln. Durch die Verzögerung der Endstatusverhandlungen wurde jedoch auch der Handlungszeitraum der Palästinensischen Nationalbehörde bis auf weiteres verlängert.

Zum Zeitpunkt ihrer Entstehung hatte die Nationalbehörde kein gewähltes Forum und setzte sich ausschließlich aus → PLO-Mitgliedern zusammen. Im Januar 1996 fanden gemäß dem → Oslo-II-Abkommen die Wahlen zum ersten Palästinensischen Legislativrat in den selbstverwalteten Gebieten des → Westjordanlands und des Gazastreifens statt. Die Bewohner des Ostteils von → Jerusalem durften zwar wählen, mußten aber im Falle einer Kandidatur ihren Wohnsitz in die Palästinensischen Gebiete verlegen. Der Legislativrat setzt sich aus 88 Sitzen zusammen, von denen nach der Wahl 49 auf die Al-Fatah entfielen, 15 auf unabhängige Kandidaten, die der Al-Fatah nahestehen, 4 auf Unabhängige, die mit den Islamisten (→ Hamas) sympathisieren, und 20 auf Unabhängige, die keiner Gruppierung zuzuordnen sind. Das palästinensische Wahlgesetz sieht vor, daß der Legislativrat in den Palästinensischen Nationalrat der PLO integriert wird, um so eine formale Verbindung zwischen den Palästinensern in den selbstverwalteten Gebieten und in der Diaspora zu gewährleisten. Nach den Wahlen von 1996 setzt sich die nun demokratisch legitimierte Nationalbehörde über die Hälfte aus gewählten Vertretern des Legislativrats zusammen, mit einer hauptsächlich aus PLO-Kadern des Nationalrats bestehenden Minderheit. Yassir Arafat wurde mit 87 Prozent der Stimmen zum Präsidenten der Palästinensischen Nationalbehörde gewählt; als alleinige Gegenkandidatin trat Samiha Khalil an. Das von Arafat zusammengestellte Kabinett aus 21 Mitgliedern wurde im Juni 1996 vom Legislativrat angenommen.

Die genaue Aufteilung der Aufgaben zwischen PLO und Palästinensischer Nationalbehörde und ihre jeweiligen Handlungsspielräume sind nicht genau definiert und sorgen immer wieder für Verwirrung. So hat der Legislativrat z.B. kein Gewicht in den Verhandlungen mit → Israel. Auch die Kanalisierung der internationalen Finanzzuwendungen und die Diskussion mit den Geberländern obliegt allein der PLO, die speziell zu diesem Zweck im November 1993 den Wirtschaftsrat PECDAR (Palestinian Economic Council for Development and Reconstruction) errichtete, dessen Vorsitzender Arafat ist. Hinzu kommt, daß es noch keine palästinensische Verfassung gibt und daher auch keine Regelung, die die Rolle des Legislativrats als Kontrollinstrument betrifft. Erschwert wird die Situation durch die Nationalbehörde, die häufig ihre Machtbefugnisse überschreitet und gelegentlich einen autoritären und repressiven Stil vertritt; zudem werden ihr Menschenrechtsverletzungen und Korruption vorgeworfen. Gleichzeitig ist sie jedoch territorial und auch funktional massiv eingeschränkt und steht Israel gegenüber unter großem Druck, da von ihr die Bekämpfung militanter Gruppen erwartet wird, um die innere Sicherheit

Israels zu gewährleisten. Kritiker werfen Arafat vermehrt vor, daß er die Nationalbehörde in einen bloßen Polizeiapparat verwandelt und das ursprüngliche Ziel, einen unabhängigen Staat in den ehemals besetzten Gebieten zu errichten, völlig aus den Augen verloren hat.

Palästinensische Nationalcharta → PLO

Palästinensischer Legislativrat → Palästinensische Nationalbehörde

Palästinensischer Nationalrat → PLO

Panislamismus → Internationale Islamische Organisationen

Peres, Shimon

(Geb. 1923 in Polen). Mitbegründer der Rafi-Partei (→ Arbeitspartei), von 1977-1992 Vorsitzender der israelischen Arbeitspartei, dreimaliger Ministerpräsident und Friedensnobelpreisträger.

1934 emigrierte Shimon Peres (damals hieß er noch Persky) mit seiner Familie nach → Palästina. 1947 begann er zusammen mit → David Ben-Gurion und Levi Eshkol seine Arbeit in der Führungsspitze der Haganah, der jüdischen Untergrundarmee aus der Zeit vor der Staatsgründung → Israels. Nach der Gründung Israels erfolgte sein politischer

Aufstieg im Verteidigungsressort; von 1959 bis 1965 war er stellvertretender Verteidigungsminister. 1965 gründete er zusammen mit Ben-Gurion und Moshe Dayan die Rafi-Partei, eine Abspaltung von der Mapai, die sich wiederum drei Jahre später mit der Mapai und einigen anderen kleinen Gruppierungen zur Arbeitspartei zusammenschloß. Bis 1974, als Peres unter → Yitzhak Rabin Verteidigungsminister wurde, bekleidete er verschiedene Ministerposten, u.a. war er Minister für Immigration, Transport und Information.

Nachdem Yitzhak Rabin 1977 sein Amt als Ministerpräsident niederlegte, übernahm Peres diesen Posten für einen Monat. Der Kleinkrieg, der zwischen beiden Politikern entbrannte und die israelischen Schlagzeilen eine Zeitlang beherrschte, wird generell für die historische Wahlniederlage der Arbeitspartei im selben Jahr verantwortlich gemacht. Bis 1992 war Peres Vorsitzender der Arbeitspartei und von 1984 bis 1986 das zweite Mal Ministerpräsident innerhalb des Rotationsabkommens der Großen Koalition mit dem → Likud. Darauf folgten jeweils eine zweijährige Amtszeit als Außenminister und anschließend als Finanzminister.

1992 verlor Peres den Parteivorsitz wieder an Yitzhak Rabin, der daraufhin erfolgreich für den Posten des Ministerpräsidenten kandidierte. In seiner erneuten Funktion als Außenminister plädierte Shimon Peres für die Aufnahme von → Friedensverhandlungen mit der → PLO und deren Anerkennung durch Israel. Letztendlich konnte er Rabin von dieser Idee überzeugen und initiierte durch seinen Stellvertreter Yossi Beilin die Geheimverhandlungen von Oslo (→ Osloer Prinzipienerklärung, → Oslo-Abkommen). Peres galt schon lange Zeit als Befürworter eines integrierten Nahen Ostens, in dem Israel – sowohl politisch als auch wirtschaftlich – eine führende Rolle spielen würde. Jedoch scheiterten frühere Versuche in dieser Richtung, z.B. das Londoner Abkommen mit König Hussein (→ Hussein Ibn Talal) 1987 oder sein Versuch im März 1990, die Regierung zu stürzen.

1994 erhielt Peres zusammen mit → Yassir Arafat und Yitzhak Rabin den Friedensnobelpreis. Nach Rabins Ermordung wurde Peres zum dritten Mal – allerdings ohne jemals in das Amt gewählt zu werden – für kurze Zeit Ministerpräsident. In den vorgezogenen Wahlen im Mai 1996 verlor er jedoch knapp gegen → Benyamin Netanyahu, obwohl er – um sein schwaches Image aufzuwerten – kurz vorher noch als Falke aufgetreten war und die Bombardierung des → Südlibanon befohlen hatte, bei der in einem UN-Bunker in Kana über 100 Zivilisten ums Leben kamen.

In Israel hatte Peres während seiner gesamten politischen Laufbahn mit dem Image eines Verlierers zu kämpfen. Obwohl er als Motor des Nahostfriedensprozesses angesehen wird, fehlt ihm die nötige Durchsetzungskraft; viele seiner Initiativen scheiterten. Darüber hinaus war die konstante Rivalität mit Yitzhak Rabin seiner politischen Karriere abträglich. International gilt Peres als eine der profiliertesten Persönlichkeiten der Weltpolitik. Schon 1978 wurde er zu einem der Vizepräsidenten der Sozialistischen Internationale gewählt, und in diesem Forum ist er auch heute (2001) noch aktiv. Von 1999 bis Februar 2001 war Peres Minister für regionale Kooperation in der Regierung → Ehud Baraks. Im Juli 2000 unterlag er vollkommen überraschend bei der Wahl zum israelischen Staatspräsidenten dem → Likud-Politiker Moshe Katsav – die vielleicht bitterste Niederlage in seiner politischen Laufbahn. Bei der Bekanntgabe der vorgezogenen Wahlen für das Amt des israelischen Ministerpräsidenten (Februar 2001) versuchte Peres erfolglos, sich als Kandidat der Meretz-Partei nominieren zu lassen. In der von → Ariel Sharon geführten Koalitionsregierung wurde er nach heftigen Auseinandersetzungen in der Arbeitspartei im März 2001 Außenminister.

PFLP → PLO

PLO

(Arab. Munazamat at-Tahrir al-Filastiniya, Palestine Liberation Organisation, Palästinensische Befreiungsorganisation). 1964 gegründeter Dachverband politischer und militärischer palästinensischer Gruppierungen, die die Befreiung → Palästinas und die Errichtung eines unabhängigen palästinensisch-arabischen Staates im ehemaligen Mandatsgebiet Palästina – oder in Teilen davon – zum Ziel haben.

Auf der ersten arabischen Gipfelkonferenz 1964 in Kairo wurde unter → Nassers Einfluß die Errichtung einer unabhängigen palästinensischen Nationalbewegung beschlossen. Der Palästinensische Nationalrat, der sich damals aus Repräsentanten der seit 1948 verstreuten palästinensischen Gesellschaft zusammensetzte, gründete daraufhin auf seiner ersten konstituierenden Versammlung in Ostjerusalem die PLO. Der Nationalrat bildete als Legislative der PLO das oberste politische Gremium und fungierte bis zur Wahl des Palästinensischen Legislativrats (→ Palästinensische Nationalbehörde) 1996 als Parlament im Exil. Die Delegierten setzten sich – nach 1969, als die PLO umorganisiert wurde – offiziell etwa zur Hälfte aus ernannten Mitgliedern der Guerilla-Gruppen zusammen, de facto aber waren auch die meisten Vertreter der Gewerkschaften, Frauen- und Studentenorganisationen sowie der Berufsverbände den Guerilla-Organisationen angeschlossen. Die Mitglieder des Nationalrats wählen das Exekutivkomitee, das oberste Führungsgremium der PLO. Diesem unterstehen verschiedene Bereiche, die u.a. für Finanzen, Auswärtiges und Soziales zuständig sind. Die PLO entwickelte sich somit zu einer gewichtigen nationalen Institution, die sich nicht nur dem Befreiungskampf widmete, sondern sich auch zum Nukleus eines palästinensischen Staates mit militärischen, aber auch wirtschaftlichen, sozialen und bildungspolitischen Aufgaben heranbildete.

Die PLO blieb bis 1967 unter der direkten Kontrolle des ägyptischen Staatspräsidenten, der sich ihrer als Instrument im Konflikt um den arabischen Hegemonialanspruch bemächtigte. Erst die Niederlage im → Junikrieg und die Erkenntnis der Palästinenser, daß sie allein für die Erlangung ihrer Rechte verantwortlich sind, gab der PLO ein eigenes Gewicht. Ahmed Shuqairi, der erste, von → Ägypten eingesetzte Vorsitzende, mußte seinen Rücktritt einreichen, und nach einer kurzen Übergangsphase unter Yahya Hamouda übernahm → Yassir Arafat 1969 den Vorsitz. Seitdem besteht der Palästinensische Nationalrat nicht nur aus regionalen Delegierten, sondern vor allem auch aus Vertretern der ideologisch unterschiedlich ausgerichteten Organisationen und paramilitärischen Gruppierungen des palästinensischen Widerstands, dominiert von Arafats Al-Fatah. Erst unter Arafats Führung wurde die PLO zu einer unabhängigen nationalen palästinensischen Vertretung, die sich vom arabischen Nationalismus abwandte, politische Institutionen schuf und die eigene palästinensische Identität nicht nur im Bewußtsein der Palästinenser selbst, sondern auch in der Weltöffentlichkeit verankerte.

Die größte Untergruppe der PLO, die Al-Fatah, war ideologisch nie festgelegt und versuchte, sich durch ihre flexible Haltung als ein Sammelbecken unterschiedlicher Strömungen zu etablieren. Ihre Gründer stellten jahrzehntelang den inneren Führungskreis der PLO. Dazu gehörten und gehören neben Yassir Arafat, Khalil al-Wazir (Abu Jihad), den der israelische Geheimdienst 1988 ermordete, Salah Khalaf (Abu Iyad), der 1991 von einem palästinensischen Dissidenten erschossen wurde, und Faruk Kaddumi (Abu Lutf).

Eine weitere wichtige Gruppierung innerhalb der PLO ist die Volksfront für die Befreiung Palästinas (Jabha Shabiya li-Tahrir Filastin; Popular Front for the Liberation of Palestine, PFLP) unter George Habash, die aus der Arabischen Nationalbewegung (Harakat al-Qawmiyun al-Arab; Arab

National Movement, ANM) hervorgegangen ist. Die PFLP ist stark ideologisch geprägt und für eine Anzahl spektakulärer Aktionen verantwortlich. Von ihr spaltete sich 1969 die Demokratische Front für die Befreiung Palästinas (Jabha Dimuqratiya li-Tahrir Filastin; Democratic Front for the Liberation of Palestine, DFLP) um Nayef Hawatmeh ab, die sich wie die PFLP als marxistisch versteht. Hinzu kommt eine Reihe anderer Gruppierungen: die syrisch kontrollierte Saiqa, das PFLP-Generalkommando von Ahmed Jibril, die vom Irak unterstützte Arabische Befreiungsfront, die Palästinensische Befreiungsfront sowie die Palästinensische Volkskampffront. Ein Teil der PLO-Gruppierungen gründete 1974 die Ablehnungsfront als Antwort auf die von Arafat immer stärker propagierte mögliche Teilstaatlösung. 1983 verließen einige Organisationen zusammen mit den Al-Fatah-Rebellen die PLO, um gegen Arafats Bruch mit → Syrien zu protestieren. Schon 1974 wurde die terroristische Gruppe um Sabri al-Banna (Abu Nidal) aus der PLO ausgeschlossen, da sie unter anderem auch Anschläge gegen PLO-Mitglieder verübt hatte.

Arafats Al-Fatah, die schon früh den bewaffneten Kampf gegen Israel aufgenommen hatte, wurde für die PLO zum bestimmenden Faktor. Im Juli 1968 wurde als Programm eine neue Palästinensische Nationalcharta (Mithaq al-Watani) angenommen, die u.a. den bewaffneten Kampf als den einzigen Weg zur Befreiung Palästinas propagierte und → Israel jegliches Existenzrecht absprach. Diese Charta war jahrelang ein Haupthindernis für die Aufnahme von Verhandlungen mit Israel und den → USA. Die umstrittenen Passagen waren bis Dezember 1998 gültig, als sie vom Palästinensischen Nationalrat im Rahmen des → Wye-Abkommens annulliert wurden.

Der Kampf der PLO gegen Israel war in den Jahren 1967 bis 1974 durch kompromißlose Ablehnung des Staates Israel, durch weltweite Gewalt- und Terroraktionen und spektakuläre Flugzeugentführungen gekennzeichnet. Finanziell wurde die PLO von den reichen Ölstaaten der arabischen Halbinsel gefördert. Die militärischen Aktionen wurden jedoch aus den Anrainerstaaten → Jordanien und → Libanon ausgeführt, was schwerwiegende Konflikte mit diesen Gastländern zur Folge hatte. In Jordanien entwickelte sich die PLO Ende der sechziger Jahre zu einem Staat im Staate und stellte ganz entscheidend die Legitimität des jordanischen Regimes in Frage. Dies führte zu bürgerkriegsähnlichen Zuständen und gipfelte 1970 im sogenannten Schwarzen September, der blutigen Zerschlagung und Vertreibung der Fedayin aus Jordanien. Daraufhin ließen sich die PLO-Verbände im Libanon nieder, wo im Süden des Landes (→ Südlibanon) das Fatahland entstand und eine Guerilla-Armee von 20000 Mann stationiert wurde. Die Präsenz der PLO und ihre übergreifenden Aktionen schürten den → Libanesischen Bürgerkrieg, der dadurch eine neue, regionale Dimension erhielt. Im Zuge der israelischen Invasion des Libanon (→ Libanonkrieg) wurden die PLO-Kommandos 1982 aus dem Südlibanon und Westbeirut vertrieben. Ein Jahr später verlor Arafat sein letztes Einflußgebiet um Tripolis, als er den syrisch gesteuerten Al-Fatah-Rebellen militärisch unterlag. Danach verlegte die PLO ihr Hauptquartier nach Tunis. Im April 1996 versammelte sich der Palästinensische Nationalrat erstmals in Gaza.

Internationale Aufwertung von einer lediglich als Terrororganisation angesehenen Gruppierung erfuhr die PLO, nachdem die arabische Gipfelkonferenz in Rabat sie im Oktober 1974 zur einzig legitimen Repräsentantin des palästinensischen Volkes erklärt hatte und Arafat im November des gleichen Jahres seine berühmte Rede vor der UN-Vollversammlung hielt. Daraufhin wurden in vielen westlichen Hauptstädten Vertretungsbüros eingerichtet, die PLO erhielt Beobachterstatus bei den Vereinten Nationen (→ UN), und Arafat wurde zunehmend wie ein Staatschef behandelt, der seitdem zu einem Hauptakteur innerhalb der arabischen Politik avancierte. Grundlegend für diese Aufwertung war auch die Abkehr vom Terrorismus und eine pragmatischere Haltung, die die PLO – allen voran die Al-Fatah – seit Mitte der siebziger Jahre einnahm. Der → Oktoberkrieg hatte nämlich die Möglichkeit der Akzeptanz einer Teilstaatlösung für die Palästinafrage eröffnet. Da die PLO nicht mehr auf der Befreiung des gesamten Gebiets Palästina beharrte, wurde es möglich, Verhandlungen auf der Basis der → UN-Resolution 242 aufzunehmen. Konkret hieß dies, jedes Stück befreites Land zu akzeptieren, um darauf einen palästinensischen Staat zu errichten; allerdings wurden diese befreiten Gebiete anfangs noch als Etappenziele auf dem Weg zur vollständigen Befreiung ganz Palästinas betrachtet. Trotzdem wurden ihre Verfechter, allen voran die Al-Fatah und die DFLP, von den Maximalisten in der PLO des Verrats und der Kapitulation bezichtigt. Die PLO drohte auseinanderzubrechen, und erst die Unterzeichnung des → Camp-David-Abkommens von 1978 vereinte die unterschiedlichen Gruppierungen wieder.

Die Politik des Ausgleichs mit Israel, die endgültig in die → Friedensverhandlungen mündete, verlief nicht linear. Vielmehr ist sie von mehreren Rückschlägen gekennzeichnet, u.a. der Vertreibung der PLO aus dem Libanon, aber auch der Ausbruch der → Intifada 1987 stellte die Führungsrolle der PLO innerhalb der besetzten Gebiete kurzfristig in Frage. Und letztendlich schwächte die proirakische Haltung der PLO im → Golfkrieg die palästinensische Widerstandsbewegung dramatisch, da die Golfstaaten ihr einen Großteil ihrer finanziellen Mittel entzogen und sie gleichzeitig mit einer erneuten Flüchtlingswelle (→ Flüchtlinge) konfrontiert wurde. Auf der anderen Seite brachte erst die Aufgabe des jordanischen Anspruchs auf das → Westjordanland 1988 der PLO die Möglichkeit, tatsächlich als einzige Vertretung aller Palästinenser aufzutreten. Im November 1988 rief sie auf der 19. Sitzung des Palästinensischen Nationalrats in Algier einen unabhängigen Palästinenserstaat aus, und einen Monat später schwor Arafat vor der Vollversammlung der Vereinten Nationen (die aufgrund der amerikanischen Weigerung, Arafat ein Einreisevisum zu erteilen, in Genf tagte) dem Terrorismus ab. Trotzdem behielt Israel seine ablehnende Haltung bei und akzeptierte die PLO und ihre rechtmäßige Rolle erst im September 1993, vier Tage vor Unterzeichnung der → Osloer Prinzipienerklärung. Derzeit (Juni 2001) besetzen PLO-Gefolgsleute, hauptsächlich aus der Al-Fatah, die Mehrheit der Posten innerhalb der Palästinensischen Nationalbehörde. Diese Vormachtstellung wird ihnen jedoch in zunehmendem Maße von der → Hamas streitig gemacht.

Presse → Medien

R

Rabin, Yitzhak

(1922-1995). Yitzhak Rabin war von 1974 bis 1977 und von 1992 bis 1995 israelischer Ministerpräsident. Er wurde in → Jerusalem im damaligen britischen Mandatsgebiet geboren und beteiligte sich entscheidend am Kampf für die Staatsgründung → Israels. Rabin trat nach einem Landwirtschaftsstudium 1941 der Palmach (Eliteeinheit der Haganah) bei und diente in ihr bis zum Ende des → Arabisch-Israelischen Kriegs im Jahre 1949. Danach setzte er seine Karriere als Berufsoffizier in der israelischen Armee fort und war von 1963 bis 1968 Generalstabschef. In dieser Funktion gilt er gemeinhin als verantwortlich für die Planung und Herbeiführung des israelischen Sieges im → Junikrieg 1967; in Israel wurde er entsprechend als Kriegsheld gefeiert.

Nach einem fünfjährigen Aufenthalt als israelischer Botschafter in den → USA trat Rabin 1974 als Arbeitsminister dem Kabinett von Golda Meir bei. Diese schied jedoch einen Monat später, aufgrund zunehmender Kritik an ihrer vorherigen Regierung, endgültig aus der Politik aus. Bei der Wahl zum Vorsitz der → Arbeitspartei siegte daraufhin Rabin mit knapper Mehrheit gegen → Shimon Peres. Die Beziehungen zwischen den beiden Politikern waren seitdem von einer schwelenden Rivalität gekennzeichnet. Rabin begann seine erste Amtszeit als bis dato jüngster und erster im Lande geborener israelischer Ministerpräsident. Seine Koalitionsregierung bestand u.a. auch aus der Nationalreligiösen Partei (Mifdal) mit ihren elf Knessetsitzen, doch deren drei Minister enthielten sich der Stimme in einem Vertrauensvotum, in dem es um die Einhaltung des Sabbat ging, und forderten damit im Dezember 1976 Rabins Rücktritt heraus. Die Animosität zwischen den orthodox-religiösen politischen Kreisen Israels und Rabin geht auf jene Zeit zurück. Nachdem Rabin ein weiteres Mal, im Februar 1977, Peres mit knapper Mehrheit bei der Wahl zum Parteivorsitz besiegt hatte, trat er im April als Spitzenkandidat der Arbeitspartei zurück und ermöglichte somit den Sieg des → Likud unter Menachem Begin. Der Grund seines Rücktritts waren zwei, nach israelischem Gesetz illegale Konten in den → USA, die aus Rabins Botschafterzeit stammten. Sein Rücktritt wurde in Israel als politisch korrekt bewertet, der jedoch im

Vergleich zu weitaus größeren Skandalen und ungeahndeten Delikten nicht notwendig gewesen wäre. Insgesamt genoß Rabin in seiner kurzen ersten Amtszeit ein hohes Ansehen, basierend auf dem Ausbau erheblicher Waffen- und Wirtschaftshilfen aus den USA, einer von Flexibilität gekennzeichneten Haltung gegenüber den arabischen Staaten und der geglückten Befreiungsoperation von Entebbe.

In der Großen Koalition von 1984 bis 1990 wurde Rabin Verteidigungsminister. In dieser Funktion war er für den Truppenabzug der israelischen Armee aus dem → Libanon verantwortlich; eine sogenannte »Sicherheitszone« blieb jedoch unter israelischer Kontrolle. In jene Zeit fällt auch Rabins Ausspruch in bezug auf den Umgang mit den meist jugendlichen Kämpfern der → Intifada: »Brecht ihnen die Knochen«; diese Aufforderung galt als Synonym für Israels »Politik der eisernen Faust«. Die Ausführung dieser Politik fügte Israels Ansehen im Ausland großen Schaden zu.

Im April 1992 wurde Rabin erneut zum Parteivorsitzenden und Spitzenkandidaten gewählt, und er führte die Arbeitspartei zu einem Wahlsieg über den Likud. Die Koalition unter Yitzhak Shamir war endgültig an der Frage der → Friedensverhandlungen mit den Palästinensern gescheitert. Die Friedensgespräche wurden demnach das bestimmende Element bei den schwierigen Kabinettsverhandlungen, die Rabins zweite Amtszeit als Ministerpräsident ausmachten. Trotz seiner Vorbehalte gegenüber der → PLO stimmte Rabin den Geheimgesprächen von Oslo zu und unterzeichnete am 13. September 1993 die israelisch-palästinensische → Osloer Prinzipienerklärung. Es war hauptsächlich sein Renommee als General und Kriegsheld, das ihn gegenüber der israelischen Öffentlichkeit als Mann des Friedens glaubwürdig erscheinen ließ. Dabei steht Rabin mehr als jeder andere stellvertretend für die moderne Entwicklung Israels – symbolisiert in seiner Wandlung vom »Kriegsfalken« zur »Friedenstaube« – und für die notwendige, wenn auch schmerzhafte Erkenntnis, daß eine Friedensvereinbarung mit den Palästinensern und den arabischen Nachbarstaaten unumgänglich ist. Im Oktober 1994 unterzeichnete Rabin im Wadi Araba den Friedensvertrag mit → Jordanien, und am 10. Dezember 1994 nahm er gemeinsam mit → Yassir Arafat und Shimon Peres den Friedensnobelpreis entgegen.

Aufgrund seiner Friedensoffensive wurde Rabin jedoch in extrem rechten, orthodox-jüdischen und nationalistischen Kreisen Israels als Verräter denunziert, der einen Ausverkauf jüdischen Bodens betreibe und das jüdische Volk der Vernichtung preisgebe. Eine gezielte Hetzkampagne führte zu seiner Ermordung am 4. November 1995. Die Tat vertiefte die Kluft zwischen säkularen und religiös-nationalistischen Israelis und bescherte Israel seine bisher schwerste Sinnkrise.

Religionsgemeinschaften

Die Zugehörigkeit zu einer der drei monotheistischen Religionen (→ Islam, → Christentum, → Judentum) bzw. deren Einzelkonfessionen ist im Nahen Osten anders als im europäischen Kulturkreis (Ausnahmen z.B. Nordirland und der Balkan) immer noch ein wichtiges gesellschaftliches und politisches Kriterium. Die gemeinsamen historischen und religionsphänomenologischen Wurzeln der drei monotheistischen Offenbarungsreligionen zeigen sich u.a. darin, daß alle drei Abraham als Stammvater verehren und »Gott« im Arabischen als »Allah« bezeichnen. Die Gründung des Staates → Israel auf der Basis einer religiös-historischen Legitimation hat den Stellenwert der Religion in der politischen Diskussion eher verstärkt als geschwächt, und der militante → Islamismus wie auch das orthodoxe Judentum in Israel haben dieses Bewußtsein bekräftigt. Während in Israel das reformierte Judentum dem orthodoxen Judentum gegenübersteht, ohne daß diese Strömungen bereits regelrechte eigene Konfessionen darstellen, sind der Islam und das Christentum schon früh in zahlreiche Konfessionen bzw. Sekten zerfallen, deren Anhänger sich jeweils ähnlich wie Stämme zueinander verhalten.

Rentenstaat

Staat, der aufgrund seiner Rohstoffe oder besonderen wirtschaftlichen Struktur sein Einkommen zu einem Großteil nicht durch die ansässige Produktionswirtschaft deckt, sondern durch Renten, d.h. durch Zahlungen, die den eigentlichen Wert der Ressourcen übertreffen.

Rentierökonomien sind ein Merkmal vieler Staaten des Nahen Ostens, die entweder zu den ölproduzierenden Ländern gehören oder aber indirekt von der Ölförderung profitieren. Wichtig dabei ist in jedem Fall, daß eine zentrale staatliche Instanz die Renten erwirbt und verteilt (Allokation). → Jordanien, aber auch große Teile der palästinensischen Gesellschaft innerhalb und außerhalb der besetzten bzw. selbstverwalteten Gebiete sind im wesentlichen abhängig von der Vergabe dieser Renten. Diese können die Form direkter Hilfszahlungen annehmen, z.B. politische Renten, wie sie Jordanien und auch die → PLO jahrelang vornehmlich aus den Golfstaaten bezogen haben, oder z.B. aus der Lieferung von verbilligtem Öl bestehen. Von großer Bedeutung waren und sind allerdings auch die Rücküberweisungen jordanischer und palästinensischer Arbeitsmigranten – Renten, die zwar nicht zentral vom Staat verwaltet werden, aber als private Transfers die Kaufkraft der zurückgebliebenen Angehörigen erhöhen und die Devisenbilanz des jeweiligen

Landes positiv beeinflussen. Die besondere Wirtschaftsstruktur dieser Allokationsstaaten untermauert nachhaltig das autoritäre, oftmals patrimoniale Gesellschaftssystem und fördert durch die Konkurrenz der Verteilungskoalitionen den → Klientelismus.

Die Rentierökonomie trug zu einem gewissen Wohlstand der arabischen Länder bei, zeigte jedoch auch die Grenzen, nämlich die Abhängigkeit und Kurzlebigkeit des arabischen Wohlfahrtsstaates auf. Darüber hinaus liefern die Renten und deren Verteilung – und damit das Kooptierungspotential – der Zentralgewalt ein Kontrollinstrument, mit dessen Hilfe Liberalisierungsprozessen vorgegriffen werden kann. Nicht zu Unrecht wird daher in der Literatur die Ölförderung – und damit verbunden die Rentier- und Allokationswirtschaft – als Stütze repressiver Herrschaftssysteme und als ein Haupthindernis auf dem Weg zur Demokratisierung betrachtet.

Rüstung

Der Nahe Osten ist zu Beginn des 21. Jahrhunderts rein quantitativ, d.h. nach dem Verhältnis von Soldaten und Kriegsgerät zur Einwohnerzahl, die am höchsten militarisierte Region der Erde. Die wichtigsten Waffenlieferanten für diese Region waren bis zum Zusammenbruch des Ostblocks die → USA und die → Sowjetunion, gefolgt von Großbritannien und Frankreich. Während → Syrien bis heute zu den Abnehmern russischer Waffen zählt, importiert → Ägypten seit dem Zerwürfnis mit der Sowjetunion seine militärische Ausrüstung weitgehend aus den USA. → Jordaniens wichtigster Waffenlieferant war bis 1967 Großbritannien, während → Israel bis zu jenem Zeitpunkt seine Waffen vielfach aus Frankreich bezog. Danach waren für beide Staaten ebenfalls die USA der Hauptlieferant. Israel und Ägypten bauten zudem seither eine umfangreiche eigene Rüstungsproduktion auf, wodurch besonders Israel selbst zu einem bedeutenden Waffenexporteur avancierte.

Das Institut für Strategische Studien in London nannte für das Jahr 1999 die nachfolgenden Zahlen für aktive Soldaten, Reservisten sowie Panzer und Flugzeuge (bei den Panzern handelt es sich ausschließlich um Kampfpanzer, nicht um sonstiges gepanzertes Gerät, und bei den Flugzeugen sind nur die Kampfflugzeuge, nicht Aufklärungs- und Transportflugzeuge aufgeführt). Um das Ausmaß der Militarisierung zu veranschaulichen, sind jeweils die Höhe des Verteidigungshaushalts und die (geschätzte) Zahl der Gesamtbevölkerung des jeweiligen Staates angegeben:

Staat	**Bevölk.**	**Soldaten**	**Reserv.**	**Panzer**	**Flugz.**	**Vert.-Haush.**
Ägypten	61 703 000	450 000	254 000	2855	520	2,2 Milliard.$
Israel	6 007 000	173 500	425 000	3800	410	6,7 Milliard.$
Jordanien	5 020 000	104 000	35 000	1220	91	488 Mio. $
Libanon	4 277 000	67 900	?	304	–	560 Mio. $
Syrien	16 404 000	316 000	396 000	4650	464	2,9 Milliard.$

Die genannten Zahlen, die eine große Überlegenheit der arabischen Nachbarstaaten insgesamt über das israelische Potential an Truppen und konventionellen Waffen aufweisen, geben jedoch nicht das wahre Kräfteverhältnis wieder, da sie nichts über die technologische Qualität, den Wartungszustand und die Einsatzbereitschaft der Waffen sowie über das Ausbildungsniveau der Soldaten aussagen. In allen diesen Bereichen – dies haben alle bisherigen → Nahostkriege hinlänglich gezeigt – hat Israel einen Vorsprung, dem die arabischen Nachbarstaaten nichts entgegenzusetzen haben. So handelt es sich z.B. bei den syrischen Panzern ausschließlich um russische/sowjetische Geräte; fast die Hälfte sind veraltete T-55, wie auch 170 syrische Kampfflugzeuge veraltete MiG-21 sind, während Israels Luftwaffe allein über

237 moderne F-16 verfügt. Die USA beachten bei ihren Waffenlieferungen an arabische Staaten, daß die qualitative Überlegenheit Israels nicht berührt wird. Israel kann sich zudem im Kriegsfall zumindest auf die logistische Unterstützung der US-Streitkräfte stützen und verfügt außerdem über drei mit eigenen Raketen in den Orbit beförderte Satelliten. Allein die Höhe des israelischen Verteidigungshaushalts, der die Verteidigungshaushalte der vier Anrainerstaaten zusammengenommen um etwa 500 Millionen US-Dollar übersteigt, läßt bereits das militärische Potential Israels erkennen.

Israels Überlegenheit bei den konventionellen Waffen und die entsprechenden Erfahrungen in den vergangenen Nahostkriegen haben in seinen Nachbarstaaten die Erkenntnis wachsen lassen, daß ein konventioneller Waffengang zu einer erneuten Niederlage führen würde. Diese Einsicht förderte einerseits die Bereitschaft zu einem Friedensschluß mit Israel und zur Einleitung von Abrüstungsmaßnahmen, andererseits aber auch das Bemühen um den Erwerb von Massenvernichtungswaffen und der für deren Einsatz notwendigen Trägersysteme auf beiden Seiten. Während für die konventionellen Waffen einigermaßen gesicherte Zahlen vorliegen, ist dies für die atomaren, biologischen und chemischen Waffen (ABC) nicht der Fall, weshalb vieles spekulativ bleibt. Als gesichert gilt, daß Israel spätestens seit den siebziger Jahren Atommacht ist und gegenwärtig (Juni 2001) über mindestens 200 selbstproduzierte und einsatzbereite Atomsprengköpfe verfügt. Außerdem besitzt Israel aus eigener Produktion entsprechende weitreichende Lenkwaffensysteme. Nachdem die bereits weit fortgeschrittenen Bestrebungen des Irak, zu den Atomwaffenstaaten zu gehören, nach dem → Golfkrieg 1991 systematisch zunichte gemacht wurden und auch der Iran, dem entsprechende Bemühungen nachgesagt werden, bislang noch nicht als Nuklearwaffenstaat angesehen werden kann, ist Israel heute der einzige Staat im Nahen Osten mit einem Nuklearwaffenpotential.

Als gesichert gilt, daß Ägypten, Syrien und Israel (wie auch der Iran und Libyen) über chemische Waffen und eigene entsprechende Produktionsstätten verfügen. Außerdem ist es wahrscheinlich, daß in den genannten Staaten auch die Produktion von biologischen Waffen angestrebt wird, doch ist unbekannt, ob und inwieweit bereits ein einsatzfähiges Waffenarsenal vorhanden ist.

Alle bisherigen Ansätze – vor allem nach der → Madrider Friedenskonferenz von 1991 und parallel zu den politischen Normalisierungsbestrebungen zwischen Israel und seinen Nachbarstaaten –, zu einer Demilitarisierung der Region zu gelangen, gingen über erste vertrauensbildende Maßnahmen nicht hinaus. Solange die → Oslo-Abkommen nicht umgesetzt sind, Syrien sowie der → Libanon in den Friedensprozeß nicht einbezogen werden und Israel seine militärische Überlegenheit und sein Atomwaffenmonopol in der Region politisch ausnutzt, wird ein regionaler Abrüstungsprozeß nicht in Gang kommen.

Rußland → Sowjetunion

S

Sadat, Anwar as-

(1918-1981). Ägyptischer Staatspräsident von 1970 bis 1981. Geboren wurde Sadat 1918 in dem Dorf Mit Abul Kom im Nildelta. Er durchlief die militärische Laufbahn bis zum Berufsoffizier. Seine Nähe zu den → Muslimbrüdern sowie zu der rechten nationalistischen Partei Junges Ägypten (Misr al-Fatah), vor allem aber seine Parteinahme für Nazideutschland gegen England während des Zweiten Weltkriegs brachten ihm 1942 den Ausschluß aus der Armee und die Verhaftung ein. 1944 floh er aus der Haft, wurde jedoch 1946 erneut verhaftet und der Mittäterschaft bei der Ermordung eines Ministers bzw. bei dem Mordversuch an dem ehemaligen Ministerpräsidenten Mustafa an-Nahhas beschuldigt. Nach zweijähriger Untersuchungshaft freigesprochen, arbeitete er zunächst als Journalist, bevor er 1950 wieder Aufnahme beim Militär fand. Dort schloß er sich insgeheim dem Kreis der sogenannten Freien Offiziere unter → Gamal Abdel Nasser an und putschte mit diesen erfolgreich 1952. Nasser nutzte Sadats alte Beziehungen zu rechten und religiösen Kreisen – Sadat war Verbindungsoffizier zu den Muslimbrüdern bis zu deren Verbot 1954 – und belohnte seine Loyalität mit verschiedenen höheren Ämtern im Staat (z.B. Staatsminister 1954-1956, Präsident der Nationalversammlung 1959-1969), die aber ohne größeren politischen Einfluß waren. Viele Beobachter waren deshalb überrascht, als Nasser ihn 1969 zu seinem – einzigen – Vizepräsidenten ernannte. Sie deuteten dies einerseits dahingehend, daß Sadat, dem eine Hausmacht fehlte, Nasser nicht gefährlich werden würde, und andererseits, daß Nasser ihn als Kompromißkandidaten zwischen dem rechten und linken Flügel innerhalb der Regierung und der Staatspartei, der Arabischen Sozialistischen Union, ansah. Nach Nassers Tod im September 1970 wurde Sadat bereits im Oktober zu seinem Nachfolger gewählt. Einmal an der Macht, erwies sich Sadat als standfester und durchsetzungsfähiger, als viele es erwartet hatten. Es gelang ihm seit Anfang 1971, sich seiner Gegner aus dem linken Lager zu entledigen. Er nahm schrittweise Abschied von den sozialistischen Inhalten des Nasserismus, brach im Sommer 1972 durch die Ausweisung Zehntausender sowjetischer Berater die engen Beziehungen zur → Sowjetunion ab und wandte sich bei gleichzeitiger Liberalisierung der Wirtschaft (Infitah) und Gewährung größerer Pressefreiheit stärker dem Westen zu, vor allem den → USA. (Zu seiner Haltung gegenüber → Israel: → Oktoberkrieg, → Camp-David-Abkommen, → Ägypten.) Im Zuge der Liberalisierung und um ein Gegengewicht zu den linken Strömungen in Ägypten zu schaffen, sorgte er für die Freilassung zahlreicher politischer Häftlinge, darunter vor allem Muslimbrüder, und duldete bewußt ihre neuen Aktivitäten, besonders an den Universitäten. Auch Zeitungen und Zeitschriften der Muslimbrüder wurden wieder zugelassen. Viele sehen darin heute Sadats einzigen entscheidenden Fehler, der ihn schließlich das Leben kostete: Im Oktober 1981 wurde er von aus den Muslimbrüdern hervorgegangenen islamistischen Extremisten ermordet, nachdem er in den Monaten zuvor noch vergeblich versucht hatte, das rechte religiöse Spektrum durch Verhaftungen und andere Repressionen wieder in die Schranken zu weisen.

Schas-Partei → Sepharden

Schiiten → Islam

Schwarzer September → PLO, → Jordanien

Sechstagekrieg → Junikrieg

Sepharden

(Sing. Sepharad, hebr. Bezeichnung für Spanien). Sepharden ist die Bezeichnung für die Nachfahren der Juden, die 1492 nach dem Fall von Granada und infolge der Inquisition aus Spanien und Portugal vertrieben wurden und sich entlang der Mittelmeerküste ansiedelten, hauptsächlich in den dort ansässigen Gemeinden der orientalischen Juden (Misrachim), die traditionell im Nahen Osten (vor allem im Jemen und in → Palästina) sowie in Nordafrika lebten. Heute ist es geläufig, wenn auch irreführend, beide Bevölkerungsgruppen, die sich in Ritualen, religiösen Gesetzen und Bräuchen angeglichen haben, als Sepharden zu bezeichnen im Gegensatz zu den europäischen → Aschkenasen. Viele der Sepharden sprechen heute noch Ladino, einen spanischen, mit Hebräisch vermischten Dialekt. In → Israel und in den meisten jüdischen Ballungszentren weltweit haben Sepharden und Aschkenasen jeweils ihre eigenen Synagogen und Oberrabbiner.

Zu Beginn der zionistischen Einwanderung nach Palästina Ende des 19. Jahrhunderts bildeten Juden sephardischer Abstammung die Mehrheit der jüdischen Bevölkerung in Palästina und standen den Aschkenasen und der zionistischen Idee eher skeptisch gegenüber. Durch die massive Einwanderung (→ Aliya) europäischer Juden verringerte sich der Prozentsatz sephardischer Juden an der Bevölkerung bis zur

Staatsgründung Israels auf 20 Prozent. Infolge vermehrter Einwanderung aus Marokko, dem Jemen, → Ägypten und dem Irak nach 1948 und aufgrund einer höheren Geburtenrate erreichten die Sepharden in den sechziger Jahren aber die Mehrheit, verloren diese jedoch wieder infolge der Migrationswelle aus dem ehemaligen Ostblock, vor allem der → Sowjetunion bzw. Rußland.

Anfang der siebziger Jahre organisierten sich hauptsächlich nordafrikanische Juden in einer sogenannten Black-Panther-Bewegung – dem Protest der Afro-Amerikaner in den → USA nachempfunden. Sie wollten damit auf ihre gesellschaftliche Ausgrenzung und ihre wirtschaftliche Diskriminierung aufmerksam machen. Die → Arbeitspartei zeigte sich davon unbeeindruckt; der → Likud jedoch unterstützte die Sepharden in ihrer Einschätzung, von der Arbeitspartei vernachlässigt zu werden, und gewann mit ihren Stimmen die Wahlen von 1977 – eine entscheidende Zäsur in der israelischen Politik. 1984 formierte sich eine eigene sephardische Partei, die ultrareligiöse, aber nicht nationalistische Schas. Sie wurde von Aryeh Deri geführt, der aus Marokko stammt und in mehrere Affären und Skandale verwickelt war. Deri mußte 1993 aufgrund von Korruptionsvorwürfen sein Amt als Innenminister aufgeben und trat im September 2000 eine dreijährige Gefängnisstrafe an.

Obwohl sich die Sepharden heute verstärkt politisch betätigen, ist die sephardische Gemeinschaft in Israel noch immer unterrepräsentiert und unterprivilegiert, was sich in dem schwierigen Verhältnis zu der aschkenasischen Mehrheit zeigt.

Shalom Achshav → Israelische Friedensbewegung

Shamir, Yitzhak → Likud

Sharon, Ariel

(Geb. Sheinerman, 1928). Israelischer Militärkommandeur und Politiker. Ariel »Arik« Sharon wuchs in einem Moshav, einer landwirtschaftlichen Genossenschaftssiedlung, auf und war schon sehr früh aktiv in der Haganah, der jüdischen paramilitärischen Untergrundorganisation während der → Mandatszeit. 1952/53 studierte er Geschichte und Orientalische Studien an der Hebräischen Universität von → Jerusalem. 1957/58 besuchte er das *Camberley Staff College*, eine Militärakademie in Großbritannien, und von 1958 bis 1962 studierte er Jura an der Universität Tel Aviv.

1953 gründete Sharon die *Unit 101*, eine Eliteeinheit, die auf Vergeltungsschläge gegen palästinensische Fedayinübergriffe spezialisiert war. Die Einheit griff u.a. das jordanische Dorf Qibya an, wobei über 60 Zivilisten starben. Im Juni 1973 quittierte er kurzfristig den Armeedienst, nachdem er seine Chancen, jemals zum Oberbefehlshaber zu avancieren, realistischerweise als sehr gering einschätzte. Zwar diente er in allen Kriegen und galt als geschickter Taktiker, doch wurden gegen ihn auch mehrere Disziplinarverfahren geführt.

1973 begann Sharons politische Laufbahn, und er wurde als → Likud-Mitglied in die Knesset gewählt. Seine Parteizugehörigkeit war jedoch nicht stark gefestigt, und so verließ er den Likud und die Knesset ein Jahr später, um dem damaligen Ministerpräsidenten → Rabin von 1975-1977 als Sonderberater für Sicherheitsfragen zu dienen. 1976 gründete er die kurzlebige Partei Shlomzion, die in den Wahlen 1977 zwei Sitze errang, aber kurz darauf wieder aus der israelischen Parteienlandschaft verschwand, als Sharon sie mit der Herut-Partei, einer rechtsextremistischen Bewegung innerhalb des Likud, vereinigte. Als Landwirtschaftsminister und Vorsitzender des Ministerialkomitees für → Siedlungen trat er Menachem Begins Kabinett bei. In dieser Position unterstützte er die messianischen, ultrarechten Siedler von Gush Emunim (Block der Getreuen), obwohl er selbst nicht als religiös bezeichnet werden kann. Schon 1973, während seiner ersten Amtszeit als Knessetabgeordneter, plädierte er für das »Jordanien-ist-Palästina«-Szenario und lancierte seinen Sharon-Plan, der die Annexion der besetzten Gebiete unter Auslassung palästinensischer städtischer Ballungszentren vorsah. Zu diesem Zweck propagierte und förderte er den Ausbau eines dichten, flächendeckenden Siedlungsnetzes.

Sharons umstrittenste Handlung fiel jedoch in Begins zweite Amtszeit (1981-1984), in der er 1982 als Verteidigungsminister nicht nur die israelische Invasion in den → Libanon (→ Libanonkrieg) befehligte, sondern indirekt auch für das Massaker in den Flüchtlingslagern von Sabra und Shatila im September 1982 verantwortlich gemacht wurde. Mehrere hundert Palästinenser (israelische Quellen sprechen von 800, palästinensische Quellen hingegen nennen eine Zahl, die deutlich höher liegt) wurden von Mitgliedern der libanesischen Kataib-Miliz (Phalangisten) als Racheakt für die Ermordung Bashir Gemayels niedergemetzelt. Es waren israelische Soldaten, die mit Sharons Einwilligung den Phalangisten den Zugang in die Flüchtlingslager ermöglichten. Ein unabhängiger Untersuchungsausschuß, die Kahan-Kommission, befand Sharon zwar nicht für direkt involviert, aber doch verantwortlich und erzwang seinen Rücktritt als Verteidigungsminister; als Minsiter ohne Geschäftsbereich blieb er dennoch in der Regierung.

Seiner weiteren politischen Karriere tat der Bericht der Kahan-Kommission jedoch keinen Abbruch. In der Regierung der nationalen Einheit ernannte ihn → Shimon Peres

1984 zum Handels- und Industrieminister, später wurde er Bauminister, und schließlich kreierte → Netanyahu speziell für ihn 1996 das Nationale Infrastrukturministerium, dessen Aufgabe es war, den Siedlungsbau voranzutreiben. Zwei Jahre danach wurde Sharon sogar zum Außenminister ernannt, um den Forderungen der rechten Kreise innerhalb von Netanyahus Koalition gerecht zu werden. Im September 1999 wurde er zum neuen Parteivorsitzenden des Likud-Blocks gewählt.

Sharon ist trotz – oder gerade wegen – seiner Politik ein Populist, der es vermag, das extrem rechte, nationalistische und auch orthodox-religiöse Spektrum in → Israel für sich zu gewinnen. Er hat nicht unwesentlich zu der »unheiligen« Allianz dieser Gruppierungen beigetragen. Zudem fiel er wiederholt durch spektakuläre Aktionen und absichtliche Provokationen auf, z.B. als er mitten im muslimischen Viertel der Altstadt von Jerusalem ein Haus bezog, was permanenten Polizeischutz erfordert.

Eine von Sharons gezieltesten Provokationen, der demonstrative Besuch auf dem Tempelberg in Jerusalem Ende September 2000, löste die → Al-Aqsa-Intifada aus, worauf → Barak im Oktober mit dem rechtsgerichteten Oppositionsführer Verhandlungen zur Bildung einer Notstandsregierung aufnahm. Diese Verhandlungen verliefen jedoch erfolglos; statt dessen kündigte Barak im Dezember 2000 völlig überraschend seinen Rücktritt an, stellte sich jedoch gleichzeitig wieder als Kandidat für das Amt des Ministerpräsidenten zur Verfügung. Likud-Führer Sharon konnte sich gegen Netanyahu durchsetzen und gab bekannt, bei den nicht planmäßigen Wahlen im Februar 2001 gegen Ehud Barak zu kandidieren.

Die rechte Opposition unter Sharon ließ Ende Dezember 2000 verlauten, ein Friedensabkommen zwischen Israel und den Palästinensern nicht anzuerkennen, sollte es die Teilung Jerusalems und die Aufgabe der israelischen Souveränität über den Tempelberg beinhalten. Unter einem Ministerpräsidenten Sharon würde außerdem keine einzige israelische Siedlung abgebaut werden, gäbe es kein palästinensisches Rückkehrrecht für die → Flüchtlinge und würde das → Westjordanland effektiv in drei »Homelands« unterteilt, wobei das Grenzgebiet zu → Jordanien aus Sicherheitsgründen unter israelischer Hoheit verbleiben solle. Obwohl die Wahrscheinlichkeit gegen null tendiert, auf dieser Basis einen umfassenden und gerechten Frieden mit den Palästinensern schließen zu können, erzielte Sharon bei den vorgezogenen Wahlen am 6. Februar 2001 einen Erdrutschsieg mit einem Vorsprung von über 20 Prozent vor Ehud Barak. Die Wahlbeteiligung von nur 62 Prozent war aufgrund des Wahlboykotts verschiedener Gruppen – allen voran der palästinensischen Bürger Israels – die niedrigste in der Geschichte Israels. Innerhalb von 45 Tagen nach Bekanntgabe des offiziellen Wahlergebnisses, mußte Sharon seine Regierung vorstellen. Nach dem Scheitern der Koalitionsverhandlungen mit dem unterlegenen Ministerpräsidenten Barak war zu befürchten, daß sich Sharon dem rechtsextremen und nationalreligiösen Spektrum zuwenden würde. Der von Sharon seit März 2001 geführten Koalitionsregierung der nationalen Einheit gehören neben dem Likud, der → Arbeits- und der Zentrumspartei demgemäß vor allem rechts-nationalreligiöse Parteien an (Schas, Nationale Union – Unsere Heimat Israel, Am Achat und Israel Baaliya).

Durch die unnachgiebige und auf Konfrontation ausgerichtete Politik Sharons verschärfte sich der Konflikt mit den Palästinensern unmittelbar nach Amtsantritt der neuen Regierung. Sharons ablehnende Haltung hinsichtlich einer endgültigen Friedensregelung (Favorisierung von weiteren Zwischenabkommen), seine Ankündigung eines verstärkten Siedlungsausbaus sowie die – international scharf verurteilten – unverhältnismäßigen militärischen Offensiven in den Palästinensischen Gebieten und im Libanon ließen eine

Fortsetzung der → Friedensverhandlungen in weite Ferne rücken. Die Forderungen nach einer internationalen Schutztruppe für die Palästinensischen Gebiete nahmen, bedingt durch die weitere Eskalation, seither jedoch zu.

Shin Bet → Geheimdienste

Shubeilat, Laith

(Geb. 1942 in Tafileh). Unabhängiger Islamist, Präsident des Berufsverbands der Ingenieure und Galionsfigur der jordanischen Opposition.

Shubeilat stammt aus einer angesehenen ostjordanischen Familie aus dem Süden des Landes, der traditionell zum Stammgebiet der Monarchieanhänger zählt. Sein Vater, Farhan Shubeilat, bekleidete eine einflußreiche Position als Chef des königlichen Diwans (königliches Sekretariat) und als Kabinettsminister in den fünfziger Jahren, während sein Bruder Ghaith 1993 vom König zum Senator im jordanischen Oberhaus ernannt wurde.

Shubeilat absolvierte ein Ingenieurstudium an der → Amerikanischen Universität Beirut und erlangte einen Magisterabschluß an der *Georgetown University* in den → USA. Seit den siebziger Jahren gehört er dem Sufiorden Gamaat Dar al-Quran an, und 1982 wurde er zum Präsidenten seines Berufsverbands gewählt. In Abwesenheit politischer Parteien und eines parlamentarischen Lebens erfüllen die Berufsverbände in → Jordanien eine Ersatzfunktion als einer der wenigen Träger der Zivilgesellschaft. Shubeilat nutzte dieses Forum, setzte sich für die Umsetzung der Scharia ein und prangerte darüber hinaus Mißstände an, u.a. Menschenrechtsverletzungen, Paßentzug und vor allem die Korruption innerhalb der Regierung. Shubeilat, der als unbestechlich und kompromißlos gilt, wurde daraufhin mit überwältigender Mehrheit ins jordanische Parlament gewählt, sowohl bei den formellen Nachwahlen 1984 als auch 1989 zu Beginn des Liberalisierungsprozesses.

Im Parlament zeichnete er sich durch konsequentes Eintreten für die Umsetzung des Rechtsstaates aus, wobei er regelmäßig die Grenzen der neudeklarierten Demokratie testete. Sein Hauptanliegen war es jedoch, die Korruptionsskandale der vorangegangenen Regierungen, allen voran der Amtszeit Zaid Rifais, aufzudecken – ein Anliegen, das unweigerlich zum direkten Interessenkonflikt mit der herrschenden Elite führte. 1992 wurde er zusammen mit einem anderen Abgeordneten, Yaqub Qarrash, wegen angeblicher Mitgliedschaft in einer illegalen, vom Iran unterstützten islamischen Organisation (Shabab an-Nafir al-Islami) verhaftet; er wurde des Aufrufs zum Sturz der Monarchie bezichtigt und zu 20 Jahren Haft mit Zwangsarbeit verurteilt. Zwei Tage später wurde er aber im Rahmen einer Amnestie aus Anlaß des Geburtstags von König Hussein (→ Hussein Ibn Talal) aus der Haft entlassen.

Shubeilat boykottierte die Wahlen 1993 wegen des neuen Wahlrechts und nutzte statt dessen seine Position als wiedergewählter Präsident des Berufsverbands, um vehement gegen den Friedensvertrag mit → Israel zu protestieren. In diesem Zusammenhang stellte er auch das erste Mal die Legitimität der Monarchie in Frage und richtete direkte Attakken gegen König Hussein, wobei er vor etablierten Tabus, wie z.B. der Unantastbarkeit der historischen Rolle König Abdallahs I. gegenüber Israel, nicht zurückschreckte. Weiterhin bezichtigte er die → Muslimbrüder und ihren politischen Arm, die Islamische Aktionsfront (Hizb Gabhat al-Amal al-Islami), schweigend den Ausverkauf arabischer und muslimischer Interessen an das »zionistische Gebilde« zu billigen.

Im Dezember 1995 wurde Shubeilat erneut festgenommen, nachdem er König Hussein als einen Verräter an der arabischen und palästinensischen Sache bezeichnet hatte, und im März 1996 wegen Majestätsbeleidigung zu drei Jahren Haft verurteilt. Doch auch dieses Mal wurde er, nachdem er acht Monate seiner Haft verbüßt hatte, amnestiert und vom König persönlich – in einer typischen paternalistischen und öffentlichkeitswirksamen Geste – zurück nach Amman gefahren.

Laith Shubeilat demonstriert immer wieder die Grenzen jordanischer Freiheit, und als islamistischer Einzelkämpfer – dessen hohes Ansehen aus der Tatsache resultiert, daß er sich vom jordanischen Regime nicht hat kooptieren lassen – steht er in krassem Widerspruch zur etablierten Politik der Muslimbrüder.

Siedlungen

Jüdische Enklaven in den besetzten Gebieten des → Westjordanlands, Ostjerusalems, des → Gazastreifens und der → Golanhöhen, die durch ihre Präsenz vollendete Tatsachen schaffen und das jüdische Recht auf das gesamte Biblische Land untermauern sollen. Aus palästinensischer Sicht sind die Siedlungen eines der Haupthindernisse für die → Friedensverhandlungen.

Die ersten Siedlungen wurden 1967, kurz nach Ende des → Junikriegs, auf dem Golan errichtet, und die ersten Siedler rekrutierten sich vor allem aus dem Lager säkularer Zionisten. Sie betrachteten es als ihre nationale Aufgabe, das Land aus strategischen und sicherheitsrelevanten Überlegungen zu besiedeln; sie fanden die direkte Unterstützung der → Arbeitspartei, die bis 1977 kontinuierlich an der Macht war. Heute (2001) finden sich auf dem Golan 32 jüdische

Siedlungen mit schätzungsweise 17 000 Bewohnern. Im Hinblick auf die eingestellten syrisch-israelischen Verhandlungen über eine Rückgabe der Golanhöhen ist die Zukunft dieser Siedlungen ungewiß. Vermutlich werden sie aber im Rahmen eines Friedensvertrags mit → Syrien ähnlich wie die Sinai-Siedlungen (z.B. Yamit) zwangsgeräumt und aufgelöst. Paradoxerweise sind dennoch die Grundstückspreise auf dem Golan in den letzten Jahren gestiegen, da im Falle einer Rückgabe des Gebiets an Syrien mit hohen Kompensationszahlungen gerechnet werden kann.

Von weitaus größerer Bedeutung ist jedoch das Problem der Siedlungen im Westjordanland und im Gazastreifen, ganz zu schweigen von → Jerusalem, da diese Siedlungen nicht von vornherein als mögliches zukünftiges Verhandlungsmittel oder Tauschpfand konzipiert waren. Viele dieser Siedlungen wurden im Gegenteil zuerst illegal gegen den Widerstand der israelischen Regierung erbaut, um sich dann in erlaubten – und sogar geförderten – Strukturen zu etablieren. Im Gazastreifen gibt es 14 Siedlungen mit etwa 6000 Einwohnern, die auch nach der Rückgabe des Territoriums (→ Friedensverhandlungen) nicht geräumt wurden und zusammen mit den militärischen Stützpunkten Israels ungefähr 35 bis 40 Prozent des Landes okkupieren. Im Westjordanland befinden sich rund 150 Siedlungen mit schätzungsweise 166 000 Siedlern, und im urbanen Gürtel um Jerusalem, der von → Israel im Rahmen einer Ausweitung der Stadtgrenzen zum Stadtgebiet Jerusalems deklariert wurde, wohnen noch einmal rund 200 000 Siedler; wegen der politischen Brisanz sind diese Zahlen jedoch nur annähernde Werte. Die offiziellen Statistiken der israelischen Regierung erwähnen aus politischen Gründen gern eine niedrigere Zahl und Yesha, der Dachverband der Siedler, aus gegebenen Gründen eine höhere. Die größten Siedlungen sind Maale Adumim (21 000 Einwohner) an der Straße von Jerusalem nach Jericho und Ariel (15 000 Einwohner) zwischen Nablus und Ramallah.

Rechtlich differenziert Israel zum einen zwischen den Gebieten Ostjerusalems und den Golanhöhen, die 1980 bzw. 1981 annektiert wurden, und zum anderen dem Westjordanland und Gazastreifen, die beide unter israelischer Militärverwaltung stehen. Völkerrechtlich jedoch besteht kein Unterschied, und alle Siedlungen sind illegal, da sie entweder auf konfisziertem arabischem Boden erbaut wurden oder auf öffentlich besetztem Staatsland. Um die Konfiszierungen und Besetzungen durchzuführen, werden bis heute Gesetze bemüht, die teilweise aus der britischen → Mandatszeit stammen oder – wenn notwendig – sogar aus der Zeit des Osmanischen Reiches. Nach der Haager Landkriegsordnung (1907) und der vierten Genfer Konvention (1949) darf eine Besatzungsmacht aber weder die natürlichen Ressourcen (→ Wasser) des besetzten Landes ausbeuten noch Land für private oder öffentliche Zwecke enteignen.

Die Siedlungen befinden sich oft in unmittelbarer Nähe zu palästinensischen Dörfern und werden fast immer auf Hügeln erbaut, um ihnen einen Wehrdorfcharakter zu verleihen. Dieser Eindruck verstärkt sich noch, wenn man in Betracht zieht, daß viele Siedlungen umzäunt, ihre Bewohner bewaffnet und die Siedlungen untereinander und mit dem Kernland Israel durch ein dichtes Straßennetz, unter Umgehung palästinensischer Städte und Dörfer, verbunden sind.

Die Motivation der Siedler, speziell im Westjordanland, spiegelt ein breit gefächertes Spektrum wider. Schätzungsweise 50 000 Siedler – das entspricht einem Drittel – werden zum harten Kern der religiös-nationalistisch motivierten Siedler gerechnet. Die Organisation Gush Emunim (Block der Getreuen) repräsentiert die extremistische Siedlerbewegung, die eine messianische Vision eines »Großisrael« mit sicherheitspolitischen Motiven verbindet. Sie wird vom → Likud unterstützt und lehnt jede Verhandlung mit den Palästinensern ab. Daher ignorieren die Siedler auch die bisherigen Abkommen, speziell das → Oslo-II-Abkommen, mit der Begründung, daß es keine jüdische Mehrheit im Parlament war, die das Abkommen ratifiziert hat, sondern die Stimmen der palästinensischen Minderheit in der Knesset ausschlaggebend waren. Die Mehrheit der Siedler lebt jedoch aus wirtschaftlichen Gründen in den Siedlungen, da diese vom israelischen Staat durch niedrige Mieten und Steuervergünstigungen stark subventioniert werden. Dazu kommen andere Anreize, z.B. niedrige Wasserpreise und eine gute Infrastruktur.

Oft behaupten Beobachter der israelischen Politik, daß eine → Likud-Regierung zwar eher imstande sein könnte, Frieden mit Israels Nachbarn zu schließen, jedoch im Hinblick auf die Palästinenser eine weitaus härtere Linie verfolgen würde – ein Irrglaube, der sich nirgends so gut nachweisen läßt wie in der Siedlungspolitik, die sich in zwei Hauptphasen entwickelte: die Phase der → Arbeitspartei bis 1977, in der sich nach dem Allon-Plan Siedlungen hauptsächlich in Gebieten mit niedriger palästinensischer Bevölkerung, in dem Gürtel um Ostjerusalem und auf dem Golan konzentrierten, um erstens die Sicherheit Israels zu gewährleisten und um zweitens möglicherweise palästinensische Gebiete in Verhandlungen mit → Jordanien einsetzen zu können; die zweite Phase setzte 1977 mit dem Wahlsieg des Likud ein, in der die direkte Kolonisation der besetzten Gebiete angestrebt wurde, um einen territorialen Kompromiß zu verhindern. Hinsichtlich der Anzahl der errichteten Siedlungen besteht jedoch kaum ein Unterschied zwischen Arbeitspartei- oder Likud-Regierung. Abgesehen davon erklärt auch die Arbeitspartei, daß Siedlungen wie Maale Adumim als israelische Städte betrachtet werden und unveräußerlicher Teil Israels sind. Anhand der israelischen Siedlungspolitik wird deutlich, daß es eine ungebrochene Kontinuität in der israelischen Besatzungspolitik seit 1967 gibt und – wenn überhaupt – nur minimale ideologische und strategische Unterschiede erkennbar sind.

Während der → Intifada spitzte sich die Siedlungssituation besonders zu. Palästinenser bekämpften Siedler, indem sie ihnen auflauerten oder ihre Fahrzeuge mit Steinen bewarfen. Siedler hingegen bewaffneten sich in jener Zeit und nahmen das Gesetz oft in die eigenen Hände. Trotzdem nahm der stete Zuwachs an Siedlungen nicht ab. Nach israelischen Schätzungen nahm die Anzahl der Siedler zwischen Dezember 1987 und Dezember 1993 sogar um 136 Prozent zu; in diese Zeit fällt allerdings auch der Zustrom der Immigranten aus der ehemaligen → Sowjetunion.

In der → Osloer Prinzipienerklärung wurde festgelegt, die Siedlungsproblematik auf die Endstatusverhandlungen zu vertagen. Diese sollten im Mai 1999 abgeschlossen sein, haben aber, von Formalitäten abgesehen, bis zum gegenwärtigen Zeitpunkt (Juni 2001) noch nicht einmal begonnen. In der Zwischenzeit wurden während der Amtszeit → Netanyahus zur Entrüstung der Palästinenser neue Siedlungen gebaut (z.B. Har Homa auf dem Jabal Abu Gneim), und unter der Regierung → Barak wurden bereits existierende Siedlungen ausgebaut und vergrößert. Auch → Ariel Sharon hat unmittelbar nach seiner Wahl zum Ministerpräsidenten im Februar 2001 neue Siedlungsvorhaben angekündigt.

Mittlerweile hat sich in Israel eine schlagkräftige Siedlerlobby gebildet, die keine Regierung ignorieren kann. Diese Lobby hat durchgesetzt, daß auch nach den Endstatusverhandlungen die Siedlungen nicht evakuiert werden müssen. Ob es jedoch jemals zu Endstatusverhandlungen kommen wird, oder ob es dann noch Land gibt, über das verhandelt werden soll, ist fraglich. Inzwischen ist die Politik der Judaisierung und Bantustanisierung des Westjordanlands schon sehr weit fortgeschritten und zielt darauf ab, jedwede mögliche Beilegung des Konflikts auf der Basis der Grenzen von 1967 zu verhindern.

Sinai → Camp-David-Abkommen, → Nahostkriege

Sowjetunion (Rußland)

Die Determinanten russischer bzw. sowjetischer Nahostpolitik entsprangen gleichermaßen innenpolitischen Erfordernissen wie internationalen Zielsetzungen. Aufgrund seiner geostrategischen Lage, seiner natürlichen Ressourcen und handelspolitischen Potenzen galt der Nahe Osten bereits dem zaristischen Rußland als traditionelle Zone vitalen Interesses. Auch die Sowjetunion war von Anfang an bestrebt, ihre weltpolitischen, militärstrategischen und wirtschaftlichen Ambitionen in der benachbarten Region durchzusetzen.

Nach dem Ende des Kalten Krieges und der Bipolarität in den internationalen Beziehungen zeigten sich Rußland und andere Nachfolgestaaten der UdSSR weiterhin am Nahen Osten und an der Regelung des israelisch-palästinensischen Konflikts interessiert; die Ausgestaltung bilateraler Beziehungen zu den Staaten der → Arabischen Liga und zu → Israel blieb ein primäres Aufgabenfeld russischer Außenpolitik.

Als eine der Siegermächte des Zweiten Weltkriegs zur Großmacht aufgestiegen, machte die Sowjetunion nach 1945 ihren Mitbestimmungsanspruch bei der Durchsetzung politischer Ordnungsvorstellungen im Nahen Osten geltend. Ihre internationale Politik war zunächst durch die sogenannte Zwei-Lager-Theorie gekennzeichnet, die schrittweise durch das Prinzip der friedlichen Koexistenz zwischen Staaten mit unterschiedlichen Gesellschaftsordnungen ergänzt wurde. Das Bestreben, den Einflußbereich des Ostblocks zu erweitern und im Kalten Krieg gegenüber den westlichen Mächten eigene politische, wirtschaftliche und strategische Ziele durchzusetzen, führte zur Unterstützung aller Bewegungen im Nahen Osten, die als reale oder potentielle Verbündete angesehen werden konnten. Die pragmatischen Großmachtinteressen wurden in nicht geringem Maße durch ideologische Prämissen und politische Wunschvorstellungen überlagert. So galt die arabische Nationalbewegung in ihrer Gesamtheit als Teil des »dritten revolutionären Hauptstroms«, während der → Zionismus undifferenziert als großbourgeoiser und reaktionärer Nationalismus diskreditiert wurde.

Als weiteres Gestaltungselement der Außenbeziehungen spielten innenpolitische Komponenten eine Rolle. Insbesondere das Verhältnis zu Israel gestaltete sich angesichts der zahlenmäßig großen jüdischen Bevölkerungsgruppe in der Sowjetunion, der auf Assimilation ausgerichteten Lösung der »Jüdischen Frage« und der antisemitischen Tendenzen in der Stalinschen Gesellschaftspolitik kompliziert. Um innere Probleme zu kanalisieren, wurde ein Freund-Feind-Bild kreiert, das der außenpolitischen Orientierung im Kalten Krieg entsprach. Die Unterstützung des nationalen Strebens der arabischen Völker und der Palästinenser, die Solidarität mit Vietnamesen (während der Indochina-Kriege) bzw. mit Chilenen (zur Zeit der Pinochet-Diktatur) und die Hilfestellung für die unter der Apartheid leidende schwarze Bevölkerung Südafrikas wurden auf eine Ebene gestellt. Diese generelle Linienführung sowjetischer Nahostpolitik blieb in ihrer Grundrichtung und -wirkung zwischen 1950 und 1990 konstant; die Haltung zum israelisch-palästinensischen Konflikt sowie die Gestaltung bilateraler Beziehungen zu den Staaten der Region waren jedoch – bedingt durch Paradigmenwechsel in den internationalen und regionalen Beziehungen – wiederholt Modifizierungen unterworfen.

Eine erste Etappe sowjetischer Nahostpolitik umfaßt die unmittelbare Nachkriegszeit. Mit dem Ziel, die britische Dominanz im Nahen Osten zu beenden und das südliche

Vorfeld der UdSSR abzusichern, befürwortete die Regierung der Sowjetunion 1947 die UN-Teilungsresolution 181 (II) (→ UN-Resolutionen). Sie erkannte als eine der ersten Weltmächte den am 14. Mai 1948 gegründeten Staat Israel de facto und de jure an und unterstützte ihn über die Tschechoslowakei während des → Arabisch-Israelischen Kriegs 1948/49 mit Waffen (→ Rüstung). Galt der jüdische Staat Stalin anfänglich noch als potentieller Verbündeter in der Auseinandersetzung mit den Westmächten und den prowestlich orientierten arabischen Monarchien und Republiken, so wandelte sich das Bild in der frühen Phase des Kalten Krieges. Dazu trug bei, daß die Regierung unter → David Ben-Gurion 1950 im Koreakrieg die Politik der → USA unterstützte, damit ihre 1948 verkündete Position der »Nichtidentifikation« verließ und sich dem westlichen Lager zuwandte. Die sowjetische Politik reagierte zunächst abwartend, zumal die Regierungen in Kairo, Damaskus, Bagdad, Amman und Riad als korrupte Feudalregimes bzw. bourgeois-reaktionäre Eliten angesehen wurden. Das Palästinenserproblem wurde in diesem Zeitraum auf die Flüchtlingsfrage (→ Flüchtlinge) reduziert.

Eine zweite Etappe der sowjetischen Nahostpolitik begann unmittelbar nach Stalins Tod. Ausgehend von der Überlegung, daß der westlichen Einflußnahme auf die Dritte Welt mit eigenen Aktivitäten begegnet werden müsse, versuchte die UdSSR nunmehr, in der Nachbarregion wirtschaftlich, politisch, zunehmend jedoch auch militärisch Fuß zu fassen. Sie konzentrierte sich zunächst auf → Ägypten, in dem sich nach dem Putsch der Freien Offiziere unter → Gamal Abdel Nasser nationale Orientierungen und progressive gesellschaftliche Veränderungen abzeichneten und dem unter den arabischen Staaten das größte antiwestliche Potential zugerechnet wurde. 1954 wurde ein sowjetisch-ägyptisches Handelsabkommen abgeschlossen, und im September 1955 erfolgte die Unterzeichnung eines tschechisch-ägyptischen

Militärabkommens. Erstmals zeigte sich ein Staat des Warschauer Pakts unter sowjetischer Ägide bereit, Waffen an ein arabisches Land zu liefern und sich damit direkt in das nahöstliche Geschehen einbeziehen zu lassen. Während des → Suezkriegs von 1956 ergriff die Sowjetunion Partei für Ägypten; sie verurteilte scharf die britisch-französisch-israelische »Dreieraggression« und drohte mit dem Einsatz sowjetischer »Freiwilliger«. Gemeinsam mit den USA bewirkte sie den Abzug der israelischen Truppen aus dem während des Kriegs besetzten Sinai und den Rückzug des britisch-französischen Expeditionskorps. Wesentliche Impulse für die Ausweitung und Festigung der sowjetisch-ägyptischen Beziehungen entsprangen 1958 der russischen Bereitschaftserklärung, Ägypten beim Bau des Assuanstaudamms finanzielle und technologische Hilfe zu leisten.

Im folgenden Jahrzehnt orientierte sich die UdSSR – über Ägypten hinaus – auf weitere arabische Staaten bzw. unterstützte demonstrativ deren Positionen im Nahostkonflikt. Die konkrete Haltung gegenüber Israel und den Palästinensern wurde im wesentlichen aus der Systemkonfrontation bzw. aus der sowjetisch-arabischen Kooperation abgeleitet. Eine Zäsur im sowjetisch-israelischen Verhältnis bildete während des → Junikriegs 1967 der Beschluß aller Mitgliedsstaaten des Warschauer Pakts (außer Rumänien), die diplomatischen Beziehungen zum jüdischen Staat abzubrechen. Die Resolution 242 des UN-Sicherheitsrats vom November 1967 wurde unterstützt, obwohl die Palästinenserfrage auf das Flüchtlingsproblem reduziert blieb. Das sich anschließende verstärkte Eintreten der Sowjetunion für die »nationalen Rechte des arabischen Volkes von → Palästina« war eng mit der Konsolidierung der → PLO Ende der sechziger Jahre verbunden.

In den nächsten 20 Jahren war die sowjetische Nahostpolitik einerseits durch die Konfrontation mit Israel und andererseits durch den allseitigen Ausbau politischer, wirtschaftlicher und militärischer Beziehungen zu einer Reihe arabischer Staaten gekennzeichnet. Veränderungen ergaben sich im sowjetisch-ägyptischen Verhältnis nach dem Tode Nassers 1970 bzw. infolge der von dessen Nachfolger → Anwar as-Sadat eingeleiteten Öffnung Ägyptens gegenüber den USA und Westeuropa. Der Ausweisung der sowjetischen Militärberater durch die ägyptische Führung 1972 folgte die Festigung der Beziehungen der Sowjetunion zu anderen arabischen Staaten. Die in der Folgezeit geschlossenen Verträge über »Freundschaft und Zusammenarbeit« mit dem Irak (1972), mit dem Südjemen (1979) und → Syrien (1980) stärkten die arabische »Abwehrfront« gegen Israel. Engere Beziehungen entwickelte die UdSSR vorübergehend oder längerfristig auch zu einigen arabisch-afrikanischen Staaten, insbesondere zu Algerien, Libyen und dem Sudan.

Die von der internationalen Entspannung geprägten siebziger Jahre erbrachten keine grundsätzliche Veränderung im sowjetischen Nahostengagement. Das Scheitern der Genfer Friedenskonferenz 1973 führte vielmehr zu einer Verhärtung der Positionen und zur Zementierung des Konflikts. Der Nahe Osten wurde zunehmend zu einem Austragungsfeld der Konfrontation zwischen den Blöcken. Gestützt auf ihre arabische Klientel, lehnte die Sowjetunion die 1978 in Camp David zwischen Israel und Ägypten unter US-Schirmherrschaft getroffenen Vereinbarungen ab (→ Camp-David-Abkommen). Als Lösung für den Nahostkonflikt forderte sie eine internationale Friedenskonferenz unter der Schirmherrschaft der Vereinten Nationen (→ UN) und unter Beteiligung aller interessierten Seiten.

Seit Anfang der siebziger Jahre festigten sich die Beziehungen der Sowjetunion zur PLO. Der palästinensische Widerstand wurde nunmehr als »nationaler antiimperialistischer Befreiungskampf« charakterisiert, verbunden mit der Betonung des legitimen Rechts der Palästinenser auf Selbstbestimmung und Eigenstaatlichkeit. Diese Haltung mündete 1978 in die Anerkennung der PLO als einziger legitimen Vertretung der Palästinenser und 1981 in die Gewährung des diplomatischen Status für die palästinensische Repräsentation in Moskau. Während der israelischen Libanoninvasion 1982 (→ Libanonkrieg) übte sich die sowjetische Regierung jedoch in Zurückhaltung. Um eine Eskalation des Konflikts zu vermeiden, stimmte sie dem Abzug der PLO aus Beirut zu, bzw. hielt sie die arabischen Staaten, insbesondere Syrien, von unüberlegten militärischen Reaktionen ab. Im Verhältnis zu Israel allerdings wurde der Libanonkrieg zu einem Höhepunkt der konfrontativen politischen und propagandistischen Auseinandersetzung.

Die Orientierung auf die arabischen Staaten und die PLO wie auch die feindselige Haltung gegenüber Israel blieben bis zum Ende des Kalten Krieges dominierend, wenngleich im Zusammenhang mit dem von Michail Gorbatschow geprägten »Neuen Denken« in der Außenpolitik bereits ab 1986 Ansätze und Offerten für eine Normalisierung der sowjetisch-israelischen Beziehungen zu erkennen waren. Erst nach dem → Golfkrieg 1991 ließ die Sowjetunion das Junktim fallen, von Israel für die Wiederaufnahme diplomatischer Beziehungen eine grundsätzliche Positionsänderung in der Palästinenserfrage zu fordern. Am 23. Dezember 1991 – eine Woche vor der formalen Auflösung der UdSSR – überreichte der sowjetische Botschafter sein Beglaubigungsschreiben in Tel Aviv. Die meisten Nachfolgestaaten der Sowjetunion – Rußland, die Ukraine, Litauen, Lettland, Estland u.a. – nahmen in den folgenden Monaten sowohl zu Israel als auch zu den meisten arabischen Staaten diplomatische Beziehungen auf. Während der → Madrider Friedenskonferenz im Oktober 1991 fungierte die Sowjetunion – neben den USA – als Schirmherr der Verhandlungen. Obwohl Rußland in den

Folgejahren diese Funktion offiziell weiter innehatte, blieb seine Rolle in den nahöstlichen Friedensgesprächen marginal.

Aufgrund wirtschaftlicher bzw. innen- und außenpolitischer Schwächen zog sich Rußland als Ordnungsmacht aus der Region weitgehend zurück; seine Nahostpolitik konzentrierte sich vor allem auf die Ausgestaltung bzw. Fortführung bilateraler Beziehungen zu Israel und den arabischen Staaten. Nach dem vorläufigen Scheitern der israelisch-palästinensischen → Friedensverhandlungen und dem Ausbruch der → Al-Aqsa-Intifada suchte sich Rußland erneut als Vermittler zwischen Israel und der PLO und damit als Gestaltungsfaktor in das nahöstliche Geschehen einzubringen. Angesichts der eindeutigen Dominanz der USA in der Region erscheinen die Aussichten auf Erfolg jedoch begrenzt.

Südlibanesische Armee (SLA) → Südlibanon

Südlibanon

Gemeint ist hier vor allem die sogenannte israelische »Sicherheitszone«, die sich bis zum Abzug der israelischen Truppen im Mai 2000 nördlich der internationalen israelisch-libanesischen Grenze in einem 10 bis 20 km breiten Streifen vom Mittelmeer bis zu den → Golanhöhen erstreckte.

Seit dem Ende der sechziger Jahre – nach der desillusionierenden arabischen Niederlage im → Junikrieg 1967 und dann vor allem nach dem sogenannten Schwarzen September 1970 in → Jordanien – war der Süden des → Libanon den Palästinensern als einziges militärisches Operationsgebiet verblieben, von wo aus sie relativ ungehindert Guerilla-Aktionen und Katjuscha-Angriffe auf den Norden → Israels durchführen konnten, was Israel immer wieder zu heftigen Luftschlägen bis nach Beirut provozierte. Eine große Zahl der überwiegend schiitischen und maronitischen Bewohner dieses sogenannten Fatahlandes flohen daher aus der Region in den Norden. Als sich nach Ausbruch des → Libanesischen Bürgerkriegs 1975 die reguläre libanesische Armee vielfach in ihre konfessionellen Teile aufzulösen begann, trennte sich auch der christliche Major Saad Haddad von ihr und baute im Südlibanon eine überwiegend maronitische Miliz auf, um die Region von den palästinensischen Kämpfern zu »befreien«. Massiv unterstützt wurde er dabei durch finanzielle Hilfe und Waffenlieferungen aus Israel. Nach der Litani-Operation 1978, in deren Verlauf die israelische Armee bis zum Litani-Fluß vorrückte, verabschiedete der UN-Sicherheitsrat die Resolution 425 (→ UN-Resolutionen). Darin wurde die Aufstellung der UN-Friedenstruppe UNIFIL (→ UN-Truppen) beschlossen und Israel aufgefordert, unverzüglich alle seine Truppen aus dem Libanon zurückzuziehen. Israel kam dieser Aufforderung teilweise nach, übergab jedoch das geräumte Gebiet der Miliz Haddads, die sich ab 1980 Südlibanesische Armee (SLA) nannte. De facto blieb dieser sogenannte »Freie Libanon« (mit einem eigenen Rundfunksender gleichen Namens) in völliger wirtschaftlicher und militärischer Abhängigkeit von Israel, vermochte die Aktionen der → PLO-Guerillas jedoch nicht zu unterbinden.

Infolge der israelischen Invasion 1982 (→ Libanonkrieg) und der anschließenden Besetzung des gesamten Südens des Libanon einschließlich Westbeiruts mußte der überwiegende Teil der PLO-Kämpfer das Land verlassen. Erst 1983 bzw. 1985 – nach zahlreichen vergeblichen Aufforderungen durch den UN-Sicherheitsrat (z.B. Resolution 508 von 1982, immer mit Bezug auf Resolution 425 von 1978) – zog sich die israelische Armee aus dem Libanon zurück, behielt aber eine nun etwa doppelt so große »Sicherheitszone« (mit eigenen Stützpunkten, z.B. in der ehemaligen Kreuzritterfestung Beaufort) besetzt, die es in Kooperation mit der SLA weiterhin kontrollierte.

Seit 1985 übernahmen schiitische Milizen der → Hizbollah (in geringerem Maße auch der schiitischen Amal) unter der Bezeichnung Libanesische Widerstandsbewegung die ehemalige Rolle der PLO im Kampf gegen die SLA (seit dem Tod Haddads nun unter Führung von Antoine Lahad) und die israelische Armee. Angriffe der Widerstandsbewegung wurden regelmäßig (am heftigsten 1993 und 1996) mit massiven israelischen Luftangriffen, z.T. bis nach Beirut, beantwortet. Um dem ein Ende zu bereiten, wurde am 26. April 1996 (April-Abkommen) unter amerikanischer Schirmherrschaft zwischen Israel, dem Libanon und → Syrien vereinbart, daß künftig 1. »bewaffnete Gruppen im Libanon keine Angriffe mit Katjuscha-Raketen oder anderen Waffen auf israelisches Gebiet durchführen werden«, 2.»Israel und seine Verbündeten nicht das Feuer auf Zivilpersonen oder zivile Ziele eröffnen werden« und 3. »beide Seiten versichern, daß sie unter keinen Umständen Zivilisten angreifen oder aus von Zivilisten bewohnten Gebieten Industrie- und Stromversorgungsanlagen Angriffe starten werden.« Das Recht auf Selbstverteidigung wurde jedoch ausdrücklich beiden Seiten eingeräumt. Zur Überwachung der Vereinbarung und als Beschwerdestelle wurde ein Kontrollgremium eingesetzt, dem US-Amerikaner, Franzosen, Syrer, Libanesen und Israelis angehörten. In der Folgezeit kam es dennoch immer wieder zu schweren Auseinandersetzungen zwischen der Widerstandsbewegung einerseits und Israelis und der SLA andererseits. Nach Anschlägen und Angriffen der Hizbollah auf israelische Militärs innerhalb der »Sicherheitszone« 1999 und 2000, wobei allein von Ende Januar bis Mitte Februar 2000 sieben israelische Soldaten starben, flog die israelische Luftwaffe Angriffe nicht nur gegen die entsprechenden militärischen Stellungen der Hizbollah, sondern auch gegen zivile Ziele und vor allem libanesische Elektrizitätswerke (Juni 1999, Februar 2000, Mai 2000); allein die dabei entstandenen Schäden bezifferten amtliche libanesische Stellen auf 50 bzw. 100 Millionen US-Dollar.

Die wachsenden Verluste der israelischen Armee führten in Israel zu einer verstärkten Opposition gegen das militärische Engagement im Südlibanon, was die → Arbeitspartei und andere ihr nahestehende Parteien im Wahlkampf 1999 bewog, einen einseitigen Rückzug bereits für den Juni 2000 anzukündigen. Daraufhin machten sich in der SLA Auflösungserscheinungen bemerkbar, und sie räumte das Gebiet der Stadt Jezzin, in das reguläre libanesische Polizei, allerdings nicht die Armee, einzog. Syrien, das die Hizbollah zumindest indirekt unterstützt, indem es über sein Territorium Waffen (vornehmlich aus dem Iran) an die Hizbollah in den Libanon gelangen läßt, benutzt die Libanesische Widerstandsbewegung offensichtlich als Faustpfand für künftige → Friedensverhandlungen mit Israel. Als die im Dezember 1999 wiederaufgenommenen Gespräche zwischen Syrien und Israel scheiterten, nahmen entsprechend die militärischen Aktivitäten der Widerstandsbewegung wieder massiv zu. Dies führte schließlich dazu, daß Israel das Wahlversprechen → Baraks bereits im Mai 2000 erfüllte und seine Truppen aus dem gesamten Südlibanon abzog. Die zahlenmäßig aufgestockte UN-Truppe UNIFIL rückte nach Klärung verbliebener kleiner Unstimmigkeiten über den Grenzverlauf zwischen Israel und dem Libanon am 26. Juli 2000 in das geräumte Gebiet ein. Ein Teil der Mitglieder der SLA floh nach Israel, andere wurden von der Hizbollah dem libanesischen Staat überstellt oder ergaben sich selbst den libanesischen Behörden und warten nun auf ihren Prozeß wegen Hochverrats bzw. plädieren für eine Amnestie, wie sie zu Beginn der neunziger Jahre den Bürgerkriegsmilizen erteilt wurde.

Suezkrieg (1956)

Der Suezkrieg (auch Sinaikrieg oder Sinaifeldzug genannt) war die zweite große militärische Auseinandersetzung zwischen Israelis und Arabern nach dem → Arabisch-Israelischen Krieg 1948/49. Offizieller Auslöser des Krieges war die Verstaatlichung des Suezkanals durch → Nasser am 26. Juli 1956. (Der Suezkanal war auch nach dem 1954 im Englisch-Ägyptischen Vertrag vereinbarten Abzug der britischen Truppen mehrheitlich in britischem, zu kleineren Teilen auch in französischem Besitz geblieben.) Dem waren jedoch eine Reihe von Entscheidungen und Aktionen vorausgegangen, welche die Spannungen in der Region ohnehin verschärft hatten. Dazu gehörten die Blockade des israelischen Hafens Eilat am Golf von Akaba durch → Ägypten seit 1951, die massive Aufrüstung der ägyptischen Armee (→ Rüstung) durch den Ostblock (vor allem mit modernen tschechischen Waffen) seit 1955, die offene Unterstützung Nassers für die Nationale Befreiungsfront (Front de Libération Nationale, FLN) in ihrem Unabhängigkeitskampf gegen die Franzosen in Algerien und schließlich die ablehnende Haltung der → USA und Großbritanniens für einen Kredit der Weltbank zum Bau des Assuan-Staudamms (was später die → Sowjetunion übernahm); hinzu kamen verstärkte Aktivitäten palästinensischer Guerilla-Kämpfer (Fedayin), die vor allem von Ägypten aus nach → Israel einsickerten. Frankreich, Großbritannien und Israel stimmten in den Monaten Juli bis September ihr jeweiliges militärisches Vorgehen in enger Koordination aufeinander ab, wobei als Kriegsziel nicht nur die Kontrolle über den Suezkanal, sondern auch der Sturz Nassers angestrebt wurde. Im arabischen Lager hatte Ägypten zwar mit → Syrien ein Militärabkommen geschlossen und ein gemeinsames Oberkommando gebildet, dem im Oktober auch noch → Jordanien beitrat, doch war man auf eine gemeinsame Abwehr eines umfangreicheren konzertierten militärischen Angriffs nicht vorbereitet.

Der Krieg begann mit der Landung von israelischen Fallschirmjägern am 29. und 30. Oktober am Mitla-Paß auf dem Sinai, wo sie zunächst auf heftige Gegenwehr ägyptischer Truppen stießen. Gleichzeitig drangen jedoch israelische Bodentruppen mit massiver Unterstützung aus der Luft in drei verschiedenen Richtungen über den Sinai zum Suezkanal vor. Innerhalb knapp einer Woche wurden die ägyptischen Bodentruppen auf dem gesamten Sinai (und auch im → Gazastreifen) völlig aufgerieben, während die ägyptische Luftwaffe, die ohnehin nur zur Hälfte einsatzbereit war, in großen Teilen bereits am Boden ausgeschaltet worden war. Entsprechend einem schon im Vorfeld mit Israel abgesprochenen Ultimatum, in dem Großbritannien und Frankreich forderten, auf beiden Seiten des Kanals jeweils einen 16 km breiten Streifen von israelischen bzw. ägyptischen Verbänden zu räumen, stoppten die Israelis ihren Vormarsch auf den Kanal in der entsprechenden Entfernung, um in der Kanalzone selbst den Briten und Franzosen das Feld zu überlassen. Die beiden Alliierten begannen mit der Besetzung der Kanalzone am 5. November durch die Landung von Fallschirmjägern bei Port Said und der anschließenden Einnahme der Stadt. Zu diesem Zeitpunkt war jedoch in den Vereinten Nationen (→ UN) bereits massive Kritik gegen den Angriff auf Ägypten laut geworden.

Den UN-Sicherheitsrat hatten die beiden Alliierten durch ihr Vetorecht zwar handlungsunfähig gemacht, doch die UN-Generalversammlung hatte bereits am 2. November – mit den Stimmen der USA und der → Sowjetunion – den sofortigen Rückzug der Israelis zu den Waffenstillstandslinien von 1949 und den Abzug der Alliierten gefordert und wiederholte diese Forderung erneut am 7. November, nachdem bereits am 4. November die Aufstellung der → UN-Truppe

UNEF beschlossen worden war. Die Sowjetunion drohte mit einem militärischen Eingreifen, falls die Resolution vom 7. November nicht befolgt würde. Israel begann daraufhin am 8. November mit dem Rückzug, der allerdings erst im März 1957 abgeschlossen wurde, nachdem es in Verhandlungen mit den Vereinten Nationen und den USA gewisse Zusagen für den freien Schiffszugang zum Hafen von Eilat erhalten hatte. Israels Hoffnungen, der Gazastreifen werde fortan unter UN-Kontrolle bleiben, erfüllten sich jedoch nicht, da die Vereinten Nationen diesen unverzüglich nach dem israelischen Rückzug wieder unter ägyptische Verwaltung stellten.

Die wichtigsten Folgen des Suezkriegs lassen sich folgendermaßen zusammenfassen: Israel hatte überzeugend seine militärtechnische und logistische Überlegenheit demonstriert, hatte ansonsten jedoch keine unmittelbaren Gewinne erzielt; Nassers Ansehen war, obwohl er im Grunde eine militärische Niederlage erlitten hatte, in der gesamten arabischen Welt gewaltig gestiegen; Israel wurde in der arabischen Welt noch mehr wie zuvor als Brückenkopf des westlichen Imperialismus angesehen, dem man nur durch massive militärische Aufrüstung (→ Rüstung) begegnen zu können glaubte; Großbritanniens Engagement im Nahen Osten war endgültig erschüttert, wohingegen die USA immer stärker involviert wurden.

Sunniten → Islam

Sykes-Picot-Abkommen → Mandatszeit, → Kolonialismus

Syrien

Amtliche Bezeichnung »Arabische Republik Syrien« (arab. Al-Jumhuriya al-Arabiya as-Suriya). Die zuweilen noch anzutreffende Bezeichnung Großsyrien hat eine gewisse historische und kulturgeschichtliche Berechtigung und schließt → Israel, → Palästina, → Jordanien und den → Libanon mit ein. Der syrische Staat bedeckt eine Fläche von etwa 184 000 km². Rund die Hälfte des Landes besteht aus Wüste oder Wüstensteppe. Die wichtigsten Wasserressourcen sind der Euphrat, der Orontes sowie das Einzugsgebiet der Quellflüsse des Jordan, die zu einem großen Teil in den von Israel besetzten → Golanhöhen liegen. Die Bevölkerung (1999 ca. 18 Millionen) besteht zu ca. 70 Prozent aus sunnitischen Muslimen. Die größten muslimischen Minderheiten stellen die Alawiten (vor allem im Nordwesten des Landes) mit ca. elf Prozent und die Drusen (vorwiegend im Hauran) mit ca. drei Prozent (→ Islam). Der Anteil der Christen (vorwiegend in den Städten; meist griechisch-orthodox, aber auch zahlreiche kleinere Konfessionen) beträgt ca. 13 Prozent. Nichtarabische Bevölkerungsteile bilden die → Kurden entlang der Grenze zur Türkei (überwiegend sunnitisch) und die → Armenier (zwei eigene christliche Konfessionen), vor allem in den Städten Aleppo und Damaskus.

Die heutigen Staatsgrenzen Syriens sind nicht historisch begründet, sondern gehen letztlich auf das Sykes-Picot-Abkommen (→ Mandatszeit) zwischen Großbritannien und Frankreich aus dem Jahre 1916 zurück, auch wenn im Zuge der weiteren Entwicklungen am Ende des Ersten Weltkriegs und danach erhebliche Modifikationen vorgenommen wurden. Das Abkommen beinhaltete, daß nach dem Zusammenbruch des Osmanischen Reiches der (heutige) Libanon sowie das syrische Küstengebiet einschließlich des türkischen Kilikien unmittelbar Frankreich unterstellt werden sollte, während das syrische Binnenland bis nach Mosul als französische »Einflußzone« gelten sollte. Da aber in dem berühmten, etwa gleichzeitigen Briefwechsel zwischen dem britischen Hochkommissar in → Ägypten, Sir Henry MacMahon, und dem Scherifen Hussein Ibn Ali von Mekka (→ Mandatszeit) letzterem für die Beteiligung am Kampf gegen die Türken die Errichtung eines selbständigen arabischen Reiches in Aussicht gestellt worden war, zog Husseins Sohn Faisal im September 1918 mit seinen Truppen in Damaskus ein und versuchte, auch unterstützt von syrisch-arabischen Nationalisten, seine Macht zu konsolidieren. In der syrischen Küstenregion, wo wie im Libanon französische Truppen die Kontrolle ausübten, kam es gegen diese zu Aufständen, die jedoch niedergeschlagen wurden. Obwohl sich Faisal auf der Friedenskonferenz von Versailles 1919 trotz gewisser amerikanischer Unterstützung mit seinen Ansprüchen, vor allem aufgrund des französischen Widerstands nicht durchsetzen konnte, ließ er sich im März 1920 dennoch vom Allgemeinen Syrischen Kongreß (auch Syrischer Nationalkongreß genannt) zum König von Syrien ausrufen. Bereits auf der Konferenz von San Remo im April 1920 wurden jedoch der Libanon und Syrien zu französischen Mandaten erklärt, worauf französische Truppen von Beirut nach Damaskus zogen, den Widerstand blutig niederschlugen und die Stadt am 25. Juli einnahmen. Die kaum zweijährige Unabhängigkeit Syriens war damit beendet. Im Juli 1922 bestätigte der Völkerbund offiziell das französische Mandat über den Libanon und Syrien.

Von Anfang an war Frankreich darauf bedacht, keinen geeinten syrischen Staat entstehen zu lassen, sondern die religiös und kulturell unterschiedlich geprägten Einzelregionen zu halbautonomen politischen Einheiten mit eigenen Regierungen zu gestalten. Dieses Divide-et-impera-Prinzip zeigte sich nicht nur in der Abtrennung des Libanon von Syrien, sondern auch in der Aufgliederung des restlichen syrischen

Raums in einen Staat der Drusen im Süden, einen zweiten mit Latakia als Hauptstadt für die syrische Küste und das Ansariyagebirge im Nordwesten, wo sich vor allem die Alawiten konzentrierten (→ Islam); einen dritten und vierten Staat bildeten Damaskus und Aleppo. Eine eigene Regierung erhielt außerdem das z.T. auch von Türken bewohnte Gebiet von Alexandrette (heute Iskenderun und die türkische Provinz Hatay). Die französische Teilungspolitik und die rigoros verfolgte Französisierung riefen jedoch heftigen Widerstand hervor, der sich Mitte 1925 zunächst in einem massiven Aufstand der Drusen unter Führung von Sultan Al-Atrasch entlud. Als sich die Rebellion schnell auf andere Landesteile ausdehnte und Atrasch schließlich sogar nach Damaskus vordrang, bombardierte Frankreich die Stadt, was Tausenden Syrern das Leben kostete. Auch als die Ruhe wiederhergestellt war, ließ der politische Druck sowohl innerhalb Syriens als auch auf internationaler Ebene durch den Völkerbund und nicht zuletzt durch Großbritannien auf Frankreich nicht nach, weshalb sich dieses in den folgenden Jahren gezwungen sah, eine Reihe von Zugeständnissen zu machen, darunter die Zulassung politischer Parteien, die Billigung einer – allerdings von allen antifranzösischen Paragraphen gereinigten – Verfassung und den Zusammenschluß der politischen Einheiten von Damaskus und Aleppo (bereits 1925) zum »Staat Syrien«, zu dem 1937 auch das drusische Gebiet und das von Latakia hinzukamen. Auch die syrische Forderung nach einem Vertrag mit Frankreich, ähnlich jenem, den Großbritannien mit dem Irak schon 1922 geschlossen hatte und in dem die Unabhängigkeit des Irak anvisiert worden war, wurde 1936 erfüllt; allerdings hat Frankreich den Vertrag nie ratifiziert. Neue Spannungen entstanden, als Frankreich 1939 das Gebiet von Alexandrette an die Türkei abtrat, was Syrien bis heute nicht anerkannt hat und woraufhin damals der syrische Präsident Hashim al-Atassi zurücktrat und das Parlament aufgelöst wurde.

Auch das Gebiet von Latakia und das der Drusen wurden erneut vom Rest Syriens getrennt.

Als sich die französische Verwaltung in Syrien 1940 für das Vichy-Regime entschied, rückten im Jahr darauf britische Truppen zusammen mit »freifranzösischen« Streitkräften und Verbänden der Arabischen Legion in Syrien und in den Libanon ein. Der französische General Georges Catroux erklärte im September 1941 im Auftrag von Charles de Gaulle das Mandat für beendet und Syrien für unabhängig. Die Entlassung in die Unabhängigkeit wurde jedoch vom Abschluß eines neuen Vertrags abhängig gemacht, was Syrien aber ablehnte. Es war vor allem der britische Druck, der Frankreich schließlich bewog, 1943 wenigstens der Abhaltung von freien Parlamentswahlen zuzustimmen, die erneut vom Nationalen Block gewonnen wurden; zum Präsidenten wurde Shukri al-Quwwatli gewählt, und Syrien erhielt danach zahlreiche Verwaltungseinrichtungen übertragen. Die → Sowjetunion und die → USA erkannten Syriens Unabhängigkeit an, ein Schritt, dem bald auch Großbritannien folgte. Syrien wurde im März 1945 Mitglied der Vereinten Nationen (→ UN) und kurz darauf eines der Gründungsmitglieder der → Arabischen Liga. Frankreich hielt jedoch weiterhin an seiner militärischen Präsenz sowie an kulturellen und wirtschaftlichen Privilegien im Lande fest. Als es im Mai 1945 in allen größeren Städten Syriens zu antifranzösischen Demonstrationen kam, bombardierten die Franzosen erneut Damaskus, und erst als Winston Churchill mit der Entsendung von Truppen nach Syrien drohte und die Vereinten Nationen Frankreich zum Abzug aufforderten, lenkte Frankreich ein. Am 15. April 1946 verließen die letzten französischen Truppen das Land.

Syriens erste Jahrzehnte der Unabhängigkeit waren geprägt von dicht aufeinanderfolgenden Regierungskrisen und Putschen, in denen sich regionale und konfessionelle, panarabisch-nationalistische, linke prosowjetische und konservative prowestliche Gegensätze entluden. In der ersten unabhängigen Regierung unter Quwwatli wurden alle diese Spannungen offenbar, und die Niederlage im ersten → Arabisch-Israelischen Krieg führte zu tiefen Frustrationen. Sie wurde am 30. März 1949 durch einen Miltärputsch des Brigadegenerals Hosni az-Zaim gestürzt, der alle Parteien verbot und sich als einziger Kandidat zum Präsidenten wählen ließ. Eine der denkwürdigsten Aktionen Zaims war sein Vorschlag, sich mit → David Ben-Gurion zur Unterzeichnung eines Friedensvertrags zu treffen, was dieser aber ablehnte. Zaim fiel bereits am 14. August 1949 einem Putsch des Brigadegenerals Sami al-Hinnawi zum Opfer, der seinerseits bereits am 19. Dezember desselben Jahres von Oberst Adib ash-Shishakli unter der Anschuldigung, er plane mit dem Irak eine Verschwörung (in der Tat setzte er sich für eine Vereinigung mit dem Irak ein), verhaftet wurde. Als die weiterhin amtierende Zivilregierung unter dem Ministerpräsidenten Hashim al-Atassi sich als unfähig erwies, die wachsenden Spannungen mit der Armee abzubauen, putschte Shishakli, verhaftete das Kabinett, löste das Parlament auf und verbot im April 1952 alle politischen Parteien. Auch die Shishakli-Diktatur war nur von kurzer Dauer. Am 25. Februar 1954 stürzte ein Militärputsch Shishakli, der ins Ausland floh, und die alte Regierung unter Atassi wurde wieder eingesetzt. Bereits 1955 wählte das Parlament allerdings wieder Quwwatli zum Präsidenten.

Syrien blieb weit entfernt von jeglicher politischen Stabilität. Der Aufstieg → Nassers in Ägypten zum Heros aller linken und panarabisch-nationalistischen Kräfte in der arabischen Welt nährte in Syrien Hoffnungen auf einen Zusammenschluß mit Ägypten als Ausgangspunkt für weitere Vereinigungen zu einem gemeinsamen arabischen Staat. Ende 1955, im Vorfeld des → Suezkriegs, wurde ein Verteidigungsabkommen zwischen beiden Staaten geschlossen und ein gemeinsames Oberkommando gebildet. Der Suezkrieg selbst nährte die antiwestliche Stimmung in beiden Staaten bei gleichzeitig wachsender Abhängigkeit von der Sowjetunion. In Syrien war es in erster Linie die → Baath-Partei, die den Zusammenschluß mit Ägypten betrieb. Sowohl der Baath als auch die kommunistische Partei besaßen inzwischen unter den Offizieren eine hohe Zahl von Anhängern und Sympathisanten. Als es 1957 zu schweren Spannungen zwischen beiden Parteien kam und man in Syrien eine kommunistische Machtübernahme befürchten mußte, schickte das syrische Oberkommando schließlich eine Delegation zu Nasser, die ihn für eine Union gewinnen konnte.

Der Zusammenschluß Syriens mit Ägypten zur Vereinigten Arabischen Republik (VAR) wurde offiziell am 1. Februar 1958 bekanntgegeben. Nasser hatte sich mit allen seinen Bedingungen durchgesetzt, was bedeutete, daß Syrien politisch völlig in das zentralistische, rein auf Nasser zugeschnittene System eingegliedert wurde. Alle Parteien in Syrien, auch der Baath, wurden aufgelöst, die Entscheidungen in allen wichtigen Bereichen wie Außen- und Sicherheitspolitik, im Industriesektor und selbst im Erziehungsbereich fielen in Gremien, in denen Ägypter dominierten. Ehemals einflußreiche syrische Offiziere wurden auf unbedeutende Posten z.T. nach Ägypten versetzt, während Ägypter ihre Positionen in Syrien einnahmen. Zwar bestanden in beiden »Regionen« zusätzlich zur gemeinsamen Regierung (14 Syrer gegenüber 20 Ägyptern) noch regionale Regierungen, doch wurden auch diese im August 1961 abgeschafft. Diese politische Bevormundung, einhergehend mit wachsenden wirtschaftlichen Problemen, schuf in Syrien eine zunehmende Unzufriedenheit. Ein Putsch syrischer Offiziere am 28. September 1961 in Damaskus setzte der VAR ein Ende.

In den folgenden allgemeinen Parlamentswahlen, zu denen mit Ausnahme von Kommunisten und Nasseristen alle politischen Strömungen antraten, setzten sich die konservativen Kräfte durch. Staatspräsident wurde Nazim al-Qudsi, und zahlreiche während der VAR getroffene Verstaatlichungsmaßnahmen und Landreformen wurden zurückgenommen; die politischen Verhältnisse blieben jedoch unübersichtlicher denn je. Von Ende März 1962 bis Mitte Juli 1963 kam es zu fünf Militärputschen bzw. -putschversuchen, von denen der letzte, dessen Urheber Nasseristen waren, unter erheblichem Blutvergießen niedergeschlagen wurde. Dagegen war der vorangegangene Putsch vom 8. März 1963 – heute noch als »Tag der Revolution« staatlicher Feiertag in Syrien – erfolgreich gewesen und hatte erstmals die Baath-Partei an die Macht gebracht. Ministerpräsident wurde Salahaddin al-Bitar, einer der beiden Begründer des Baath, doch als dominierender Kopf und Stratege der ersten Phase der Baath-Herrschaft erwies sich zunächst Generalmajor Amin al-Hafiz, ein Sunnit, der als Chef der Armee das wichtigste Machtinstrument besaß. Spätestens ab 1964 trat jedoch immer stärker ein Gegensatz zutage zwischen den als relativ gemäßigt eingestuften, panarabisch-nationalistischen Baathisten um Bitar, Michel Aflaq (den beiden Gründern des Baath) und Hafiz einerseits und den jüngeren, radikaleren sozialistischen Regionalisten, bei denen die Alawiten Salah Jadid, Muhammad Umran und → Hafez al-Assad den Ton angaben, andererseits. Der Gegensatz eskalierte in einem Putsch der Regionalisten am 23. Februar 1966; Bitar, Aflaq und Hafiz wurden verhaftet und später ins Exil entlassen.

Jadid plazierte in die am 1. März 1966 gebildete neue Regierung an prominenter Stelle Zivilisten. So wurde Nuraddin al-Atassi Staatspräsident und Yusuf Zuayin Ministerpräsident. Jadid selbst übernahm kein Regierungsamt, behielt als Parteichef aber die wichtigste Kontrollfunktion, während Hafez al-Assad zum Verteidigungsminister aufstieg. Fortan wurde der Verstaatlichungsprozeß intensiv vorangetrieben, die → Geheimdienste wurden als Unterdrückungsinstrument gestärkt, die Beziehungen zur Sowjetunion im Äußeren in dem Maße intensiviert, wie im Innern der Kommunistischen Partei Beteiligung an der Regierung zugestanden wurde. Auch der Kontakt zur → PLO und zu Ägypten wurde wieder aufgewertet und durch den Abschluß eines Militärabkommens untermauert. Bewußt provozierte Syrien ständige Verletzungen der israelischen Grenze, um Ägypten in einen Krieg mit Israel hineinzuziehen. Das Ergebnis war der → Junikrieg 1967 mit all seinen desaströsen Folgen, darunter auch der Verlust der Golanhöhen. Syrien blieb in der Folgezeit der unversöhnlichste Gegner Israels, lehnte vehement auch die Resolution 242 des UN-Sicherheitsrats ab (→ UN-Resolutionen) und förderte palästinensische Guerilla-Aktionen gegen Israel, allerdings nicht mehr vom eigenen Territorium, sondern von Jordanien und dem Libanon aus, was die ohnehin angespannten Beziehungen zu diesen beiden Staaten weiter verschlechterte, wie Syrien sich überhaupt in der arabischen Welt immer mehr isolierte.

Spätestens seit 1968 zeichnete sich ein Bruch ab zwischen der linksradikalen Gruppe um Jadid und dem als gemäßigter und pragmatischer geltenden Assad, der den Machtkampf am 30. November 1970 endgültig für sich entschied und Jadid zusammen mit einigen seiner prominentesten Anhänger wie Atassi und Zuayin verhaften ließ. Assad amtierte zunächst als Ministerpräsident, ließ sich aber bereits im Februar 1971 vom Volksrat, der sich aus 87 Mitgliedern der Baath-Partei sowie 86 Vertretern anderer Parteien und der sogenannten Volksorganisationen wie z.B. den Gewerkschaften zusammensetzte, zum Staatspräsidenten wählen, was durch eine Volksabstimmung, bei der er der einzige Kandidat war, mit angeblich 99,2 Prozent der abgegebenen Stimmen bestätigt wurde. Im Mai schließlich wurde er auch zum Generalsekretär der Baath-Partei gewählt. Um seine Macht weiter zu stärken, schuf er im März 1972 als Dachverband der linken Parteien die Progressive Nationale Front, in der neben der Baath-Partei auch die Syrische Arabische Sozialistische Partei und die Kommunistische Partei vertreten waren, womit diese nach osteuropäischem Vorbild gleichgeschaltet wurden. Im März 1973 wurde eine neue Verfassung verabschiedet, die die Position des Staatspräsidenten weiter aufwertete. Offensichtlich um die überwältigende sunnitische Mehrheit im Lande mit der Tatsache zu versöhnen, daß überproportional viele einflußreiche Positionen von Alawiten (daneben auch von Vertretern anderer religiöser Minderheiten wie Christen und Drusen) eingenommen wurden, enthielt die Verfassung nun ausdrücklich die Bestimmung, daß das islamische Recht, die Scharia, eine der Hauptgrundlagen der Gesetzgebung und der Staatspräsident ein Muslim sein müsse, was bei den Sunniten aber ein sehr geteiltes Echo auslöste, da eben gerade sowohl konservative als auch islamistische Kreise unter den Sunniten die Alawiten – und damit eben auch Assad – als Häretiker betrachten. Die unterdrückte islamistische Opposition, organisiert in der Gemeinschaft der → Muslimbrüder und einigen weiteren Geheimorganisationen, wie z.B. der Islamischen Befreiungspartei (Hizb at-Tahrir al-Islami) und der Armee Gottes (Iund Allah), machte seit Anfang 1973 immer wieder durch Aufruhr und Terroranschläge, vornehmlich gegen Alawiten, auf sich aufmerksam. Einer der schwersten Zwischenfälle dieser Art ereignete sich 1979 in Aleppo, wo Muslimbrüder 50 alawitische Kadetten der Militärakademie erschossen. Drakonische Strafen und der immer härter vorgehende staatliche Unterdrückungsapparat verstärkten eher die Sympathien für die Islamisten (→ Islamismus) unter den Sunniten, als sie zu schwächen. Das Land, das in jener Zeit unter zunehmenden wirtschaftlichen Schwierigkeiten – nicht zuletzt wegen seiner Involvierung in den → Libanesischen Bürgerkrieg – litt, geriet selbst an den Rand eines Bürgerkriegs. Zu einem regelrechten, von den Muslimbrüdern initiierten Aufstand kam es schließlich im Februar 1982 in der mittelsyrischen Stadt Hama. Die Armee griff mit Panzern und der Luftwaffe ein, und es kam zu tagelangen heftigen Kämpfen, in deren Verlauf etwa 1000 Soldaten und – die Schätzungen gehen weit auseinander – zwischen 10 000 und über 30 000 Zivilisten getötet und große Teile der Altstadt zerstört wurden. Das massive Einschreiten der Armee und eine umfangreiche Verhaftungswelle brach der islamistischen Opposition das Rückgrat. Erst in den neunziger Jahren duldete der Staat in begrenztem und kontrolliertem Umfang, daß sich islamistische Strömungen erneut organisierten. 1995 wurden auch die Muslimbrüder wieder offiziell zugelassen.

Mit der Zerschlagung der islamistischen Opposition und der schrittweisen Verbesserung der Versorgungslage der Bevölkerung in den achtziger und neunziger Jahren geriet Assad in eine kaum mehr gefährdete Machtposition. Hin und wieder kursierten – vor allem seit einem Herzanfall Assads Mitte der achtziger Jahre – Gerüchte um Machtkämpfe innerhalb der Führungsclique, doch ging es dabei gewiß weniger um Bestrebungen, Assad abzusetzen, als vielmehr um Versuche, günstige Startpositionen für den Fall von Assads Tod zu erringen. Häufig tauchte in diesem Zusammenhang der Name von Assads jüngerem Bruder Rifat al-Assad auf, der 1984 einer von drei Vizepräsidenten wurde.

In der Außenpolitik Syriens nahmen unter Assad das Verhältnis zu Israel und die Beziehungen zum Libanon die oberste Priorität ein. Der an der Seite Ägyptens gegen Israel geführte → Oktoberkrieg 1973 endete für Syrien zwar mit erheblichen Menschen- und Materialverlusten, brachte Assad aber dank der Tatsache, daß sich seine Armee zwar nicht siegreich, aber doch respektabel geschlagen und Syrien wenigstens einen kleinen Teil der Golanhöhen (vor allem die Stadt Kuneitra) zurückgewonnen hatte, im Inland eine erhebliche Steigerung seines Ansehens. Im Gegensatz zu → Sadat, der dann den Frieden mit Israel suchte, blieb Assad jedoch bis zur → Madrider Friedenskonferenz 1991 bei seiner strikten Ablehnung jeglicher Friedensgespräche mit Israel. Zwar gab es in der Folgezeit mit der Regierung →

Rabin eine Reihe von inoffiziellen Gesprächen, bei denen man angeblich schon einer Lösung nahe war, doch erlitt diese Annäherung durch den Regierungsantritt von → Netanyahu im Mai 1996 einen Rückschlag. Syriens unmißverständliche Forderung nach Erfüllung des Prinzips *Land gegen Frieden*, d.h. der bedingungslosen Rückgabe des Golan, wurde auch von Assads Sohn → Bashar nach dessen offizieller Machtübernahme im Juli 2000 erneut bekräftigt.

Die Beziehungen zum Libanon werden von Syriens aktivem militärischen Eingreifen in den Libanesischen Bürgerkrieg 1976 und seiner andauernden militärischen (und politischen) Präsenz dort auch seit dem Ende des Bürgerkriegs bestimmt.

Assads Herrschaft, die mit seinem Tod am 10. Juni 2000 zu Ende ging, war zwar zweifelsohne eine Diktatur, die in ihrer ersten Hälfte ihre repressivste Phase durchlief und durch ihre Nähe zum internationalen Terrorismus dem Land besonders im Westen eine ausgesprochen negative Reputation bescherte, doch in den neunziger Jahren begann bei gleichzeitiger vorsichtiger Öffnung zum Westen eine allmähliche Liberalisierung (gerade auch der Wirtschaft), die Assads Ansehen im In- und Ausland erheblich förderte. Die große Anteilnahme der syrischen Bevölkerung bei seinem Tod war durchaus nicht nur staatlich verordnet.

Nach einer seit mehreren Jahren laufenden Propagandakampagne wählte das syrische Parlament am 25. Juni 2000 den 34jährigen Bashar al-Assad zum Nachfolger seines Vaters als Staatspräsident, was zwei Wochen später durch ein Volksreferendum bestätigt wurde. Die Freilassung von 600 politischen Gefangenen im November 2000, die schrittweise Öffnung des Landes für die neuen Medien und die Lokkerung der Pressezensur wurden sowohl im Lande selbst als auch von westlichen Beobachtern als positive Anzeichnen für eine allmähliche Liberalisierung gewertet. Die Hoffnungen, daß der im Westen ausgebildete Bashar eine weitere Öffnung und Modernisierung des Landes vorantreibt, sind allenthalben spürbar.

T

Tanzim → Al-Aqsa-Intifada

Teilungsplan → UN-Resolutionen

Tempelberg (Haram esh-Sharif) → Jerusalem

Tribalismus

(Arab. ashairiya). Gesellschaftsform und Identität, die in erster Linie von der Zugehörigkeit zu einer primordialen (ursprünglichen) Gemeinschaft bestimmt wird. Im klassischen, anthropologischen Zusammenhang bezieht sich Tribalismus auf das patrilineare System (in der Erbfolge der väterlichen Linie folgend), nach dem Stammesgesellschaften organisiert sind. Im arabischen Raum wird dabei immer wieder auf die *asabiya* verwiesen, eine Art Solidarität und Bindung, die aufgrund der Blutsbande besteht. Dieser Terminus wurde von Ibn Khaldun, einem maghrebinischen Soziologen und

Historiker des 14. Jahrhunderts, geprägt. Heute wird jedoch Tribalismus im übertragenen Sinne auf den erweiterten Familienverband oder auch auf eine Gruppe, die sich selbst als solche begreift, angewandt. Die *asabiya* ist in solchen Fällen oftmals konstruiert.

Rein beduinische, also tribale Lebensformen bilden einen verschwindend geringen Prozentsatz im Nahen Osten. Aber die Mentalität des Tribalismus, einer der Grundpfeiler des → Klientelismus, besteht hartnäckig fort. Der Stamm – auch wenn er zum größten Teil schon längst in urbanen Zentren angesiedelt ist – oder der erweiterte Familienverband bestimmen immer noch das Denken und Handeln des einzelnen. Familienloyalität hat somit Vorrang vor dem Individuum, oft aber auch vor Staatsloyalität.

In → Jordanien, dem Paradebeispiel für die Präsenz und Anwendung des Tribalismus, ist die Zugehörigkeit zu einer Familie oder einem Stamm eine nicht zu unterschätzende Ressource. Zwar gewinnen erworbene Qualifikationen immer mehr an Gewicht, trotzdem bestehen partikularistische Solidaritäten ungebrochen fort. Überhaupt manifestiert sich der tribale Faktor in unterschiedlicher und widersprüchlicher Art im jordanischen System. Auf der einen Seite wird er vom Regime gern als identitätsstiftendes Element genutzt, besonders wenn es darum geht, sich gegen die Palästinenser abzugrenzen. Tribale Bindungen werden auch weiterhin bewußt als Gegengewicht zu ideologischen Bindungen im Wahlprozeß mobilisiert, da sie als regimestabilisierend gelten. Andererseits gelten die tribale Gesellschaftsform und das tribale Bewußtsein als anachronistisch und rückständig und stehen der Herausbildung moderner Institutionen im Weg. Tribalismus ist allerdings kein statisches Phänomen. In Jordanien stützen zwar tribale Loyalitäten weiterhin den Staat, gleichzeitig sind jedoch die Stämme und Familienverbände in zunehmendem Maße abhängig von der Bürokratie der Zentralgewalt, was wiederum einen Wandel der tribalen Strukturen bewirkt.

Tscherkessen

Wichtige ethnische Minderheit → Jordaniens. Die etwa 35 000 sunnitischen Tscherkessen (darunter auch etwa 2000 Tschetschenen), die heute in Jordanien leben – wie auch die etwa 60 000 in → Syrien und die 3000 in → Israel –, stammen ursprünglich aus dem Kaukasus, von wo aus sie in der zweiten Hälfte des 19. Jahrhunderts infolge der Russisch-Türkischen Kriege und aufgrund ihres Glaubens vor russischer Unterdrückung geflüchtet sind und sich der Obhut des osmanischen Sultans anvertraut haben. Sie kamen von 1878 an in mehreren Migrationswellen nach Transjordanien und siedelten zuerst in Amman. Die Aussiedlung der Tscherkessen in die äußeren Randgebiete des Osmanischen Reiches wurde bewußt betrieben und war eine Folgemaßnahme der Tanzimat, der osmanischen Verwaltungsreform, die darauf abzielte, das zerfallende Reich mit einer neuen Verwaltungsstruktur, dem Velayat-System, zu stärken.

Die Tscherkessen, berühmt für ihren Kampfgeist, wurden vom osmanischen Sultan Abdulhamid als Gegengewicht zu den rebellischen, sich der Zentralgewalt widersetzenden Beduinenstämmen eingesetzt und bewaffnet; sie galten als Hauptstütze der Osmanen, der damaligen Zentralgewalt. Diese Tradition setzte sich fort, und so gelten die Tscherkessen heute auch gegenüber der haschemitischen Monarchie als überwiegend loyal. Diese Loyalität wird mit einer – am Bevölkerungsanteil gemessenen – überproportional hohen Partizipation an der staatlichen Macht honoriert. Darüber hinaus findet man eine große Anzahl Tscherkessen in der Armee; sie bilden die Palastgarde des Königs. Im Parlament sind sie mit drei Minderheitensitzen vertreten.

Obwohl die Anzahl der Tscherkessen in Syrien schätzungsweise doppelt so hoch ist wie in Jordanien, spielen sie dort keine besondere politische Rolle; sie sind vielmehr eine von mehreren Minderheiten und im allgemeinen assimiliert. Obwohl Tscherkessen und Tschetschenen der Pflege ihrer eigenen Kultur und Sprache einen hohen Stellenwert beimessen – insbesondere nach dem Zerfall der → Sowjetunion und der damit einhergehenden Möglichkeit, mit der Bevölkerung des Kaukasus wieder Kontakt aufzunehmen –, sind sie vollkommen in die jordanische Gesellschaft und Politik integriert.

U

UN (Vereinte Nationen)

Die Vereinten Nationen haben in den in diesem Lexikon behandelten Staaten, die alle selbst UN-Mitglieder sind, durch den Teilungsplan für → Palästina aus dem Jahre 1947 von Anbeginn eine bedeutende Rolle gespielt. Fast die Hälfte der insgesamt von der UN-Vollversammlung und dem UN-Sicherheitsrat verabschiedeten Resolutionen bezieht sich auf den israelisch-arabischen Konflikt, wobei die Verurteilungen → Israels den weitaus größten Anteil haben. Die vielfache Nichtbeachtung der → UN-Resolutionen durch Israel hat immer wieder zu ergebnislosen Protesten von arabischer

Seite geführt, zumal Israel in einer eigenen Erklärung vom 29. November 1948 ausdrücklich kundgetan hatte, »daß der Staat Israel vorbehaltlos die Verpflichtungen der Charta der Vereinten Nationen übernimmt und sich verbürgt, sie von dem Tag an zu honorieren, an dem es Mitglied der Vereinten Nationen wird« (→ UN-Resolutionen, → UN-Truppen).

UN-Resolutionen

Die bedeutendsten UN-Resolutionen (der Vollversammlung und des Sicherheitsrats, nicht des Wirtschafts- und Sozialrats und anderer UN-Organisationen), die z.T. noch heute in der politischen Diskussion im Nahen Osten fortwirken, sind folgende:

Vollversammlung (die Abstimmungsergebnisse sind nur aufgeführt, wenn sie von Bedeutung zu sein schienen):

Nr. 181 (II) vom 29.11.1947: der Teilungsplan für das britische Mandatsgebiet → Palästina sieht die Errichtung eines unabhängigen arabischen Staates sowie des Staates → Israel auf diesem Gebiet vor, verbunden durch eine Wirtschaftsunion; ferner verleiht er → Jerusalem einen Sonderstatus (corpus separatum) unter internationaler Verwaltung. Die Resolution wurde mit 33:13 Stimmen bei 10 Enthaltungen angenommen. Dagegen stimmten Afghanistan, → Ägypten, Griechenland, Indien, Irak, Iran, Jemen, Kuba, → Libanon, Pakistan, Saudi-Arabien, → Syrien und die Türkei. Es enthielten sich: Äthiopien, Argentinien, Chile, China, El Salvador, Großbritannien, Honduras, Jugoslawien, Kolumbien und Mexiko.

Nr. 194 (III) vom 11.12.1948: Bestätigung des Rückkehrrechts für die palästinensischen → Flüchtlinge oder deren Kompensation.

Nr. 273 (III) vom 11.5.1949: Zulassung Israels als Mitglied der Vereinten Nationen (→ UN). Angenommen mit 37:12 Stimmen bei 9 Enthaltungen.

Nr. 302 (IV) vom 8.12.1949: Gründung des UN-Hilfswerks für Palästina-Flüchtlinge im Nahen Osten (United Nations Relief and Works Agency for Palestine Refugees in the Near East, UNRWA). Angenommen ohne Gegenstimmen bei 6 Enthaltungen. In der Folgezeit wurde der Auftrag der UNRWA immer wieder verlängert; er besteht bis heute.

Nr. 394 (V) vom 14.12.1950: Repatriierung oder Wiederansiedlung von Palästina-Flüchtlingen und Entschädigungszahlungen an sie. Angenommen bei 5 Gegenstimmen und 4 Enthaltungen. Entsprechend auch Nr. 1725 (XVI) vom 20.12. 1961, Nr. 2052 (XX) vom 15.12.1965, Nr. 2452 (XXIII) vom 19.12.1968, Nr. 2535 (XXIV) vom 10.12.1969 und Nr. 2672 (XXV) vom 8.12.1970, in denen die Vollversammlung ihr Bedauern darüber ausdrückt, daß weder die Repatriierung noch die Entschädigung der Flüchtlinge durch Israel erfolgt ist.

Nr. 997 (ES-I) vom 2.11.1956: Aufforderung an Frankreich und Großbritannien, einem Waffenstillstand zuzustimmen, und an Israel, sich hinter die Waffenstillstandslinien von 1949 zurückzuziehen (→ Suezkrieg). Diese Aufforderung wird in den folgenden Resolutionen Nr. 999 (ES-I) vom 4.11.1956, Nr. 1002 (ES-I) vom 7.11.1956 und Nr. 1120 (XI) vom 24.11.1956 wiederholt. In den Resolutionen Nr. 1123 (XI) vom 19.1.1957 und Nr. 1124 (XI) vom 2.2.1957 wird bedauernd festgestellt, daß sich Israel weiterhin weigert, sich vollständig zurückzuziehen, und es wird aufgefordert, dies umgehend zu tun. Die Annahme der Resolutionen erfolgte jeweils mit breiten Mehrheiten. Dagegen stimmte stets Israel, meist auch Großbritannien und Frankreich.

Nr. 2253 (ES-V) vom 4.7.1967 und 2254 (ES-V) vom 14.7.1967: Aufforderung an Israel, die Änderung des Rechtsstatus von Jerusalem zurückzunehmen. Angenommen mit 88:0 Stimmen bei 18 Enthaltungen, darunter die → USA; an den Abstimmungen nahm Israel jeweils nicht teil.

Nr. 2628 (XXV) vom 4.11.1970: Unzulässigkeit der Aneignung von Gebieten durch Gewalt und Forderung nach sofortigem Rückzug Israels aus dem → Libanon.

Nr. 2649 (XXV) vom 30.11.1970: Weltweite Verwirklichung des Rechts von Völkern auf Selbstbestimmung, »insbesondere der Völker des südlichen Afrika und Palästinas«. Die Annahme erfolgte mit 71:12 Stimmen bei 28 Enthaltungen, die Annahme des Absatzes 5, in dem Palästina und Südafrika genannt sind, nur mit 48:27 Stimmen bei 35 Enthaltungen. Entsprechend auch Nr. 2787 (XXVI) vom 6.12.1971.

Nr. 2727 (XXV) vom 15.12.1970: Kritik an den israelischen Praktiken zum Schaden der Menschenrechte der Bevölkerung in den besetzten Gebieten. Dafür stimmten 52 Staaten, dagegen 20 (darunter Israel, Kanada und die USA) und 42 (darunter Dänemark, Frankreich, Großbritannien und Schweden) enthielten sich. Das Thema wurde noch mehrfach aufgegriffen, so u.a. in der ausführlichen Resolution Nr. 2851 vom 20.12.1971.

Nr. 2792 vom 6.12.1971: Verlängerung des Mandats der UNRWA (A), Verurteilung Israels wegen Zwangsvertreibung palästinensischer Flüchtlinge (B) und Zerstörung ihrer Unterkünfte (C) sowie Betonung des Rechts der Palästinenser auf Selbstbestimmung (D).

Nr. 2851 vom 20.12.1971: Nachdrückliche Aufforderung an Israel, alle Praktiken gegen die Menschenrechte in den besetzten Gebieten zu unterlassen (entsprechend z.B auch Nr. 3005 vom 15.12.1972, Nr. 3092 vom 7.11.1973 und regelmäßig weitere in den folgenden Jahren, wie z.B. Nr.35/122 vom 11.12.1980).

Nr. 2949 vom 8.12.1972: Verurteilung Israels wegen Nichtbeachtung von Resolutionen der Vollversammlung und des Sicherheitsrats.

Nr. 3210 vom 14.10.1974: Einladung der → PLO zu allen künftigen Sitzungen der Vollversammlung, in denen die Palästinafrage erörtert wird.

Nr. 3236 vom 22.11.1974: Anerkennung des Rechts der Palästinenser auf nationale Souveränität und Unabhängigkeit.

Nr. 3240 vom 29.11.1974: Verurteilung Israels wegen Zerstörung der syrischen Stadt Kuneitra.

Nr. 3379 vom 10.11.1975: Feststellung, »daß der → Zionismus eine Form des Rassismus und der rassischen Diskriminierung ist«. (Angenommen bei 72 Ja-, 35 Nein-Stimmen und 32 Enthaltungen; zu den Befürwortern zählten u.a. alle damaligen Ostblockstaaten, aber auch die Türkei, zu den Gegnern u.a. die meisten westeuropäischen Staaten mit Ausnahme Griechenlands, das sich – wie auch Japan – enthielt.) Diese Resolution wurde am 16.12.1991 von der Vollversammlung für ungültig erklärt.

Nr. 31/6 E vom 9.11.1976: Verurteilung der wachsenden militärischen Zusammenarbeit zwischen dem südafrikanischen Apartheid-Regime und Israel (angenommen mit 91:20 Stimmen bei 28 Enthaltungen). Der Inhalt dieser Resolution wird in den folgenden Jahren noch mehrmals wiederholt.

Nr. 33/71 vom 14.12.1978: Aufgrund der Besorgnis über die weitere Aufrüstung Israels (→ Rüstung) und die »zunehmenden Beweise für die israelischen Bemühungen um den Erwerb von Kernwaffen« sowie über »den israelischen Einsatz von Clusterbomben gegen Flüchtlingslager und zivile Ziele im Libanon« Aufforderung an alle Staaten, keine Waffen an Israel zu liefern (angenommen mit 72:30 Stimmen bei 37 Enthaltungen).

Nr. 34/39 vom 11.12.1979: Neuauflage der Resolution Nr. 33/71 mit der zusätzlichen Aufforderung an Israel, seine Nuklearanlagen der Kontrolle der Internationalen Atomenergiebehörde zu unterstellen. (In den folgenden Jahren werden in neuerlichen Resolutionen diese Forderungen regelmäßig wiederholt.)

Nr. 35/36 vom 14.11.1980: Beschluß zur Zusammenarbeit zwischen den Vereinten Nationen und der Organisation der Islamischen Konferenz (→ Internationale Islamische Organisationen). In den nachfolgenden Jahren werden regelmäßig Resolutionen verabschiedet, in denen die gute Zusammenarbeit gewürdigt wird.

Nr. 36/15 vom 28.10.1981: Aufforderung an Israel, die Altstadt von Jerusalem als »Kulturerbe der Menschheit« nicht durch Ausgrabungen und sonstige Maßnahmen weiter zu verändern.

Nr. 36/24 vom 9.11.1981: Würdigung der guten Zusammenarbeit zwischen den Vereinten Nationen und der → Arabischen Liga (in den folgenden Jahren mehrfach bekräftigt).

Nr. 36/226 B vom 17.12.1981: Verurteilung der Stellung der → Golanhöhen unter israelische Gesetzgebung (Annexion). Angenommen mit 121:2 Stimmen bei 20 Enthaltungen.

Nr. 37/123 B vom 16.12.1982: Verurteilung der israelischen »Plünderung« des palästinensischen Forschungszentrums in Beirut. Angenommen bei einer Gegenstimme (Israel) und vier Enthaltungen.

Nr. 40/161 D vom 16.12.1985: Verurteilung der Unterdrückung und Schließung syrischer Bildungseinrichtungen auf den Golanhöhen durch Israel.

Sicherheitsrat (die Abstimmungsergebnisse sind nur aufgeführt, wenn sie von Bedeutung zu sein schienen; durch Veto, in der Regel der USA, abgelehnte Resolutionen sind nicht aufgeführt):

Nr. 59 vom 19.10.1948: Verurteilung Israels, weil es keinen Bericht über die Ermittlungen zur Ermordung des UN-Vermittlers Graf Bernadotte vorgelegt hat.

Nr. 73 vom 11.8.1949: Endgültige Waffenstillstandsvereinbarungen (nach dem → Arabisch-Israelischen Krieg von 1948/49).

Nr. 101 vom 24.11.1953: Scharfe Verurteilung der israelischen Vergeltungsaktion auf Qibya. Angenommen bei zwei Enthaltungen (→ Sowjetunion und → Libanon).

Nr. 106 vom 29.3.1955: Verurteilung der israelischen Militäraktion im → Gazastreifen. Einstimmig angenommen.

Nr. 111 vom 19.1.1956: Verurteilung des israelischen Militärangriffs auf → Syrien. Einstimmig angenommen.

Nr. 171 vom 9.4.1962: Verurteilung Israels wegen eines Angriffsüberfalls auf Syrien.

Nr. 228 vom 25.11.1966: Verurteilung der israelischen Militäraktion gegen → Jordanien vom 13.11. und Warnung an Israel vor Aktionen des Sicherheitsrats.

Nr. 233, 234, 235, 236 (vom 6. bis 11.6.1967): Aufforderung zu einem sofortigen Waffenstillstand im → Junikrieg.

Nr. 237 vom 14.6.1967: Aufforderung an Israel, die Rückkehr und Sicherheit der Bewohner in den im Junikrieg besetzten Gebieten zu gewährleisten.

Nr. 242 vom 22.11.1967: Aufforderung an Israel, sich aus den im Junikrieg besetzten Gebieten zurückzuziehen und »eine gerechte Regelung des Flüchtlingsproblems zu erreichen«. Einstimmig angenommen. Das Thema wurde in zahlreichen weiteren Resolutionen wieder aufgenommen, so z.B. auch von der Vollversammlung in ihrer Resolution Nr. 2799 (XXVI) vom 13.12.1971. Diese Resolution war von Anfang an in ihrer Auslegung umstritten, da die offizielle englische Version Israel zum Rückzug »aus Gebieten« (from territories) auffordert, während die offizielle französische Version von einem Rückzug »aus den Gebieten« (des territoires) spricht. Die Resolution ist dennoch bis heute die Grundlage aller → Friedensverhandlungen mit Israel geblieben.

Nr. 248 vom 24.3.1968: Verurteilung Israels wegen neuer Kampfhandlungen und Verletzung der UN-Charta. Einstimmig angenommen.

Nr. 250 vom 27.4.1968 (entsprechend auch Nr. 251 vom 2.5.1968, Nr. 252 vom 21.5.1968, Nr. 267 vom 3.7.1969, Nr. 271 vom 15.9.1969, Nr. 298 vom 25.9.1971): Verurteilung Israels wegen der Mißachtung der Resolutionen der Vollversammlung Nr. 2253 und 2254 (Rechtsstatus von Jerusalem).

Nr. 262 vom 31.12.1968: Verurteilung Israels wegen des Luftangriffs auf den Zivilflughafen von Beirut und Aufforderung zur Leistung von Entschädigungen.

Nr. 265 vom 1.4.1968: Verurteilung Israels wegen neuerlicher Luftangriffe auf Jordanien und Verletzung der UN-Charta.

Nr. 279 vom 12.5.1970: Forderung nach sofortigem Rückzug der israelischen Streitkräfte aus dem Libanon (entsprechend auch Nr. 280 vom 19.5.1970 und Nr. 285 vom 5.9. 1970).

Nr. 316 vom 26.6.1972: Verurteilung Israels wegen erneuter Angriffe auf den Libanon (entsprechende weitere Resolutionen häufen sich nun in Folge).

Nr. 338 vom 22.10.1973: Forderung nach sofortiger Feuereinstellung (→ Oktoberkrieg) und Erfüllung der Resolution Nr. 242 vom 22.11.1967.

Nr. 425 vom 19.3.1978: Aufforderung an Israel, seine Truppen aus dem → Südlibanon abzuziehen und die Grenzen des Landes zu respektieren, sowie Beschluß zur Aufstellung der → UN-Truppe UNIFIL. Auf diese Resolution und auf die Resolution Nr. 426 beriefen sich die libanesischen Regierungen bei ihrer Forderung nach Abzug der Israelis aus dem Südlibanon bis in die jüngste Zeit (der Abzug erfolgte im Mai 2000).

Nr. 446 vom 22.3.1979: Verurteilung der israelischen Siedlungspraxis (→ Siedlungen) in den besetzten Gebieten. (Angenommen bei Enthaltung von Großbritannien, Norwegen und den USA).

Nr. 467 vom 24.4.1980: Verurteilung der Behinderung der → UN-Truppe UNIFIL im Libanon durch Israel.

Nr. 476 vom 30.6.1980: Verurteilung Israels wegen Veränderung des Status von Jerusalem. (Angenommen bei Enthaltung der USA; die Verurteilung wird durch Resolution Nr. 478 vom 20.8.1980 – ebenfalls bei Enthaltung der USA – noch verschärft).

Nr. 487 vom 19.6.1981: Verurteilung Israels wegen des Luftangriffs auf das irakische Kernforschungszentrum Osirak mit dem Hinweis, daß sich der Irak den Kontrollen der Internationalen Atomenergiebehörde unterworfen hat, Israel dagegen nicht. (Wiederholt und verschärft in der Resolution der Vollversammlung Nr. 36/27 vom 13.11.1981).

Nr. 508 vom 5.6.1982: Aufforderung zum Waffenstillstand im Libanon. Es ist dies der Auftakt einer großen Anzahl meist einstimmig angenommener Resolutionen, in denen Israel aufgefordert wird, die Invasion des Libanon zu beenden und seine Truppen hinter die internationale Grenze zurückzuziehen.

Nr. 573 vom 4.10.1985: »Energische« Verurteilung des israelischen Luftangriffs auf Tunis. (Dahinter stand der Versuch Israels, das PLO-Hauptquartier in Tunis zu zerstören). Angenommen bei einer Enthaltung (USA).

Nr. 587 vom 23.9.1986: Scharfe Verurteilung israelischer Angriffe auf die UN-Truppe UNIFIL im Südlibanon.

Nr. 672 vom 12.10.1990: Verurteilung der Erschießung von über 20 Palästinensern durch israelische Soldaten in Jerusalem und Begrüßung der Entscheidung des Generalsekretärs, eine Untersuchungskommission nach Israel zu entsenden. In der anschließenden Resolution Nr. 673 vom 24.10.1990 bringt der Sicherheitsrat seine Mißbilligung zum

Ausdruck, daß die israelische Regierung es ablehnte, die genannte Untersuchungskommission zu empfangen.

UNRWA → UN-Resolutionen

UN-Truppen

(»Blauhelme«, Friedenstruppen). Der größte Teil der bisher zur Waffenstillstands- und Friedenssicherung von den Vereinten Nationen (→ UN) entsandten Truppen wurde im Nahen Osten eingesetzt:

UNDOF (United Nations Disengagement Observer Force). Eingesetzt durch die Resolution Nr. 350 und seit Juni 1974 mit Hauptquartier in Damaskus stationiert; sie hat den Auftrag, den nach dem → Oktoberkrieg von 1973 geschlossenen Waffenstillstand zwischen → Israel und → Syrien auf den → Golanhöhen zu überwachen.

UNEF I (United Nations Emergency Force I). Eingesetzt 1956 durch die Resolution der Vollversammlung Nr. 998 zur Überwachung des Rückzugs der britischen, französischen und israelischen Streitkräfte aus der Suezkanal-Zone und zur anschließenden Trennung der ägyptischen und israelischen Streitkräfte. Abgezogen 1967 aufgrund einer entsprechenden Forderung des ägyptischen Präsidenten → Nasser. Hauptquartier in Gaza.

UNEF II (United Nations Emergency Force II). Eingesetzt 1973 durch die Resolution Nr. 340 und beendet 1979. Mit ihrem Hauptquartier in Ismailiya hatte diese Truppe mit etwa 7000 Mann die Aufgabe, die nach dem Oktoberkrieg von 1973 in den Waffenstillstandsvereinbarungen beschlossenen Truppenentflechtungen zwischen Israel und → Ägypten zu überwachen und die vereinbarten Pufferzonen zu kontrollieren.

UNIFIL (United Nations Interim Force in Lebanon). Eingesetzt durch die Resolution Nr. 425 und seit 1978 stationiert im → Südlibanon zur Kontrolle des israelischen Rückzugs und zur Wiederherstellung der libanesischen Souveränität über das Gebiet. Hauptquartier der zunächst 7000 Mann umfassenden Truppe ist Nakoura.

UNOGIL (United Nations Observation Group in Lebanon). Eingesetzt durch die Resolution des Sicherheitrats Nr. 128 (1958). Stationiert an der libanesischen Grenze zu Syrien (Hauptquartier in Beirut) zur Kontrolle von illegalen Waffenlieferungen über die Grenze nach den bürgerkriegsähnlichen Unruhen im → Libanon 1958. Die bislang kürzeste Stationierung einer UN-Friedenstruppe im Nahen Osten (Juni-Dezember 1958).

UNTSO (United Nations Truce Supervision Organisation). Eingesetzt durch die Resolution des Sicherheitsrats Nr. 50 (1948), um den Waffenstillstand in → Palästina zu überwachen. Diese erste und bisher längste Stationierung einer UN-Friedenstruppe (seit 1948) erhielt danach verschiedene weitere Beobachtungsaufgaben, so am Suezkanal, auf den → Golanhöhen und an der libanesischen Grenze. Das Hauptquartier befindet sich bis heute in → Jerusalem.

USA

Das Für und Wider einer jüdischen Heimstätte auf dem Boden → Palästinas beschäftigte nicht nur die britische Regierung, sondern auch die US-Regierungen seit Beginn des 20. Jahrhunderts. Schon Präsident Woodrow Wilson sah in der Rückkehr der Juden nach Zion die Erfüllung der Propheten. Zwar stellte die Balfour-Erklärung (→ Mandatszeit) die Geburtsurkunde des jüdischen Staates dar, doch darf der Einsatz der US-Regierung zum Gelingen dieses Projekts nicht unterschätzt werden, wobei die Linie der Befürworter und Gegner mitten durch die US-Administration verlief. Stand der US-Kongreß dem Projekt eher positiv gegenüber, zählte das Außenministerium zu dessen Gegnern. So unterstützte der 67. US-Kongreß in der Resolution 73 vom September 1922 die Schaffung einer jüdischen Heimstätte, was aber nicht auf Kosten der christlichen und arabischen Bevölkerung gehen dürfe. In einem Schreiben vom April 1945 an den König von Saudi-Arabien betonte US-Präsident Franklin D. Roosevelt, daß er keine Entscheidung mittragen werde, die gegenüber der arabischen Bevölkerung feindlich sei. Diese Haltung änderte sich aber unter Präsident Harry S. Truman, der den britischen Premierminister Clement Attlee im Oktober 1946 intensiv bedrängte, der Aufnahme jüdischer Flüchtlinge aus Europa zuzustimmen. Auch warfen die USA ihr weltpolitisches Gewicht in den Vereinten Nationen (→ UN) in die Waagschale, als diese im November 1947 über die Teilung Palästinas befanden. Truman war es auch, der am 14. Mai 1948 → Israel als erster anerkannte.

Seither unterhalten Israel und die USA engste bilaterale Beziehungen. Israel stellt einen Teil der amerikanischen nationalen Interessen dar, und seine Sicherheit ist eine der obersten Prioritäten der US-Außenpolitik. Nach dem Ende des Zweiten Weltkriegs konnten Franzosen und Engländer ihre kolonialen Positionen nicht länger aufrechterhalten, und die USA traten auch im Nahen Osten an deren Stelle. Der Nationale Sicherheitsrat der USA wies Israel bereits 1958 die Rolle eines Alliierten gegen den arabischen Nationalismus zu. Gemäß dem britischen Herrschaftsmodell der *indirect rule* sollte die US-Politik auf einer »arabischen Fassade« aufbauen; John Foster Dulles zufolge mußte diese »arabische Fassade« schwach und abhängig sein, und die USA durften niemals die Kontrolle verlieren. Als Partner, welche die amerikanische Position vor Ort unterstützen sollten, kamen die nichtarabischen Staaten Iran, Pakistan, Israel und die Türkei in Frage. Ihnen wurde die Rolle zugewiesen, jede Form innerer Unruhen und nationaler Erhebung zu unterdrücken. Insbesondere in den nationalen Befreiungsbewegungen sah man ein destabilisierendes Element; sie galten generell als kommunistisch infiltriert und waren überall zu bekämpfen. Im → Junikrieg 1967 brachte Israel den arabischen Staaten schließlich eine vernichtende Niederlage bei und hatte damit seine Mission als westlicher Brükkenkopf erfüllt.

Der Junikrieg markierte eine Art Wendepunkt in den bilateralen Beziehungen; seither hat sich das Verhältnis zwischen den USA und Israel stetig vertieft. Die Sicherung der Ölquellen, die Stabilisierung US-freundlicher Regime und die Aufrüstung Israels zur stärksten Militärmacht in der Region (→ Rüstung) waren für die USA von vorrangiger Bedeutung; es galt, den wachsenden Einfluß der → Sowjetunion einzudämmen. Zunächst als Sicherheitsberater unter Präsident Richard Nixon und später als Außenminister richtete Henry Kissinger die Politik der USA noch stärker auf Israel aus und unterstrich in den siebziger Jahren, daß der Nahe Osten und Lateinamerika eine Domäne der USA seien; Europa und Japan sollten sich von dieser Region diplomatisch fernhalten. 1971 lehnte Kissinger den Rogers-Plan ab, der auf der UN-Resolution 242 basierte (→ UN-Resolutionen). In dieser Resolution sprach sich der Sicherheitsrat gegen einen Gebietserwerb durch Krieg aus, und Israel wurde aufgefordert, sich aus den besetzten Gebieten zurückzuziehen; gleichzeitig wurde die Souveränität und territoriale Integrität aller Staaten der Region betont.

Dieser vom UN-Vermittler Gunnar Jarring unterbreitete Plan sah vor, die Blockade von UN-Resolutionen durch die USA zu umgehen; Israel sollte sich im Gegenzug für Frieden auf die Grenzen von 1967 zurückziehen. Der ägyptische Präsident → Anwar as-Sadat nahm den Plan an, Israel dagegen lehnte ihn ab. Seither besteht eine gemeinsame amerikanisch-israelische Ablehnungshaltung, die sich in zahlreichen Vetos der USA zugunsten Israels in den Vereinten Nationen zeigt. Beide Staaten haben bis heute erfolgreich eine internationale Friedenskonferenz unter der Schirmherrschaft der Vereinten Nationen und unter EU-Beteiligung verhindert. Die USA und Israel wollten hingegen immer nur bilateral verhandeln, was schließlich auch gelang. Nachdem → Ägypten aus der arabischen Front herausgebrochen war, konnte Israel ungehindert seine Siedlungspolitik fortsetzen (→ Siedlungen); sofort nach Unterzeichnung des → Camp-David-Abkommens 1978 beschloß die israelische Regierung eine Intensivierung ihrer Siedlungspolitik.

Zu dieser einseitigen proisraelischen Ausrichtung der amerikanischen Nahostpolitik haben zu einem großen Teil der US-Kongreß und die amerikanisch-jüdische Lobby beigetragen; ihr Einfluß auf Senat und Kongreß ist beträchtlich. Zahlreiche Interessengruppen, wie das 1951 gegründete *American Israel Public Affairs Committee* (AIPAC) oder die *Political Action Committees* (PACs), beeinflussen insbesondere die Mitglieder beider Häuser des US-Kongresses. Die Bedeutung der Lobbygruppen wird noch dadurch erhöht, daß sie quasi *Single-Issue*-Bewegungen sind, deren einziges Ziel es ist, die Interessen Israels wirkungsvoll in den USA zu vertreten. Insbesondere unter der Präsidentschaft von Bill Clinton wuchs ihr Einfluß überproportional. Wie sich die Macht des Kongresses auf die Außenpolitik auswirken kann, zeigt die Tatsache, daß gegen den Willen Präsident Clintons im Mai 1995 eine Gesetzesvorlage im Kongreß eingebracht wurde, in der die Verlegung der US-Botschaft bis zum Mai 1999 von Tel Aviv nach → Jerusalem verlangt wurde. Die Teilung der Macht zwischen Präsident und Kongreß trägt erheblich zur einseitigen proisraelischen Ausrichtung der Nahostpolitik der USA bei und führt zu einer Politik, bei der mit zweierlei Maß gemessen wird. Verstöße arabischer Staaten gegen das Völkerrecht werden mit Militärschlägen geahndet, bei den permanenten Völkerrechtsverstößen Israels verhalten sich die USA ruhig bzw. belegen jede israelkritische UN-Resolution mit ihrem Veto. Diese Politik der doppelten Moral unterminiert bis heute die ordnungspolitische Rolle der USA im Nahen Osten.

Nach dem → Oktoberkrieg von 1973 avancierte Israel zum größten Einzelempfänger amerikanischer Auslandshilfe, und nach der Unterzeichnung des Camp-David-Abkommens 1978 wurde auch die Militärhilfe erheblich erhöht. 1983 unterzeichneten beide Länder ein Abkommen über eine »Strategische Kooperation«, das die Gründung dreier gemeinsamer Arbeitsgruppen nach sich zog: die *Joint Political Military Group* (JPMG), die *Joint Security Assistance Planning Group* (JSAPG) und die *Joint Economic Development Group* (JEDG). Durch diese gemeinsamen Arbeitsgruppen ist Israel an den wesentlichen Entscheidungen der USA in bezug auf die Planung und Entscheidung über die Auslandshilfe beteiligt.

Als Schutzmacht Israels fühlten sich die USA für das wirtschaftliche Wohlergehen und die Sicherheit des Landes verantwortlich, was zu einer paradoxen Politik führte: Die USA versuchten, einerseits eine Lösung des Konflikts auf der Grundlage des Prinzips *Land gegen Frieden* zu erreichen, andererseits konterkarierten die Regierungen unter Menachem Begin und Yitzhak Shamir (→ Likud) diese Bemühungen. Die unnachgiebige Haltung dieser beiden israelischen Ministerpräsidenten gegenüber amerikanischem Druck war ein Indiz dafür, daß kein einseitiges Abhängigkeitsverhältnis zwischen den USA und Israel besteht. Die Israelis zementierten mit indirekter Unterstützung der USA den Status quo in den besetzten Gebieten. Selbst die massive israelische Technologiespionage in den USA (Pollard-Affäre, → Geheimdienste) und der Weiterverkauf von Raketen an Länder wie China veranlaßten die USA zu keinen Konsequenzen. Im Gegenteil: Die USA belieferten und beliefern Israel weiter mit modernster Hochtechnologie. Präsident Jimmy Carter initiierte das Kontrollwaffenexportgesetz, in dem kritisiert wurde, daß Israel amerikanische Waffen nicht nur zur Selbstverteidigung einsetzte; der US-Kongreß unternahm jedoch nichts dagegen. Auch verlangen die USA von Israel nicht, den Atomwaffensperrvertrag zu unterzeichnen und seine Atomanlagen für internationale Inspektoren zu öffnen; Israel verweigert dies bis heute. Auf der Gegenseite hatten die USA es immer abgelehnt, mit der → PLO Gespräche zu führen, solange die Organisation nicht das Existenzrecht Israels anerkannte. Nachdem dies im November 1988 in Algier erfolgt war, nahmen beide Seiten direkte Gespräche auf.

Der Stillstand im Nahen Osten in den achtziger Jahren wurde erst durch den Ausbruch der → Intifada 1987 überwunden; sie bewirkte ein langsames Umdenken in Israel und den USA. Die amerikanischen Regierungen unter Ronald Reagan und George Bush versuchten jedoch vergeblich, die Kontrahenten an den Verhandlungstisch zu bringen. Erst mit der Besetzung Kuwaits durch Saddam Hussein kam wieder Bewegung in die Region, indem der ehemalige Partner und Freund der USA zum »neuen Hitler« mutierte. Im ersten → Golfkrieg zwischen Irak und Iran hatten die USA und Frankreich den Irak noch massiv aufgerüstet (→ Rüstung), weil er sich als nützliches Instrument gegen das Mullahregime im Iran einsetzen ließ. Als sich Saddam Hussein dann gegen die »arabische Fassade« und gegen Israel wandte, entzogen ihm die USA ihre Unterstützung.

Nicht nur die irakische Besetzung Kuwaits, sondern auch die Verknüpfung der Invasion mit der Besetzung der palästinensischen Gebiete durch Israel tangierten fundamentale Interessen der USA. Die USA ließen somit von Anfang an keinen Zweifel daran aufkommen, daß sie gewillt waren, die irakischen Truppen mit Gewalt aus Kuwait zu vertreiben. Die USA sahen in der Verknüpfung des irakischen Überfalls auf Kuwait mit dem Palästinaproblem eine Gefahr für die Sicherheit Israels. 1990 hatte Saddam Hussein den USA einen Vorschlag unterbreitet, seine chemischen und biologischen Waffen zu vernichten, falls Israel bereit wäre, seine nicht-konventionellen Waffen ebenfalls zu zerstören; das US-Außenministerium lehnte dies ab. Das Eingeständnis der Existenz israelischer Nuklearwaffen hätte die Frage nach der Rechtmäßigkeit finanzieller Unterstützung durch die USA für Israel aufgeworfen, da die amerikanische Gesetzgebung aus den siebziger Jahren finanzielle Unterstützung an Länder mit Atomwaffen verbietet.

Nach der Vertreibung Saddam Husseins aus Kuwait proklamierte Präsident George Bush die sogenannte »neue Weltordnung«, und der Lösung des israelisch-palästinensischen Konflikts wurde nun höchste Priorität eingeräumt. Nur durch massiven Druck auf Yitzhak Shamir war Israel bereit, an der → Madrider Friedenskonferenz vom 31. Oktober bis 1. November 1991 teilzunehmen. Zusammen mit der → Sowjetunion fungierten die USA als Schirmherren dieser Konferenz, wie der Zusammenbruch des Ostblocks und das Ende des Kalten Krieges überhaupt erst den Waffengang gegen Saddam Hussein ermöglicht haben.

Die Bush-Regierung geriet mit dem unnachgiebigen Yitzhak Shamir verstärkt in Konflikt und griff demzufolge 1992 massiv in den israelischen Wahlkampf ein. Die USA weigerten sich, eine Zehn-Milliarden-Dollar-Kreditzusage für die Integration sowjetischer Juden freizugeben, und unterstützten offen den Gegenkandidaten von der → Arbeitspartei, → Yitzhak Rabin, der die Wahlen im Juni 1992 gewann.

Mit der Amtsübernahme Bill Clintons im Januar 1993 setzte sich die seit dem Ende der Bipolarität von den USA verfolgte *Hands-Off*-Politik gegenüber allen anderen möglichen Akteuren in bezug auf den Nahen Osten, insbesondere gegenüber Europa und den Vereinten Nationen, fort. Spätestens seit Ende des Kalten Krieges und der Madrider Friedenskonferenz von 1991 waren die USA neben Israel zum zentralen Akteur im Nahen Osten geworden. Obwohl die USA in dieser Phase immer darauf verweisen, daß alle Streitfragen zwischen Israelis und Palästinensern ohne Einfluß von außen gelöst werden müßten, zogen sie doch im Hintergrund die Fäden. Parallel dazu versuchten die USA in den Vereinten Nationen, die Geschichte des Nahostkonflikts in ihrem Sinne umzuschreiben; insbesondere die ehemalige UN-Botschafterin und damalige US-Außenministerin Madeleine Albright forcierte diesen Umdeutungsprozeß. In einem Kommuniqué forderte sie von der UN-Vollversammlung die Zurücknahme von »obsoleten, strittigen und irrelevanten Resolutionen, die politische Differenzen betonen, ohne Lösungen zu fördern«. Diese Resolutionen, die den Kern des israelisch-palästinensischen Konflikts enthalten, sollten aufgehoben werden. Würden sich die USA mit dieser Ansicht durchsetzen, hieße dies, daß der bilaterale Konflikt nur noch machtpolitisch gelöst werden kann, ohne die Berücksichtigung etwaiger Rechtspositionen.

Nachdem die USA 1993 vom Beginn der geheimen Friedensgespräche zwischen Israelis und Palästinensern ebenfalls überrascht worden waren, ergriffen sie jedoch bereits bald wieder die Initiative. Schon unmittelbar nach der Unterzeichnung der → Osloer Prinzipienerklärung im September 1993 begannen nämlich die Schwierigkeiten bei der politischen Umsetzung der erzielten Vereinbarungen. Die USA übernahmen daraufhin die »ehrliche Maklerrolle«, fungierten jedoch weniger als echte Vermittler, sondern nahmen in den entscheidenden Fragen Partei für Israel.

Nach der Wahlniederlage von → Shimon Peres gegen → Benyamin Netanyahu im Mai 1996 verschlechterten sich jedoch die bilateralen Beziehungen. Grund hierfür waren vor allem die unterschiedlichen Positionen hinsichtlich der weiteren Friedensgepräche. Die Clinton-Administration versuchte nicht nur, mit den Palästinensern einen Ausgleich zu erreichen, sondern auch mit → Hafez al-Assad. Unter der Regierung Rabin wurden den Syrern weitgehende Zugeständnisse gemacht, die Netanyahu jedoch als nicht bindend betrachtete; die USA waren aber nicht bereit, öffentlich die gemachten Zusagen an → Syrien zu bestätigen. Trotz seiner massiven Vorbehalte gegenüber dem Friedensprozeß wurde Netanyahu von seiten der USA jedoch massiv unter Druck gesetzt, die Osloer Vereinbarungen fortzusetzen. So unterzeichnete er im Januar 1997 das → Hebron-Abkommen und im Oktober 1998 das → Wye-Abkommen.

Wegen der ablehnenden Haltung Netanyahus war die Clinton-Administration nicht unglücklich, als Netanyahu im Mai 1999 von → Ehud Barak abgelöst wurde. Mit dem neuen israelischen Ministerpräsidenten glaubte Clinton, → Arafat die Konzessionen abringen zu können, die den Konflikt beenden sollten. Bis zur letzten Minute seiner Amtszeit versuchte der US-Präsident, den Nahostkonflikt zu lösen. Diese nach der Hauruckmethode verfahrende Politik der USA mußte jedoch zwangsläufig scheitern. Clinton hatte mit seiner überwiegenden Ausrichtung auf Israel der Glaubwürdigkeit der USA in der arabischen Welt beträchtlichen Schaden zugefügt (→ Camp David II, → Friedensverhandlungen).

Es scheint, als können die USA im Nahostkonflikt nur dann wieder an Glaubwürdigkeit gewinnen, wenn sie vermehrt Druck auf Israel ausüben. Ein solcher Druck müßte auch in bezug auf Jerusalem erfolgen, damit die Stadt zur Hauptstadt beider Völker wird. Die USA würden durch eine solche Politik wieder ihr Ansehen in den Vereinten Nationen (→ UN) und vor allem in der arabischen Welt verbessern. Inwieweit der neue US-Präsident George W. Bush nicht in den ausgetretenen Pfaden seines Vorgängers weitergeht und primär eine Politik als Sachwalter Israels verfolgt, bleibt abzuwarten.

Unmittelbar nach seinem Amtsantritt im Januar 2001 kündigte Bush an, einen zurückhaltenderen Kurs als sein Amtsvorgänger im Friedensprozeß zu verfolgen, eine Position, die zunächst eine einseitig proisraelische Politik vermuten ließ. Bushs Haltung, die Konfliktparteien die Probleme alleine lösen zu lassen, wurde jedoch von der Dynamik der Ereignisse überholt. Besorgt um die Stabilität in der gesamten Region, zeichnete sich in der US-Politik nach den israelischen Militäraktionen im → Gazastreifen und im → Libanon vom April 2001 das Bemühen ab, die Balance wiederherzustellen, die vor allem in den letzten Monaten der Clinton-Regierung zuungunsten der Palästinenser aufgegeben worden war. So verurteilte die US-Regierung den Einmarsch in die Palästinensischen Gebiete scharf. Mit der Ernennung von William Burns zum neuen Nahostbeauftragten kehrte die US-Regierung im Mai 2001 zudem wieder zu einer aktiveren Vermittlerrolle zurück. Ob auf seiten der USA allerdings eine echte Kursänderung im Verhältnis zu Israel eintritt, wird erst die Zukunft zeigen.

V

Vereinte Nationen → UN

W

Wasser

Die Ressource Wasser ist im gesamten Nahen Osten mit Ausnahme des → Libanon und von Teilen der Türkei ausgesprochen knapp und dementsprechend umkämpft. Es ist davon auszugehen, daß die Wasserfrage und nicht Öl oder Land der Grund zukünftiger Auseinandersetzungen und Verteilungskonflikte in der Region sein wird. Es besteht ein strukturelles Ungleichgewicht zwischen den begrenzten Wasserreserven der Region und dem steigenden Bedarf einer stetig wachsenden Bevölkerung. Gleichzeitig ist Wasser in der Zeit nach der → Madrider Friedenskonferenz ein wichtiges Mittel für Kooperation und Ausgleich zwischen den Konfliktparteien. Ein regionaler Ansatz im Umgang mit den Wasserreserven ist unumgänglich.

Eine nicht zu unterschätzende Dimension des arabisch-israelischen Konflikts ist das Problem der Verteilung der regionalen Wasserreserven. Mit einem durchschnittlichen Pro-Kopf-Verbrauch von 274 l/Tag liegt → Israels Wasserverbrauch um ein Vielfaches über dem von → Jordanien (68 l/Tag) oder dem der Bewohner des → Westjordanlands (47 l/Tag) und des → Gazastreifens (77 l/Tag, 44 l/Tag in den Flüchtlingslagern). Der Jordan – obwohl für europäische Verhältnisse ein dünnes Rinnsal – bildet Israels Hauptwasserquelle. Er wird von drei Quellflüssen gespeist, dem Hasbani im Libanon, dem Banyas auf den → Golanhöhen und dem Dan, der als einziger seinen Ursprung in Israel hat. Unterhalb des Sees Genezareth (arab. Bahr al-Tabbariya, hebr.

Kinneret) mündet der Jarmuk, der das syrisch-jordanische Grenzgebiet durchfließt, in den Jordan. Vom Oberlauf des Jordan und Jarmuk werden jährlich ungefähr 775 Millionen m^3 Wasser in die israelische Landeswasserleitung (National Water Carrier) abgeleitet, die große Teile der Wüste Negev bewässert, gleichzeitig aber Jordaniens Wasserversorgung quantitativ und qualitativ beeinträchtigt. Seit der Besetzung des Westjordanlands 1967 bilden die großen Grundwasservorkommen dieses Gebiets nämlich einen unverzichtbaren Bestandteil der israelischen Wasserreserven, die somit zu über 60 Prozent aus Quellen stammen, die außerhalb der anerkannten internationalen Grenzen liegen.

Die einfache Formel: Wasser gleich Macht und Kontrolle wird vor diesem Hintergrund verständlich. Schon 1965 bombardierte Israel die Bauarbeiten für ein jordanisch-syrisches Ableitungsprojekt am Jarmuk, das als Gegenstück zur 1959 fertiggestellten israelischen Landeswasserleitung gesehen wurde. Ebenso verhinderte Israel jahrelang erfolgreich die Reparaturarbeiten von Schäden am jordanischen East-Ghor-Kanal, die infolge des → Junikriegs 1967 entstanden waren. In den siebziger Jahren verhinderte Israel durch sein Veto den von der Weltbank geförderten syrisch-jordanischen Staudamm am Jarmuk; dieser »Staudamm der Einheit« soll jedoch noch realisiert werden. Mit dem → Libanonkrieg 1982 erhielt der israelische Staat schließlich Zugriff auf den letzten von ihm nicht kontrollierten Jordanquellfluß, den Hasbani. Hinzu kommt, daß Israel seitdem in der Lage ist, den Litani-Fluß, der nur im Libanon fließt, anzuzapfen. Schon 1984 protestierte der Libanon bei den Vereinten Nationen (→ UN) gegen die von Israel unternommenen Grabungsarbeiten und geplanten Umleitungsprojekte am Litani.

In dem bilateralen Friedensvertrag zwischen Israel und Jordanien von 1994 wurde die Wasserzuteilung der jeweils gemeinsam genutzten Gewässer, nämlich die Nutzung des Jordan und des Jarmuk, sowie die Grundwasserverteilung im Wadi Araba geregelt. Zudem vereinbarten beide Staaten gemeinsame Maßnahmen zur zusätzlichen Wassergewinnung, z.B. durch die Aufbereitung von Abwässern und den Bau von Entsalzungsanlagen. Da Jordanien und die Palästinensischen Gebiete sich das Wasser aus dem unteren Teil des Jordan teilen werden, war es zum Vorteil Jordaniens, die Wasserfrage mit Israel vorher abzuschließen, um palästinensischen Ansprüchen vorzugreifen. Jedoch schon während der Trockenperiode 1998/99 wollte Israel die Jordanien zugesicherte Wassermenge nicht liefern. Dieser Versuch, Wasser als Druckmittel einzusetzen, hat in Jordanien erneut heftige Kritik am Friedensvertrag mit Israel ausgelöst. Zudem ist bisher noch kein einziges der gemeinsamen Projekte im Bereich der Wasser-Infrastruktur verwirklicht worden.

Das → Oslo-II-Abkommen von 1995 zwischen der → Palästinensischen Nationalbehörde und Israel wäre hingegen fast an der Wasserfrage gescheitert. Die Festlegung der palästinensischen Wasserressourcen und deren unabhängige Verfügung wurde auf die vorgesehenen Endstatusverhandlungen (final status talks) vertagt. Derzeit verbleiben den Palästinensern nur etwa 20 Prozent der regenerablen Grundwasservorkommen des Westjordanlands zur eigenen Nutzung, der Rest fließt nach Israel. Den jüdischen Siedlern im Westjordanland (→ Siedlungen) hingegen wird pro Kopf etwa viermal soviel Wasser zu einem Bruchteil des Preises zur Verfügung gestellt. Der palästinensischen Bevölkerung werden darüber hinaus die Zugangsmöglichkeiten zu den Wasserreserven der besetzten Gebiete durch strukturelle Maßnahmen und Gesetze verwehrt bzw. erschwert. Dies geschieht z.B. durch die Enteignung von Brunnen in für Israel wichtigen strategischen Gebieten, durch Zwangsanschlüsse an das zentrale israelische Wassernetz sowie schwierige Genehmigungsverfahren für die Bohrung neuer Brunnen. Diese ungleiche und ungerechte Verteilung des Grundwassers wird Bestandteil zukünftiger Verhandlungen sein müssen, denn nach den vorläufigen Vereinbarungen behält Israel seine Zugriffsrechte.

Die Wasserfrage spielt neben militärischen und strategischen Sicherheitsaspekten auch bei den syrisch-israelischen Verhandlungen über die Golanhöhen eine wichtige Rolle. Somit bewirkt die Regelung des Wasserproblems im arabisch-israelischen Konflikt in starkem Maße auch die Lösung der politischen Streitpunkte – und umgekehrt. Gefragt sind regionale Kooperation in Belangen des Wassermanagements und gemeinsame Projekte zur Erschließung von neuen Wasserressourcen. Denn im Hinblick darauf, daß Jordanien und Israel schon jetzt ihren Wasserverbrauch zu 20 Prozent durch nicht erneuerbares Grundwasser decken, ist ein radikales Umdenken und die Entpolitisierung der Wasserfrage von größter Wichtigkeit. Die Qualität des Trinkwassers in Jordanien und den Palästinensischen Gebieten hat sich aufgrund von Versalzung, Chlor, mangelnden Abwässerkanälen sowie Pestizidrückständen aus der Landwirtschaft teilweise schon bedenklich verschlechtert. Zudem sinkt der Grundwasserspiegel jährlich um 20 bis 25 cm. Gleichzeitig geht mehr als die Hälfte des Wassers wegen veralteter Leitungen verloren, oder es wird sorglos verschwendet. Ein Beispiel dafür sind die politisch und ideologisch motivierten, volkswirtschaftlich jedoch unbedeutenden Agrarprojekte in Jordanien, aber auch in Israel.

Die politische Dimension der Wasserproblematik zeigt sich auch beim schwelenden Dauerkonflikt zwischen den Nilanrainerstaaten – speziell → Ägypten, Sudan und Äthiopien – und bei der Wasserverteilung im Euphrat-Tigris-Bekken mit seinen Anrainerstaaten Türkei, → Syrien und Irak, deren Verhandlungen bisher noch zu keiner Koordinierung und keinem trilateralen Abkommen geführt haben. Bisher wurde der Euphrat in der Türkei kaum zur Bewässerung genutzt, jedoch erhebt der türkische Staat seit den neunziger

Jahren – entgegen internationalem Recht und dem Prinzip der gleichberechtigten Nutzung grenzüberschreitender Flüsse durch alle Anrainer – den Alleinanspruch auf die Quellen des Euphrat und Tigris und demonstriert somit, daß Wasser als Ökowaffe eingesetzt werden kann. Der 1986 erbaute Karakaya-Staudamm dient vornehmlich der Stromproduktion und der Hochwasserkontrolle, doch wird vermutet, daß er 1991 während des → Golfkriegs bewußt eingesetzt wurde, um den Wasserzufluß in den Irak zu reduzieren.

Gegenwärtig (2001) plant die türkische Regierung im Rahmen des Südostanatolien-Projekts (Güney Anadolu Projesi, GAP), das in den achtziger Jahren begonnen wurde, ihr derzeit größtes Wasserkraftwerk, den Ilisu-Staudamm, der den Tigris kurz vor der Grenze zu Syrien und Irak aufstauen soll. Dadurch wird er zu einem jederzeit einsetzbaren machtpolitischen Instrument gegenüber der kurdischen Bevölkerung (→ Kurden) und den arabischen Nachbarstaaten. In dem tiefer gelegenen Syrien kam es bereits zu Trinkwasserrationierungen und zu einer Verschlechterung der Wasserqualität, da der Abfluß des Euphrat durch die bisher fertiggestellten Dämme – speziell den Atatürk-Staudamm – um etwa die Hälfte gesunken ist. Darüber hinaus plant die türkische Regierung seit 1986 eine *Peace Water Pipeline*, die den Wasserabfluß weiter reduzieren würde und z.B. Israel mit größeren Wassermengen versorgen könnte; allerdings ist noch völlig unklar, auf welchem Wege dieses Wasser transportiert werden soll. Insgesamt also birgt die Wasserfrage im Nahen Osten ein beträchtliches Konfliktpotential.

Wasta → Klientelismus

Westjordanland

Das Westjordanland (auch Westufer des Jordan oder Westbank genannt) bildet zusammen mit dem → Gazastreifen, den → Golanhöhen und Ostjerusalem (→ Jerusalem) die von → Israel im → Junikrieg 1967 besetzten Gebiete (der Sinai wurde im Rahmen des → Camp-David-Abkommens an → Ägypten zurückgegeben). Das Westjordanland umfaßt 5860 km², und nach letzten Schätzungen vom Juli 1999 beläuft sich seine Bevölkerung auf 1 611 000 Palästinenser und rund 166 000 israelische Siedler; hinzu kommen noch etwa 200 000 Israelis in Ostjerusalem. Die Wachstumsrate der palästinensischen Bevölkerung betrug 1999 3,14 Prozent, und die Bevölkerungsstruktur ist mit 45 Prozent unter 14 Jahren noch nicht ganz so explosiv wie im Gazastreifen. Schätzungsweise ein Drittel der Bevölkerung lebt noch in Flüchtlingslagern (→ Flüchtlinge).

Aufgrund der Binnenlage und der kargen, hügeligen Beschaffenheit weiter Teile des Westjordanlands ist Landwirtschaft nur in sehr begrenztem Umfang möglich; außerdem finden sich keine nennenswerten Bodenschätze. Die Küste des Toten Meeres ist mit über 400 m unter dem Meeresspiegel der niedrigste Punkt der Erde und läßt aufgrund starker Versalzung keinerlei Vegetation zu. Geographisch kann man das Gebiet des Westjordanlands in drei Zonen aufteilen: Der nördliche Teil umfaßt die Städte Nablus, Jenin, Tulkarem und Kalkilya mit ihrem teils fruchtbaren (Zitrusfrüchte), teils bergigen Hinterland. Die Stadt Nablus ist das wirtschaftliche Zentrum dieses Gebiets und weist eine relativ lange Tradition als Handelszentrum auf. Die Zentralregion umfaßt die Städte Ramallah, El-Bireh und Ostjerusalem und ist ein hügeliges Terrain mit ausreichenden Niederschlägen, auf dem traditionell Landwirtschaft betrieben wird. Der südliche Teil erstreckt sich von Bethlehem und Jericho über Hebron am Toten Meer entlang bis an die Ausläufer der Wüste Negev; in diesem Landesteil ist Hebron das religiöse und kommerzielle Zentrum.

Der politische Status des Westjordanlands änderte sich wiederholt seit Beginn des 20. Jahrhunderts. Nach dem Zerfall des Osmanischen Reiches war das Gebiet Teil des britischen Mandats für → Palästina. Mit dem Auslaufen der → Mandatszeit, der Ausrufung des Staates Israel und dem vergeblichen Versuch, den Teilungsplan der Vereinten Nationen (→ UN) umzusetzen, wurde das Westjordanland im ersten → Arabisch-Israelischen Krieg von den Truppen König Abdallahs I. besetzt und 1949 von → Jordanien annektiert. Formal beruht die Annexion auf der Jericho-Konferenz von 1948, auf der ein Teil der palästinensischen Notabeln sich für den Anschluß an Jordanien aussprachen, doch wird sie gemeinhin als völkerrechtswidrig betrachtet. Die palästinensische Bevölkerung erhielt jordanische Pässe, und das Gebiet wurde als integraler Bestandteil des Haschemitischen Königreichs angesehen.

Im Junikrieg 1967 eroberte die israelische Armee das Westjordanland und Ostjerusalem. Doch während Ostjerusalem durch Israel annektiert wurde und fortan für die Israelis als »ungeteilte, ewige Hauptstadt des Staates Israel« galt, wurde das Gebiet des Westjordanlands unter israelische Zivil-administration gestellt – eine beschönigende Umschreibung für Militärverwaltung. Die Nichteingliederung des Westjordanlands in das israelische Staatsgebilde verlief einerseits konform zur UN-Resolution 242 (→ UN-Resolutionen), nach der Verhandlungen zwischen den arabischen Nachbarn und Israel auf der Basis von *Land gegen Frieden* verlaufen sollten, andererseits reflektierte sie ein Gebot aller zionistischen Politiker, nämlich möglichst viel Land mit einer möglichst kleinen palästinensischen Bevölkerung zu erlangen; die formale Annexion des Westjordanlands hätte den arabischen Bevölkerungsanteil Israels enorm ansteigen lassen. Um sich dennoch große Teile des Bodens aneignen zu können, wurde eine Siedlungsstrategie (→ Siedlungen) umgesetzt, die zwar unter verschiedenen israelischen Regierungen mit unterschiedlichen Vorzeichen stand, aber immer darauf abzielte, strategisch gelegenes Land unter israelische Kontrolle zu bringen, sei es aus sicherheitsrelevanten (Allon-Plan) oder religiös-nationalistischen (Judäa und Samaria) Motiven. Diese Siedlungen werden durch ein umfangreiches Straßennetz und andere infrastrukturelle Maßnahmen untereinander und mit dem Kernland Israel verbunden und bieten den Siedlern einen Lebensstandard, der nicht annähernd in palästinensischen Städten und Dörfern erreicht wird. Alle diese Maßnahmen zielen darauf ab, das Westjordanland zu zerstückeln (Bantustanisierung) und zu verhindern, daß ein autonomes oder gar unabhängiges palästinensisches Staatsgebilde entstehen könnte.

Weiterhin praktizierte Israel als Besatzungsmacht eine Politik der wirtschaftlichen Abhängigkeit des Westjordanlands: Eine eigenständige palästinensische Produktion wurde behindert, palästinensische Waren durften nicht direkt exportiert werden, so daß Handel nur zwischen dem Westjordanland und Jordanien bestand (Politik der offenen Brücken) oder über Israel lief. Palästinensische Arbeitskräfte wurden in Niedriglohnbereichen in Israel eingesetzt, ein Großteil der Agrarfläche wurde konfisziert, die Wasservorkommen (→ Wasser) wurden umgeleitet, und das Westjordanland wurde zum Absatzmarkt israelischer Waren degradiert. Wirtschaftliche Stagnation, kombiniert mit zahlreichen Restriktionen, die jeden Aspekt des täglichen Lebens regulierten, erschwerten zunehmend das Leben im Westjordanland. Mehrere israelische Versuche der Kooptierung von führenden Palästinensern schlugen fehl, statt dessen wurden zahlreiche Aktivisten, die sich der israelischen Zivilverwaltung widersetzten, deportiert, und/oder ihre Häuser wurden zerstört.

Obwohl Jordanien auch nach 1967 die Gehälter eines Großteils der Staatsbediensteten und Beamten zahlte und die traditionell projordanischen Notabeln unvermindert versuchten, ihren Einfluß geltend zu machen, sah sich die Mehrzahl der Bewohner des Westjordanlands zunehmend durch die → PLO repräsentiert. Grundlegend dafür ist auch eine fortschreitende sozio-ökonomische Veränderung der palästinensischen Gesellschaft, die im Zusammenspiel mit Verstädterung, dem Aufbrechen klientelistischer Strukturen (→ Klientelismus), einer hohen Arbeitslosenquote, speziell unter Jugendlichen, und generell dem Bruch mit althergebrachten Werten und Normen mehr und mehr eine Desintegration der traditionell landwirtschaftlich geprägten Bevölkerung aufweist. Richtungweisend blieb allein der Konflikt mit der israelischen Besatzungsmacht. Die Kommunalwahlen im April 1976 gaben daher nationalistischen Kandidaten ein klares Votum und bekräftigten somit die arabische Gipfelkonferenz von 1974 in Rabat, die der PLO das alleinige Recht zusprach, alle Palästinenser zu repräsentieren. Es dauerte trotzdem noch 14 Jahre, in denen versucht wurde, die Positionen der PLO denen von König Hussein (→ Hussein Ibn Talal) anzunähern, bis Jordanien 1988 seinen Herrschaftsanspruch auf das Westjordanland aufgab und somit de facto die Annexion von 1949 rückgängig machte. Dies geschah auch unter dem Eindruck der → Intifada, die als klare Absage an König Husseins Politik gesehen wurde und sich in den besetzten Gebieten zu einem flächendeckenden Aufstand ausweitete, der die bis dahin gültige Haltung des *Sumud*, des Ausharrens und des passiven Widerstands, ersetzte.

Es gab seit dem → Camp-David-Abkommen von 1978 mehrere Bestrebungen, die auf eine Teilautonomie des Westjordanlands und des Gazastreifens abzielten. Diese wurden jedoch von der palästinensischen Bevölkerung, die die konkreten Schritte zur fortschreitenden Kolonisierung des Westjordanlands und die Unterdrückung vor Ort täglich erleben mußte, mit Entschiedenheit abgelehnt. Verstärkter Siedlungsbau, Landkonfiszierungen, Deportationen, politische Repressionen, der → Libanonkrieg 1982 und nicht zuletzt die willkürliche Absetzung der gewählten palästinensischen Bürgermeister 1982 verstärkten das nationale Bewußtsein und die nationale Identität der Palästinenser in den besetzten Gebieten. Erst der umfassende Friedensprozeß, der 1991 mit der → Madrider Friedenskonferenz begann und in den → Oslo-Abkommen umgesetzt werden sollte, versprach eine mögliche Lösung in Anbetracht der widrigen Umstände und des Mangels an Alternativen. Mittlerweile hat die Realität auch diese Initiative eingeholt, und der Prozeß, der eine schrittweise palästinensische Selbstverwaltung gemäß den Vorgaben des → Oslo-II-Abkommens vorsah, stagniert.

Seit Beginn des → Golfkriegs und vermehrt seit den islamistischen Gewalt- und Terroraktionen, die auf eine Behinderung des Friedensprozesses zielen, wurde das Westjordanland häufig abgeriegelt und de facto die Grüne Linie von 1967 wiederhergestellt. Diese Abriegelungen wurden als kollektive Strafmaßnahmen eingesetzt und verschlechterten die ohnehin schon desolate wirtschaftliche Lage. Zwischen 1992 und 1996 fiel das reale Bruttosozialprodukt pro Kopf um 36 Prozent – hauptsächlich eine Folge der Abriegelungen, die 1996 auf 82 Tage anstiegen, mit einem geschätzten Verlust von vier Millionen US-Dollar pro Tag für die palästinensische Wirtschaft. Seit 1997 kam es zu einem Rückgang der Absperrungen, und kombiniert mit den finanziellen Zuwendungen internationaler Geberländer zeichnete sich seit 1999 und bis zum Ausbruch der → Al-Aqsa-Intifada ein moderater Wirtschaftsaufschwung ab. Die Hürden für eine umfassende wirtschaftliche Verbesserung scheinen dennoch unüberwindbar, denn ein Großteil der Entwicklungshilfe wird auch hier zur Finanzierung der Bürokratie zweckentfremdet; die angekündigten Industrieparks wurden noch nicht umgesetzt, im Privatsektor herrscht weiterhin große Skepsis, und Investitionen werden kaum getätigt. Nicht zu unterschätzen ist auch das psychosoziale Klima, das sich permanent verschlechtert und dazu führt, daß es kaum noch vertrauensbildende Maßnahmen gibt und Kontakte zwischen Israelis und Palästinensern sich auf das absolute Mindestmaß reduzieren.

Wye-Abkommen

Das Wye-Abkommen (auch Wye-I-Abkommen oder Wye-Plantation-Memorandum genannt) wurde nach monatelanger Blockade der → Friedensverhandlungen am 23. Oktober 1998 von → Netanyahu und → Arafat unterzeichnet und sah die vollständige Implementierung des quasi ausgesetzten → Oslo-II-Abkommens vor. Die Vereinbarungen umfaßten vier Kernelemente: den israelischen Truppenrückzug, palästinensische Sicherheitsgarantien, die Änderung der Palästinensischen Nationalcharta (→ PLO) sowie Handels- und Verkehrszusagen.

Das Wye-Abkommen kam nur unter Vermittlung der → USA zustande, die u.a. Druck auf Netanyahu ausübten, da er das Oslo-II-Abkommen nicht eingehalten und den vereinbarten Rückzug aus weiteren 13 Prozent des → Westjordanlands eingefroren hatte. → Israel erklärte sich nun bereit, seine Truppen innerhalb von drei Monaten stufenweise aus diesen Gebieten zurückzuziehen und 14 Prozent der bislang noch gemeinsam verwalteten Gebiete (Zone B) ganz zu übergeben; die Palästinenser hätten damit rund 40 Prozent des im → Junikrieg 1967 von → Israel eroberten Territoriums des Westjordanlands unter ihrer Verwaltung.

Nachdem gerade zwei Prozent des Truppenrückzugs in der Nähe der Stadt Jenin beendet waren, stoppte Netanyahu jedoch den Prozeß aufgrund des Drucks der extrem rechten und religiösen Parteien sowie des → Likud. Da im Dezember 1998 die Knesset vorgezogene Wahlen für Mai 1999 beschloß, wurde die Umsetzung des Wye-Abkommens vorerst suspendiert.

Das Wye-Abkommen sah auch die sofortige Wiederaufnahme der Endstatusverhandlungen (final status talks) vor, die seit Unterzeichnung der → Osloer Prinzipienerklärung immer wieder aufgeschoben worden waren. Formell war es beiden Konfliktparteien freigestellt, nach dem 3. Mai 1999 – dem Auslaufdatum des → Oslo-I-Abkommens, das eine fünfjährige Interimsperiode vorgesehen hatte – ohne Absprache mit der Gegenseite zu handeln. → Arafat hatte mehrere Male angekündigt und gedroht, er würde am 4. Mai 1999 einseitig einen unabhängigen Staat → Palästina ausrufen. Israel konterte mit der Gegendrohung, daß es diesen Staat nicht akzeptieren und möglicherweise sogar annektieren würde. Arafat war sich sehr wohl bewußt, daß eine weitere Verzögerung nicht nur seinem Ansehen schaden, sondern auch die realistischen Aussichten auf einen palästinensischen Staat deutlich vermindern würde.

Die Wahl → Ehud Baraks zum Ministerpräsidenten im Mai 1999 gab dem Friedensprozeß neuen Antrieb. Am 5. September 1999 unterzeichneten Barak und Arafat im Beisein von König Abdallah II. von Jordanien (→ Abdallah Ibn Hussein), Präsident → Mubarak und Außenministerin Madeleine Albright das Wye-II-Abkommen (auch Wye-Folgeabkommen oder Wye-Zusatzabkommen genannt) in Sharm el-Sheich; damit sollte die Umsetzung des Wye-Abkommens endlich realisiert werden. Israel garantierte den Abzug aus den restlichen elf Prozent des besetzten Westjordanlands bis Januar 2000 und die Freilassung weiterer palästinensischer Gefangener. Bereits im November 1998 war der Flughafen im → Gazastreifen eingeweiht worden, und auch auf den Bau eines Seehafens in Gaza hatte man sich im Vorfeld bereits geeinigt. Die für die Palästinenser extrem wichtigen Transitrouten zwischen dem Gazastreifen und dem Westjordanland wurden im Dezember 1999 eröffnet. Weiterhin wurde beschlossen, die bestehenden Rahmenbedingungen bis September 2000 zu verlängern und dann die Endstatusverhandlungen, die alle schwierigen Fragen wie die über → Jerusalem, → Flüchtlinge, → Wasser und die Ausrufung des palästinensischen Staates behandeln sollten, zu Ende zu führen. Seit Dezember 1999 stagnieren die infolge des Wye-Abkommens wiederaufgenommenen Gespräche jedoch wieder, und anstelle der Endstatusverhandlungen begann Ende September 2000 die → Al-Aqsa-Intifada.

Wye-II-Abkommen → Wye-Abkommen

Y

Yom-Kippur-Krieg → Oktoberkrieg (1973)

Z

Zionismus

Jüdische politische Ideologie und Bewegung der nationalen Wiedergeburt mit dem Ziel, einen jüdischen Staat in → Palästina zu gründen. Der Name bezieht sich auf den Hügel Zion, der oft als Synonym für → Jerusalem verwendet wird. Der Zionismus erwuchs innerhalb der europäischen Nationalbewegungen des 19. Jahrhunderts und als Reaktion auf einen vehementen Antisemitismus, der sich in Europa ausbreitete.

Die zionistische Bewegung wurzelt in der Erinnerung der Diaspora-Juden an das verlorengegangene historische Land → Israel und in der Hoffnung darauf, eines Tages dorthin zurückzukehren. Nicht übereinstimmend mit der Bedeutung Erez Israels im Selbstverständnis der religiösen Juden entstand der politische Zionismus im säkularen Klima der Aufklärung und als Gegengewicht zu dem gescheiterten Versuch der säkularen Juden, sich zu assimilieren und zu emanzipieren – der Haskala. Einer der Vordenker des Zionismus, der deutsch-jüdische Sozialist Moses Hess, propagierte in seinem Buch *Rom und Jerusalem* (1862) zum ersten Mal die Rückkehr nach Zion in einem nichtreligiösen Kontext. Leon Pinsker griff 1882 diese Idee in seiner Publikation *Autoemanzipation* auf und votierte für einen jüdischen Staat, da die von anderen favorisierte individuelle Emanzipation nicht in der Lage sei, die »Judenfrage« – also das Problem einer fortwährenden Minderheitensituation – zu lösen. Pinskers Thesen waren für die erste → Aliya verantwortlich, die von 1882-1903 zwischen 20 000 und 30 000 Juden aus dem zaristischen Rußland nach Palästina brachte. Unterstützt von Baron Edmond de Rothschild begann somit die jüdische landwirtschaftliche Kolonisation Palästinas.

Unter dem Eindruck der Dreyfus-Affäre 1895 verfaßte der Wiener Journalist Theodor Herzl (1860-1904) 1896 sein Buch *Der Judenstaat – Versuch einer modernen Lösung der Judenfrage*, in dem er den theoretischen und politischen Rahmen für die diversen proto-zionistischen Bewegungen absteckte. Darüber hinaus verfügte Herzl über entscheidende diplomatische Kontakte und organisierte 1897 den ersten Zionistenkongreß in Basel, an dem 197 Repräsentanten aus 17 Staaten teilnahmen, die das zionistische Grundsatzpapier, das Baseler Programm, verabschiedeten. Demzufolge strebte der Zionismus »für das jüdische Volk die Schaffung einer öffentlich-rechtlich gesicherten Heimstätte in Palästina« an. Zur Erreichung dieses Ziels propagierte das Baseler Programm »die zweckdienliche Förderung der Besiedlung Palästinas mit jüdischen Ackerbauern«. Neben der politischen Unabhängigkeit des jüdischen Volkes beinhaltete die zionistische Idee weitergehende Aspekte. Dazu gehörte die gesellschaftliche und kulturelle Gestaltung des neuen Staates, die Wiederbelebung der hebräischen Sprache ebenso wie die Stärkung jüdischen Selbstbewußtseins und jüdischer Selbstbehauptung in der Diaspora.

Wie bei jedem anderen Nationalismus bildeten sich auch beim Zionismus verschiedene Strömungen heraus, die sich entweder am Sozialismus, Liberalismus oder an orthodoxen Glaubensinhalten orientierten. Die erste Meinungsverschiedenheit demonstrierte die zionistische Bewegung, als es um die Bewertung des britischen Vorschlags ging, eine territoriale Alternative zu Palästina zu akzeptieren. Auf einem weiteren Zionistenkongreß wurde in Basel 1905 definitiv jegliche Alternative zum »Heiligen Land« als Ziel des Zionismus abgelehnt. Der darauffolgende Kongreß unter der Führung Chaim Weizmanns, der die Nachfolge Herzls angetreten hatte, bemühte sich, eine einheitliche Position zu erarbeiten, indem die unterschiedlichen Strömungen zu einem synthetischen Zionismus zusammengefaßt wurden. Weizmanns diplomatischem Geschick ist es letztendlich auch zu verdanken, daß die Kolonialmächte – Großbritannien an erster Stelle – sich für das zionistische Projekt als potentielles Machtinstrument interessierten und somit seiner Realisierung der Boden bereitet werden konnte. Am 2. November 1917 erwirkte Weizmann die Balfour-Erklärung, und um diese umzusetzen, wurde 1920 Großbritannien vom Völkerbund das Mandat über Palästina zugeteilt (→ Mandatszeit).

Die Geschichte der jüdischen Einwanderungswellen nach Palästina bzw. → Israel, die fast immer die Folge von Diskriminierung und Unterdrückung waren, speziell zur Zeit des Nationalsozialismus in Deutschland, werden vom israelischen Staat oft als Beleg für die Richtigkeit der zionistischen Argumentation gesehen, nämlich daß ein jüdischer Staat mit einer jüdischen Mehrheit die einzige Lösung der »Judenfrage« sei. Jedoch war in diesem Szenario kein Platz für die dort ansässige Bevölkerung, die Palästinenser, vorgesehen, wodurch der Grundstein für den israelisch-palästinensischen Konflikt gelegt wurde. Die Gründung Israels 1948 mag die Realisierung des zionistischen Ziels bedeuten, inwieweit jedoch dieser Staat Herzls Vision vom Idealstaat, wie er ihn in seinem Buch *Altneuland* (1902) beschrieb, entspricht, sei dahingestellt. Auch innerhalb des → Judentums gab es von Beginn des Zionismus an Einzelpersonen und Organisationen, die seine Ziele ablehnten. Jüdische kommunistische Gruppierungen wie der Bund, aber auch die ultrareligiösen Haredim, die den Zionismus als säkulare Bewegung, die dem göttlichen Willen vorgreift, verstehen, gehörten und gehören zu den vehementen Kritikern des Zionismus. Seit den achtziger Jahren, gefördert durch die Erkenntnisse der → Neuen Historiker in Israel und verstärkt seit dem Ausbruch der → Intifada, vermehrt sich die Kritik an der zionistischen Idee innerhalb intellektueller jüdischer Kreise. Sie vertreten die Ansicht, daß der Zionismus seinen Zenit mit der Staatsgründung erreicht habe und nun eine post-zionistische Ära beginnen müsse mit der Zielsetzung, eine Neudefinierung der israelischen Gesellschaft und ihrer Identität zu erlangen.

Zeittafel

Zusammengestellt von Georg Stein unter Benutzung folgender Medien: *Archiv der Gegenwart, Frankfurter Rundschau, Israel und Palästina, Journal of Palestine Studies, Monitordienst Nahost der Deutschen Welle, Nahost Jahrbuch, Palästina Journal; Palestine-Israel Journal of Politics, Economics and Culture; PASSIA Diary, Süddeutsche Zeitung, die tageszeitung* (*taz*). Die Zeittafel wird durch den Palmyra Verlag ständig aktualisiert und kann auf der Homepage des Verlages (www.palmyra-verlag.de) eingesehen werden.

14000 - 7000 v. Chr.

Übergang vom Jägerdasein zu seßhafter Lebensweise in der Mittleren Steinzeit. Die ersten Siedlungsspuren in dem später Syrien und Palästina genannten Land reichen bis in die Altsteinzeit zurück.

Um 3000 v. Chr.

In einer ersten Einwanderungswelle dringen seit der frühen Bronzezeit semitische Nomaden in das Land ein. Siedlungsbeginn an der Stelle des heutigen → Jerusalem.

Um 2100 v. Chr.

Die semitischen Kanaaniter (zu ihnen gehören auch die Jebusiter) lassen sich in Palästina nieder. Kleine Stadtstaaten bilden sich, so Jebus an der Stelle des heutigen Jerusalem.

Um 1850 v. Chr.

Der älteste schriftliche Beleg über Jerusalem, das in den ägyptischen Ächtungstexten um 1850 v. Chr. erstmals genannt wird, findet sich um 1360 v. Chr. im Keilschriftenarchiv der Amarnabriefe des Königs von Urusalim (Jerusalem) an Amenophis IV. (Echnaton).

Um 1800 - 1700 v. Chr.

Ungefähre Zeit der Wanderung Abrahams von Mesopotamien nach Kanaan. Begegnung Abrahams mit Melchisedek, dem König von Salem (der Name »Jerusalem« leitet sich von dem lokalen jebusitischen Schutzgott »Salem« ab). Abraham und seine Frau Sara werden in der Höhle Machpela bei Hebron begraben.

Um 1650 - 1550 v. Chr.

Die semitischen Hyksos erobern → Syrien, → Palästina und → Ägypten. Vermutliche Zeit des Aufenthalts von Joseph und der Israeliten in Ägypten.

Ab 1500 v. Chr.

Verstärktes Eindringen israelitischer Nomaden (Habiru) nach Palästina.

1480 v. Chr.

Unter Thutmosis III. werden Palästina und Syrien ägyptische Provinzen.

Um 1450 v. Chr.

In Palästina versuchen mehrere Kleinstaaten, ihre Selbständigkeit zu bewahren.

Um 1380 v. Chr.

Die Hethiter dringen aus der heutigen Türkei nach Süden vor und erreichen etwa 1350 das südliche Palästina.

Um 1300 v. Chr.

Die semitischen Aramäer besetzen einzelne Gebiete in Palästina und Syrien.

1270 v. Chr.

Ramses II. von Ägypten schließt Frieden mit den Hethitern und behält Palästina. Um diese Zeit ziehen die Israeliten unter ihrem Anführer Moses nach etwa 400 Jahren des Exils von Ägypten zurück nach Palästina.

Um 1200 v. Chr.

Die Philister, ein ägäisches Seevolk, dringen nach Palästina ein (Palästina ist die griechische Bezeichnung für »Philisterland«) und vermischen sich mit den Kanaanitern; das Hethiterreich zerfällt. Der von Moses zu seinem Nachfolger bestimmte Josua erobert Jericho und große Teile Kanaans.

Um 1050 - 1004 v. Chr.

Bedrängt von den Philistern, wird Saul zum König der zwölf Stämme Israels gesalbt; die Philister vermag er jedoch nicht zurückzudrängen.

1004 - 965 v. Chr.
Sauls Nachfolger David residiert zunächst als König von Juda in Hebron. Dann setzt er sich auch im nördlichen Landesteil durch. David erobert das bis dahin von den kanaanitischen Jebusitern gehaltene Jerusalem und macht es zur neuen Hauptstadt des Gesamtreiches. Seine Herrschaft reicht vom Roten Meer bis an den Euphrat.

964 - 926 v. Chr.
Regierungszeit von König Salomo, dem Sohn Davids. Er baut den Ersten Tempel von Jerusalem. Nach Salomos Tod zerfällt sein Reich in das Nordreich → Israel, mit Sichem und ab 880 Samaria als Hauptstadt, und das Südreich Juda mit Jerusalem als Hauptstadt.

744 - 727 v. Chr.
Tiglatpileser I. von Assur wird zum Begründer des Assyrischen Weltreiches, das sich von Babylon bis nach Gaza erstreckt.

725 - 697 v. Chr.
Hiskias, König von Juda, versucht vergeblich, die assyrische Oberhoheit abzuschütteln. Die Hauptstadt Jerusalem jedoch kann der assyrische König Sanherib nicht erobern.

722 v. Chr.
Sargon II. von Assur zerstört Samaria, und das Nordreich Israel findet sein Ende.

Um 625 v. Chr.
Das Neubabylonische Reich löst auch in Palästina das Assyrische Reich ab.

597 v. Chr.
Nebukadnezar aus Babylon erobert Jerusalem; 586 zerstört er es einschließlich des Ersten Tempels. Ein Großteil der Bevölkerung zieht in die Babylonische Gefangenschaft.

539 v. Chr.
Der Perserkönig Kyros (559-530) macht nach der Unterwerfung des Neubabylonischen Reiches Palästina zu einer persischen Provinz. Die Juden kehren nach fast 50jähriger Gefangenschaft zurück. Von 520 bis 515 wird in Jerusalem der Zweite Tempel gebaut.

332 v. Chr.

Nach dem Zerfall des Persischen Reiches kommt Palästina unter die Herrschaft Alexander des Großen, nach seinem Tod 323 an die in Ägypten residierenden Ptolemäer.

Um 198 v. Chr.

Eroberung Jerusalems durch die hellenistischen Seleukiden.

166 - 164 v. Chr.

Rom unterstützt den Aufstand der jüdischen Hasmonäer (Makkabäer) gegen die Seleukidenherrschaft.

140 - 63 v. Chr.

Dynastie der Hasmonäer.

63 v. Chr.

Absetzung des letzten Seleukidenherrschers durch den römischen Feldherrn Pompeius. Palästina wird zur römischen Provinz.

40 - 4 v. Chr.

König Herodes der Große regiert mit Unterstützung Roms über ganz Palästina. Er erneuert den Tempel von Jerusalem.

4 v. Chr. - 37 n. Chr.

Unter der Herrschaft des Herodes Antipas wird Jesus in Jerusalem gekreuzigt. Pontius Pilatus ist römischer Prokurator von Judäa (26-36).

70

Einnahme Jerusalems und Zerstörung des Zweiten Tempels durch Titus.

132 - 135

Unter Bar-Kochba erheben sich die Juden erneut. Der Aufstand wird von den Truppen Kaiser Hadrians niedergeschlagen.

313

Anerkennung des Christentums durch Kaiser Konstantin den Großen.

395

Mit der Teilung des Römischen Reiches kommt Jerusalem zum Oströmischen Reich (Beginn der byzantinischen Epoche).

Um 443

Beginn der jüdischen Wiederansiedlung in Jerusalem.

614

Der Perserkönig Chosrau II. erobert Jerusalem.

629
Wiederherstellung der byzantinischen Herrschaft und erneute Vertreibung der Juden.
638
Unblutige Einnahme Jerusalems durch Kalif Omar. Grundsteinlegung zum Bau der Al-Aqsa-Moschee.
661 - 750
Kalifat der Omaijaden in Damaskus. 691 Fertigstellung des Felsendoms unter Kalif Abd el-Malik.
750 - 969
Kalifat der Abbasiden mit Sitz in Bagdad.
969
Eroberung Palästinas durch das in Kairo residierende Gegenkalifat der schiitischen Fatimiden.
1009
Der Fatimidenkalif Al-Hakim zerstört die Grabeskirche in Jerusalem.
1070 - 1085
Die türkischen Seldschuken erobern Jerusalem und große Teile von Palästina. Ihre Herrschaft gibt den Anstoß zum Beginn der Kreuzzüge.
1099
Im ersten Kreuzzug (1096-1099) erobern die Kreuzfahrer Jerusalem. Es kommt zu einem Blutbad unter den muslimischen und jüdischen Einwohnern. Die Kreuzfahrer gründen das christliche Königreich Jerusalem.
1147 - 1149
Der zweite Kreuzzug scheitert.
1187
Salah ad-Din (Saladin), der Sultan von Ägypten, besiegt die Kreuzfahrer bei Hittim und erobert Jerusalem.
1189 - 1192
Im dritten Kreuzzug scheitert die Rückeroberung → Jerusalems. Die Kreuzfahrer behaupten nur den Küstenstreifen zwischen Tyrus und Jaffa.
1202 - 1204
Der vierte Kreuzzug führt nur bis Konstantinopel.

1228 - 1229
Im fünften Kreuzzug unter Kaiser Friedrich II. werden Jerusalem und Bethlehem dem christlichen Küstenstreifen angeschlossen.
1244
Die khwarismischen Türken (Tataren) erobern Jerusalem. Dies bedeutet das Ende des christlichen Königreiches Jerusalem.
1248 - 1254
Während des sechsten Kreuzzugs erobern die in Ägypten zur Macht gekommenen Mamelucken Palästina.
1291
Die Kreuzfahrer räumen ihre letzten Besitzungen an der Küste.
1516
Der türkische Sultan Selim I. erobert Syrien und Palästina. Diese Gebiete bleiben bis 1917 Teil des Osmanischen Reiches.
1520 - 1566
Regierungszeit von Sultan Suleiman dem Prächtigen. Um etwa 1540 Errichtung der Altstadtmauern von Jerusalem.
1831/1832
Ibrahim Pascha, der Sohn des ägyptischen Statthalters Muhammad Ali, erobert den größten Teil Syriens und Palästinas.
1838
Großbritannien eröffnet als erstes europäisches Land ein Konsulat in Jerusalem.
1840
Rußland (→ Sowjetunion), Preußen, Österreich und Großbritannien unterstützen die osmanischen Rückeroberungen, weil sich die Europäer noch nicht über eine Aufteilung des Osmanischen Reiches einigen können. Im Rahmen der »Orientalischen Frage« gerät der Nahe Osten zunehmend in den Strudel europäischer Interessengegensätze.
1841
Gründung eines gemeinsamen anglo-preußischen Bischofssitzes in Jerusalem.
1847
Papst Pius IX. erneuert das lateinische Patriarchat in Jerusalem.
1860
Erste jüdische Ansiedlungen außerhalb der Altstadt von Jerusalem.

17. November 1869
In Ägypten wird unter britischer Kontrolle der Suezkanal eröffnet.

September 1882
Großbritannien besetzt Ägypten, das bis zum 14. September 1914 Teil des Osmanischen Reiches bleibt.

6. Juli 1882
Die erste jüdische Einwanderungswelle (→ Aliya) beginnt mit der Ankunft einer Gruppe in Jaffa, die infolge von Pogromen und Diskriminierung Rußland und andere Länder Osteuropas verlassen hat. Die erste Aliya dauert bis 1903.

12. Dezember 1882
Gründung der ersten jüdischen Kolonie in Rosh Pinna (Galiläa).

Februar 1896
Theodor Herzl legt mit seinem Buch *Der Judenstaat – Versuch einer modernen Lösung der Judenfrage* den Grundstein für den politischen → Zionismus.

29. - 31. August 1897
Auf dem ersten Zionistenkongreß in Basel begründet Theodor Herzl die zionistische Bewegung; ihr Ziel ist die Errichtung einer nationalen Heimstätte für das jüdische Volk in Palästina.

Oktober/November 1898
Besuch von Kaiser Wilhelm II. in Palästina, wo er in Jerusalem Theodor Herzl trifft. Das Deutsche Reich will mit der Indienststellung des Zionismus nicht zuletzt die jüdische Welt auf seine Seite ziehen und einen Stützpunkt im Vorderen Orient einrichten. Der deutsche Flankenschutz für die Zionisten scheitert jedoch am prinzipiellen Widerstand des osmanischen Bündnispartners.

14. August 1903
Die britische Regierung bietet den Zionisten Uganda als Siedlungsgebiet an.

1904
Beginn der zweiten jüdischen Einwanderungswelle aus Rußland, wiederum bedingt durch Pogrome.

1. Februar 1908
Unter der Leitung von Arthur Ruppin wird in Jaffo das Palästinaamt der Zionistischen Organisation eröffnet.

11. April 1909
Gründung von Tel Aviv, der ersten rein jüdischen Stadt in Palästina, nahe der arabischen Hafenstadt Jaffo.

1. Dezember 1909
Gründung des ersten Kibbuz (Deganya am See Genezareth).

1913
Im Zeichen der erstarkenden arabischen Nationalbewegung fordert der Arabische Kongreß in Paris mehr politische Rechte vom Osmanischen Reich.

November 1914
Mit dem Eintritt der Türkei in den Ersten Weltkrieg an der Seite der Mittelmächte gegen die Entente-Mächte geben die Briten ihre bisherige Zurückhaltung gegenüber dem ehemaligen Osmanischen Reich auf. Etwa 85 000 Juden, 12,3 Prozent der Gesamtbevölkerung, leben zu diesem Zeitpunkt in Palästina.

18. Dezember 1914
Ägypten wird zum britischen Protektorat erklärt.

Juli 1915 - März 1916
Scherif Hussein Ibn Ali von Mekka erhält in einem Briefwechsel mit dem britischen Hochkommissar für Ägypten, Henry MacMahon, Zusagen für die Unabhängigkeit eines großarabischen Reiches nach Beendigung des Kriegs; als Gegenleistung organisieren die Araber unter Mitwirkung von Lawrence von Arabien einen Aufstand gegen die osmanisch-türkische Herrschaft.

16. Mai 1916
Entgegen der Hussein-MacMahon-Korrespondenz (→ Mandatszeit) einigen sich der britische Unterhändler Mark Sykes und der französische Unterhändler Georges Picot bei Geheimverhandlungen über die Aufteilung des Osmanischen Reiches nach Beendigung des Ersten Weltkrieges, worin die Teilung bzw. Internationalisierung Palästinas eingeschlossen ist (Sykes-Picot-Abkommen).

1917
Großbritannien fügt der Türkei im Ersten Weltkrieg einige schwere Niederlagen zu.

2. November 1917
In der Balfour-Erklärung bekundet die britische Regierung ihre Unterstützung für die zionistische Bestrebung, in Palästina eine nationale Heimstätte für das jüdische Volk zu errichten.

8. Dezember 1917
Der britische Feldmarschall Allenby zieht in Jerusalem ein.

30. Oktober 1918
Waffenstillstand zwischen der Türkei und der Entente. Mit der Niederlage des Deutschen Reiches und durch das mit der Revolution beschäftigte Rußland verlieren die wichtigsten Konkurrenten Großbritanniens und Frankreichs im Nahen Osten ihren Einfluß. In der Perspektive der imperialistischen Politik wird die Frage der Zukunft Palästinas nun eine englisch-französische Angelegenheit.

7. November 1918
In einer gemeinsamen Regierungserklärung sichern Briten und Franzosen der arabischen Bevölkerung die Unabhängigkeit zu; die politische Zukunft Palästinas bleibt dabei aber unklar.

Januar 1919
Beginn der dritten Aliya, vornehmlich aus Polen.

3. Januar 1919
Im Faisal-Weizmann-Abkommen vereinbaren der Zionistenführer Chaim Weizmann und der Haschemitenführer Faisal Ibn Hussein eine enge Form der Zusammenarbeit.

2. Juli 1919
Erster Palästinensischer Nationalkongreß, der die Wahrung der Interessen »Südsyriens oder Palästinas« bei den Pariser Friedensverhandlungen an Faisal Ibn Hussein überträgt.

Juli 1919
In Damaskus proklamiert der erste Syrische Nationalkongreß einen großsyrischen Staat, der die heutigen Gebiete Syrien, → Libanon, → Jordanien und Israel umfaßt.

März 1920
Der zweite Syrische Nationalkongreß ernennt in Damaskus König Faisal zum König Großsyriens.

2./3. April 1920
Zusammenstoß von Juden und Palästinensern in Jerusalem (Nebi-Musa-Unruhen).

19. - 26. April 1920
Konferenz von San Remo, in deren Folge Palästina, Transjordanien und der Irak Großbritannien und Syrien sowie der Libanon Frankreich als Mandate übertragen werden. Aufgrund der mehrdeutigen europäischen Kolonialpolitik kommt es in Palästina zunehmend zu antijüdischen Unruhen.

1. Juli 1920
Die britische Zivilverwaltung in Palästina (erster Hochkommissar: Sir Herbert Samuel) beginnt, nachdem der Oberste Rat der Alliierten Palästina den Briten zur treuhänderischen Verwaltung übergeben hat; Palästina ist nun britisches Mandatsgebiet. Die Bevölkerung Palästinas ist zu diesem Zeitpunkt zu 90 Prozent arabisch-palästinensisch (600 000 Palästinenser, 70 000 Juden).

10. August 1920
Friedensvertrag von Sèvres, in dem die Siegermächte die »Osmanische Beute« aufteilen.

5. Dezember 1920
Gründung der zionistischen Gewerkschaftsbewegung Histadrut.

1921
Der britische Hochkommissar ernennt Amin al-Husseini zum Mufti von Jerusalem.

Mai 1921
Landesweiter arabischer Aufstand in Palästina gegen die britische Kolonialmacht.

Januar 1922
Ernennung von Amin al-Husseini zum Präsidenten des von den Briten installierten Obersten Muslimischen Rates; als »Führer der Geistlichen« wird al-Husseini damit Großmufti.

22. Februar 1922
Großbritannien erklärt einseitig die Unabhängigkeit Ägyptens.

15. Mai 1922
Transjordanien wird formal unabhängiger Staat unter britischer Mandatsherrschaft.

22. - 24. Juli 1922
Auf der Tagung des Völkerbunds in London wird das Palästinamandat ratifiziert und am 29. September in Kraft gesetzt; der Völkerbund bestätigt auch das französische Mandat über den Libanon und Syrien.

15. Mai 1923

Großbritannien trennt Transjordanien vom Mandatsgebiet Palästina ab und errichtet einen eigenen Staat unter Emir Abdallah Ibn Hussein (ab 1946 König Abdallah I.), der weiterhin britischer Kontrolle untersteht.

1924

Beginn der vierten Aliya; vor allem polnische Juden siedeln sich in den Städten an.

August 1929

Auf dem 16. Zionistenkongreß wird in Zürich die erweiterte *Jewish Agency for Palestine* gegründet; sie vertritt die Interessen der in Palästina lebenden Juden gegenüber der britischen Mandatsregierung.

23. August 1929

Ein Zwischenfall an der Klagemauer in Jerusalem löst die bislang schwersten antijüdischen Unruhen aus (249 Tote). Die von dem Völkerbund eingesetzte Untersuchungskommission kommt zu dem Ergebnis, daß die Unruhen weitgehend in der zionistischen Siedlungspolitik begründet liegen.

21. Oktober 1930

Das Passfield-Weißbuch der englischen Regierung betont die Verpflichtung zur Neutralität der Mandatsmacht; die Erklärung bleibt jedoch ohne Auswirkung auf die englische Mandatspolitik.

1931

Auf Einladung von Amin al-Husseini tritt in Jerusalem der erste Islamische Weltkongreß zusammen, der ihn zum Präsidenten des Exekutivkomitees wählt. Aus der seit 1911 bestehenden Muslimisch-Christlichen Vereinigung geht die Patriotische Arabervereinigung hervor, die den bewaffneten Kampf propagiert.

13. Januar 1931

Brief des britischen Premierministers Ramsay MacDonald mit prozionistischer Ausrichtung der Palästinapolitik.

1933

Im Rahmen der fünften Aliya kommen bis 1935 etwa 150000 deutsche Juden nach Palästina.

15. September 1935

Durch die rassistischen Nürnberger Gesetze verlieren die Juden in Deutschland die Bürgerrechte.

April 1936

Konstituierung des Arabischen Hochkomitees unter Vorsitz des Großmuftis von Jerusalem. Das Komitee beschließt Schritte gegen die zunehmende jüdische Einwanderung.

19. April 1936

Die Kolonialtruppen zerschlagen eine antibritische Massendemonstration in Jaffa, was einen sechsmonatigen landesweiten Generalstreik zur Folge hat. Der arabische Aufstand setzt sich mit kurzen Unterbrechungen bis zum Beginn des Zweiten Weltkriegs fort.

7. Juli 1937

Eine von Lord Peel eingesetzte britische Untersuchungskommission (Peel-Kommission) schlägt die Teilung Palästinas vor, weil die Ziele der Balfour-Erklärung und der Mandatsauftrag unvereinbar seien. Nach der Ablehnung des Plans durch das Arabische Hochkomitee wird dieses von den Engländern aufgelöst; der Mufti flieht außer Landes. Die *Jewish Agency* hatte dem Teilungsplan unter gewissen Vorbehalten zugestimmt. Bereits am 9. November 1938 ließ Großbritannien den Teilungsplan jedoch wieder fallen (Woodhead-Kommission).

9./10. November 1938

Die wachsende Diskriminierung der Juden im Dritten Reich kulminiert in der Reichspogromnacht.

1939

Durch den arabischen Aufstand und im Schatten des drohenden Zweiten Weltkriegs ändert die britische Regierung ihre Palästinapolitik und sieht sich zu Konzessionen an die Araber gezwungen.

17. Mai 1939

Großbritannien verspricht im MacDonald-Weißbuch den Arabern Palästinas innerhalb der nächsten zehn Jahre die Unabhängigkeit. Die jüdische Einwanderung wird für die nächsten fünf Jahre auf 75 000 beschränkt, für die Folgezeit sogar von der Zustimmung der arabischen Seite abhängig gemacht.

1941

Aufhebung der Völkerbundmandate und Ausrufung der Unabhängigkeit Syriens (27. September) und des Libanon (26. November).

1942
Nachdem die Nationalsozialisten bereits seit 1939 mit der Vernichtung des europäischen → Judentums in den eroberten Gebieten begonnen haben, erfolgt nun als Resultat der Wannsee-Konferenz der Genozid (Shoah); in Konzentrations- und Vernichtungslagern werden etwa sechs Millionen europäische Juden systematisch ermordet.

6. - 11. Mai 1942
Die außerordentliche zionistische Biltmore Konferenz (benannt nach dem New Yorker Tagungshotel) weist das Weißbuch vom Mai 1939 zurück und fordert die Aufhebung der britischen Einwanderunsgbeschränkungen, eine eigenständige jüdische Armee und ein jüdisches Gemeinwesen in Palästina. Um ihre Abhängigkeit von Großbritannien zu verringern, wenden sich die Zionisten in zunehmendem Maß an die → USA.

22. März 1945
Gründung der → Arabischen Liga in Kairo.

22. März 1946
Beendigung des britischen Mandats über Transjordanien; Transjordanien wird unabhängig.

25. Mai 1946
Abdallah I. wird König von Jordanien und ändert die offizielle Landesbezeichnung von »Emirat Transjordanien« in »Haschemitisches Königreich Jordanien«.

22. Juli 1946
Sprengstoffanschlag zionistischer Extremisten auf das King-David-Hotel in Jerusalem, dem Sitz der britischen Mandatsverwaltung (90 Tote). Im Vorfeld hatte auch die *Jewish Agency* der Untergrundarmee Haganah den Befehl erteilt, gegen die britische Mandatsmacht nun Gewalt anzuwenden.

April 1947
Gründung der → Baath-Partei in Syrien.

18. Februar 1947
Großbritannien bringt die Palästinafrage vor die Vereinten Nationen (→ UN). Nach zunehmendem internationalen Druck, vor allem durch die USA, legen die Briten angesichts des nun bekannten Ausmaßes der nationalsozialistischen Verbrechen und ange-

sichts der wachsenden Spannungen in Palästina ihr Mandat nieder.

15. Mai 1947

Einsetzung einer Palästina-Sonderkommission der Vereinten Nationen (United Nations Special Committee on Palestine, UNSCOP) zur Prüfung der Palästinafrage, die am 1. September ihren Bericht und ihre Teilungsvorschläge vorlegt.

29. November 1947

Die UN-Vollversammlung der Vereinten Nationen beschließt in der Resolution 181 (II) mit einer Zwei-Drittel-Mehrheit die Teilung Palästinas zum 1. November 1948 in einen jüdischen und einen arabischen Staat, die Internationalisierung Jerusalems (Sonderstatus als *corpus separatum*) sowie eine Wirtschaftsunion. Die *Jewish Agency* akzeptiert den Plan, die arabischen Staaten lehnen ihn als ungerecht ab (→ UN-Resolutionen); obwohl sich der jüdische Bodenbesitz 1947 nämlich nur auf 5,6 Prozent beläuft, wird dem jüdischen Staat mit 15 100 km^2 56,5 Prozent der Gesamtfläche Palästinas zugesprochen.

1. Dezember 1947

Beginn von Kämpfen zwischen Juden und Palästinensern als Reaktion auf den UN-Teilungsplan.

9. April 1948

Bei einem Massaker in dem Dorf Deir Yassin töten die zionistisch-extremistischen Untergrundorganisationen Irgun und Lehi 254 palästinensische Dorfbewohner, was zum Auftakt einer palästinensischen Massenflucht bzw. -vertreibung wird.

14. Mai 1948

Proklamation des Staates Israel durch → David Ben-Gurion im städtischen Museum von Tel Aviv.

15. Mai 1948

Mit dem Ende des britischen Mandats und dem Abzug der letzten britischen Militäreinheiten erfolgt der Einmarsch arabischer Truppen u.a. aus Ägypten, Jordanien und Syrien, um den Teilungsplan zu verhindern; der erste → Arabisch-Israelische Krieg beginnt.

11. Dezember 1948

Die Vereinten Nationen beschließen in der Resolution 194 das Rückkehrrecht für die palästinensischen Flüchtlinge oder deren Kompensation.

Frühjahr 1949

Der erste Arabisch-Israelische Krieg endet mit einem israelischen Sieg sowie der Unterzeichnung von Waffenstillstandsabkommen mit den benachbarten arabischen Staaten (Ägypten 24. Februar, Libanon 23. März, Transjordanien 3. April und Syrien 20. Juli). Infolge der Kampfhandlungen kontrolliert Israel nunmehr zwei Drittel Palästinas. Weit über die Hälfte der 1,3 Millionen palästinensischen Araber wird zu → Flüchtlingen. Der → Gazastreifen wird ägyptischer Militärverwaltung unterstellt, und Jerusalem wird zu einer zwischen Israel und Jordanien geteilten Stadt.

11. Mai 1949

Aufnahme Israels in die Vereinten Nationen.

8. Dezember 1949

Gründung des UN-Hilfswerks für Palästina-Flüchtlinge im Nahen Osten (UNRWA).

6. Januar 1950

David Ben-Gurion erklärt Jerusalem zur Hauptstadt Israels.

24. April 1950

Jordanien annektiert unter König Abdallah I. das 1949 besetzte → Westjordanland.

15. Oktober 1950

Erste Suezkrise: Kündigung des Englisch-Ägyptischen Vertrags von 1936 durch Ägypten (Blockade des Suezkanals).

2. März 1951

Gründung des israelischen Auslandsgeheimdienstes Mossad (→ Geheimdienste).

20. Juli 1951

König Abdallah I. von Jordanien wird vor der Al-Aqsa-Moschee in Ostjerusalem ermordet; Nachfolger wird sein Sohn Talal.

23. Juli 1952

In Ägypten putschen unter Oberst → Gamal Abdel Nasser nationalistische Offiziere gegen König Faruk.

10. September 1952

Die Bundesrepublik Deutschland und Israel unterzeichnen in Luxemburg das sogenannte Wiedergutmachungsabkommen; offizieller Beginn der deutsch-israelischen Beziehungen (→ Deutsche Nahostpolitik).

2. Mai 1953
→ Hussein Ibn Talal wird König von Jordanien.

26. Januar 1954
Moshe Sharett tritt die Nachfolge von David Ben-Gurion als Ministerpräsident an.

28. Februar 1955
Wegen »ägyptischer Sabotageakte« unternimmt Israel einen Militärangriff gegen den Gazastreifen.

26. Juni 1955
Wahlen in Israel; ab November ist David Ben-Gurion erneut Ministerpräsident.

10. September 1955
Nasser sperrt den Golf von Akaba für Schiffe, die die israelische Hafenstadt Eilat anlaufen wollen.

Juni 1956
Gamal Abdel Nasser wird ägyptischer Staatspräsident.

26. Juli 1956
Ägypten verstaatlicht den Suezkanal.

28. Oktober 1956
Bei dem Massaker von Kafr Kassem werden 49 Palästinenser von israelischen Soldaten erschossen.

29. Oktober - 6. November 1956
Im → Suezkrieg läßt Israel in Abstimmung mit Frankreich und Großbritannien als Antwort auf die Verstaatlichung des Suezkanals durch Nasser Truppen auf die Kanalzone vorrücken. Israelische Streitkräfte besetzen den Gazastreifen und die Halbinsel Sinai, werden aber infolge eines amerikanisch-sowjetischen Ultimatums bis zum März 1957 wieder abgezogen.

5. März 1957
Die USA erklären sich bereit, die territoriale Integrität und politische Unabhängigkeit der Staaten des Nahen Ostens notfalls mit dem Einsatz militärischer Machtmittel zu schützen (Eisenhower-Doktrin).

1. Februar 1958
Ägypten und Syrien gründen die Vereinigte Arabische Republik, die jedoch am 28. September 1961 wieder aufgelöst wird.

September/Oktober 1959
→ Yassir Arafat gründet mit anderen palästinensischen Aktivisten die Organisation Al-Fatah.

1961
Prozeß gegen den Naziverbrecher Adolf Eichmann in Israel; Eichmann wird im Mai 1962 hingerichtet.

8. März 1963
Machtergreifung der Baath-Partei in Syrien.

16. Juni 1963
Ministerpräsident David Ben-Gurion tritt zurück. Sein Nachfolger wird am 26. Juli Levi Eshkol.

28. Mai - 2. Juni 1964
Auf der ersten Sitzung des Palästinensischen Nationalrats in Ostjerusalem wird mit ägyptischer Unterstützung die Palästinensische Befreiungsorganisation (→ PLO) gegründet. Erster Präsident des Exekutivkomitees ist bis zum Dezember 1967 Ahmed Shuqairi. Arafat und seine Mitstreiter gehören der neuen palästinensischen Bewegung zunächst nicht an.

1. Januar 1965
Arafats Al-Fatah führt ihre erste militärische Operation gegen Israel durch.

12. Mai 1965
Aufnahme diplomatischer Beziehungen zwischen Israel und der Bundesrepublik Deutschland.

1. Dezember 1965
Teddy Kollek wird Bürgermeister von Jerusalem.

23. Februar 1966
In Syrien übernimmt der linke Flügel der Baath-Partei die Macht.

16. Mai 1967
Nasser fordert den Abzug der UN-Truppen aus dem Sinai und dem Gazastreifen.

22. Mai 1967
Nasser sperrt den Golf von Akaba für israelische und nicht-israelische Schiffe mit strategischen Gütern für Isarel.

5. - 10. Juni 1967
Israel entscheidet den → Junikrieg durch einen massiven Luftangriff zu seinen Gunsten und kontrolliert nun das Westjordanland,

Ostjerusalem, den Gazastreifen, die ägyptische Halbinsel Sinai sowie die syrischen → Golanhöhen. Nach dem Krieg weiten Arafat und die Al-Fatah ihre Angriffe auf Israel aus; andere radikale palästinensische Gruppierungen schließen sich an.

11. Juni 1967

Die osteuropäischen Staaten und die → Sowjetunion brechen ihre diplomatischen Beziehungen zu Israel ab.

28. Juni 1967

Ostjerusalem wird von Israel annektiert; die Annektion wird international verurteilt.

29. August - 1. September 1967

Arabische Gipfelkonferenz in Khartum, auf der die arabischen Staaten ihre ablehnende Haltung gegenüber Israel festlegen (»Kein Friede, keine Anerkennung Israels, keine Verhandlungen«).

22. November 1967

In ihrer Resolution 242 fordern die Vereinten Nationen den Rückzug Israels aus den besetzten Gebieten und eine gerechte Regelung der Flüchtlingsfrage. Schwedens Botschafter in Moskau, Gunnar Jarring, wird UN-Sonderbeauftragter für den Nahen Osten.

Dezember 1967

Gründung der Volksfront für die Befreiung Palästinas (PFLP) unter George Habash.

21. März 1968

Israelischer Angriff auf das Hauptquartier der palästinensischen Widerstandsorganisationen in der Stadt Karameh östlich des Jordan. Nach eintägigen Kampfhandlungen ziehen sich die israelischen Streitkräfte zurück; die Palästinenser feiern sich als Sieger.

17. Juli 1968

Verabschiedung der Palästinensischen Nationalcharta auf der vierten Sitzung des Palästinensischen Nationalrats in Kairo.

1. - 4. Februar 1969

Yassir Arafat wird auf der fünften Sitzung des Palästinensischen Nationalrats in Kairo zum Vorsitzenden der PLO gewählt.

24. Februar 1969

Von der Volksfront für die Befreiung Palästinas (PFLP) spaltet sich die Demokratische Front für die Befreiung Palästinas (DFLP) ab.

17. März 1969
Golda Meir wird nach dem Tod von Levi Eshkol israelische Regierungschefin.

13. November 1969
Das Kairo-Abkommen regelt die Rechte der palästinensischen Widerstandsorganisationen im Libanon.

7. August 1970
Im Rahmen der Rogers-Initiative kommt es zwischen Israel und Ägypten zu einer Waffenruhe, wodurch der seit Oktober 1967 geführte sogenannte Abnutzungskrieg zwischen beiden Staaten weitgehend beendet wird.

17. - 29. September 1970
Bürgerkrieg in Jordanien (Schwarzer September). Die Aktivitäten der Palästinenser drohen auf die Schaffung eines Staates im Staate hinauszulaufen und untergraben somit die Souveränität Jordaniens. Königstreue jordanische Truppen vertreiben die palästinensischen Guerilla-Kämpfer, die ihre Operationsbasis nun in den Libanon verlegen.

28. September 1970
Tod von Gamal Abdel Nasser. → Anwar as-Sadat wird am 15. Oktober neuer ägyptischer Staatspräsident.

30. November 1970
→ Hafez al-Assad gewinnt den Machtkampf in der Baath-Partei und wird im Februar 1971 syrischer Staatspräsident.

18. Juli 1972
Präsident Sadat ordnet den Abzug der etwa 20 000 sowjetischen Militärberater aus Ägypten an.

5. September 1972
Attentat der Palästinenserorganisation Schwarzer September auf die israelische Olympiamannschaft in München, bei dem 17 Menschen getötet werden.

August 1973
Gründung der Palästinensischen Nationalen Front, ein Zusammenschluß aller politischen Organisationen der Palästinenser in den besetzten Gebieten.

6. - 25. Oktober 1973
→ Oktoberkrieg, während dem die Araber erstmals die »Ölwaffe« einsetzen, um ihren politischen Forderungen Nachdruck zu ver-

leihen. Die UN-Sicherheitsratsresolution 338 vom 22. Oktober fordert die sofortige Feuereinstellung und die Erfüllung der Resolution 242 vom November 1967.

21. Dezember 1973 - 9. Januar 1974
Nahostfriedenskonferenz in Genf unter der Schirmherrschaft der Vereinten Nationen.

18. Januar 1974
Truppenentflechtungsabkommen zwischen Israel und Ägypten.

31. Mai 1974
Truppenentflechtungsabkommen zwischen Israel und Syrien.

1. - 8. Juni 1974
Mit dem Programm der zwölften Sitzung des Palästinensischen Nationalrats signalisiert die PLO erstmals ihre Bereitschaft zur Akzeptanz eines palästinensischen Staates in nur einem Teil Palästinas (Teilstaatlösung).

3. Juni 1974
→ Yitzhak Rabin wird als Nachfolger Golda Meirs Ministerpräsident Israels.

28. - 30. Oktober 1974
Auf der arabischen Gipfelkonferenz in Rabat wird die PLO als einzige legitime Vertretung des palästinensischen Volkes anerkannt; die PLO erhält daraufhin einen Beobachterstatus bei den Vereinten Nationen.

13. November 1974
Historische Rede von Yassir Arafat vor der UN-Vollversammlung in New York.

22. November 1974
Die Resolution 3236 der UN-Vollversammlung fordert eine Anerkennung des Rechts der Palästinenser auf nationale Souveränität und Unabhängigkeit – ein wichtiger Erfolg für die Palästinenser, da die Palästinafrage von nun an als nationale Frage anerkannt und nicht mehr nur als Flüchtlingsproblem behandelt wird.

13. April 1975
Beginn des → Libanesischen Bürgerkriegs.

5. Juni 1975
Der Suezkanal, seit dem Junikrieg 1967 geschlossen, wird wieder geöffnet.

September 1975
Im Rahmen des Sinai-Abkommens zwischen Ägypten und Israel werden auf dem Sinai eine UN-Pufferzone und ein Frühwarnsystem eingerichtet.

März 1976
Schwere Unruhen im Westjordanland gegen die israelische Besatzungsmacht.

30. März 1976
Am »Tag des Bodens« demonstrieren Tausende gegen die israelische Enteignung arabischen Bodens; die israelische Armee erschießt hierbei sechs Palästinenser.

12. April 1976
Zum zweiten Mal (nach 1972) finden in den besetzten Gebieten Kommunalwahlen statt; Israel annulliert die Wahlen, aus denen die Kandidaten der PLO als Sieger hervorgegangen waren.

4. Juli 1976
Nach einer Flugzeugentführung befreit eine israelische Spezialeinheit die israelischen Geiseln auf dem Flughafen von Entebbe in Uganda.

6. September 1976
Die PLO wird Vollmitglied in der Arabischen Liga.

10. September 1976
Der israelische Außenminister Yigal Allon legt den Allon-Plan vor, der den Anschluß von etwa 30 Prozent des Westjordanlands an Israel fordert.

12. - 21. März 1977
Auf der dreizehnten Sitzung des Palästinensischen Nationalrats präzisiert die PLO ihr Teilstaatkonzept.

17. Mai 1977
Machtwechsel in Israel nach den Parlamentswahlen. Eine Rechtskoalition unter Führung des → Likud stellt nach 30jähriger Regierungszeit der → Arbeitspartei mit Menachem Begin den neuen Ministerpräsidenten. Moshe Dayan gehört der neuen Regierung zwei Jahre als Außenminister an.

19. - 21. November 1977
Der ägyptische Staatspräsident Sadat hält während seines Israelbesuchs eine historische Rede vor der Knesset (20.11.); es folgt ein

Gegenbesuch des israelischen Ministerpräsidenten Begin in Kairo.

5. Dezember 1977

In Tripolis bilden Libyen, Syrien, der Irak, Südjemen und die PLO die »Front der Standhaftigkeit und Konfrontation«, um ein politisches Gegengewicht zu der sich anbahnenden nahöstlichen Dreierkonstellation Israel-Ägypten-USA zu schaffen; sie lehnen einen Separatfrieden mit Entschiedenheit ab.

14. Dezember 1977

Beginn der Kairo-Konferenz unter Teilnahme Israels, Ägyptens und der USA.

11. März 1978

Ein palästinensisches Kommando entführt auf der Küstenstraße Haifa-Tel Aviv einen israelischen Bus; bei dem anschließenden Feuergefecht werden 37 Israelis getötet.

15. März 1978

Die israelische Armee besetzt daraufhin den → Südlibanon, um den palästinensischen Widerstand im Libanon zu zerschlagen (Litani-Operation).

19. März 1978

Die UN-Sicherheitsratsresolution 425 fordert Israel auf, sich aus dem Libanon zurückzuziehen.

8. April 1978

Gründung der israelischen Friedensorganisation Shalom Achshav (Frieden Jetzt).

13. Juni 1978

Israel zieht sich aus dem Libanon zurück. Mit israelischer Unterstützung wird im Südlibanon jedoch ein separatistisches Regime der Rechts-Milizen unter Major Saad Haddad installiert.

17. September 1978

Die USA, Ägypten und Israel unterzeichnen das → Camp-David-Abkommen.

1. Oktober 1978

Gründung des Nationalen Führungskomitees als Zusammenschluß palästinensischer Politiker in den besetzten Gebieten mit dem Ziel, ein Gegengewicht zu der im Camp-David-Abkommen konzipierten Autonomie zu schaffen.

10. Dezember 1978
Anwar as-Sadat und Menachem Begin erhalten den Friedensnobelpreis.

26. März 1979
Unterzeichnung des israelisch-ägyptischen Friedensvertrags in Washington. Israel räumt bis zum 25. April 1982 stufenweise den Sinai.

7. Juli 1979
Treffen zwischen dem österreichischen Bundeskanzler Bruno Kreisky, Willy Brandt und Yassir Arafat in Wien; zum ersten Mal lädt ein westlicher Regierungschef Arafat ein.

18. Februar 1980
Israel und Ägypten nehmen diplomatische Beziehungen auf.

März 1980
Das israelische Kabinett erlaubt die jüdische Ansiedlung im Zentrum von Hebron, was verstärkte Unruhen in den besetzten Gebieten zur Folge hat.

1. März 1980
Zum ersten Mal verurteilt der UN-Sicherheitsrat einstimmig Israels Siedlungspolitik in den besetzten Gebieten (→ Siedlungen).

2. Mai 1980
Bei einem palästinensischen Attentat auf jüdische Siedler werden in Hebron sechs Israelis getötet. Israel deportiert daraufhin die palästinensischen Bürgermeister von Hebron und Halhoul.

2. Juni 1980
Anschläge jüdischer Siedler auf drei palästinensische Bürgermeister.

13. Juni 1980
In der Erklärung von Venedig fordert die Europäische Gemeinschaft erstmals die Beteiligung der PLO an einer Friedensregelung.

30. Juli 1980
Die israelische Regierung erklärt im Jerusalem-Gesetz die Stadt zur »ewigen und unteilbaren Hauptstadt Israels«.

22. September 1980
Beginn des Irakisch-Iranischen Kriegs.

7. Juni 1981
Zerstörung des irakischen Atomreaktors Osirak durch einen israelischen Luftangriff.

6. Oktober 1981
Ermordung Anwar as-Sadats durch islamistische Extremisten in Kairo. → Hosni Mubarak wird neuer ägyptischer Staatspräsident.

1. November 1981
Ablösung der israelischen Militärverwaltung im Westjordanland und im Gazastreifen durch eine sogenannte Zivilverwaltung.

14. Dezember 1981
Die Knesset beschließt die juristische Annexion der Golanhöhen.

6. Juni 1982
Beginn des → Libanonkriegs. Ziel der israelischen Libanoninvasion ist die politische und militärische Zerschlagung der PLO.

2. Juli 1982
Uri Avnery trifft Yassir Arafat im belagerten Beirut.

6. September 1982
Auf der größten Friedensdemonstration in der Geschichte Israels wenden sich 400 000 Teilnehmer gegen die weitgesteckten Ziele des Libanonkriegs.

9. September 1982
Der von der arabischen Gipfelkonferenz verabschiedete Fez-Plan fordert den UN-Sicherheitsrat auf, Garantien für einen nahöstlichen Frieden zu geben; er bedeutet die implizite Anerkennung Israels und somit einen Wendepunkt in der arabischen Nahostpolitik.

14. September 1982
Ermordung des designierten libanesischen Staatspräsidenten Bashir Gemayel.

15. September 1982
Papst Johannes Paul II. empfängt in Rom den PLO-Vorsitzenden Yassir Arafat.

16./17. September 1982
Massaker in den palästinensischen Flüchtlingslagern Sabra und Shatila in Beirut durch christliche Milizen unter den Augen der israelischen Armee (etwa 1000 Tote).

23. September 1982
Amin Gemayel wird libanesischer Staatspräsident.

18./19. Januar 1983
Yassir Arafat und Mahmoud Abbas treffen sich in Tunis mit den Israelis Matti Peled, Uri Avnery und Jaakov Arnon vom Israelischen Rat für Israelisch-Palästinensischen Frieden.

17. Mai 1983
Israelisch-Libanesisches Friedensabkommen über den Truppenabzug, das aufgrund syrischer Ablehnung jedoch nicht in Kraft tritt.

25. September 1985
Ein palästinensisches Kommando ermordet in Larnaca auf Zypern drei Mossad-Agenten.

1. Oktober 1985
Bombardierung des PLO-Hauptquartiers in Tunis durch die israelische Luftwaffe.

7. - 9. Oktober 1985
Ein Kommando der Palästinensischen Befreiungsfront entführt das italienische Kreuzfahrtschiff *Achille Lauro* und tötet einen US-Passagier.

8./9. Dezember 1987
Beginn der → Intifada, des palästinensischen Volksaufstands gegen die israelische Besatzung.

31. Juli 1988
König Hussein von Jordanien verzichtet auf seinen Souveränitätsanspruch auf das Westjordanland.

15. November 1988
Auf seiner neunzehnten Sitzung proklamiert der Palästinensische Nationalrat auf der Grundlage der UN-Resolutionen und des Teilungsplans von 1947 in Algier den Staat Palästina; dies impliziert die Anerkennung Israels und eine Abkehr vom Terrorismus.

13. Dezember 1988
Yassir Arafat spricht vor der Vollversammlung der Vereinten Nationen in Genf.

15. Dezember 1988
Die USA beschließen die Aufnahme von offiziellen Gesprächen mit der PLO in Tunis.
Mit einem Flugblatt, das zu Intifada-Aktionen aufruft, tritt die → Hamas im Gazastreifen und im Westjordanland erstmals öffentlich in Erscheinung.

15. September 1989
Der ägyptische Präsident Hosni Mubarak übermittelt einen Zehn-Punkte-Plan zur Regelung der Palästinafrage an die israelische Regierung.

22. Oktober 1989
Das Taif-Abkommen leitet die Beendigung des Libanesischen Bürgerkriegs ein.

März 1990
Die große Koalition zwischen Likud und Arbeitspartei in Israel zerbricht; in der Folge regiert eine rechts-nationalreligiöse Koalition.

20. Juni 1990
Die USA brechen den Dialog mit der PLO wieder ab.

2. August 1990
Einmarsch irakischer Truppen in Kuwait.

10. September 1990
Gipfelkonferenz der Arabischen Liga in Kairo; von 21 Mitgliedsstaaten bleiben neun der Konferenz fern, und es kommt zu keiner verbindlichen Beschlußfassung zur Kuwaitkrise.

8. Oktober 1990
Bei schweren Unruhen werden im Oktober auf dem Gelände des Haram esh-Sharif in Ostjerusalem 19 Palästinenser von israelischen Polizisten erschossen.

14. Januar 1991
Die PLO-Funktionäre Salah Khalaf (Abu Iyad) und Hail Abdul Hamid (Abu al-Hol) werden in Tunis von einem Mitglied der palästinensischen Extremistengruppe Abu Nidals ermordet.

17. Januar - 28. Februar 1991
Im zweiten → Golfkrieg beendet eine westliche Militärallianz die irakische Besetzung Kuwaits. Die PLO wird durch ihre Parteinahme für Saddam Hussein politisch sehr geschwächt.

6. März 1991
In der Erklärung von Damaskus bestätigen Ägypten, Syrien und sechs Mitgliedsstaaten des Golf-Kooperationsrates ihre weitere Zusammenarbeit und fordern eine internationale Konferenz zur Palästinafrage.

7. - 14. März 1991
Erste von insgesamt acht Nahost-Missionen des US-Außenministers James Baker (zwischen März und Oktober 1991).

1. Juni 1991
US-Präsident George Bush schlägt den Staatschefs Israels, Syriens, Jordaniens, Saudi-Arabiens und Ägyptens die Aufnahme von → Friedensverhandlungen vor.

5. Juni 1991
Hosni Mubarak und der syrische Präsident Hafez al-Assad stimmen in Kairo den Vorschlägen Bushs zu.

27. Juni 1991
Die PLO erklärt sich bereit, innerhalb einer arabischen Delegation an den Friedensverhandlungen teilzunehmen.

17./18. Oktober 1991
Gespräche des russischen Außenministers Pankin mit israelischen Diplomaten führen zur Wiederherstellung voller diplomatischer Beziehungen zwischen Rußland und Israel.

30. Oktober - 1. November 1991
→ Madrider Friedenskonferenz unter der Schirmherrschaft der USA und der Sowjetunion.

3. November 1991
Beginn der ersten direkten bilateralen Verhandlungsrunde zwischen Israel, Syrien, dem Libanon und einer jordanisch-palästinensischen Delegation. Obwohl die PLO in Madrid nicht offiziell vertreten war, nimmt eine von der PLO-Führung ernannte Abordnung führender palästinensischer Persönlichkeiten aus den besetzten Gebieten an der Konferenz teil (bis Juli 1993 finden in Washington insgesamt zehn Verhandlungsrunden statt).

28. - 29. Januar 1992
Vorbereitungstreffen in Moskau vor Beginn der multilateralen Verhandlungen. Anwesend sind Vertreter von dreißig Staaten und Organisationen, die ein Steuerungskomitee und fünf Arbeitsgruppen einrichten für Rüstungskontrolle (→ Rüstung) und regionale Sicherheit, Flüchtlinge, wirtschaftliche Entwicklung, Wasservorräte (→ Wasser) und Umwelt.

19. Februar 1992
Yitzhak Rabin wird zum Vorsitzenden der israelischen Arbeitspartei gewählt.

18. März 1992
Die Knesset verabschiedet ein Gesetz über die Direktwahl des Ministerpräsidenten, das zu den Wahlen der 14. Knesset 1996 in Kraft treten soll.

April 1992
Der Leiter des norwegischen FAFO-Instituts für Angewandte Sozialwissenschaft, Terje Rød Larsen, vermittelt Yossi Beilin, Ab-

geordneter der israelischen Arbeitspartei, die Idee von geheimen Verhandlungen in Norwegen.

20. Juni 1992

Larsen, Beilin und der palästinensische Politiker → Faisal Husseini besprechen im Ostjerusalemer American Colony Hotel die Idee von Geheimverhandlungen.

23. Juni 1992

Bei den israelischen Parlamentswahlen siegt die Mitte-Links-Koalition unter Yitzhak Rabin. → Shimon Peres wird Außenminister.

13. Juli 1992

Rabin lädt die führenden arabischen Politiker nach Jerusalem ein.

21. Juli 1992

Staatsbesuch Rabins in Ägypten.

9. September 1992

Der norwegische stellvertretende Außenminister Jan Egeland besucht Israel, um israelisch-palästinensische Parallel-Verhandlungen vorzuschlagen.

10. September 1992

Rabin erklärt sich zum israelischen Teilrückzug von den Golanhöhen bereit.

22. September 1992

Rabin schlägt eine Konföderation zwischen Israel, den Palästinensern und Jordanien vor.

23. September 1992

Syrien stimmt einem grundsätzlichen Friedensvertrag zu, Voraussetzung ist jedoch der Rückzug Israels aus allen besetzten Gebieten.

3. November 1992

Bill Clinton wird zum US-Präsidenten gewählt.

4. Dezember 1992

Der israelische Wissenschaftler Yair Hirschfeld trifft sich in London mit dem PLO-Finanzexperten Ahmad Qurei, um die Öffnung eines Geheimkanals zu erörtern.

17. Dezember 1992

Nach der Entführung und Ermordung eines israelischen Grenzsoldaten werden 415 palästinensische Hamas-Anhänger in den von der israelischen Armee kontrollierten Südlibanon deportiert.

19. Januar 1993
Die Knesset hebt das Kontaktsperregesetz auf, das seit 1982 den Kontakt zwischen Israelis und PLO-Vertretern unter Strafe stellt.

20. - 22. Januar 1993
Mit Zustimmung des stellvertretenden israelischen Außenministers Yossi Beilin findet die erste Runde der Geheimgespräche zwischen Yair Hirschfeld, Ron Pundak, Ahmad Qurei, Hassan Asfour und Maher al-Kurd im norwegischen Sarpsborg bei Oslo statt.

26. Februar 1993
Der norwegische Außenminister Thorvald Stoltenberg informiert US-Außenminister Warren Christopher während einer NATO-Sitzung in Brüssel offiziell über den Oslo-Kanal.

24. März 1993
Wahl Ezer Weizmans zum siebten Staatspräsidenten Israels.

29. März 1993
Als Reaktion auf eine Welle terroristischer Anschläge beschließt die israelische Regierung, daß nur noch ein Fünftel der bisherigen Zahl von palästinensischen Arbeitern aus dem Gazastreifen und dem Westjordanland in Israel arbeiten dürfen.

13. Mai 1993
In einem privaten Gespräch mit Shimon Peres stimmt Yitzhak Rabin der offiziellen Aufwertung des geheimen Oslo-Kanals zu.

14. Mai 1993
Uri Savir, Generaldirektor des israelischen Außenministeriums, wird israelischer Chefunterhändler in Oslo.

12. Juli 1993
Die israelische Tageszeitung Haaretz berichtet von Geheimverhandlungen zwischen Israel und der PLO.

12. August 1993
Die israelische Regierung erklärt sich offiziell bereit, bei den Nahostgesprächen direkt mit der PLO zu verhandeln.

15. August 1993
400 der ausgewiesenen Hamas-Anhänger nehmen den israelischen Vorschlag an, gruppenweise bis Dezember zurückzukehren.

18. August 1993
In einem Telefon-Marathon vermittelt der norwegische Außenminister Johan Jørgen Holst dem PLO-Hauptquartier in Tunis die israelische Position. Die Hauptpunkte der Prinzipienerklärung werden angenommen.

20. August 1993
In Oslo unterzeichnen die Unterhändler Israels, der PLO und Norwegens die Prinzipienerklärung.

1. September 1993
Peres bestätigt offiziell die Berichte über die Geheimverhandlungen.

4. September 1993
Das Zentralkomitee der Al-Fatah nimmt die Prinzipienerklärung mehrheitlich an. Jordanien und der Golf-Kooperationsrat erklären sich bereit, den Oslo-Prozeß zu unterstützen.

9. - 10. September 1993
In letzter Verhandlungsminute erhält Holst die Unterschriften Arafats und Rabins für die gegenseitige Anerkennung. Das Exekutivkomitee der PLO billigt trotz interner Widerstände den von Yassir Arafat in Tunis vorgelegten Text.

13. September 1993
Unterzeichnung der → Osloer Prinzipienerklärung in Washington durch → Mahmoud Abbas (Abu Mazen) und Shimon Peres; historischer Handschlag zwischen Yassir Arafat und Yitzhak Rabin vor dem Weißen Haus.

23. September 1993
Die Knesset nimmt die Prinzipienerklärung mit 61 von 120 Stimmen an.

24. September 1993
Arafat ordnet die Beendigung militärischer PLO-Operationen gegen Israel an.

6. Oktober 1993
Rabin und Arafat treffen sich zum ersten Arbeitsgespräch in Kairo.

12. Oktober 1993
Der Zentralrat der PLO in Tunis billigt die Prinzipienerklärung.

13. Oktober 1993
Die Prinzipienerklärung tritt in Kraft; die israelisch-palästinensischen Verhandlungen über die Selbstverwaltung des Gazastreifens und Jerichos beginnen im ägyptischen Taba.

2. November 1993
Ehud Olmert wird als Nachfolger von Teddy Kollek Bürgermeister von Jerusalem.

15. November 1993
Der US-Senat stimmt der Aufhebung von Sanktionen gegen die PLO zu.

2. und 7./8. Dezember 1993
Staatsbesuche Rabins und Arafats in der Bundesrepublik Deutschland.

13. Dezember 1993
Infolge von Meinungsverschiedenheiten über den Umfang des Selbstverwaltungsgebiets um Jericho, die Zuständigkeit für die Kontrolle an den Übergängen nach Jordanien und Ägypten sowie über die Sicherheit der jüdischen Siedler wird der Termin für den Abzug der israelischen Truppen aus dem Gazastreifen und Jericho verschoben.

30. Dezember 1993
Der Vatikan und Israel unterzeichnen einen Grundlagenvertrag über bilaterale Beziehungen.

16. Januar 1994
Treffen zwischen Clinton und Assad in Genf.

17. Januar 1994
Israel will den möglichen Abzug von den Golanhöhen durch ein Referendum entscheiden lassen.

30. Januar 1994
PLO-Chef Arafat und Israels Außenminister Peres einigen sich in Davos darauf, daß das Selbstverwaltungsgebiet um Jericho 50 km^2 betragen soll.

25. Februar 1994
Massaker beim Freitagsgebet in der Ibrahim-Moschee von Hebron, bei dem 29 Palästinenser von dem jüdischen Siedler Baruch Goldstein erschossen werden (→ Kach).

18. März 1994

Die Vereinten Nationen verurteilen das Massaker von Hebron und fordern Israel auf, die Siedler in den besetzten Gebieten zu entwaffnen, die Sicherheit der Palästinenser im Gazastreifen und Westjordanland (ausdrücklich einschließlich Ostjerusalem) zu garantieren sowie UN-Sicherheitsbeobachter zuzulassen.

31. März 1994

Israel akzeptiert mit der Einrichtung einer »vorübergehenden internationalen Präsenz in Hebron« erstmals ausländische Beobachter in den besetzten Gebieten.

April 1994

Anhänger des militärischen Flügels der Hamas und des Jihad Islami verüben mehrere Anschläge in Israel (6. April in Afula, 7. April in Ashdod und 13. April in Hadera); Israel reagiert mit der Abriegelung der besetzten Gebiete.

29. April 1994

Vertreter Israels und der PLO unterzeichnen in Paris im Beisein von Alain Juppé ein Protokoll (Pariser Zusatzprotokoll) über die künftige wirtschaftliche Kooperation zwischen Israel und der → Palästinensischen Nationalbehörde für die Dauer der Interimsregelung.

4. Mai 1994

Arafat und Rabin unterzeichnen das → Oslo-I-Abkommen fünf Monate später als geplant. Nach 27 Jahren israelischer Besatzung verwalten die Palästinenser nun die Stadt Jericho und den Gazastreifen in Teilbereichen selbst.

2. Juli 1994

Arafat trifft im Gazastreifen ein und errichtet dort die erste palästinensische Selbstverwaltung in Palästina; die PLO-Führung aus Tunis folgt am 12. Juli.

25. Juli 1994

Rabin und der jordanische König Hussein unterzeichnen im Weißen Haus die Washingtoner Erklärung, mit der sie den Kriegszustand zwischen Israel und Jordanien offiziell beenden.

Oktober 1994

Nach der Verschleppung eines israelischen Soldaten durch extremistische Hamas-Anhänger verfügt Israel die komplette Abriegelung des Gazastreifens und setzt die Verhandlungen über die

Selbstverwaltung des Westjordanlands aus; der Soldat stirbt bei einer Befreiungsaktion der israelischen Armee. Nach einem weiteren Anschlag des militärischen Flügels der Hamas am 19. Oktober (23 Tote) beschließt Israel die Abriegelung des Westjordanlands und des Gazastreifens bis Anfang November.

26. Oktober 1994
Unterzeichnung des Friedensvertrags zwischen dem Staat Israel und dem Königreich Jordanien am Grenzübergang Araba bei Eilat.

10. Dezember 1994
Yassir Arafat nimmt in Oslo zusammen mit dem israelischen Ministerpräsidenten Yitzhak Rabin und Außenminister Shimon Peres den Friedensnobelpreis entgegen.

23. Januar 1995
Ein Selbstmordattentäter des Jihad Islami verübt einen Sprengstoffanschlag bei Netanya, bei dem 19 Israelis sterben.

2. Februar 1995
Gipfeltreffen Arafats, Rabins, Mubaraks und König Husseins in Kairo.

21. März 1995
Israel und Syrien nehmen auf Vorschlag Warren Christophers die offiziellen Verhandlungen vorläufig wieder auf.

9. April 1995
Nach einem Selbstmordanschlag zweier Palästinenser im Gazastreifen, bei dem sieben Israelis sterben, beschließt die Palästinensische Nationalbehörde, hart gegen islamistische Extremisten vorzugehen.

6. Juli 1995
Arafat und Rabin einigen sich über die Eckpunkte eines Interimsabkommens über die Selbstverwaltung des Westjordanlands.

24. Juli und 21. August 1995
Terroranschläge palästinensischer Selbstmordattentäter auf israelische Busse in Ramat Gan und Westjerusalem verzögern die für 25. Juli geplante Unterzeichnung des Interimsabkommens als Beginn der zweiten Phase der Osloer Vereinbarungen.

24. September 1995
Vertreter Israels und der Palästinensischen Nationalbehörde vereinbaren im → Oslo-II-Abkommen die erweiterte palästinensi-

sche Selbstverwaltung. Das Westjordanland wird in drei Zonen aufgeteilt. Das Interimsabkommen wird von Rabin und Arafat am 28. September in Washington unterzeichnet.

13. Oktober 1995

Die Hamas und die PLO erwägen eine »nationale Versöhnung«.

26. Oktober 1995

Der Chef des Jihad Islami, Fathi Shikaki, wird von Mossad-Agenten auf Malta erschossen.

4. November 1995

Nach einer Kundgebung in Tel Aviv zur Unterstützung der Regierungspolitik wird der israelische Ministerpräsident Yitzhak Rabin ermordet.

27. - 29. Dezember 1995

Die seit Juni unterbrochenen Verhandlungen zwischen Israel und Syrien werden in Washington wieder aufgenommen.

Januar 1996

Die israelische Armee räumt schrittweise die größeren Bevölkerungszentren des Westjordanlands und übergibt sie den palästinensischen Behörden.

5. Januar 1996

Agenten des israelischen Inlandsgeheimdienstes Shin Bet (→ Geheimdienste) ermorden in Gaza Yahya Ayasch, den führenden Kopf des militärischen Arms der Hamas.

20. Januar 1996

Bei den Wahlen im Westjordanland und Gazastreifen zum Palästinensischen Legislativrat wird Arafat zum Präsidenten gewählt.

25. Februar, 3. und 4. März 1996

Selbstmordattentäter der Organisationen Hamas und Jihad Islami verüben eine Serie von Anschlägen in Israel, bei denen mehr als 100 Israelis getötet werden. Sprecher der beiden extremistischen Gruppierungen bezeichnen die Anschläge als Racheaktionen auf die Ermordung von Fathi Shikaki und Yahya Ayasch.

7. März 1996

Konstituierende Sitzung des Palästinensischen Legislativrats in Gaza, der am 4. April in Ramallah erstmals zusammentritt.

13. März 1996

Internationale Anti-Terrorismus-Konferenz in Sharm el-Sheich.

11. - 27. April 1996
Israelische Operation »Früchte des Zorns« gegen Hizbollah-Milizen im Südlibanon, bei der in Kana über 100 Zivilisten getötet werden (→ Hizbollah).

22. - 26. April 1996
Der Palästinensische Nationalrat, das aus etwa 600 Abgeordneten bestehende PLO-Parlament, beschließt in Gaza auf seiner 21. Sitzung die Änderung der Palästinensischen Nationalcharta. Die Verpflichtung zur Streichung der Passagen, welche die Vernichtung Israels fordern, war Teil der Oslo-Abkommen.

5. - 6. Mai 1996
Verhandlungsauftakt über den endgültigen Status der besetzten Gebiete und Jerusalems.

29. Mai 1996
Der Likud-Vorsitzende → Benyamin Netanyahu gewinnt die vorgezogene Ministerpräsidentenwahl mit einer Mehrheit von weniger als einem Prozent vor Shimon Peres. Die eigentlichen Sieger der Wahlen zur 14. Knesset sind die rechtsnationalen und religiösen Parteien.

22. - 23. Juni 1996
Arabische Gipfelkonferenz in Kairo.

2. August 1996
Die israelische Regierung beschließt die Aufhebung des Baustopps für jüdische Siedlungen in den Palästinensischen Gebieten und forciert offen ihre Siedlungskampagne.

5. August 1996
Netanyahu besucht König Hussein in Jordanien.

4. September1996
Netanyahu und Arafat treffen in Erez erstmals zusammen. Streitpunkt ist der Teilrückzug der israelischen Armee aus Hebron im Westjordanland, der schon im April hätte erfolgen müssen.

25. - 30. September 1996
Israel läßt unterhalb des Haram esh-Sharif einen Touristentunnel öffnen und provoziert damit die schwersten Auseinandersetzungen seit Beginn des Friedensprozesses (Tunnel-Unruhen). Erstmals stehen sich in den Kämpfen palästinensische Polizisten und israelische Soldaten gegenüber.

1./2. Oktober 1996
Treffen zwischen Arafat und Netanyahu in Washington.

24. Dezember 1996
Yassir Arafat nimmt erstmals an den Weihnachtsfeierlichkeiten in Bethlehem teil.

15. Januar 1997
Unterzeichnung des überfälligen → Hebron-Abkommens.

26. Februar 1997
Der zuständige israelische Kabinettsausschuß beschließt den Bau der jüdischen Siedlung Har Homa auf dem Jabal Abu Gneim südlich von Jerusalem; die sich anschließenden Unruhen dauern bis zum April.

13. März 1997
Ein jordanischer Soldat erschießt bei einem Anschlag im Jordantal sieben israelische Schülerinnen.

21. März 1997
Bei einem Selbstmordanschlag in Tel Aviv werden der Attentäter und drei Israelis getötet.

31. März1997
Die Arabische Liga beschließt in Kairo, den Boykott Israels wieder aufzunehmen.

14. Mai 1997
Der Parteitag der Arbeitspartei beschließt, die Möglichkeit der Errichtung eines »palästinensischen Staates mit begrenzter Souveränität« ins Parteiprogramm aufzunehmen.

3. Juni 1997
→ Ehud Barak wird zum Vorsitzenden der Arbeitspartei gewählt.

Juli 1997
Ein neues israelisches Siedlungsprojekt in Ras el-Amud (Ostjerusalem) löst heftige palästinensische Proteste aus.

30. Juli 1997
Bei einem Anschlag auf dem Mahane-Yehuda-Markt in Jerusalem werden fünfzehn Israelis getötet. Am 4. September kommen bei einem weiteren Attentat in Jerusalem acht Israelis ums Leben.

7. September 1997
Gipfeltreffen zwischen Mubarak, König Hussein und Arafat in Kairo.

24. September 1997
Die israelische Regierung kündigt den Bau von 300 weiteren Wohneinheiten in der Siedlung Efrat an.

25. September 1997
Ein Mossad-Attentat auf den Hamas-Politiker Khaled Mashal schlägt in Amman fehl.

1. Oktober 1997
Das geistliche Oberhaupt der Hamas, Scheich Ahmed Jassin, wird aus israelischer Haft entlassen und nach Jordanien ausgeflogen; er trifft am 6. Oktober in Gaza ein.

1. April 1998
Das israelische Kabinett akzeptiert die Resolution 425 des UN-Sicherheitsrats, welche die bedingungslose vollständige Räumung libanesischen Staatsgebiets verlangt.

4. Mai 1998
Präsident Arafat akzeptiert grundsätzlich das Beilin-Abu-Mazen-Papier (Abu-Dis-Plan) für eine endgültige Regelung.

20. Juni 1998
Verabschiedung des »Programms zur Stärkung Jerusalems« durch das israelische Kabinett. Die Ausweitung der Planungsbefugnisse auf Gebiete außerhalb der Stadtgrenzen in den besetzten Gebieten provoziert weltweite Proteste.

18. Juli 1998
120 Staaten beschließen die Einrichtung eines internationalen Strafgerichtshofs. Als einer von sieben Staaten stimmt Israel gegen die Entscheidung, weil als Verbrechen gegen die Menschlichkeit auch die Besiedlung besetzten Gebiets zählt.

28. September 1998
Erstes Zusammentreffen von Netanyahu und Arafat am Rande der UN-Vollversammlung seit mehr als eineinhalb Jahren.

13. Oktober 1998
Ernennung → Ariel Sharons zum Außenminister Israels (David Levi war im Januar 1998 zurückgetreten).

23. Oktober 1998
Unterzeichnung des → Wye-I-Abkommens durch Arafat und Netanyahu.

31. Oktober 1998
Mehrere hunderttausend Menschen nehmen an der Gedenkveranstaltung aus Anlaß des dritten Jahrestags der Ermordung Yitzhak Rabins in Tel Aviv teil.

14. Dezember 1998
Im Beisein von US-Präsident Bill Clinton bekräftigt der Palästinensische Nationalrat die Annullierung der Israel-feindlichen Passagen der Palästinensischen Nationalcharta.

21. Dezember 1998
Entscheidung der Knesset für vorgezogene Neuwahlen. Ursprünglich waren die Wahlen erst für Oktober 2000 geplant.

26. Januar 1999
Mit 53 gegen 30 Stimmen verabschiedet die Knesset ein Gesetz, das die Rückgabe von Teilen der besetzten Golanhöhen von der Zustimmung einer absoluten Mehrheit der Knesset und eines Referendums abhängig macht.

7. Februar 1999
Tod König Husseins von Jordanien. Sein Sohn → Abdallah Ibn Hussein wird neuer König von Jordanien.

24. März 1999
In der abschließenden Erklärung ihres Gipfels in Berlin »bekräftigt die → Europäische Union das dauerhafte und uneingeschränkte Recht der Palästinenser auf Selbstbestimmung einschließlich der Option für einen Staat« und »erklärt sich bereit, die Anerkennung eines palästinensischen Staates zu gegebener Zeit in Erwägung zu ziehen«.

4. Mai 1999
Nach dem Ablauf der Interimsphase beschließt die Palästinensische Nationalbehörde, die Ausrufung eines Staates auf unbestimmte Zeit zu verschieben.

17. Mai 1999
Ehud Barak wird zum neuen Ministerpräsidenten Israels gewählt.

6. Juli 1999
Amtsantritt von Ehud Barak. Die Koalitionsregierung besteht aus dem Wahlbündnis »Ein Israel« (Arbeitspartei, Gesher und Meimad), Meretz, Zentrumspartei, Schas, Nationalreligiöse Partei, Vereinigte Toraliste und Israel Baaliya. Wenige Tage später trifft

der neue israelische Regierungschef mit Hosni Mubarak und Yassir Arafat zusammen.

2. September 1999

Ariel Sharon wird Nachfolger von Benyamin Netanyahu im Amt des Likud-Vorsitzenden.

5. September 1999

Unterzeichnung des → Wye-II-Abkommens durch Arafat und Barak in Sharm el-Sheich.

25. Oktober 1999

Die Transitstraße zwischen dem Gazastreifen und dem südlichen Westjordanland wird eröffnet.

2. November 1999

Gipfeltreffen zwischen Clinton, Arafat und Barak in Oslo.

15. Dezember 1999

Wiederaufnahme der Verhandlungen zwischen Israel und Syrien in Washington über die Rückgabe der Golanhöhen.

7. Februar 2000

Die palästinensische Seite bricht die am 13. September 1999 begonnenen Verhandlungen mit Israel über die »endgültige Regelung« ab.

Schwere israelische Luftangriffe auf den Libanon.

20. - 26. März 2000

Besuch von Papst Johannes Paul II. in Israel, Palästina und Jordanien.

26. März 2000

Das Gipfeltreffen der Präsidenten Clinton und Assad in Genf zur Wiederbelebung der israelisch-syrischen Friedensverhandlungen scheitert.

23. April 2000

Erster Staatsbesuch von König Abdallah II. von Jordanien in Israel.

20. - 24. Mai 2000

Rückzug der israelischen Armee aus dem Südlibanon.

10. Juni 2000

Tod des syrischen Staatspräsidenten Hafez al-Assad. Sein Sohn → Bashar wird am 10. Juli 2000 neuer syrischer Staatspräsident.

10. Juli 2000

Israels Staatspräsident Ezer Weizman tritt vorzeitig zurück.

11. Juli 2000
Beginn der Verhandlungen zwischen Arafat und Barak unter Vermittlung von Präsident Clinton in Camp David. Die Gespräche werden am 25. Juli 2000 ergebnislos abgebrochen.

31. Juli 2000
Der Likud-Politiker Moshe Katsav wird neuer israelischer Staatspräsident.

28. September 2000
Der provokative Besuch Ariel Sharons auf dem Tempelberg (Haram esh-Sharif) in Jerusalem wird zum Auslöser der → Al-Aqsa-Intifada, in deren Verlauf bis Ende Mai 2001 über 500 Palästinenser und etwa 80 Israelis getötet werden.

16./17. Oktober 2000
Gipfeltreffen in Sharm el-Sheich zwischen Barak und Arafat unter Teilnahme von Clinton, Mubarak und König Abdallah II. Barak und Arafat einigen sich zwar auf ein Ende der gewalttätigen Konfrontation, die Unruhen in den Palästinensischen Gebieten gehen jedoch weiter.

22. Oktober 2000
Arabisches Gipfeltreffen in Kairo.

21. November 2000
Nach israelischen Luftangriffen auf Gaza beruft Ägypten seinen Botschafter aus Tel Aviv zurück.

28. November 2000
Die Knesset beschließt ein Gesetz zur Selbstauflösung und zu vorzeitigen Neuwahlen.

10. Dezember 2000
Ehud Barak erklärt seinen Rücktritt vom Amt des Ministerpräsidenten.

18. Dezember 2000
Benyamin Netanyahu verzichtet auf die Kandidatur zur Wahl des Ministerpräsidenten am 6. Februar 2001.

23. Dezember 2000
Mit dem Clinton-Plan unternimmt der US-Präsident einen letzten Versuch, die Friedensverhandlungen vor Ablauf seiner Amtszeit am 20. Januar 2001 zu einem erfolgreichen Ende zu bringen.

20. Januar 2001
George W. Bush wird neuer US-Präsident.

Ende Januar 2001
Ein weiterer israelisch-palästinensischer Verhandlungsmarathon über eine endgültige Friedensregelung endet in Taba ebenfalls ergebnislos.

6. Februar 2001
Ariel Sharon wird zum neuen Ministerpräsidenten Israels gewählt.

Februar - April 2001
Die extremistischen Organisationen Hamas und Jihad Islami setzen ihre Gewaltaktionen mit einer Serie von Anschlägen und Selbstmordattentaten gegen Israel fort (über 20 Tote).

7. März 2001
Amtsantritt von Ariel Sharon. Shimon Peres wird in der neuen rechts-nationalreligiösen Koalitionsregierung Außenminister.

20. März 2001
Antrittsbesuch von Ariel Sharon bei US-Präsident George W. Bush in Washington.

29. März 2001
Der ägyptische Außenminister Amr Musa wird auf der arabischen Gipfelkonferenz in Amman zum neuen Generalsekretär der Arabischen Liga gewählt.

April 2001
Ungewöhnlich scharf verurteilen die USA jeden weiteren israelischen Siedlungsbau in den Palästinensischen Gebieten als einen »Akt der Provokation«.

4. April 2001
Unter Vermittlung des EU-Beauftragten für Außen-und Sicherheitspolitik, Javier Solana, treffen sich in Athen der israelische Außenminister Shimon Peres und Nabil Shaath, der palästinensische Minister für Planung und internationale Zusammenarbeit.

10./11. April 2001
Mit ihrem Vorstoß in das palästinensische Flüchtlingslager Khan Yunis im Gazastreifen dringt die israelische Armee erstmals seit dem Abschluß des Oslo-II-Abkommens vom September 1995 in die ausschließlich von Palästinensern kontrollierte Zone A der Palästinensischen Gebiete vor. Vorausgegangen war ein Mörserbeschuß auf jüdische Siedlungen innerhalb und außerhalb des Gazastreifens. Die israelische Militäroffensive wird auch von den USA verurteilt.

16. April 2001

Durch den israelischen Angriff auf eine syrische Radarstellung östlich von Beirut – dem ersten Angriff Israels auf syrische Stellungen im Libanon seit fünf Jahren – erfährt der Konflikt eine weitere gefährliche Zuspitzung. Dem Bombardement vorausgegangen war ein Hizbollah-Angriff auf die von Israel beanspruchten Schebaa-Farmen im Grenzgebiet zwischen Israel, dem Libanon und Syrien. Den am 16. April vom jordanischen Außenminister Abdallah al-Chatib in Jerusalem vorgelegten ägyptisch-jordanischen Vermittlungsvorschlag (Aufhebung der Abriegelung der Palästinensischen Gebiete, weiterer israelischer Truppenabzug, Siedlungsstopp, neue Friedensverhandlungen) zur Beilegung der Unruhen lehnt die israelische Regierung ab.

17./18. April 2001

Nach einem Granatbeschuß durch die Hamas auf die israelische Ortschaft Sderot besetzt die israelische Armee einen Teil des Gazastreifens. Die Militäroffensive wird international scharf verurteilt und auch von den USA als »übertrieben und unverhältnismäßig« kritisiert, worauf Israel seine Truppen wieder zurückzieht.

27. April 2001

Der russische Präsident Wladimir Putin unterstützt die ägyptisch-jordanische Friedensinitiative, die auch von US-Außenminister Colin Powell begrüßt wird.

5.- 8. Mai 2001

Im Rahmen seines Besuchs in Syrien richtet Papst Johannes Paul II. am 7. Mai in Kuneitra auf den Golanhöhen einen eindringlichen Friedensappell an die Konfliktparteien im Nahen Osten.

7. Mai 2001

Die israelische Marine stoppt nördlich von Haifa ein libanesisches Boot, welches im Auftrag des Volksfront-Generalkommandos (PFLP-GC) Waffen in den Gazastreifen transportieren sollte.

8. Mai 2001

Die Europäische Union übt heftige Kritik an der Haltung der israelischen Regierung gegenüber den Palästinensern; die EU fordert u.a. die Einstellung jeglicher Siedlungsaktivitäten und die Aufhebung der Blockade der Palästinensischen Gebiete.

Der israelische Außenminister Shimon Peres appelliert während eines Staatsbesuchs in Berlin an die Bundesregierung, sich als Vermittler in den Nahostkonflikt einzuschalten.

10. Mai 2001
Die israelische Armee dringt innerhalb von zwei Tagen zum fünften Mal in die Palästinensischen Gebiete ein.

15. Mai 2001
Am palästinensischen Protesttag »Al-Nakba« (Tag der Katastrophe) demonstrieren Hunderttausende von Palästinensern gegen die Staatsgründung Israels am 15. Mai 1948 und die sich daran anschließende Vertreibung von etwa 730 000 Palästinensern.

16. Mai 2001
Die Palästinensische Nationalbehörde stimmt dem am 5. Mai vorgelegten Bericht der Mitchell-Kommission zur Ursachenermittlung der Al-Aqsa-Intifada zu. Die israelische Regierung akzeptiert die Vorschläge zur Beendigung der seit Ende September 2000 andauernden Gewaltwelle, lehnt jedoch die Forderung nach einem Siedlungsstopp ab. Neben einem israelischen Siedlungsstopp empfiehlt der Bericht eine sofortige Waffenruhe als Grundlage für die Wiederaufnahme von Verhandlungen.

18. Mai 2001
Bei einem Selbstmordattentat eines Hamas-Anhängers werden in Netanya sechs Israelis getötet. Als Reaktion auf den Anschlag greift die israelische Armee erstmals seit dem Junikrieg von 1967 palästinensische Einrichtungen mit F-16-Kampfflugzeugen an. Bei den Bombardements werden 15 Palästinenser getötet.

19. Mai 2001
Die Arabische Liga ruft als Reaktion auf die israelischen Luftschläge in seltener Einmütigkeit zum Abbruch aller politischen Kontakte zu Israel auf.

21. Mai 2001
William Burns wird neuer Nahostbeauftragter und Sonderermittler der US-Regierung; er soll die Empfehlungen der Mitchell-Kommission umsetzen. Mit der Ernennung von Burns kehrt die US-Regierung wieder zu einer aktiveren Vermittlerrolle zurück.

24. Mai 2001
Israels Luftwaffe schießt über der israelischen Mittelmeerküste bei Haifa ein libanesisches Kleinflugzeug ab.

27. Mai 2001
US-Sonderermittler William Burns führt Gespräche mit Yassir Arafat und Ariel Sharon zur Umsetzung des Mitchell-Berichts; es handelt sich hierbei um den ersten direkten amerikanischen Vermittlungsversuch seit dem Amtsantritt von Präsident George W. Bush im Januar 2001.

31. Mai 2001
Faisal Husseini, zuständiger Minister für Jerusalem in der Palästinensischen Nationalbehörde, stirbt an einem Herzinfarkt in Kuwait.

1. Juni 2001
Bei einem Selbstmordanschlag der Hamas weden vor einer Diskothek in Tel Aviv 21 Israelis getötet. Die israelische Regierung hält an ihrem am 22. Mai einseitig verkündeten Waffenstillstand fest und verzichtet auf einen militärischen Gegenschlag.

2. Juni 2001
Auf Vermittlung des deutschen Außenministers Joschka Fischer (Nahostreise vom 1. bis 5. Juni) ordnet Yassir Arafat eine sofortige Waffenruhe für die Palästinensischen Gebiete an.

13. Juni 2001
Nach der Zustimmung Sharons und Arafats tritt die von CIA-Chef George Tenet ausgehandelte Waffenruhe in Kraft. Tenets Vermittlungsvorschlag sieht neben der sofortigen Einstellung aller Gewalttaten die Festnahme militanter Extremisten durch die Palästinensische Nationalbehörde sowie die Aufhebung der Abriegelung der Palästinensischen Gebiete vor. Israel verpflichtet sich zudem zum Rückzug seiner Truppen auf die Positionen vor Beginn der Al-Aqsa-Intifada. Außerdem sieht Tenets Plan eine sechswöchige Abkühlungsphase vor, an deren Ende Israel und die Palästinenser mit der Wiederaufnahme von Friedensgesprächen beginnen sollen.

14. Juni 2001
Zwölf Jahre nach dem Taif-Abkommen beginnt die syrische Armee überraschend mit dem Abzug von Truppen aus Beirut und seiner näheren Umgebung. Im Rahmen der militärischen Umgruppierung bleiben syrische Einheiten jedoch weiter im Norden des Libanon und in der Bekaa-Ebene stationiert.

26. Juni 2001

Im Rahmen eines USA-Besuches kommtes zwischen Sharon und US-Präsident Bush zu Meinungsverschiedenheiten hinsichtlich der Umsetzung des Mitchell-Plans; Sharon lehnt einen sofortigen Beginn der vorgesehenen sechswöchigen Abkühlungsphase ab.

28. Juni 2001

US-Außenminister Colin Powell vereinbart auf seiner Nahostreise mit Sharon und Arafat einen Zeitplan zur Umsetzung des Mitchell-Plans; nach einer siebentägigen vollständigen Waffenruhe soll die sechswöchige Abkühlungsphase mit vertrauensbildenden Maßnahmen beginnen und anschließend ist die Wiederaufnahme der Friedensgespräche vorgesehen.

29./30. Juni 2001

Am Rande einer Tagung der Sozialistischen Internationale in Lissabon treffen sich der israelische Außenminister Peres und Palästinenserpräsident Arafat; es handelt sich hierbei um das ranghöchste Treffen seit dem Amtsantritt von Sharon im März 2001.

Bibliographie

Zusammengestellt von Georg Stein

Themengebiete

1 Israelisch-Palästinensischer Konflikt (Nahostkonflikt) allgemein
2 Geschichte Palästinas und des Palästinakonflikts bis 1948
3 Palästinenser/Palästina allgemein
4 PLO/Palästinensische Nationalbewegung
5 Israel
6 Palästinensische Selbstverwaltungsgebiete/Palästinensische Nationalbehörde
7 Besetzte Gebiete allgemein
8 Jerusalem
9 Gazastreifen
10 Golanhöhen
11 Intifada/Al-Aqsa-Intifada
12 Menschenrechtsfragen
13 Wirtschaftliche Aspekte/Wirtschaftshilfe an die Palästinenser
14 Flüchtlinge
15 Palästinenser in Israel
16 Hamas/Islamismus in Palästina
17 Nahostkriege
18 Rüstung/Militär/Sicherheitspolitik
19 Geheimdienste
20 Friedensprozeß/Friedensverhandlungen/Lösungsansätze
21 Israelische Friedensbewegung
22 Siedlungen
23 Wasserfrage
24 Zionismus
25 Naher- und Mittlerer Osten allgemein (Vorderer Orient)
26 Arabische Welt allgemein
27 Ägypten
28 Libanon
29 Jordanien
30 Syrien
31 Islam/Islamismus
32 Judentum
33 Christentum im Nahen Osten
34 Kurden/Kurdistan
35 Golfkrieg
36 USA und Sowjetunion (Rußland) im Nahostkonflikt
37 Europa im Nahostkonflikt
38 Deutschland im Nahostkonflikt
39 UN (Vereinte Nationen) im Nahostkonflikt
40 Forschungseinrichtungen/Directories/Bibliographien/Dokumente
41 Zeitschriftenverzeichnis
42 Chronologien/Pressespiegel/Archive

1. Israelisch-Palästinensischer Konflikt (Nahostkonflikt) allgemein

Abu-Lughod, Ibrahim (Hg.): The Transformation of Palestine. Essays on the Origin and Development of the Arab-Israeli Conflict. Evanston 1971.

Arendt, Hannah: Israel, Palästina und der Antisemitismus. Berlin 1991.

Aruri, Naseer H.: Early Empowerment. The Burden not the Responsibility. In: Journal of Palestine Studies, Berkeley, 24 (Winter 1995) 2/94, S. 33-39.

Baumgarten, Helga: Land für Frieden? Der israelisch-palästinensische Konflikt nach dem Golfkrieg. In: Georg Stein (Hg.): Nachgedanken zum Golfkrieg, Heidelberg 1991, S. 109-129.

Becker, Hildegard u. a.: Der schwierige Weg zum Frieden. Der israelisch-arabisch-palästinensische Konflikt. Hintergründe, Positionen und Perspektiven. Gütersloh 1994.

Bednarz, Dieter/Lüders, Michael (Hg.): Palästina-Protokolle. Bestandsaufnahme und Perspektiven. Hannover 1981.

Benvenisti, Meron: Intimate Enemies. Jews and Arabs in a Shared Land. Berkeley 1995.

Benvenisti, Meron: Sacred Landscape. The Buried History of the Holy Land Since 1948. Berkeley 2000.

Bernstein, Reiner/Hamdam, Yasmin/Schneider, Karlheinz (Hg.): Der Palästinakonflikt. Geschichte, Positionen, Perspektiven. Bad Wörishofen 1983.

Brönner, Wolfram: Der Nahost-Konflikt und die Palästina-Frage. Frankfurt/M. 1979.

Bunzl, John: Israel und die Palästinenser. Die Entwicklung eines Gegensatzes. Wien 1983.

Cattan, Henry: Palestine and International Law. The Legal Aspects of the Arab-Israeli Conflict. Beirut/ London 1973.

Cattan, Henry: The Palestine Question. Neuaufl., London 2000.

Cossali, Paul: Arab-Israeli Relations 1967-99. In: The Middle East and North Africa 2000, London 1999.

Dachs, Gisela: Getrennte Welten. Israelische und palästinensische Lebensgeschichten. Basel 1998.

Diner, Dan: Israel in Palästina. Über Tausch und Gewalt im Vorderen Orient. Königstein/Ts. 1980.
Diner, Dan: »Keine Zukunft auf den Gräbern der Palästinenser.« Eine historisch-politische Bilanz der Palästinafrage. Hamburg 1982.
Diner, Dan: Endogene Konfliktverursachung im Vorderen Orient und die Funktion globaler Einmischung. In: Steinweg, Rainer (Hg.): Kriegsursachen, Friedensanalysen, Bd. 21, Hessische Stiftung Friedens- und Konfliktforschung, Frankfurt/M. 1987, S. 308-333.
Diner, Dan: Das Ende der Bipolarität. In: Israel und Palästina, Edenkoben, Nr. 2 (1991), S. 3-17.
Diner, Dan: Wieder einmal: Die Palästinafrage. In: Der Überblick, Hamburg, Nr. 2 (1991), S. 9-13.
Diner, Dan: Anerkennung und Amnesie. Israelis und Palästinenser danach. In: Israel und Palästina, Edenkoben, Sonderheft, Nr. 38 (1995), S. 6-18.
Elias, Adel S.: Wer wirft den letzten Stein? Der lange Weg zum Frieden im Nahen Osten. Düsseldorf 1993.
Elias, Adel S.: Dieser Frieden heißt Krieg. Israel und Palästina – Die feindlichen Brüder. München 1997.
Finkelstein, Norman G.: Israel and Iraq. A Double Standard. In: Journal of Palestine Studies, Berkeley, 20 (Winter 1991) 2/78, S. 43-56.
Finkelstein, Norman G.: Image and Reality of the Israel-Palestine Conflict. New York/London 1995.
Frangi, Abdallah: PLO und Palästina. Vergangenheit und Gegenwart. Frankfurt/M. 1982.
Friedman, Thomas L.: Von Beirut nach Jerusalem. Erfahrungen im Nahen Osten. Rastatt 1990.
Gambill, Gary C.: The Balance of Terror. War by Other Means in the Contemporary Middle East. In: Journal of Palestine Studies, Berkeley, 28 (Autumn 1998) 1/109, S. 51-66.
Gilbert, Martin: The Arab-Israeli Conflict. Its History in Maps. 5. Aufl., Jerusalem 1992.
Giordano, Ralph: Israel, um Himmels willen Israel. Köln 1991.
Gremliza, Hermann L.: Hat Israel noch eine Chance? Palästina in der neuen Weltordnung. Hamburg 2001.

Grossman, David: Der gelbe Wind. Die israelisch-palästinensische Tragödie. München 1988.
Hadawi, Sami: Bittere Ernte. Palästina 1914-1967. Rastatt 1969.
Hadawi, Sami: Brennpunkt Palästina. Rastatt 1970.
Hadawi, Sami: Bitter Harvest. A Modern History of Palestine. New York 1991.
Halévi, Ilan: Auf der Suche nach dem gelobten Land. Die Geschichte der Juden und der Palästina-Konflikt. Hamburg 1986.
Harkabi, Yehoshafat: Der Arabisch-Israelische Konflikt. In: Israel und Palästina, Edenkoben, Sonderheft, Nr. 30 (1992).
Harttung, Arnold (Hg.): Zeittafel zum Nahost-Konflikt. Band 1: 1920-1979. Berlin 1979.
Harttung, Arnold (Hg.): Zeittafel zum Nahost-Konflikt. Band 2: 1979-1990. Berlin 1991.
Hirst, David: The Gun and the Olive Branch. The Roots of Violence in the Middle East. Neuaufl., London 1984.
Hollstein, Walter: Kein Frieden um Israel. Zur Sozialgeschichte des Palästina-Konflikts. Erw. Aufl., Wien 1984.
Hussaini, H.: The Arab-Israeli Conflict. An Annotated Bibliography. Association of Arab American University Graduates, Detroit 1975.
Informationszentrum Dritte Welt (Hg.): Der Palästina-Konflikt und was wir damit zu tun haben. Freiburg 1983.
Kaniuk, Yoram/Habibi, Emil: Das zweifach verheißene Land. München 1997.
Kapitan, Tomis (Hg.): Philosophical Perspectives on the Israeli-Palestinian Conflict. Armonk 1997.
Khalidi, Walid: From Haven to Conquest. The Institute for Palestine Studies, Beirut 1971.
Khalidi, Walid/Khadduri, Jill: Palestine and the Arab-Israeli Conflict. An Annotated Bibliography. Beirut/Kuwait 1974.
Khouri, Fred J.: The Arab-Israeli Dilemma. 2. Aufl., Syracuse 1976.
Köndgen, Olaf: Die »Neuen Historiker«. Israel revidiert sein geschichtliches Selbstverständnis. In: KAS-Auslandsinformationen, St. Augustin, 17 (2001) 3, S. 147-155.
Kriener, Tobias/Sterzing, Christian: Kleine Geschichte des israelisch-palästinensischen Konflikts. Schriftenreihe des Deutsch-Israe-

lischen Arbeitskreises für Frieden im Nahen Osten, Bd. 29, Schwalbach/Ts. 1997.

Landeszentrale für politische Bildung Rheinland-Pfalz (Hg.): Israel – Naher Osten. Multiplikatorenpaket Politische Bildung, Mainz 1998.

Lemarchand, Philippe/Radi, Lamia: Israel und Palästina morgen. Ein geopolitischer Atlas. Braunschweig 1997.

Marshall, Mark: Rethinking the Palestine Question. The Apartheid Paradigm. In: Journal of Palestine Studies, Berkeley, 25 (Autumn 1995) 1/97, S. 15-22.

Marxistische Blätter: Israel, die Palästinenser und wir. In: Marxistische Blätter, Essen, Sonderheft, 39 (Juli/August 2001) 4.

Moore, John Norton (Hg.): The Arab-Israeli Conflict. Readings and Documents (3 Bde.). Princeton 1974, einbändige Neuaufl. 1977.

Morris, Benny: Righteous Victims. A History of the Zionist-Arab Conflict, 1881-1999. New York 1999.

Moughrabi, Fouad M.: A Year of Discovery. In: Journal of Palestine Studies, Berkeley, 26 (Winter 1997) 2/102, S. 5-15.

Nahkleh, Issa: The True History of the Land of Canaan. New York 1989.

Nahkleh, Issa (Hg.): Encyclopedia of the Palestinian Problem (2 Bde.). New York 1991.

Neifeind, Harald: Der Nahostkonflikt – Historisch, politisch, literarisch. Schriftenreihe des Deutsch-Israelischen Arbeitskreises für Frieden im Nahen Osten, Bd. 34, Schwalbach/Ts. 1999.

Otto, Ingeborg/Schmidt-Dumont, Marianne: Der Nahostkonflikt seit Ausbruch der Intifada. Eine Auswahlbibliographie. Dokumentationsdienst Vorderer Orient, Hamburg 1990.

Pappé, Ilan: Von Lausanne nach Oslo. Zur Geschichte des israelisch-palästinensischen Konflikts. In: Aus Politik und Zeitgeschichte, Bonn, B 14/98, 27. März 1998, S. 30-37.

Pappé, Ilan: The Israel/Palestine Question. London/New York 1999.

Pax Christi – Deutsches Sekretariat/Pax-Christi-Nahostkommission (Hg.): Israel und Palästina. Positionen, Analysen, Hintergründe. Bad Vilbel 1994.

Pax Christi – Deutsches Sekretariat (Hg.): Naher Osten – Ferner Frieden? Idstein 1997.

Perthes, Volker: Zwischen Eisbox und Neuordnung. Der Nahe Osten nach den Wahlen in Israel. In: Internationale Politik, Bonn, 51 (September 1996) 9, S. 40-46.

Perthes, Volker: Israels Wende und die arabische Welt. In: Blätter für deutsche und internationale Politik, Bonn, 42 (1997) 4, S. 460-471.

Reinartz, Ingomar (Hg.): Nahost-Konflikt. Dokumente, Materialien und Abkommen zur Entstehung und zum Verlauf des Konfliktes zwischen Israelis, Arabern und Palästinensern. Opladen 1979.

Ries, Matthias: Der israelisch-palästinensische Konflikt und seine internationale Dimension. Trier 1996.

Rodinson, Maxime: Israel and the Arabs. 2. erw. Aufl., Harmondsworth 1982.

Rohlfs, Ellen: Sag, Mutter, wie sieht Frieden aus? Nachdenkliches und Frag-Würdiges zum Israel-Palästina-Konflikt. Tossens 1993.

Rubin, Barry: Israel, the Palestinian Authority and the Arab States. Begin-Sadat Center for Strategic Studies, Ramat Gan 1998.

Said, Edward W.: Zionismus und palästinensische Selbstbestimmung. Stuttgart 1981.

Schäfer, Barbara (Hg.): Historikerstreit in Israel. Die »neuen« Historiker zwischen Wissenschaft und Öffentlichkeit. Frankfurt/M. 2000.

Schreiber, Friedrich/Wolffsohn, Michael: Nahost – Geschichte und Struktur des Konflikts. Opladen 1987.

Schreiber, Friedrich: Kampf um Palästina. Eine 3000jährige Geschichte der Gewalt. München 1992.

Schreiber, Friedrich: Schalom Israel. Nachrichten aus einem friedlosen Land. München 1998.

Sherman, John: The Arab-Israeli Conflict, 1945-1971. A Bibliography. New York/ London 1978.

Shlaim, Avi: The Iron Wall. Israel and the Arab World. New York 2000.

Sterzing, Christian: Am Anfang einer langen Reise. In: Israel und Palästina, Edenkoben (1991) 5-6, S. 3-20.

Thomas, Baylis: How Israel was Won. A Concise History of the Arab-Israeli Conflict. Lanham 1999.

Vore, Ronald M. de: The Arab-Israeli Conflict. A Historical, Political, Social, and Military Bibliography. Santa Barbara/ Oxford 1976.
Wagner, Heinz: Der Arabisch-Israelische Konflikt im Völkerrecht. Berlin 1971.
Waltz, Viktoria/Zschiesche, Joachim: Die Erde habt ihr uns genommen. 100 Jahre zionistische Siedlungspolitik in Palästina. Berlin 1986.
Watzal, Ludwig: Friedensfeinde. Der Konflikt zwischen Israel und Palästina in Geschichte und Gegenwart. Berlin 1998.
Watzal, Ludwig: Feinde des Friedens. Der endlose Konflikt zwischen Israel und den Palästinensern. Berlin 2001.
Weinstock, Nathan: Das Ende Israels? Nahostkonflikt und Geschichte des Zionismus. Berlin 1975.
Wolffsohn, Michael: Wem gehört das Heilige Land? Die Wurzeln des Streits zwischen Juden und Arabern. München 1992.
Wolffsohn, Michael: Frieden jetzt? Nahost im Umbruch. München 1994.
Zimmermann, Moshe: Ein Religionskrieg des 21. Jahrhunderts. In: Blätter für deutsche und internationale Politik, Bonn, 45 (November 2000) 11, S. 1289-1292.

2. Geschichte Palästinas und des Palästinakonflikts bis 1948

Cassin, Elena/Bottéro, Jean/Vercoutter, Jean (Hg.): Die Altorientalischen Reiche (3 Bde.). Frankfurt/M. 1965.
Dothan, Trude/Dothan, Moshe: Die Philister. Zivilisation und Kultur eines Seevolkes. München 1995.
Flapan, Simcha: Die Geburt Israels. Mythos und Wirklichkeit. München 1988.
Flores, Alexander: Die Entwicklung der palästinensischen Nationalbewegung bis 1948. In: Mejcher, Helmut (Hg.): Die Palästina-Frage 1917-1948. Historische Ursprünge und internationale Dimensionen eines Nationenkonflikts. 2. erw. Aufl., Paderborn 1993, S. 89-122.

Harttung, Arnold (Hg.): Ursprung und Entwicklung des arabisch-israelischen Konflikts und der Palästina-Teilungsplan der Vereinten Nationen. Berlin 1993.

Idinopulos, Thomas A.: Weathered by Miracles. A History of Palestine from Bonaparte and Muhammad Ali to Ben-Gurion and the Mufti. Chicago 1998.

John, Robert/ Hadawi, Sami: The Palestine Diary, 1914-1945 (Bd.1), 1945-1948 (Bd.2). The Palestine Research Center, Beirut 1970.

Khalidi, Walid: Plan Dalet – The Zionist Master Plan for the Conquest of Palestine. In: Middle East Forum, Beirut (November 1961), S. 22-28.

Khalidi, Walid: Before their Diaspora. A Photographic History of the Palestinians 1876-1948. Institute for Palestine Studies, Washington 1984.

Mejcher, Helmut: Palästina in der Nahostpolitik europäischer Mächte und der Vereinigten Staaten von Amerika 1918-1948. In: Mejcher, Helmut (Hg.): Die Palästina-Frage 1917-1948. Historische Ursprünge und internationale Dimensionen eines Nationenkonflikts. 2. erw. Aufl., Paderborn 1993, S. 189-242.

Mejcher, Helmut (Hg.): Die Palästina-Frage 1917-1948. Historische Ursprünge und internationale Dimensionen eines Nationenkonflikts. 2. erw. Aufl., Paderborn 1993.

Nofal, Mamdouh: Reflections on al-Nakba. In: Journal of Palestine Studies, Berkeley, 28 (Autumn 1998) 1/109, S. 5-35.

Pappé, Ilan: The Making of the Arab-Israeli-Conflict, 1947-1951. London 1994.

Rogan, Eugene L./Shlaim, Avi (Hg.): The War for Palestine. Rewriting the History of 1948. Cambridge 2001.

Schölch, Alexander: Europa und Palästina 1917-1938. In: Mejcher, Helmut (Hg.): Die Palästina-Frage 1917-1948. Historische Ursprünge und internationale Dimensionen eines Nationenkonflikts. 2. erw. Aufl., Paderborn 1993, S. 13-48.

Tubb, Jonathan N.: Peoples of the Past. Canaanites. London 1998.

Watrin, Konrad E.: Machtwechsel im Nahen Osten. Großbritanniens Niedergang und der Aufstieg der Vereinigten Staaten 1941-1947. Frankfurt/M./New York 1992.

Whitelam, Keith W.: The Invention of Ancient Israel. The Silencing of Palestinian History. London/New York 1996.

3. Palästinenser/Palästina allgemein

Adlakha, Arjun L./Kinsella, Kevin G./Khawaja, Marwan: Demography of the Palestinian Population with Special Emphasis on the Occupied Territories. In: Population Bulletin of ESCWA, Amman (1995) 43, S. 5-28.
Ashrawi, Hanan: Ich bin in Palästina geboren. Ein persönlicher Bericht. Berlin 1995.
Ben-Dor, Gabriel (Hg.): The Palestinians and the Middle East Conflict. Studies in their History, Sociology and Politics. Ramat Gan/London/Montreal 1979.
Cooley, John K.: Green March, Black September. The Story of the Palestinian Arabs. London 1973.
Darwisch, Mahmoud: Palästina als Metapher. Gespräche über Literatur und Politik. Heidelberg 1998.
Farhat-Naser, Sumaya: Thymian und Steine. Eine palästinensische Lebensgeschichte. Basel 1995.
Farsoun, Samih K./Zacharia, Christina E.: Palestine and the Palestinians. Boulder 1997.
Gluck, Sherna Berger: Palestinian Women – Gender Politics and Nationalism. In: Journal of Palestine Studies, Berkeley, 24 (Spring 1995) 3/95, S. 5-15.
Hamdan, Yasmeen/Wiebus, Hans Otto (Hg.): Palästina – Menschen, Landschaften. Mit Fotos von Georg Stein. Berlin 1989.
Hunziker, Ernst: Zwischen Allah und Arafat. Palästinenser und die Versöhnung. Zürich 1996.
Irabi, Abdukader: Sozialgeschichte Palästinas. Basel 1978.
Khalidi, Rashid: Palestinian Identity. The Construction of Modern National Consciousness. New York 1997.
Lebrecht, Hans: Die Palästinenser. Geschichte und Gegenwart. Frankfurt/M. 1982.
Massad, Joseph: The Palestinians and Jewish History. Recognition or Submission? In: Journal of Palestine Studies, Washington, 30 (Autumn 2000) 1/117, S. 52-67.
Mattar, Philip: Encyclopedia of the Palestinians. New York 2000.
Ortlieb, Sylvia: Palästinensische Identität und Ethnizität. Genese und Entwicklung des Selbstverständnisses der Palästinenser. Köln 1995.

Palestine Country Profile. Multimedia CD ROM. Rama Productions in Cooperation with the Palestinian Ministry of Economy and Trade, Ramallah 1998.

Said, Edward W.: Am falschen Ort. Autobiografie. Berlin 2000.

Sayigh, Rosemary: Palestinians – From Peasants to Revolutionaries. London 1979.

Sharaf, Shamil: Die Palästinenser. Geschichte der Entstehung eines nationalen Bewußtseins. Wien 1983.

Stein, Georg: Die Palästinenser. Unterdrückung und Widerstand eines entrechteten Volkes. Köln 1988.

Stein, Kenneth W.: A General Historiographic and Bibliographic Review of Literature on Palestine and the Palestinian Arabs. In: Orient, Hamburg, 22 (1981) 1, S. 100-112.

Wallach, John/Wallach, Janet: The New Palestinians. The Emerging Generation of Leaders. Rocklin 1992.

Zahlan, A. B. (Hg.): The Reconstruction of Palestine. Issues, Options, Policies and Strategies. London 1997.

4. PLO/Palästinensische Nationalbewegung

Abu Ijad: Heimat oder Tod. Der Freiheitskampf der Palästinenser. Düsseldorf/Wien 1979.

Aburish, Saïd K.: Arafat – From Defender to Dictator. London 1998.

Arafat, Suha/Sebag, Gerard: Ich bin eine Tochter Palästinas. München 1996.

Aruri, Naseer H.: The New Palestinian Charter. What Kind of a Constitution? In: Jerusalem Media and Communication Center (Hg.): Facing Palestinian Society in the Interim Period, Jerusalem 1994, S. 57-76.

Aruri, Naseer H./Carroll, John J.: A New Palestinian Charter. In: Journal of Palestine Studies, Berkeley, 23 (Summer 1994) 4/92, S. 5-17, 137-145.

Baumgarten, Helga: Palästina: Befreiung in den Staat. Die palästinensische Nationalbewegung seit 1948. Frankfurt/M. 1991.

Becker, Jillian: The PLO. The Rise and Fall of the Palestine Liberation Organization. New York 1984.
Bishara, Azmi: Zur Entwicklung der politischen Doktrin der PLO. In: Neuhaus, Dietrich/Sterzing, Christian (Hg.): Die PLO und der Staat Palästina. Analysen und Dokumente zur Entwicklung der PLO. Schriftenreihe des Deutsch-Israelischen Arbeitskreises für Frieden im Nahen Osten, Bd. 21, Frankfurt/M. 1991, S. 17-43.
Büren, Rainer: Die Haltung der PLO zu einer Zwei-Staaten-Regelung in Palästina. Stiftung Wissenschaft und Politik, Ebenhausen 1980.
Carré, Olivier: Le Mouvement National Palestinien. Paris 1977.
Cobban, Helena: The Palestinian Liberation Organisation. People, Power and Politics. Cambridge/New York/Melbourne 1984.
Cubert, Harold M.: The PFLP's Changing Role in the Middle East. London 1997.
Daoud, Abou/Jonchay, Gilles du: Palestine – De Jérusalem à Munich. Paris 1999.
Gowers, Andrew/Walker, Tony: Arafat – Hinter dem Mythos. Hamburg 1994.
Gresh, Alain: The PLO – The Struggle Within. Towards an Independent Palestinian State. London 1985.
Habash, George: Taking Stock. An Interview with George Habash. In: Journal of Palestine Studies, Berkeley, 28 (Autumn 1998) 1/109, S. 86-101.
Harkabi, Yehoshafat: Das palästinensische Manifest und seine Bedeutung. Stuttgart 1980.
Hart, Alan: Arafat – A Political Biography. Erw. Aufl., London 1994.
Hilal, Jamil: PLO Institutions – The Challenge Ahead. In: Journal of Palestine Studies, Berkeley, 23 (Autumn 1993) 1/89, S. 46-60.
Hoeckmann, Gerrit: Zwischen Ölzweig und Kalaschnikow. Geschichte und Politik der palästinensischen Linken. Münster 1999.
Höpp, Gerhard: Zur Entwicklung der strategisch-taktischen Konzeption der »Bewegung der Arabischen Nationalisten« und ihrer palästinensischen Nachfolgeorganisationen (1948-1980). In: Asien, Afrika, Lateinamerika, Berlin (DDR), 10 (1982) 3, S. 446-460.

Hussain, Mehmood: The Palestine Liberation Organisation. A Study in Ideology, Strategy and Tactics. Delhi 1975.

Ibrahim, Salim: Zur Genesis des palästinensischen Widerstandes. In: Blätter für deutsche und internationale Politik, Bonn, 18 (1973) 5, S. 517-537.

Jacobs, Peter: Yassir Arafat – Versuch einer Lebensbeschreibung. Dortmund 1985.

Kadi, Leila S. (Hg.): Basic Political Documents of the Armed Palestinian Resistance Movement. PLO Research Center, Beirut 1969.

Kazziha, Walid: Revolutionary Transformation in the Arab World. Habash and his Comrades from Nationalism to Marxism. London 1975.

Khaled, Leila: Mein Volk soll leben. Autobiographie einer palästinensischen Revolutionärin. Stuttgart 1982.

Kiernan, Thomas: Yassir Arafat. The Man and the Myth. London 1976.

Legrain, Jean François: Les 1001 Successions de Yasser Arafat. In: Monde Arabe/Maghreb-Machrek, Paris (Avril-Juin 1998) 160, S. 3-29.

Lüders, Michael: PLO – Geschichte, Strategie, Aktuelle Interviews. Hannover 1982.

Mohammad, Hussam: PLO Strategy. From Total Liberation to Co-Existence. In: Palestine-Israel Journal, Jerusalem, 4 (1997) 2, S. 82-90.

Monshipouri, Mahmood: The PLO Rivalry with Hamas. The Challenge of Peace, Democratization and Islamic Radicalism. In: Middle East Policy, Washington, 4 (March 1996) 3, S. 84-105.

Moshel, Aharon: In einer Hand den Ölzweig. Jassir Arafat und die PLO. Hamburg/München 1988.

Mury, Gilbert: Schwarzer September. Analysen, Aktionen und Dokumente. Berlin 1974.

Mustafa, Abu Ali: The Palestinian Secular Opposition at a Crossroads. Interviews with PFLP's Abu Ali Mustafa and DFLP's Nayif Hawatimah. In: Journal of Palestine Studies, Berkeley, 29 (Winter 2000) 2/114, S. 78-94.

Nassar, Jamal Raji: Non-State Actors in the Middle East. A Case Study of the Palestine Liberation Organization. Ann Arbor 1981.

Neuhaus, Dietrich/Sterzing, Christian (Hg.): Die PLO und der Staat Palästina. Analysen und Dokumente zur Entwicklung der PLO. Schriftenreihe des Deutsch-Israelischen Arbeitskreises für Frieden im Nahen Osten, Bd. 21, Frankfurt/M. 1991.

Quandt, William B./Jabber, Fuad/Lesch, Ann Mosely: The Politics of Palestinian Nationalism. Berkeley/Los Angeles/London 1973.

Reeve, Simon: One Day in September. The Story of the 1972 Munich Olympics Massacre. London 2000.

Rombach, Ulrich: Die Palästinenser und die PLO. Pfaffenweiler 1987.

Rondot, Philippe: Les Palestiniens à la Recherche d'une Nouvelle Stratégie? In: Politique Etrangère, Paris, 43 (1978) 4, S. 405-415.

Rouleau, Eric: The Future of the PLO. In: Foreign Affairs, New York, 62 (1983) 1, S. 138-156.

Rubinstein, Danny: Yassir Arafat – Vom Guerillakämpfer zum Staatsmann. Heidelberg 1996.

Said, Edward W.: The Politics of Dispossession. The Struggle for Palestinian Self-Determination 1969-1994. London 1994.

Saint-Prot, Charles: Yasser Arafat – Biographie et Entretiens. Paris 1990.

Sayigh, Yezid: Armed Struggle and State Formation. In: Journal of Palestine Studies, Berkeley, 26 (Summer 1997) 4/104, S. 17-32.

Sayigh, Yezid: Armed Struggle and the Search for State. The Palestinian National Movement, 1949-1993. Oxford 1997.

Schiller, David Th.: Palästinenser zwischen Terrorismus und Diplomatie. Die paramilitärische palästinensische Nationalbewegung von 1918 bis 1981. München 1982.

Seale, Patrick: Abu Nidal – Der Händler des Todes. Die Wahrheit über den palästinensischen Terror. München 1992.

Sela, Avraham/Ma'oz, Moshe: The PLO and Israel from Armed Conflict to Political Solution. New York 1997.

Shehada, H.: Die PLO und der Friedensprozeß. Von der Entstehung der PLO bis zu den Autonomie-Abkommen mit Israel. Trier 1996.

Stein, Georg: Die Ideologien der palästinensischen Widerstandsorganisationen und die Entwicklung der PLO-Zielvorstellungen für eine Lösung des Palästinakonflikts. Magisterarbeit, Ru-

precht-Karls-Universität, Philosophisch-Historische Fakultät, Institut für Politische Wissenschaft, Heidelberg 1985.
Steinberg, Matti: »You Can't Clap With Only One Hand«. The Dialectic between the PLO »Inside and Outside«. In: Rubin, Barry/Ginat, Rami/Maoz, Zeev (Hg.): From War to Peace, Brighton 1994.
Strindberg, Anders: The Damascus-Based Alliance of Palestinian Forces. A Primer. In: Journal of Palestine Studies, Berkeley, 29 (Spring 2000) 3/115, S. 60-76.
Sunderbrink, Ute: Die PLO in der Krise? Münster/Hamburg 1993.
Terrill, Andrew W.: The Political Mythology of the Battle of Karameh. In: The Middle East Journal, Washington, 55 (Winter 2001) 1, S. 91-111.
Tophoven, Rolf: Fedayin – Guerilla ohne Grenzen. München 1975.
Vogel, Artur K.: Der Palästinenserstaat. Arafats langer Marsch nach Jerusalem. Zürich 1995.
Wallach, Janet/Wallach, John: Jassir Arafat – Der lange Weg zur Versöhnung. München 1994.

5. Israel

Abu-Zayyad, Ziad: Benyamin Netanyahu. Ideology and Realism. In: Palestine-Israel Journal, Jerusalem, 3 (1996) 3-4, S. 84-90.
Algazi, Josef: Rabbiner gegen Torah und Moral. In: Israel und Palästina, Edenkoben, Sonderheft, Nr. 41 (1995), S. 23-26.
Arazi, Doron: Itzhak Rabin. Held von Krieg und Frieden. Freiburg 1996.
Avnery, Uri: The Real Netanyahu. In: Palestine-Israel Journal, Jerusalem, 4 (1997) 2, S. 91-96.
Avnery, Uri: Schrecken der Araber (Portrait über Ariel Sharon). In: Der Spiegel, Hamburg, Nr. 7, 12. Februar 2001, S. 144-148.
Bar-Zohar, Michael: David Ben Gurion. 40 Jahre Israel. Die Biographie des Staatsgründers. Bergisch Gladbach 1988.
Beilin, Yossi: Israel – A Concise Political History. London 1992.
Beit-Hallahmi, Benjamin: Original Sins. Reflections on the History of Zionism and Israel. London/Concord 1992.

Ben Artzi-Pelossof, Noa: Trauer und Hoffnung. Berlin 1996.
Ben Gurion, David: Israel – Der Staatsgründer erinnert sich. Frankfurt/M. 1998.
Bodenheimer, Aron Ronald: Rabins Tod. Ein Essay. Zürich 1996.
Brenner, Michael/Weiss, Yfaat (Hg.): Zionistische Utopie – Israelische Realität. Religion und Nation in Israel. München 1999.
Broder, Henryk M.: Die Irren von Zion. Hamburg 1998.
Brumlik, Micha (Hg.): Mein Israel – 21 erbetene Interventionen. Frankfurt/M. 1998.
Chetrit, Sami Shalom: Mizrahi Politics in Israel. Between Integration and Alternative. In: Journal of Palestine Studies, Berkeley, 24 (Summer 2000) 4/116, S. 51-65.
Cohen-Almagor, Raphael: Cultural Pluralism and the Israeli Nation Building Ideology. In: International Journal of Middle East Studies, Cambridge, 28 (1995) 1, S. 461-484.
Dachs, Gisela: Väter, Söhne, Generäle (zum Wahlsieg Ariel Sharons am 6.2.2001). In: Die Zeit, Hamburg, 8. Februar 2001.
Dayan, Moshe: Die Geschichte meines Lebens. München 1981.
Eban, Abba: The New Diplomacy. International Affairs in the Modern Age. New York 1983.
Elon, Amos: Die Israelis. Gründer und Söhne. Wien/München/Zürich 1971.
Eisenstadt, Shmuel Noah: Die Transformation der israelischen Gesellschaft. Frankfurt/M. 1992.
Eisenstadt, Shmuel Noah: Kollektiver Symbolismus und die Krisen der Demokratie. Über die Auswirkungen der Ermordung Rabins auf die israelische Demokratie. In: Leviathan, Opladen, 24 (Juni 1996) 2, S. 181-207.
Ezrachi, Yaron: Gewalt und Gewissen. Israels langer Weg in die Moderne. Berlin 1998.
Frankel, William: Israel Observed. An Anatomy of the State. London 1981.
Franz, Erhard: Ehud Barak – Israelischer Ministerpräsident. In: Orient, Opladen, 40 (Juni 1999) 2, S. 169-174.
Franz, Erhard: Israel 1999. In: Deutsches Orient-Institut (Hg.): Nahost Jahrbuch 1999, Opladen 2000, S. 88-95.
Glasneck, Johannes/Timm, Angelika: Israel – Die Geschichte des Staates seit seiner Gründung. Bonn 1994.

Grossman, David: Dieses nagende Gefühl. Alptraum Israel: Wie ein ganzes Volk seine Zukunft aufs Spiel setzt. In: Die Zeit, Hamburg, 1. Oktober 1998.

Günther, Inge: Mit dem Wahlsieg endet der Höhenflug (zum Wahlsieg Ariel Sharons am 6.2.2001). In: Frankfurter Rundschau, 8. Februar 2001.

Hänsel, Lars: Die Wahl in Israel vom 6. Februar 2001. Ende der Direktwahl des Premierministers. In: KAS-Auslandsinformationen, St. Augustin, 17 (2001) 3, S. 128-146.

Horovitz, David (Hg.): Yitzhak Rabin. Feldherr und Friedensstifter. Die Biographie. Berlin 1996.

Kaminer, Reuven: The Israeli Elections. Ideologies and Institutions. In: Palestine-Israel Journal, Jerusalem, 3 (1996) 2, S. 62-67.

Kaniuk, Yoram: Gott schütze uns vor den Religiösen! In: Die Zeit, Hamburg, 15. August 1997.

Kaniuk, Yoram: Was es heißt, heute Israeli zu sein. In: Die Zeit, Hamburg, 19. April 2001.

Kapeliuk, Amnon: Rabin – Ein politischer Mord. Nationalismus und rechte Gewalt in Israel. Heidelberg 1997.

Kapeliuk, Amnon: Israel unter Scharon. Soll denn das Schwert ohn' Ende fressen? In: Le Monde Diplomatique (Deutsche Ausgabe), Berlin, Mai 2001, S. 8.

Karpin, Michael/Friedman, Ina: Der Tod des Jitzhak Rabin. Anatomie einer Verschwörung. Reinbek bei Hamburg 1998.

Karsh, Efraim (Hg.): Israel's Transition from Community to State. London 1999.

Keller, Philipp A.: Die Direktwahl des Premierministers. Israels Verfassungsreform von 1992. In: Zeitschrift für Politikwissenschaft, Baden-Baden, 8 (1998) 2, S. 597-625.

Krupp, Michael: Zionismus und Staat Israel. Ein geschichtlicher Abriß. 3. erw. Aufl., Gütersloh 1992.

Kurzman, Dan: Soldier of Peace. The Life of Yitzhak Rabin 1922-1995. New York.

Lichtenstein, Heiner/Romberg, Otto (Hg.): Fünfzig Jahre Staat Israel. Vision und Wirklichkeit. Bundeszentrale für Politische Bildung, Bonn 1998.

Lochery, Neill: The Netanyahu Era. From Crisis to Crisis, 1996-1999. In: Israel Affairs, London, 6 (Spring-Summer 2000) 3-4, S. 221-237.

Lossin, Yigal. Pillar of Fire. The Rebirth of Israel. A Visual History. Jerusalem 1983.
Martiny, Anke: Israel – und du wunderst dich täglich. Innenansichten von Gewalt und Hoffnung. Freiburg 1995.
Martiny, Anke: Judenstaat oder demokratische Zivilgesellschaft? Israels staatliche Identität und das Selbstverständnis der Israelis. In: Die Neue Gesellschaft/Frankfurter Hefte, Bonn, 43 (1996) 3, S. 200-203.
Martiny, Anke: Der Mörder Rabins hat sein Ziel erreicht. Welche Ziele verfolgt die neue Regierung in Israel? In: Die Neue Gesellschaft/Frankfurter Hefte, Bonn, 43 (1996) 8, S. 682-685.
Meier-Cronemeyer, Hermann: Geschichte des Staates Israel. Entstehungsgeschichte. Die zionistische Bewegung. Schriftenreihe des Deutsch-Israelischen Arbeitskreises für Frieden im Nahen Osten, Bd. 28, Schwalbach/Ts. 1997.
Meir, Golda: Mein Leben. Hamburg 1975.
Morris, Benny: Israel's Elections and their Implications. In: Journal of Palestine Studies, Berkeley, 26 (Autumn 1996) 1/101, S. 70-81.
Naor, Mordecai: The Twentieth Century in Eretz Israel. A Pictorial History. Köln 1998.
Neustadt, Amnon: Israels zweite Generation. Auschwitz als Vermächtnis. Berlin/Bonn 1987.
Nocke, Alexandra: Israel heute. Ein Selbstbildnis im Wandel. Innenansichten einer Identitätskrise. Bodenheim 1998.
Orr, Akiva: Israel – Politics, Myths and Identity Crises. London 1994.
Oz, Amos: Im Lande Israel. Frankfurt/M. 1984.
Oz, Amos: Bericht zur Lage des Staates Israel. Frankfurt/M. 1992.
Pappé, Ilan: Israel at a Crossroads Between Civic Democracy and Jewish Zealotocracy. In: Journal of Palestine Studies, Berkeley, 29 (Spring 2000) 3/115, S. 33-44.
Peres, Shimon: Shalom. Erinnerungen. Stuttgart 1995.
Peretz, Don: Barak's Israel. In: Current History, Philadelphia, 100 (January 2001) 642, S. 21-26.
Rabin, Lea: Ich gehe weiter auf seinem Weg. Erinnerungen an Jitzhak Rabin. München 1997.
Rabin, Yitzhak: The Rabin Memoirs. 2. Aufl., Jerusalem 1994.

Reich, Bernard/Goldberg, David H.: Political Dictionary of Israel. Lanham/London 2000.

Rohde, Achim: Sharon legt los. Frontnotizen aus Israel/Palästina. In: Analyse & Kritik, Hamburg, Nr. 449, 12. April 2001, S. 23.

Rolef, Susan Hattis (Hg.): Political Dictionary of the State of Israel. Jerusalem 1987.

Sachar, Howard: A History of Israel. Oxford 1976.

Schmitz, Thorsten: Abraham zwischen den Welten. Ansichten aus Israel. Wien 2000.

Schneider, Richard Chaim: Israel am Wendepunkt. Von der Demokratie zum Fundamentalismus? München 1998.

Schuldiner, Zwi: Leadership, Interests and Opposition Forces in Israel. In: Klein, Uta/Sigrist, Christian (Hg.): Prospects of Israeli-Palestinian Co-Existence, Münster 1996, S. 74-86.

Segev, Tom: 1949 – The First Israelis. New York 1992.

Segev, Tom: Die siebte Million. Der Holocaust und Israels Politik der Erinnerung. Reinbek bei Hamburg 1995.

Segev, Tom: Wer ist Säkularist? In: Israel und Palästina, Düsseldorf (1996) 4, S. 28-31.

Shahak, Israel/Mezvinsky, Norton: Jewish Fundamentalism in Israel. London/Sterling 1999.

Shahin, Miriam: The Coming of the Hawk (zum Wahlsieg Sharons am 6. Februar 2001). In: The Middle East, London, Nr. 310, März 2001, S. 4-6.

Sichrovsky, Peter: Die Kinder Abrahams. Israels junge Generation. Köln 1990.

Smooha, Sami: Israel – Pluralism and Conflict. Berkeley 1978.

Soehnchen, Stefan: Politikberatungsinstitute in Israel und deren Einfluss auf die Nahostpolitik. In: Orient, Opladen, 41 (März 2000) 1, S. 39-63.

Sternhell, Zeev: Rückzug ins Schneckenhaus des Konservatismus. In: Israel und Palästina, Düsseldorf , Sonderheft, Nr. 43 (1996), S. 9-12.

Timm, Angelika: Israel – Geschichte des Staates seit seiner Gründung. Bonn 1998.

Wagner, Martin: Gebrauchsanweisung für Israel. München 1996.

Warschawski, Michael: Reflections on the Recent Elections. In: Journal of Palestine Studies, Berkeley, 29 (Autumn 1999) 1/113, S. 58-65.

Wechsler, Marcello: Elections 1992. A Victory for Rabin, not for the Left. In: News From Within (Alternative Information Center), Jerusalem, 8 (1992) 7, S. 1-3.
Winter, Dave/Matthews, John: Israel Handbook. With the Palestinian Authority Areas. 2. Aufl., Bath 1999.
Wolffsohn, Michael: Die ungeliebten Juden. Israel – Legenden und Geschichten. München/Zürich 1998.
Wolffsohn, Michael/Bokovoy, Douglas: Israel – Geschichte, Politik, Gesellschaft, Wirtschaft (1882-1996). 5. erw. und überarb. Aufl., Opladen 1996.
Wollin, Amos: Israel – Eine Gesellschaft im Wandel. In: Pax Christi – Deutsches Sekretariat (Hg.): Naher Osten – Ferner Frieden? Idstein 1997, S. 17-22.
Zimmermann, Moshe: Die historische Dimension der israelischen Wende. In: Blätter für deutsche und internationale Politik, Bonn, 41 (1996) 8 , S. 953-963.
Zimmermann, Moshe: Wende in Israel. Zwischen Nation und Religion. Berlin 1996.
Zuckermann, Moshe: Traumata of Jewish Israelis. In: Klein, Uta/ Sigrist, Christian (Hg.): Prospects of Israeli-Palestinian Co-Existence, Münster 1996, S. 87-97.
Zuckermann, Moshe: Das Ende der israelischen Arbeiterpartei. In: Blätter für deutsche und internationale Politik, Bonn, 46 (April 2001) 4, S. 400-404.

6. Palästinensische Selbstverwaltungsgebiete/Palästinensische Nationalbehörde

Andoni, Lamis: The Palestinian Elections. Moving Toward Democracy or One-Party Rule? In: Journal of Palestine Studies, Berkeley, 25 (Spring 1996) 3/99, S. 5-16.
Avnery, Uri: Der Mord an Arafat. In: Palästina Journal, Berlin, (März 2001) 45, S. 14-15.
Barghouti, Mustafa: Posteuphoria in Palestine. In: Journal of Palestine Studies, Berkeley, 25 (Summer 1996) 4/100, S. 87-96.

Barghouti, Mustafa: An Overview of Palestinian Non-Governmental Organisations and their Future Role. In: Asseburg, Muriel/Perthes, Volker (Hg.): Surviving the Stalemate. Approaches to Strengthening the Palestinian Entity, Baden-Baden 1998, S. 82-92.

Bartels, Anna: Der Palästinensische Legislativrat. In: Palästina Journal, Berlin (Juli 2000) 43, S. 9-10.

Baumgarten, Helga: Wahlen im palästinensischen Flickenteppich. In: Inamo, Erlangen, 2 (Frühjahr-Sommer 1996) 5-6, S. 56-60.

Baumgarten, Helga: Die palästinensischen Wahlen 1996. In: Orient, Opladen, 37 (Dezember 1996) 4, S. 599-618.

Baumgarten, Helga: Palästina – Patrimonialismus oder Parlamentarismus? In: Inamo, Erlangen, 3 (Frühjahr 1997) 9, S. 30-33.

Baumgarten, Helga: The Palestinian Political System. Chances for More Participation. In: Asseburg, Muriel/Perthes, Volker (Hg.): The European Union and the Palestinian Authority. Recommendations for a New Policy. Stiftung Wissenschaft und Politik, Ebenhausen 1998, S. 47-60.

Beck, Martin: Strukturelle Probleme und Perspektiven der sozioökonomischen Entwicklung in den palästinensischen Autonomiegebieten. In: Orient, Hamburg, 38 (Dezember 1997) 4, S. 631-651.

Beck, Martin: Über die Misere der palästinensischen Autonomiegebiete. Herrschaft und Entwicklung in der Westbank und im Gazastreifen. In: Leviathan, Opladen (1998), S. 77-91.

Botiveau, Bernard: Le Conseil Législatif Palestinien. In: Monde Arabe/Maghreb-Machrek, Paris (Juillet-Septembre 1998) 161, S. 8-17.

Brynen, Rex: The Dynamics of Palestinian Elite Formation. In: Journal of Palestine Studies, Berkeley, 24 (Spring 1995) 3/95, S. 31-43.

Craissati, Dina: Neue Soziale Bewegungen in Palästina. Zivilgesellschaft und Demokratie. In: Johannsen, Margret/Schmid, Claudia (Hg.): Wege aus dem Labyrinth? Friedenssuche in Nahost. Stationen, Akteure, Probleme des nahöstlichen Friedensprozesses, Baden-Baden 1997, S. 122-145.

Crimmins, Carolyn: Within the Limits of the Law. Press Law 1995, Arafat's Answer to Freedom of the Press. In: Gher, Leo A. (Hg.):

Civic Discourse and Digital Age Communications in the Middle East, Stamford 2000, S. 207-217.
Dudinski, Natasha/Abu Khater, Yasser: The Palestinian Law on Freedom of the Press. A Comparative Survey with Western Democracies. London 1997.
Fased, Arjan el-: Challenges to Oslo. How Strong is the Palestinian Political Opposition? Research Center for International Political Economy and Foreign Policy Analysis, Amsterdam 1997.
Frisch, Hillel: Countdown to Statehood. Palestinian State Formation in the West Bank and Gaza. Albany 1998.
Garbawi, Ali al-: Palestinian Politics at a Crossroads. In: Journal of Palestine Studies, Berkeley, 25 (Summer 1996) 4/100, S. 29-39.
Ghanem, Asad: Founding Elections in a Transitional Period. The First Palestinian General Elections. In: The Middle East Journal, Washington, 50 (Autumn 1996) 4, S. 513-528.
Gorkin, Michael/Othman, Rafiqa: Three Mothers, Three Daughters. Palestinian Women's Stories. Berkeley/Los Angeles/London 1996.
Grünert, Angela: Der längste Weg heißt Frieden. Die Frauen im ersten palästinensischen Parlament. München 1998.
Hafez, Kai: Palästina (Autonome Gebiete/PLO) 1999. In: Deutsches Orient-Institut (Hg.): Nahost Jahrbuch 1999, Opladen 2000, S. 174-178.
Halbach, Axel: Westbank und Gaza – Der mühsame Weg zu einem unabhängigen Palästina. In: Ifo-Schnelldienst, München, 49 (14. März 1996) 7-8, S. 51-58.
Halevi, Ilan: Selbstregierung, Demokratie und Mißwirtschaft unter der Palästinensischen Behörde. In: Palästina Journal, Berlin, Nr. 36 (1998), S. 6-11.
Halevi, Ilan: Self-Government, Democracy, and Mismanagement under the Palestinian Authority. In: Journal of Palestine Studies, Berkeley, 27 (Spring 1998) 3/107, S. 35-48.
Hanf, Theodor/Sabella, Bernhard: A Date with Democracy. Palestinians on Society and Politics. Freiburger Beiträge. Arnold-Bergstraesser-Institut, Freiburg 1996.
Heacock, Roger: Locals and Returnees in the Palestinian National Authority (PNA). A Historical Perspective. In: Birzeit University (Hg.): The Becoming of Retournee States, Birzeit 1999.

Holt, Maria: Women in Contemporary Palestine. Between Old Conflicts and New Realities. Palestinian Academic Society for the Study of International Affairs, Jerusalem 1996.

Ibrahim, Waleed: Die palästinensische Selbstregierung nach dem internationalen Gaza-Jericho-Abkommen vom 13. September 1993. Eine völkerrechtliche Studie. Frankfurt/M. 1998.

Jamal, Amal: The Palestinian Media. An Obedient Servant or a Vanguard of Democracy? In: Journal of Palestine Studies, Berkeley, 29 (Spring 2000) 3/115, S.45-59.

Jerusalem Media and Communication Center/Friedrich-Ebert-Stiftung (Hg.): The Palestinian Council. Jerusalem 1996.

Johannsen, Margret: Palästina – Staatsgründung auf Raten. In: Deutsches Übersee-Institut (Hg.): Jahrbuch Dritte Welt 2000, München 1999, S. 215-225.

Kershner, Isabel: Das Werden Palästinas. In: Israel und Palästina, Düsseldorf, Sonderheft, Nr. 52 (1998), S. 5-14.

Khalidi, Ahmad S.: The Palestinians – Current Dilemmas, Future Challenges. In: Journal of Palestine Studies, Berkeley, 24 (Winter 1995) 2/94, S. 5-13.

Khalidi, Ahmad S.: The Palestinians' First Excursion into Democracy. In: Journal of Palestine Studies, Berkeley, 25 (Summer 1996) 4/100, S. 20-28.

Milton-Edwards, Beverley: Palestinian State-Building. Police and Citizens as Test of Democracy. In: British Journal of Middle Eastern Studies, Durham, 25 (May 1998) 1, S. 95-119.

Muslih, Muhammad: Palestinian Civil Society. In: Norton, Augustus Richard (Hg.): Civil Society in the Middle East, Leiden 1995, S. 243-268.

Naufal, Mamdouh: La Crise entre l'Autorité Nationale et l'OLP. In: Revue d'Etudes Palestiniennes, Paris (1995) 4, S. 3-16.

Peace Watch Report (Hg.): Institutions of the Palestinian Authority in Jerusalem. Jerusalem 1995.

Perthes, Volker/Asseburg, Muriel: Palästina auf dem Weg zum Staat. In: Blätter für deutsche und internationale Politik, Bonn, 41 (März 1996) 3, S. 266-270.

Reflections on the Palestinian Leadership. Arafat and the Opposition. In: JIME Review, Cairo (Spring 1995) 28, S. 17-30.

Reuter, Christoph/Seebold, Irmtraud: Medien und Meinungsfreiheit in Palästina. Deutsches Orient-Institut, Hamburg 2000.

Robinson, Glenn E.: Building a Palestinian State. The Incomplete Revolution. Bloomington 1997.

Robinson, Glenn E.: The Growing Authoritarianism of the Arafat Regime. In: Survival, Oxford, 39 (Summer 1997) 2, S. 42-56.

Robinson, Glenn E.: Palestine After Arafat. In: The Washington Quarterly, Washington, 23 (Autumn 2000) 4, S. 77-90.

Rubin, Barry: After Arafat. Succession and Stability in Palestinian Politics. In: Middle East Review of International Affairs, Ramat Gan, 2 (March 1998) 1.

Rubin, Barry: The Future of Palestinian Politics. Factions, Frictions, and Functions. In: Middle East Review of International Affairs, Ramat Gan, 4 (September 2000) 3, S. 80-93.

Rubinstein, Danny: Besiegelung der palästinensischen Legitimität. In: Israel und Palästina, Düsseldorf, Sonderheft, Nr. 42 (1996), S. 11-15.

Sabbagh, Suha (Hg.): Palestinian Women of Gaza and the West Bank. Bloomington 1998.

Sanbar, Elias: L'Autogouvernement Palestinien – Premiers Défis. In: Salamé, Ghassan (Hg.): Proche-Orient – Les Exigences de la Paix, Brüssel 1994.

Sayigh, Yezid: Redefining the Basics. Souvereignty and Security of the Palestinian State. In: Journal of Palestine Studies, Berkeley, 24 (Summer 1995) 4/96, S. 5-19.

Schenker, David: Palestinian Democracy and Governance. An Appraisal of the Legislative Council. Washington Institute for Near East Policy, Washington 2000.

Sullivan, Denis J.: NGOs in Palestine. Agents of Development and Foundation of Civil Society. In: Journal of Palestine Studies, Berkeley, 25 (Spring 1996) 3/99, S. 93-100.

Turki, Fawaz: Palestinian Self-Criticism and the Liberation of Palestinian Society. In: Journal of Palestine Studies, Berkeley, 25 (Winter 1996) 2/98, S. 71-76.

Usher, Graham: Palestine in Crisis. The Struggle for Peace and Political Independence After Oslo. London 1995.

Usher, Graham: Die Botschaft der palästinensischen Wähler. In: Israel und Palästina, Düsseldorf, Sonderheft, Nr. 42 (1996), S. 20-24.

Victor, Barbara: A Voice of Reason. Hanan Ashrawi and Peace in the Middle East. London/San Diego/New York 1994.
Weinberger, Naomi Joy: The Palestinian National Security Debate. In: Journal of Palestine Studies, Berkeley, 24 (Spring 1995) 3/95, S. 16-30.
Wilhelm, Almut: Zivilgesellschaft in Palästina 1991 bis 1998. Magisterarbeit, Universität Saarbrücken, Saarbrücken 1999.
Wing, Adrien Katherine: Democracy, Constitutionalism and the Future State of Palestine. Palestinian Academic Society for the Study of International Affairs, Jerusalem 1994.
Wissenschaftliche Dienste des Deutschen Bundestages (Hg.): Selbstverwaltungskompetenzen der Palästinenser in den Autonomiegebieten. Bonn 1996.
Yassin, Hasan Adnan: The Labor Mobility from the West Bank and Gaza to Israel. An Econometric Model. Dissertation, Universität-Gesamthochschule, Paderborn 1996.

7. Besetzte Gebiete allgemein

Aburish, Saïd K.: Schrei, Palästina! Alltag auf der Westbank. München 1992.
Andoni, Lamis: Hebron – Die Gefahren eines Präzedenzfalles. In: Israel und Palästina, Düsseldorf, Sonderheft, Nr. 46 (1997), S. 30-37.
Bernstein, Reiner (Hg.): Israel und die besetzten Gebiete. Deutsch-Israelischer Arbeitskreis für Frieden im Nahen Osten, Berlin 1983.
FAFO-Institute for Applied Social Science (Hg.): Palestinian Society in Gaza, West Bank and Arab Jerusalem. Summary of a Survey of Living Conditions. Oslo 1993.
Kapeliouk, Amnon: Hébron – Un Massacre Annoncé. Paris 1994.
Langer, Felicia: Wo Haß keine Grenzen kennt. Eine Anklageschrift. Göttingen 1995.
Metzger, Jan/Orth, Martin/Sterzing, Christian (Hg.): Das ist unser Land. Westbank und Gaza-Streifen unter israelischer Besatzung. Bornheim-Merten 1980.

Qleibo, Ali H.: Wenn die Berge verschwinden. Die Palästinenser im Schatten der israelischen Besatzung. Heidelberg 1993.
Sayigh, Rosemary: Die Beduinen der Westbank. Die neuen Flüchtlinge? In: Inamo, Berlin, 6 (Herbst-Winter 2000) 23-24, S. 34-37.
Shahak, Israel: The Background and Consequences of the Massacre in Hebron. In: Middle East Policy, Washington, 3 (1994) 2, S. 63-76.
Shahin, Mariam: Occupied Territories Suffer Financial Strangulation. In: The Middle East, London, Nr. 312, Mai 2001, S. 9-10.
Shehadeh, Raja: Aufzeichnungen aus einem Ghetto. Leben unter israelischer Besatzung. Bonn 1983.
Tawil, Raymonda: Mein Gefängnis hat viele Mauern. Eine Palästinenserin berichtet. Bonn 1979.

8. Jerusalem

Abu-Shamseyeh, Haleem: Setting the Old City. The Policies of Labor and Likud. In: Jerusalem Quaterly File, Jerusalem (Fall 1999) 6.
Albin, Cecilia: The Conflict over Jerusalem. Some Palestinian Responses to Concepts of Dispute Resolution. Palestinian Academic Society for the Study of International Affairs, Jerusalem 1990.
Albin, Cecilia: Negotiating Intractable Conflicts. On the Future of Jerusalem. In: Cooperation and Conflict, London, 32 (1997) 1, S. 29-77.
Amirav, Moshe/Siniora, Hanna: Jerusalem – Resolving the Unresolvable. In: The International Spectator, 3/1992.
Armstrong, Karen: Jerusalem – Die Heilige Stadt. München 1996.
Asali, Kamil J. (Hg.): Jerusalem in History. 3,000 B.C. to the Present Day. Erw. Aufl., London/New York 1997.
Ashkenasi, Abraham: Palestinian Identities and Preferences. Israel's and Jerusalem's Arabs. New York/Westport/London 1992.
Avnery, Uri/Bishara, Azmi (Hg.): Die Jerusalemfrage. Israelis und Palästinenser im Gespräch. Heidelberg 1996.
Badde, Paul: Jerusalem, Jerusalem. Berlin 1997.

Bahat, D.: Jerusalem – 4000 Jahre Geschichte der Heiligen Stadt. Marburg 1985.

Baskin, Gershon: Jerusalem of Peace. Sovereignty and Territory in Jerusalem's Future. Israel/Palestine Center for Research and Information, Jerusalem 1994.

Baumgarten, Oswald: Zur Problematik der Jerusalem-Frage: Regelungsvorschläge, Standpunkte und Realisierungsmöglichkeiten. Ebenhausen 1982.

Ben-Chorin, Schalom: Ich lebe in Jerusalem. Ein Bekenntnis zu Geschichte und Gegenwart. 3. Aufl., München 1998.

Ben-Meir, Alon: Jerusalem's Final Status Must Reflect its Uniqueness. In: Middle East Policy, Washington, 3 (1994) 3, S. 93-109.

Benvenisti, Meron: Jerusalem – The Torn City. Minneapolis 1977.

Benvenisti, Meron: City of Stone. The Hidden History of Jerusalem. Berkeley 1996.

Bruhns, Wibke/Schliack, Amos: Mein Jerusalem. Hamburg 1982.

Budde, Hendrik/Nachama, Andreas (Hg.): Die Reise nach Jerusalem. Eine kulturhistorische Exkursion in die Stadt der Städte – 3000 Jahre Davidsstadt. Berlin 1995.

Cattan, Henry: Jerusalem. Neuaufl., London 2000.

Cheshin, Amir/Hutman, Bill/Melamed, Avi: Separate and Unequal. The Inside Story of Israeli Rule in East Jerusalem. Cambridge 1999.

Cobban, Helena: Redefining Justice: Hopes for a Lasting Peace in Jerusalem. In: Journal of Palestine Studies, Berkeley, 25 (Winter 1996) 2/98, S. 60-70.

Committee on the Exercise of the Inalienable Rights of the Palestinian People/ Division for Palestinian Rights (Hg.): The Status of Jerusalem. United Nations, New York 1997.

Dakkak, Ibrahim: Jerusalem – The Forgotten Issue. In: Jerusalem Media and Communication Center (Hg.): Facing Palestinian Society in the Interim Period, Jerusalem 1994, S. 97-104.

Dockser Marcus, Amy: Tempelberg und Klagemauer. Die Rolle der biblischen Stätten im Nahost-Konflikt. Wien 2001.

Documents Concerning the Status of Jerusalem. In: Journal of Palestine Studies, Beirut, 1 (Autumn 1971) 1/1, S. 171-194.

Dokumente zum Nahost-Konflikt. Das israelische Jerusalem-Gesetz. In: Europa-Archiv, Bonn, 35 (November 1980) 21, S. D 593-594.

Dumper, Michael: Israeli Settlement in the Old City of Jerusalem. In: Journal of Palestine Studies, Berkeley, 21 (Summer 1992) 4/84, S. 32-53.

Dumper, Michael T.: Jerusalem's Infrastructure. Is Annexation Irreversible? In: Journal of Palestine Studies, Berkeley, 22 (Spring 1993) 3/87, S. 78-95.

Dumper, Michael T.: The Politics of Jerusalem Since 1967. New York 1997.

Durst, Stefan: Jerusalem als ökumenisches Problem im 20. Jahrhundert. Pfaffenweiler 1993.

Efrat, Elisha: Jerusalem – Partition Plans for a Holy City. In: Israel Affairs, London, 6 (Spring-Summer 2000) 3-4, S. 238-255.

Elon, Amos: Jerusalem – Innenansichten einer Spiegelstadt. Reinbek bei Hamburg 1990.

Elon, Amos: Nachrichten aus Jerusalem 1968-1994. Frankfurt/M. 1995.

Emmet, Chad F.: The Status Quo Solution for Jerusalem. In: Journal of Palestine Studies, Berkeley, 26 (Winter 1997) 2/102, S. 16-28.

Eshel, David: Das Jerusalem Syndrom. In: Europäische Sicherheit, Hamburg, 46 (Oktober 1997) 10, S. 46-48.

Fleckenstein, Karl-Heinz: Wanderer, kommst Du nach Jerusalem. Anekdoten und Geschichten aus der Heiligen Stadt. Freiburg 1990.

Friedland, Roger/Hecht, Richard: To Rule Jerusalem. Cambridge 1996.

Gidal, Nachum Tim: Jerusalem – In 3000 Years. In 3000 Jahren. Köln 1995.

Gilbert, Martin: Jersualem – Illustrated History Atlas. Bnei Brak 1994.

Golani, Matti: Jerusalem's Hope Lies Only in Partition. Israeli Policy on the Jerusalem Question, 1948-67. In: International Journal of Middle East Studies, Cambridge, 31 (November 1999) 4, S. 577-604.

Hansen, Gerda: Jerusalem/al-Quds. Literatur zur Situation in Jerusalem und zu den Lösungsperspektiven der Jerusalemfrage. Deutsches Übersee-Institut, Übersee-Dokumentation, Referat Vorderer Orient, Hamburg 2000.

Hiltermann, Joost R.: Settling for War. Soviet Immigration and Israel's Settlement Policy in East Jerusalem. In: Journal of Palestine Studies, Berkeley, 20 (Winter 1991) 2/78, S. 71-85.

Hirsch, Moshe/Housen-Couriel, Deborah/Lapidoth, Ruth: Whither Jerusalem? Proposals and Petitions Concerning the Future of Jerusalem. The Hague 1995.

Hodgkins, Allison B.: The Judaization of Jerusalem. Israeli Policies Since 1967. Palestinian Academic Society for the Study of International Affairs, Jerusalem 1996.

Institute for Palestine Studies Forum: The Tunnel Crisis. In: Journal of Palestine Studies, Berkeley, 26 (Winter 1997) 2/102, S. 95-101.

Irabi, Abdulkader: Jerusalem – A Collection of United Nations Documents. Beirut 1970.

Israel/Palestine Center for Research and Information (Hg.): The Future of Jerusalem. Proceedings of the First Israel-Palestinian International Academic Seminar on the Future of Jerusalem. Jerusalem 1993.

Johannsen, Margret: Zu heilig für den Frieden? In: Frankfurter Rundschau, 7. Juni 2001.

Kaminker, Sarah: For Arabs Only – Building Restrictions in East Jerusalem. In: Journal of Palestine Studies, Berkeley, 26 (Summer 1997) 4/104, S. 5-16.

Karmi, Ghada (Hg.): Jerusalem Today. What Future for the Peace Process? Reading 1996.

Khalidi, Rashid: The Centrality of Jerusalem to an End of Conflict Agreement. In: Journal of Palestine Studies, Berkeley, 30 (Spring 2001) 3/119, S. 82-87.

Khalidi, Walid: Une Proposition de Solution pour Jerusalem. In: Revue d'Etudes Palestiniennes, Paris (1996) 7, S. 5-16.

Klein, Menachem: Jerusalem – The Contested City. London 2001.

Kollek, Teddy/Kollek, Amos: Ein Leben für Jerusalem. Hamburg 1980.

Kollek, Teddy: Jerusalem – Present and Future. In: Foreign Affairs, New York, 59 (Summer 1981) 5, S. 1041-1049.

Kollek, Teddy mit Goldstein, Dov: Jerusalem und ich. Memoiren. Frankfurt/M. 1995.

Kroyanker, David: Die Architektur Jerusalems. 3000 Jahre Heilige Stadt. Stuttgart 1994.

Langer, Michael (Hg.): Erbittet für Jerusalem Frieden. Hoffnungen zwischen Vision und Wirklichkeit. Aachen 1991.

Lapidoth, Ruth/Hirsch, Moshe (Hg.): The Jerusalem Question and its Resolution. Selected Documents. Dordrecht/Boston/London 1994.

Levine, Lee I.: Jerusalem – Its Sanctity and Centrality to Judaism, Christianity, and Islam. New York 1999.

Lewan, Kenneth M.: Jerusalem – Hauptstadt zweier Staaten? In: Die neue Gesellschaft/Frankfurter Hefte, Bonn, 43 (Juli 1996) 7, S. 581-584.

Lustick, Ian S.: Zankapfel Jerusalem. Plädoyer für einen neuen Status. In: Europa-Archiv, Bonn, 48 (Dezember 1993) 24, S. 701-710.

Lustick, Ian S.: Reinventing Jerusalem. In: Foreign Policy, Washington (Winter 1993-94) 93, S. 41-59.

Lustick, Ian S.: Yerushalayim and Al-Quds. Political Catechism and Political Realities. In: Journal of Palestine Studies, Berkeley, 30 (Autumn 2000) 1/117, S. 5-21.

Ma'oz, Moshe (Hg.): Jerusalem. Points of Friction – And Beyond. The Hague 2000.

Mardam-Bey, Farouk/Sanbar, Elias (Hg.): Jérusalem. Le Sacré et le Politique. Arles 2000.

Mattar, Ibrahim: From Palestinian to Israeli. Jerusalem 1948-1982. In: Journal of Palestine Studies, Washington, 12 (Summer 1983) 4/48, S. 57-63.

Mattes, Norbert: Corpus separatum? Der Status von Jerusalem. In: Inamo, Erlangen, 1 (Herbst 1995) 3, S. 29-33.

Mattes, Norbert: Jerusalem – Von der geteilten Stadt zur Hauptstadt Israels. In: S und F, Vierteljahresschrift für Sicherheit und Frieden, Baden-Baden, 14 (1996) 2, S. 107-112.

Mattes, Norbert: Wem gehört Jerusalem? Vom Objekt kolonialer Interessenpolitik zur Hauptstadt Israels. In: Johannsen, Margret/Schmid, Claudia (Hg.): Wege aus dem Labyrinth? Friedenssuche in Nahost. Stationen, Akteure, Probleme des nahöstlichen Friedensprozesses, Baden-Baden 1997, S. 256-282.

Musallam, Sami F.: The Struggle for Jerusalem. A Programme of Action for Peace. Palestinian Academic Society for the Study of International Affairs, Jerusalem 1996.

Neff, Donald: Jerusalem in U.S. Policy. In: Journal of Palestine Studies, Berkeley, 23 (Autumn 1993) 1/89, S. 20-45.

New Outlook (Hg.): Jerusalem – Perspectives Towards a Political Settlement. Tel Aviv 1993.

Palestinian Academic Society for the Study of International Affairs (Hg.): Jerusalem and United Nations Resolutions. Jerusalem 1991.

Palestinian Academic Society for the Study of International Affairs (Hg.): Jerusalem – Religious Aspects. Jerusalem 1995.

Perthes, Volker: Jerusalem – Die Herausforderungen eines nahöstlichen Neuarrangements. In: Europäische Sicherheit, Herford, 43 (Dezember 1994) 12, S. 630-632.

Perthes, Volker: Jerusalem und andere Tabus. In: Blätter für deutsche und internationale Politik, Bonn, 45 (September 2000) 9, S. 1034-1037.

Peters, Francis E.: Jerusalem – The Holy City in the Eyes of Chroniclers, Visitors, Pilgrims and Prophets from the Days of Abraham to the Beginnings of Modern Times. Princeton 1985.

Peters, Francis E.: The Distant Shrine. The Islamic Centuries in Jerusalem. New York 1993.

Prittie, Terence: Wem gehört Jerusalem? Stuttgart 1982.

Radke, Rudolf: Frieden lernen in Jerusalem. Wie aus Feinden Nachbarn werden. Frankfurt/M. 1986.

Radke, Rudolf: Teddy Kollek. Ein Leben für die Menschlichkeit. München 1991.

Radke, Rudolf/Krackenberger, Helmut: Jerusalem. Freiburg/Basel/Wien 1995.

Romann, Michael/Weingrod, Alex: Living Together Separately. Arabs and Jews in Contemporary Jerusalem. Princeton 1991.

Rothman, Jay/Twite, Robin: The Jerusalem Peace Initiative. Project on Managing Political Disputes. Jerusalem 1994.

Sabbagh, Jamill: Jerusalem – Stadt dreier Religionen. In: Geographische Rundschau, Braunschweig, 45 (2. Januar 1993) 1, S. 50-57.

Sabbagh, Jamill: Jerusalem im Wandel der Zeit. Entwicklung der Hauptgeschäftszentren unter besonderer Berücksichtigung geopolitischer Aspekte und jüdisch-arabischer Interaktion. Frankfurt/M. 1997.

Said, Edward W.: Projecting Jerusalem. In: Journal of Palestine Studies, Berkeley, 25 (Autumn 1995) 1/97, S. 5-14.

Schrobsdorff, Angelika: Jerusalem war immer eine schwere Adresse. München 1991.

Segal, Jerome M.: Is Jerusalem Negotiable? Israel/Palestine Center for Research and Information, Jerusalem 1997.

Segal, Jerome M.: Negotiating Jerusalem. New York 2000.

Sosebee, Stephen J.: Seeds of a Massacre. Israeli Violations at Haram al-Sharif. In: American-Arab Affairs, 36/1991.

Stevens, Richard P.: The Vatican, the Catholic Church and Jerusalem. In: Journal of Palestine Studies, Beirut, 10 (Spring 1981) 3/39.

Talhami, Ghada Hashem: Palestinians in Jerusalem. The Denationalization of a Community. In: Middle East Policy, Washington, 5 (September 1997) 3, S. 57-68.

Talhami, Ghada Hashem: The Modern History of Islamic Jerusalem. Academic Myths and Propaganda. In: Middle East Policy, Washington, 7 (February 2000) 2, S. 113-129.

The Haram al-Sharif (Temple Mount) Killings. In: Journal of Palestine Studies, Berkeley, 20 (Winter 1991) 2/78, S. 134-159.

Till, Julie: Jerusalem – Its Political Significance in the Palestinian-Israeli Peace Talks. London 1994.

Tsimhoni, Daphne: Christian Communities in Jerusalem and the West Bank Since 1948. A Historical, Social and Political Study. Westport 1993.

Waltz, Viktoria/Zschiesche, Joachim: Jerusalem (Quds) – Die Umwandlung einer arabischen Metropole in eine jüdische Stadt. In: Waltz, Viktoria/Zschiesche, Joachim: Die Erde habt ihr uns genommen. 100 Jahre zionistische Siedlungspolitik in Palästina, Berlin 1986, S. 350-377.

Weingrod, Alex/Manna, Adel: Living Along the Seam. Israeli Palestinians in Jerusalem. In: International Journal of Middle East Studies, New York, 30 (August 1998) 3, S. 369-386.

Whitbeck, John V.: The Road to Peace Starts in Jerusalem. The Condominium Solution. In: Middle East Policy, Washington, 7 (February 2000) 2, S. 130-139.
Zunes, Stephen: U.S. Policy Towards Jerusalem. Clinton's Shift to the Right. In: Middle East Policy, Washington, 3 (March 1994) 3, S. 83-92.

9. Gazastreifen

Hass, Amira: Drinking the Sea at Gaza. Days and Nights in a Land under Siege. New York 1996.
Roy, Sara M.: »The Seed of Chaos, and of Night.« The Gaza Strip After the Agreement. In: Journal of Palestine Studies, Berkeley, 23 (Spring 1994) 3/91, S. 85-98.
Roy, Sara M.: The Gaza Strip. Past, Present, and Future. In: Current History, Philadelphia, 93 (1994) 580, S. 67-72.
Roy, Sara M.: The Gaza Strip. The Political Economy of De-Development. Institute for Palestine Studies, Washington 1995.
Senfft, Alexandra: »Frieden füttert keine Kinder.« Zur Situation palästinensischer Arbeiter im Gazastreifen. In: Neunzehnhundertneunundneunzig – Zeitschrift für Sozialgeschichte des 20. und 21. Jahrhunderts, Bern, 11 (1996) 1, S. 102-109.
United Nations (Hg.): Directory of Non-Governmental Organizations in the Gaza Strip. Gaza 1998.

10. Golanhöhen

Abu-Fahr, Saqr: Voices from the Golan. In: Journal of Palestine Studies, Berkeley, 24 (Summer 2000) 4/116, S. 5-36.
Hof, Frederic C.: A Practical Line. The Line of Withdrawal from Lebanon and its Potential Applicability to the Golan Heights. In: The Middle East Journal, Washington, 55 (Winter 2001) 1, S. 25-42.

Mara'i, Tayseer/Halabi, Usama R.: Life under Occupation in the Golan Heights. In: Journal of Palestine Studies, Berkeley, 22 (Autumn 1992) 1/85, S. 78-93.

Muslih, Muhammad: The Golan. The Road to Occupation. Institute for Palestine Studies, Washington 1999.

11. Intifada/Al-Aqsa-Intifada

Ackerman, Seth: Al-Aqsa Intifada and the U.S. Media. In: Journal of Palestine Studies, Berkeley, 30 (Winter 2001) 2/118, S. 61-74.

Bauer, Antje: Intifada ohne Utopie. In: die tageszeitung/taz, Berlin, 21.3.2001, S. 5.

Blanche, Ed: Al Aqsa Intifada. Stark Choices for Both Sides. In: The Middle East, London, Nr. 313, June 2001, S. 4-7.

Deutsch-Israelischer Arbeitskreis für Frieden im Nahen Osten (Hg.): Das Ende vom Ende des israelisch-palästinensischen Konflikts. Eskalation und kein Ende? Israel und Palästina, Themenheft, Nr. 62, Schwalbach/Ts. 2001.

Edinger, Michael: Zehn Jahre danach. Die Intifada und ihre Folgen. In: Gegenwartskunde, Leverkusen, 46 (1997) 4, S. 467-473.

Euskirchen, Markus: Israel eröffnet palästinensischen Unabhängigkeitskrieg. Wo bleibt die friedenspolitische Intervention? In: Antimilitarismus Information, Berlin, 31 (Februar 2001) 2, S. 54-62.

Finkelstein, Norman G.: Bayt Sahur in Year II of the Intifada. A Personal Account. In: Journal of Palestine Studies, Berkeley, 19 (Winter 1990) 2/74, S. 62-74.

Flores, Alexander: Intifada. Aufstand der Palästinenser. Berlin 1988.

Hammami, Rema/Tamari, Salim: The Second Uprising. End or New Beginning? In: Journal of Palestine Studies, Berkeley, 30 (Winter 2001) 2/118, S. 5-25.

Hamzeh, Muna: Dahaysha Diary. A View From the Camp. In: Journal of Palestine Studies, Berkeley, 30 (Winter 2001) 2/118, S. 41-60.

Hedges, Chris: The New Palestinian Revolt. In: Foreign Affairs, New York, 80 (January-February 2001) 1, S. 124-138.

Inamo: Intifada II. In: Inamo, Berlin, Sonderheft, 7 (Sommer 2001) 27.
Langer, Felicia: Die Zeit der Steine. Eine israelische Jüdin über den palästinensischen Widerstand. Göttingen 1990.
Lübben, Ivesa/Jans, Käthe: Kinder der Steine. Vom Aufstand der Palästinenser. Reinbek bei Hamburg 1988.
Nassar, Jamal R./Heacock, Roger (Hg.): Intifada. Palestine at the Crossroads. New York 1990.
Picaudou, Nadine: Veränderte Fronten in der Al-Aksa-Intifada. In: Le Monde Diplomatique (Deutsche Ausgabe), Berlin, 16. März 2001.
Rabbani, Mouin: Rocks and Rockets. Oslo's Inevitable Conclusion. In: Journal of Palestine Studies, Berkeley, 30 (Spring 2001) 3/119, S. 68-81.
Schreiber, Friedrich: Aufstand der Palästinenser. Die Intifada. Opladen 1990.
Shahin, Mariam: A New Era or Just More of the Same? In: The Middle East, London, Nr. 311, April 2001, S. 8-10.

12. Menschenrechtsfragen

B'Tselem (Hg.): Das Verhör von Palästinensern während der Intifada: »Mäßiger physischer Druck« oder Folterung? Tossens 1992.
B'Tselem (Hg.): Prisoners of Peace. Administrative Detention During the Oslo Process. Jerusalem 1997.
B'Tselem (Hg.): Routine Torture. Interrogation Methods of the General Security Service. Jerusalem 1998.
B'Tselem (Hg.): Legislation Allowing the Use of Physical Force and Mental Coercion in Interrogations by the General Security Service. Jerusalem 2000.
B'Tselem (Hg.): Civilians under Siege. Restrictions on Freedom of Movement as Collective Punishment. Jerusalem 2001.
Gordon, Neve/Marton, Buchama (Hg.): Torture. Human Rights, Medical Ethics and the Case of Israel. London 1995.
Kaufman, Edy/Bisharat, Ibrahim: Bringing Human Rights into the Israeli-Palestinian Peace Process. In: Palestine-Israel Journal, Jerusalem, 6 (1999) 1, S. 8-13.

Otto, Ingeborg/Schmidt-Dumont, Marianne: Menschenrechte im Vorderen Orient. Eine Auswahlbibliographie. Dokumentationsdienst Vorderer Orient, Hamburg 1991.

Watzal, Ludwig: Die Menschenrechtspraxis im israelisch-palästinensischen Verhältnis. In: Orient, Opladen, 34 (Dezember 1993) 4, S. 625-635.

Watzal, Ludwig: Frieden ohne Gerechtigkeit? Israel und die Menschenrechte der Palästinenser. Köln/Weimar/Bonn 1995.

Watzal, Ludwig: Die Lage der Menschenrechte im israelisch-palästinensischen Friedensprozeß. In: S und F, Vierteljahresschrift für Sicherheit und Frieden, Baden-Baden, 14 (1996) 2, S. 91-96.

13. Wirtschaftliche Aspekte/Wirtschaftshilfe an die Palästinenser

Abed, George T.: Developing the Palestinian Economy. An Interview with George T. Abed. In: Journal of Palestine Studies, Berkeley, 23 (Summer 1994) 4/92, S. 41-51.

Alkazaz, Aziz: Wirtschaftliche Aspekte des Nahost-Friedensprozesses. In: Deutsches Orient-Institut (Hg.): Nahost Jahrbuch 1993, Opladen 1994, S. 201-206.

Arnon, Arie: The Palestinian Economy – Between Imposed Integration and Voluntary Separation. Leiden 1997.

Bouhabib, Abdallah: The World Bank and International Aid to Palestine. An Interview with Abdallah Bouhabib. In: Journal of Palestine Studies, Berkeley, 23 (Winter 1994) 2/90, S. 64-74.

Brynen, Rex: Buying Peace? A Critical Assessment of International Aid to the West Bank and Gaza. In: Journal of Palestine Studies, Berkeley, 25 (Spring 1996) 3/99, S. 79-92.

Brynen, Rex: International Aid to West Bank and Gaza. A Primer. In: Journal of Palestine Studies, Berkeley, 25 (Winter 1996) 2/98, S. 46-53.

Elmusa, Sharif S./Jaafari, Mahmud El-: Power and Trade. The Israeli-Palestinian Economic Protocol. In: Journal of Palestine Studies, Berkeley, 24 (Winter 1995) 2/94, S. 14-32.

Fahmy, Rania: International Aid to the Palestinians. In: German-Arab Trade, Cairo, 41 (1995-1996) 3, S. 36-43.

Fischer, Stanley (Hg.): The Economics of Middle East Peace. Cambridge 1993.

Hafez, Kai: Die wirtschaftliche Entwicklung des palästinensischen Autonomiegebiets. Fehlinvestition in den Frieden? In: Orient, Opladen, 36 (Juni 1995) 2, S. 317-327.

Hofmann, Sabine: Wirtschaftlich-politische Aspekte des Friedensprozesses im Nahen Osten. In: Hintergrund Online, 16. April 1997. www.hintergrund-online.de.

Hofmann, Sabine: Wirtschaftsentwicklung im Westjordanland und im Gazastreifen zwischen politischem Imperativ und wirtschaftlicher Realität. In: Aus Politik und Zeitgeschichte, Bonn, B 39/97, 19. September 1997, S. 28-38.

International Monetary Fund (Hg.): West Bank and Gaza Strip. Economic Developments in the Five Years since Oslo. Washington 1999.

Joffe, George: The Economic Aspects of the Peace Process. In: JIME Review, Cairo (Summer 1994) 25, S. 5-20.

Johannsen, Margret/Schmid, Claudia: Frieden durch Wohlstand? Zur politischen Ökonomie des israelisch-palästinensischen Friedensprozesses. In: Nord-Süd aktuell, Hamburg, 9 (1995) 3, S. 435-444.

Kleiman, Ephraim: Some Basic Problems of the Economic Relationship Between Israel, and the West Bank, and Gaza. In: Fischer, Stanley (Hg.): The Economics of Middle East Peace, Cambridge 1993.

Kreditanstalt für Wiederaufbau (Hg.): Entwicklung und Frieden im Nahen Osten. In: Perspektiven der finanziellen Zusammenarbeit. Jahresbericht 1995, Frankfurt/M. 1996, S. 38-47.

Menck, Karl Wolfgang: Wirtschaftspolitik in und Entwicklungszusammenarbeit mit Palästina. Forschungsstelle Dritte Welt, München 1997.

Palestinian Academic Society for the Study of International Affairs (Hg.): The Palestinian Economy. A Bibliography. More than 1,600 References on the Palestinian Economy and Related Subjects. Jerusalem 1994.

Pedersen, Jon: The Socio-Economic Situation in the West Bank and the Gaza Strip as Conflict Potential. In: Asseburg, Muriel/ Perthes, Volker (Hg.): Surviving the Stalemate. Approaches to Strengthening the Palestinian Entity, Baden-Baden 1998, S. 104-116.
Roy, Sara M.: U.S. Economic Aid to the West Bank and Gaza Strip. The Politics of Peace. In: Middle East Policy, Washington, 4 (October 1996) 4, S. 50-76.
Roy, Sara M.: The Palestinian Economy and the Oslo Process. Decline and Fragmentation. The Emirates Center for Strategic Studies and Research, Abu Dhabi 1998.
Scherb, Margit: Krise der Erwartungen. Palästinensische Wirtschaftsentwicklung und Friedensprozeß. In: Journal für Entwicklungspolitik, Frankfurt/M., 11 (1995) 4, S. 457-479.
The Role of Foreign NGOs in Palestinian Development. In: Transnational Associations, Brüssel, 47 (1995) 4, S. 225-229.

14. Flüchtlinge

Akram, Susan M.: Palästinensische Flüchtlinge im Völkerrecht – Eine Neuinterpretation. In: Inamo, Berlin, 6 (Herbst-Winter 2000) 23-24, S. 25-30.
Dietrich, Barbara: Verraten, vergessen, verlassen. Palästinensische Flüchtlinge im Libanon. In: Wissenschaft und Frieden (Dossier), Bonn (1999) 33, S.1-12.
Gabbay, Rony: A Political History of the Arab-Jewish Conflict. The Arab-Refugee Problem (A Case Study). Genf 1959.
Khalidi, Muhammed Ali: Das Dilemma der palästinensischen Flüchtlinge im Libanon. In: Inamo, Erlangen, 2 (Frühjahr-Sommer 1996) 5-6, S. 63-65.
Klaes, Ursula: Von der Welt vergessen – Palästinenser im Libanon. In: Beiruter Blätter, Beirut (1996) 4, S. 44-49.
Kodmani-Darwish, Bassma: La Diaspora Palestinienne. Paris 1997.
Morris, Benny: The Birth of the Palestinian Refugee Problem, 1947-1949. Cambridge 1987.

Salam, Nawaf A.: Between Repatriation and Resettlement. Palestinian Refugees in Lebanon. In: Journal of Palestine Studies, Berkeley, 24 (Autumn 1994) 1/93, S. 18-27.

Sayigh, Rosemary: Too Many Enemies. The Palestinian Experience in Lebanon. London 1994.

Sayigh, Rosemary: Palestinians in Lebanon. Harsh Present, Uncertain Future. In: Journal of Palestine Studies, Berkeley, 25 (Autumn 1995) 1/97, S. 37-53.

Shiblak, Abbas F.: Residency Status and Civil Rights of Palestinian Refugees in Arab Countries. In: Journal of Palestine Studies, Berkeley, 25 (Spring 1996) 3/99, S. 36-45.

Suleiman, Jaber: The Current Political, Organizational, and Strategic Situation in the Palestinian Refugee Camps in Lebanon. In: Journal of Palestine Studies, Berkeley, 29 (Autumn 1999) 1/113, S. 66-80.

Tamari, Salim: Return, Resettlement, Repatriation. The Future of Palestinian Refugees in the Peace Negotiations. Beirut/Washington/Jerusalem 1996.

Tamari, Salim: Palestinian Refugees and the Palestinian-Israeli Negotiations. An Interview with Salim Tamari. In: Journal of Palestine Studies, Berkeley, 29 (Autumn 1999) 1/113, S. 81-89.

Vidal, Dominique/Algazy, Joseph: Le Péché Originel d'Israël. L'Expulsion des Palestiniens Revisitée par les »Nouveaux Historiens« Israéliens. Paris 1998.

Weyland, Petra: Die palästinensischen Flüchtlinge im Libanon und der Nahost-Friedensprozess. Seminar für Geschichte und Kultur des Vorderen Orients, Hamburg 1999.

Weyland, Petra: Zur Genese und Kategorisierung des Flüchtlingsproblems. In: Palästina Journal, Berlin (März 2000) 42, S. 6-11.

Zayyad, Ziad Abu: Refugees. In: Palestine-Israel Journal of Politics, Economics and Culture, Jerusalem, 2 (Autumn 1995) 4, S. 6-78, 115-125.

Zureik, Elia: Palestinian Refugees and Peace. In: Journal of Palestine Studies, Berkeley, 24 (Autumn 1994) 1/93, S. 5-17.

15. Palästinenser in Israel

Bishara, Azmi: L'Arabe en Israel. Un Discours Politique Mutilé. In: Revue d'Etudes Palestiniennes, Paris (1996) 7, S. 55-75.

Bishara, Azmi: Reflections on October 2000. A Landmark in Jewish-Arab Relations in Israel. In: Journal of Palestine Studies, Berkeley, 30 (Spring 2001) 3/119, S. 54-67.

Chacour, Elias: Auch uns gehört das Land. Ein israelischer Palästinenser kämpft für Frieden und Gerechtigkeit. Frankfurt/M. 1993.

Flores, Alexander/Schölch, Alexander (Hg.): Palästinenser in Israel. Frankfurt/M. 1983.

Ghanem, Asad: The Palestinian Minority in Israel. The »Challenge« of the Jewish State and its Implications. In: Third World Quarterly, Abington, 21 (2000) 1, S. 87-104.

Grossman, David: Der geteilte Israeli. Über den Zwang, den Nachbarn nicht zu verstehen. München 1992.

Rouhana, Nadim/Fiske, Susan T.: Perceptions of Power, Threat, and Conflict Intensity in Assymetric Intergroup Conflict. Arab and Jewish Citizens of Israel. In: Journal of Conflict Resolution, London, 39 (1995) 1, S. 49-81.

Rouhana, Nadim: Palestinian Citizens in an Ethnic Jewish State. Identities in Conflict. New Haven 1997.

Rouhana, Nadim: Israel and its Arab Citizens. Predicaments in the Relationship Between Ethnic States and Ethnonational Minorities. In: Third World Quaterly, Abingdon, 19 (June 1998) 2, S. 277-296.

Rouhana, Nadim/Ghanem, Asad: The Crisis of Minorities in Ethnic States. The Case of Palestinian Citizens in Israel. In: International Journal of Middle East Studies, New York, 30 (August 1998) 3, S. 312-346.

Senkyr, Jan: Die Situation der israelischen Araber. Eine Herausforderung für den jüdischen Staat? In: KAS-Auslandsinformationen, Sankt Augustin, 14 (1998) 10, S. 4-21.

Stendel, Ori: Arabs in Israel. Brighton 1996.

16. Hamas/Islamismus in Palästina

Abu-Amr, Ziad: Hamas – A Historical and Political Background. In: Journal of Palestine Studies, Berkeley, 22 (Summer 1993) 4/ 88, S. 5-19.

Abu-Amr, Ziad: Islamic Fundamentalism in the Westbank and Gaza. Muslim Brotherhood and Islamic Jihad. Bloomington 1994.

Ahmad, Hisham H.: Hamas – From Religious Salvation to Political Transformation. The Rise of Hamas in Palestinian Society. Palestine Academic Society for the Study of International Affairs, Jerusalem 1994.

Hatina, Meir: Iran and the Palestinian Islamic Movement. In: Orient, Opladen, 38 (März 1997) 1, S. 107-120.

Hatina, Meir: Hamas and the Oslo Accords. Religious Dogma in a Changing Political Reality. In: Mediterranean Politics, London, 4 (Autumn 1999) 3, S. 37-55.

Höpp, Gerhard: Dschihad um Palästina? Zur historischen und aktuellen Rolle des Islam in der palästinensischen Nationalbewegung. In: Utopie kreativ, Berlin, 52 (1995) 2, S. 12-22.

Hroub, Khaled: Hamas – Political Thought and Practice. Institute for Palestine Studies. Washington 2000.

Maas, Kirsten: Hamas und die palästinensische Teilautonomie. Zwischen ideologischer Ablehnung und pragmatischem Arrangement. In: Inamo, Erlangen, 1 (Herbst 1995) 3, S. 11-14.

Maneie, Juliane El-: Zum Einfluß der islamistischen Bewegung auf die palästinensische Gesellschaft in den besetzten Gebieten 1986-1996. Würzburg 1997.

Milton-Edwards, Beverley: Islamic Politics in Palestine. London 1996.

Mishal, Shaul/Sela, Avraham: The Islamic Opposition Movement (Hamas). A Behavioural Profile. The Tami Steinmetz Center, Tel Aviv 1995.

Schoch, Bernd: The Islamic Movement. A Challenge for Palestinian State-Building. Palestinian Academic Society for the Study of International Affairs, Jerusalem 1999.

17. Nahostkriege

Aronson, Shlomo: Israel's Nuclear Programme, the Six Day War and its Ramifications. In: Israel Affairs, London, 6 (Spring-Summer 2000) 3-4, S. 83-95.
Dierke, Kai W.: Krieg und Ordnung. Eine Studie über regionale Kriege und regionale Ordnung am Beispiel des Nahen Ostens. Dissertation, Universität Göttingen, Frankfurt/M. 1996.
Golani, Motti: Israel in Search of a War. The Sinai Campaign 1955-1956. Brighton 1996.
Haddad, William W./Talhami Ghada H./Terry Janice J. (Hg.): The June 1967 War. After Three Decades. Association of Arab-American University Graduates, Washington 1999.
Herzog, Chaim: Kriege um Israel 1948-1984. Frankfurt/M. 1984.
Kumaraswamy, P. R. (Hg.): Revisiting the Yom Kippur War. London 1999.
Laqueur, Walter: Nahost – Vor dem Sturm. Die Vorgeschichte des Sechstagekrieges im Juni 1967. Frankfurt/M. 1968.
Mejcher, Helmut: Sinai, 5. Juni 1967. Krisenherd Naher und Mittlerer Osten. München 1998.
Neustadt, Amnon: Israels zweite Staatsgründung. 30 Jahre nach dem Sechstagekrieg. In: Volle, Angelika/Weidenfeld, Werner (Hg.): Frieden im Nahen Osten? Chancen, Gefahren, Perspektiven, Bonn 1997, S. 125-130.
The Sunday Times Insight Team: Der Wüstenkrieg. Die dramatische Geschichte der Schlacht um Golan und den Suezkanal. Frankfurt/M. 1974.
Timerman, Jacobo: Israels längster Krieg. Tagebuch eines verlorenen Sieges. München 1983.
Wallach, Jehuda L.: »...und mit der anderen hielten sie die Waffe«. Die Kriege Israels. Koblenz 1984.

18. Rüstung/Militär/Sicherheitspolitik

Beit-Hallahmi, Benjamin: Schmutzige Allianzen. Die geheimen Geschäfte Israels. München 1989.

Beyoghlow, Kamal A.: The Strategic Implications of Biological and Chemical Weapons on Gulf Security. The Emirates Center for Strategic Studies and Research, Abu Dhabi 1999.

Brom, Shlomo (Hg.): The Middle East Military Balance, 1999-2000. Belfer Center for Science and International Affairs, Cambridge 2000.

Cochran, Edwin S.: Israel's Nuclear History. In: Israel Affairs, London, 6 (Spring-Summer 2000) 3-4, S. 129-156.

Cohen, Avner: Israel and the Bomb. New York 1998.

Cohen, Yoel: Die Vanunu-Affäre. Israels geheimes Atompotential. Heidelberg 1995.

Cordesman, Anthony H.: Weapons of Mass Destruction in the Middle East. Regional Trends, National Forces, Warfighting Capabilities, Delivery Options, and Weapon Effects. Center for Strategic and International Studies, Washington 1999.

Cordesman, Anthony H.: The Arab-Israeli Conventional Military Balance in 2000. Center for Strategic and International Studies, Washington 2000.

Gawhary, Karim el-: NATO's Future in the Middle East. In: Middle East Report, Malden, 29 (Winter 1999) 4/213, S.16-18.

Gerges, Fawaz A.: Regional Security After the Gulf Crisis – The American Role. In: Journal of Palestine Studies, Berkeley, 20 (Summer 1991) 4/80, S. 55-68.

Heller, Mark A.: Continuity and Change in Israeli Security Policy. International Institute for Strategic Studies, London 2000.

Hersh, Seymour M.: Atommacht Israel. Das geheime Vernichtungspotential im Nahen Osten. München 1991.

Karsh, Efraim (Hg.): Between War and Peace. Dilemmas of Israeli Security. London 1996.

Newman, David: Israeli Security. Reality and Myth. In: Palestine-Israel Journal, Jerusalem, 4 (1997) 2, S. 17-24.

Rabin, Yitzhak: After the Gulf War. Israeli Defense and its Security Policy. Vortrag am 10. Juni 1991. Begin-Sadat Center for Strategic Studies, Bar-Ilan University, Ramat Gan.

Schiff, Zeev: Fifty Years of Israeli Security. The Central Role in the Defense System. In: The Middle East Journal, Washington, 53 (Summer 1999) 3, S. 434-442.
Schmid, Claudia: Der Israel-Palästina-Konflikt und die Bedeutung des Vorderen Orients als sicherheitspolitische Region nach dem Ost-West-Konflikt. Baden-Baden 1993.
Shahak, Israel: Open Secrets. Israeli Nuclear and Foreign Policies. London 1997.

19. Geheimdienste

Aharoni, Zvi/Dietl, Wilhelm: Der Jäger. Operation Eichmann: Was wirklich geschah. Stuttgart 1996.
Betser, Muki/Rosenberg, Robert: Soldat im geheimen Auftrag. Israels führender Antiterror-Spezialist berichtet über seine spektakulärsten Einsätze. Hamburg 1996.
Black, Ian/Morris, Benny: Mossad, Shin Bet, Aman. Die Geschichte der israelischen Geheimdienste. Heidelberg 1994.
Caroz, Yaakov: The Arab Secret Services. London 1978.
Dietl, Wilhelm: Die Agentin des Mossad. Operation Roter Prinz. Düsseldorf 1992.
Dietl, Wilhelm: Staatsaffäre. Hinter den Kulissen der Geheimdienste. Das Tauziehen um die deutschen Geiseln im Libanon. Stuttgart 1997.
Hillel, Shlomo: Operation Babylon. Israels Geheimdienst im Irak. Neuhausen-Stuttgart 1992.
Hounam, Peter: The Woman from Mossad. The Torment of Mordechai Vanunu. London 1999.
Opperskalski, Michael: Mossad – Israels Auftragskiller und Geheimagenten. Münster 1998.
Ostrovsky, Victor: Der Mossad. Ein Ex-Agent enthüllt Aktionen und Methoden des israelischen Geheimdienstes. Hamburg 1991.
Ostrovsky, Victor: Im Dienste des Mossad.Tatsachenroman. Hamburg 1993.
Ostrovsky, Victor: Geheimakte Mossad. Die schmutzigen Geschäfte des israelischen Geheimdienstes. München 1994.

Payne, Ronald: Mossad – Israels geheimster Dienst. Erlangen/Bonn/Wien 1993.
Raviv, Dan/Melman, Yossi: Die Geschichte des Mossad. Aufstieg und Fall des israelischen Geheimdienstes. München 1992.
Thomas, Gordon: Die Mossad-Akte. Israels Geheimdienst und seine Schattenkrieger. München 1999.
Usher, Graham: The Politics of Internal Security. The PA's New Intelligence Services. In: Journal of Palestine Studies, Berkeley, 25 (Winter 1996) 2/98, S. 21-34.

20. Friedensprozeß/Friedensverhandlungen/Lösungsansätze

Abbas, Mahmoud (Abu Mazen): Through Secret Channels. Reading 1995.
Abbas, Mahmoud (Abu Mazen): Report on the Camp David Summit, Gaza, 9 September 2000. In: Journal of Palestine Studies, Berkeley, 30 (Winter 2001) 2/118, S. 168-170.
Abbas, Nagi: Ägyptens Rolle im nahöstlichen Friedensprozeß. In: Aus Politik und Zeitgeschichte, Bonn, B 49/00, 1. Dezember 2000, S. 19-21.
Abdel Hadi, Mahdi: Unabhängigkeit oder Katastrophe. Der Friedensprozeß aus palästinensischer Sicht. In: Volle, Angelika/Weidenfeld, Werner (Hg.): Frieden im Nahen Osten? Chancen, Gefahren, Perspektiven, Bonn 1997, S. 73-80.
Abdel Shafi, Haider: Reflections on the Peace Process. In: Journal of Palestine Studies, Berkeley, 22 (Autumn 1992) 1/85, S. 57-69.
Abdel Shafi, Haider: The Oslo Agreement. In: Journal of Palestine Studies, Berkeley, 23 (Autumn 1993) 1/89, S. 14-19.
Abdel Shafi, Haider: Moving Beyond Oslo. An Interview with Haider Abdel Shafi. In: Journal of Palestine Studies, Berkeley, 25 (Autumn 1995) 1/97, S. 76-85.
Abdel Shafi, Salah: The Role of the Arab Economy in the Agreements. In: Klein, Uta/Sigrist, Christian (Hg.): Prospects of Israeli-Palestinian Co-Existence, Münster 1996, S. 130-137.

Abed, George T.: The Palestinians in the Peace Process. The Risks and the Opportunities. In: Journal of Palestine Studies, Berkeley, 22 (Autumn 1992) 1/85, S. 5-17.
Abu-Sharif, Bassam/Mahnaimi, Uzi: Mein Feind – Mein Freund. Ein Araber und ein Israeli kämpfen für eine gemeinsame Zukunft. München 1996.
Abu-Zayyad, Ziad: Why Oslo Must Not Fail. In: Palestine-Israel Journal, Jerusalem, 2 (1995) 5, S.19-25.
Aggestam, Karin: Two-Track Diplomacy. Negotiations Between Israel and the PLO Through Open and Secret Channels. In: Davis Papers on Israel's Foreign Policy, Nr. 53. The Leonard Davis Institute for International Relations, Hebrew University of Jerusalem, Jerusalem 1996.
Aggestam, Karin: Reframing and Resolving Conflict. Israeli-Palestinian Negotiations, 1988-1998. Lund (Schweden) 1999.
Alawi, Abdul Rahman: Zwischen Oslo und Al-Aksa-Intifada. In: Aus Politik und Zeitgeschichte, Bonn, B 49/00, 1. Dezember 2000, S. 8-12.
Amir, Yehuda: Interpersonal Contact Between Arabs and Israelis. In: The Quarterly Jerusalem, Jerusalem (1979) 13, S. 3-17.
Arian, Asher: Security Threatened. Surveying Israeli Opinion on Peace and War. New York 1995.
Avnery, Uri: Israel ohne Zionisten. Plädoyer für eine neue Staatsidee. Gütersloh 1969.
Avnery, Uri/Hanegbi, Haim: Who is Violating the Agreements? A Gush Shalom Research Paper. Tel Aviv 1997.
Awwad, Emad: Camp David II. In: Defense Nationale, Paris (Octobre 2000) 10, S. 121-132.
Baumgarten, Helga: Gaza-Jericho-Zuerst. Ein Jahr später. Politische Kräfteverhältnisse in der palästinensischen Gesellschaft. In: Israel und Palästina, Edenkoben, Sonderheft, Nr. 38 (1995), S. 19-40.
Baumgarten, Helga: Das »Gaza-Jericho-Abkommen«. Eine Zwischenbilanz des Friedensprozesses im Nahen Osten. In: Aus Politik und Zeitgeschichte, Bonn, B 11/95, 10. März 1995, S. 3-12.
Baumgarten, Helga: Ist der Friedensprozeß in Nah-Ost gescheitert? Was sich in Israel und Palästina nach Oslo geändert hat. In: Landeszentrale für Politische Bildung (Hg.): Der Vordere

Orient an der Schwelle zum 21. Jahrhundert, Der Bürger im Staat, Stuttgart, 48 (1998) 3, S. 169-173.
Baumgarten, Helga: Nationaler Befreiungskampf, Friedensprozeß... und immer noch kein Staat. In: Inamo, Berlin, 6 (Herbst-Winter 2000) 23-24, S. 9-14.
Beck, Martin: Der israelisch-palästinensische Friedensprozeß. In: Aus Politik und Zeitgeschichte, Bonn, B 18/96, 26. April 1996, S. 3-12.
Beck, Martin: Can Financial Aid Promote Regional Peace Agreements? The Case of the Arab-Israeli Conflict. In: Mediterranean Politics, London, 2 (Autumn 1997) 2, S. 49-70.
Beck, Martin: Der israelisch-palästinensische Friedensprozeß. Versuch einer kritischen Würdigung. In: Inamo, Berlin, 6 (Herbst-Winter 2000) 23-24, S. 5-8.
Beck, Peter: The Channel to Peace Runs through Norway. Silent Diplomat of Choice. In: The Worldpaper Online (October 1996).
Behrendt, Sven: Die israelisch-palästinensischen Geheimverhandlungen von Oslo 1993. Ein konstruktivistischer Interpretationsversuch. In: Zeitschrift für internationale Beziehungen, Baden-Baden, 7 (Juni 2000) 1, S. 79-107.
Beilin, Yossi: Touching Peace. From the Oslo Accord to a Final Agreement. London 1999.
Ben-Ami, Shlomo: Regionales Gleichgewicht. Der Friedensprozeß aus israelischer Sicht. In: Volle, Angelika/Weidenfeld, Werner (Hg.): Frieden im Nahen Osten? Chancen, Gefahren, Perspektiven, Bonn 1997, S. 65-72.
Bertram, Andreas: Der Nahost-Friedensprozess – Entstehung, Verlauf und Bestimmungsfaktoren. Die bilateralen Verhandlungen zwischen Israel und den Palästinensern. Diplomarbeit, Universität Frankfurt, Frankfurt/M. 1999.
Bierhoff, Hartwig: Von Camp David bis Oslo. Schwieriger Wandel und vorsichtige Annäherung. In: Lichtenstein, Heiner/Romberg, Otto R. (Hg.): Fünfzig Jahre Staat Israel. Vision und Wirklichkeit, Bundeszentrale für Politische Bildung, Bonn 1998, S. 168-175.
Billing, Peter/Trautner, Bernhard: Nach dem Golfkrieg – Friedenspläne im arabisch-israelischen Konflikt. In: Israel und Palästina, Edenkoben, Nr. 3 (1991), S. 3-15.

Bishara, Azmi: Bantustanisation or Binationalism? An Interview. In: Klein, Uta/Sigrist, Christian (Hg.): Prospects of Israeli-Palestinian Co-Existence, Münster 1996, S. 138-145.

Boutros-Ghali, Boutros: Egypt's Road to Jerusalem. A Diplomat's Story of the Struggle for Peace in the Middle East. New York 1997.

Brynen, Rex: Imaging a Solution. Final Status Arrangements and Palestinian Refugees in Lebanon. In: Journal of Palestine Studies, Berkeley, 26 (Winter 1997) 2/102, S. 42-58.

Buchanan, Andrew S.: Peace with Justice. A History of the Israeli-Palestinian Declaration of Principles on Interim Self-Government Arrangements. London 2000.

Büren, Rainer: Ein palästinensischer Teilstaat? Zur internen, regionalen und internationalen Dimension der Palästinafrage. Stiftung Wissenschaft und Politik, Ebenhausen/Baden-Baden 1982.

Bunzl, John: Attempts at a Resolution of the Conflict up to September 1993. In: Klein, Uta/Sigrist, Christian (Hg.): Prospects of Israeli-Palestinian Co-Existence, Münster 1996, S. 30-35.

Chomsky, Noam: Der Schlüssel zur Veränderung. In: Palästina Journal, Trier, Nr. 32 (1997), S. 11-16.

Corbin, Jane: Riskante Annäherung. Die Geheimverhandlungen zwischen den Israelis und der PLO in Norwegen. München 1994.

Cotran, Eugene (Hg.): The Arab-Israeli Accords. Legal Perspectives. London 1996.

Dabdoub, Leila: Palestinian Public Opinion and the Peace Process. In: Palestine-Israel Journal, Jerusalem, 3 (1995) 3-4, S. 109-117.

Dajani, Burhan: The September 1993 Israeli-PLO Documents. A Textual Analysis. In: Journal of Palestine Studies, Berkeley, 23 (Spring 1994) 3/91, S. 5-23.

Dajani, Burhan: An Alternative to Oslo? In: Journal of Palestine Studies, Berkeley, 25 (Summer 1996) 4/100, S. 5-19.

Egeland, Jan: Norway's Middle East Peace Channel. An Insider's View. In: International Peace Research Institute (Hg.): Security Dialogue, Oslo, 25 (1994) 3, S. 349-351.

Ehrlich, Avishai: Israel – Die Wahlen 1996 und der israelisch-palästinensische Friedensprozeß. In: Johannsen, Margret/Schmid, Claudia (Hg.): Wege aus dem Labyrinth? Friedenssuche in Nahost. Stationen, Akteure, Probleme des nahöstlichen Friedensprozesses, Baden-Baden 1997, S. 92-121.

Ellis, Marc H.: Jerusalem and the Broken Middle. Reflections on Jews and Palestinians After Oslo. In: Arab Studies Journal, Washington, 4 (Fall 1996) 2, S. 133- 148.

Ellis, Marc H.: The Future of Israel/Palestine. Embracing the Broken Middle. In: Journal of Palestine Studies, Berkeley, 26 (Spring 1997) 3/103, S. 56-66.

Elon, Amos: Nachrichten aus Jerusalem 1968 bis 1994. Frankfurt/ M. 1995.

Erekat, Saeb: What it Takes to Make Peace. In: Palestine-Israel Journal, Jerusalem, 3 (1996) 3-4, S. 18-24.

Evron, Boas: The Rabin that Failed. In: Palestine-Israel Journal, Jerusalem, 2 (1995) 5, S. 50-55.

Ferdowsi, Mir A. (Hg.): Stand und Perspektiven des Nahost-Friedensprozesses. Forschungsstelle Dritte Welt am Geschwister-Scholl-Institut für Politische Wissenschaft der Ludwig-Maximilians-Universität München, München 2000.

Flamhaft, Ziva: Israel on the Road to Peace. Accepting the Unacceptable. Boulder 1996.

Franz, Erhard: Jordanien, die palästinensischen Gebiete und Israel. Sicherheitspolitik durch Wirtschaftsintegration. In: S und F, Vierteljahresschrift für Sicherheit und Frieden, Baden-Baden, 14 (1996) 2, S. 97-100.

Freij, Elias: Wir hätten den UNO-Teilungsplan von 1947 akzeptieren sollen. In: Bednarz, Dieter/ Lüders, Michael (Hg.): Palästina-Protokolle. Bestandsaufnahme und Perspektiven, Hannover 1981, S. 46-56.

Gazit, Shlomo: Israeli Political Understanding of the Declaration of Principles. In: Jerusalem Media and Communication Center (Hg.): Facing Palestinian Society in the Interim Period, Jerusalem 1994, S. 33-40.

Gewurz, Ilan G.: Transition from Conflict. The Importance of Pre-Negotiations in the Oslo Peace Process. In: Israel Affairs, London, 6 (Spring-Summer 2000) 3-4, S. 177-199.

Giacaman, George/Lønning, Dag Jørund (Hg.): After Oslo. New Realities, Old Problems. London/Chicago 1998.

Gilboa, Eytan: The Media in the Diplomacy of the Arab-Israeli Peace Process. The Tami Steinmetz Center, Tel Aviv 1994.
Gresh, Alain: Israel und Syrien. Hoffnung im Nahen Osten. In: Le Monde Diplomatique (Deutsche Ausgabe), Berlin, Januar 2000, S. 1, 9.
Grinberg, Lev Luis: A Theoretical Framework for the Analysis of the Israeli Palestinian Peace Process. In: Revue Internationale de Sociologie, Rom, 104 (1996) 1, S. 68-89.
Haj, Majid al-/Katz, Elihu/Shye, Samuel: Arab and Jewish Attitudes Toward a Palestinian State. In: Journal of Conflict Resolution, London, 37 (1993) 4, S. 619-632.
Halter, Marek/Laurent, Eric: Unterhändler ohne Auftrag. Die geheime Vorgeschichte des Friedensabkommens zwischen Israel und der PLO. Frankfurt/M. 1994.
Hanieh, Akram: The Camp David Papers. In: Journal of Palestine Studies, Berkeley, 30 (Winter 2001) 2/118, S. 75-97.
Hankock, Landon E./Weiss, Joshua N.: The Conflict Within. The Interpersonal Conflict Between Netanyahu and Arafat. In: Online Journal of Peace and Conflict Resolution, Washington, 2 (1999) 2. www.trinstitute.org.
Hareven, Shulamit: The Vocabulary of Peace. Life, Culture, and Politics in the Middle East. San Francisco 1995.
Hass, Amira: Israel und Palästina. Die Utopie einer normalen Zukunft. In: Le Monde Diplomatique (Deutsche Ausgabe), Berlin, Mai 2001, S. 2.
Heikal, Mohammed: Secret Channels. The Inside Story of Arab-Israeli Peace Negotiations. London 1996.
Heller, Mark A.: The Israeli-Palestinian Accord. An Israeli View. In: Current History, Philadelphia, 93 (1994) 580, S. 56-61.
Herman, Tamar: Israeli Public Opinion and the Peace Process. In: Palestine-Israel Journal, Jerusalem, 3 (1996) 3-4, S. 101-108.
Herzberg, Arthur: The End of the Dream of the Undivided Land of Israel. In: Journal of Palestine Studies, Berkeley, 25 (Winter 1996) 2/98, S. 35-45.
Hoch, Martin: Frieden im Nahen Osten nach dem Gaza-Jericho-Abkommen. In: Außenpolitik, Hamburg, 45 (1994) 3, S. 279-288.

Hofmann, Sabine: Friedensdividende für Israel. In: Johannsen, Margret/Schmid, Claudia (Hg.): Wege aus dem Labyrinth? Friedenssuche in Nahost. Stationen, Akteure, Probleme des nahöstlichen Friedensprozesses, Baden-Baden 1997, S. 77-91.

Hofmann, Sabine/Ibrahim, Ferhad (Hg.): Versöhnung im Verzug. Probleme des Friedensprozesses im Nahen Osten. Bonn 1996.

Holst, Johan Jørgen: »Es wurde eine Koalition der moderaten Kräfte geformt.« In: Süddeutsche Zeitung, 18./19. September 1993.

Ibrahim, Ferhad/Ashkenasi, Abraham (Hg.): Der Friedensprozeß im Nahen Osten – Eine Revision. Münster 1998.

Institute for Palestine Studies Forum: Hebron and the Redeployments. In: Journal of Palestine Studies, Berkeley, 26 (Summer 1997) 4/104, S. 98-103.

Jamal, Amal: Palestinians in the Israeli Peace Discourse. A Conditional Partnership. In: Journal of Palestine Studies, Washington, 30 (Autumn 2000) 1/117, S. 36-51.

Jarbawi, Ali: What is the Alternative to Oslo? In: Palestine-Israel Journal, Jerusalem, 2 (1995) 5, S. 33-37.

Johannsen, Margret: Im Schatten der Gewalt. Die Suche nach Frieden im Nahen Osten. In: Hessische Stiftung Friedens- und Konfliktforschung (Hg.): Friedensgutachten 1996, Münster 1996, S.255-268.

Johannsen, Margret: Drei Schritte vor, zwei zurück. Der Friedensprozeß im Nahen Osten. In: Forschungsstätte der Evangelischen Studiengemeinschaft (Hg.): Friedensgutachten 2000, Münster 2000.

Johannsen, Margret: Naher Osten – Feilschen um den Frieden. In: Deutsches Übersee-Institut (Hg.): Jahrbuch Dritte Welt 2001, München 2000, S. 102-115.

Johannsen, Margret/Schmid, Claudia (Hg.): Wege aus dem Labyrinth? Friedenssuche in Nahost. Stationen, Akteure, Probleme des nahöstlichen Friedensprozesses. Baden-Baden 1997.

Kaspar, Birgit: Die Vergessenen des Osloer Friedensabkommens. In: Palästina Journal, Trier (1997) 32, S. 7-10.

Kass, Ilana/O'Neill, Bard: The Deadly Embrace. The Impact of Israeli and Palestinian Rejectionism on the Peace Process. National Institute for Public Policy, Lanham 1997.

Kaufman, Edy: Israeli-Palestinian Dialog. Prospects for Grass Roots Communication. In: Journal of Palestine Studies, Berkeley, 17 (Winter 1988) 2/66, S. 91-108.

Kaulisch, Thomas: Israel und die PLO. Der Friedensprozeß seit dem Zweiten Golfkrieg und die Rolle der externen Akteure. Köln 1996.

Kelman, Herbert C.: Creating the Conditions for Israeli-Palestinian Negotiations. In: Journal of Conflict Resolution, London, 26 (1982) 1, S. 39-75.

Kelman, Herbert C.: Overcoming the Barriers to Negotiation of the Israeli-Palestinian Conflict. In: Journal of Palestine Studies, Berkeley, 16 (Autumn 1986) 1/61, S. 13-28.

Kelman, Herbert C.: Wie Verhandlungsbereitschaft entstehen kann. Zur politischen Psychologie des israelisch-palästinensischen Konflikts. In: Steinweg, Reiner/Wellmann, Christian (Hg.): Die vergessene Dimension internationaler Konflikte: Subjektivität, Frankfurt/M. 1990, S. 189-214.

Kelman, Herbert C.: Contributions of an Unofficial Conflict Resolution Effort to the Israeli-Palestinian Breakthrough. In: Negotiation Journal, New York, 11 (1995) 1, S. 19-27.

Kelman, Herbert C.: Building a Sustainable Peace. The Limits of Pragmatism in the Israeli-Palestinian Negotiations. In: Journal of Palestine Studies, Berkeley, 28 (Autumn 1998) 1/109, S. 36-50.

Khalidi, Rashid: A Palestinian View of the Accord with Israel. In: Current History, Philadelphia, 93 (1994) 580, S. 62-66.

Khatib, Ghassan al-: The Inadequacy of an Interim Agreement. In: Palestine-Israel Journal, Jerusalem, 2 (1995) 5, S. 13-18.

Kim, Chana: Die politische Landkarte Israels wird neu gezeichnet. In: Israel und Palästina, Düsseldorf (1999) 1, S. 8-15.

Klein, Uta/Sigrist, Christian (Hg.): Prospects of Israeli-Palestinian Co-Existence. Münster 1996.

Kocher, Victor: Der neue Nahe Osten. Die arabische Welt im Friedensprozess. Zürich 1996.

Krapf, Thomas: Israel zwischen Krieg und Frieden. Zur Stimmung in Israel nach dem Gaza-Jericho-Abkommen. In: Aus Politik und Zeitgeschichte, Bonn, B 21-22/94, 27. Mai 1994, S. 29-37.

Kuttab, Jonathan: An Exchange on Dialog. In: Journal of Palestine Studies, Berkeley, 17 (Winter 1988) 2/66, S. 84-91.

Lindner, Peter: Friedensprozeß und Friedensdividende in den palästinensischen Gebieten. In: Geographische Rundschau, Braunschweig, 52 (Juni 2000) 6, S. 56-61.

Littell, Robert: Arbeit für den Frieden. Fünf Gespräche mit Shimon Peres. Frankfurt/M. 1998.

Lustick, Ian S.: The Oslo Agreement as an Obstacle to Peace. In: Journal of Palestine Studies, Berkeley, 27 (Autumn 1997) 1/105, S. 61-66.

Maddy-Weitzman, Bruce/Mseis, Nadim: The Arab-Israeli Peace Process in the Eyes of Palestinian and Israeli Intellectuals. Politics, Self-Images, and the Image of the »Other«. The Tami Steinmetz Center, Tel Aviv 1998.

Makovsky, David: Making Peace with the PLO. The Rabin Government's Road to the Oslo Accord. The Washington Institute for Near East Policy, Boulder 1996.

Makovsky, David: Gedankenspiele über gewisse Tage im Mai. In: Israel und Palästina, Düsseldorf (1999) 1, S. 16-20.

Ma'oz, Moshe: From Conflict to Peace? Israel's Relations with Syria and the Palestinians. In: The Middle East Journal, Washington, 53 (Summer 1999) 3, S. 393-416.

Marton, Ruchama: Die politische Psychologie des Friedens. In: Palästina Journal, Trier (1994) 23.

Mattes, Norbert: Bantustanisierung nach Oslo II und die Macht des ra'is. In: Inamo, Erlangen, 2 (Frühjahr-Sommer 1996) 5-6, S. 61-62.

Meighan, Katherine W.: The Israel-PLO Declaration of Principles: Prelude to a Peace? In: Virginia Journal of International Law, Charlottesville, 34 (1995) 2, S. 435-469.

Meyer, Berthold: Der nahöstliche Frieden – Verbaut oder noch zu retten? Hessische Stiftung Friedens- und Konfliktforschung, Frankfurt/M. 1998.

Michels, Jeffrey: National Vision and the Negotiation of Narratives. The Oslo Agreement. In: Journal of Palestine Studies, Berkeley, 24 (Autumn 1994) 1/93, S. 28-38.

Muslih, Muhammad: Jericho and its Meaning. A New Strategy for the Palestinians. In: Current History, Philadelphia, 93 (1994) 580, S. 72-77.

Mutz, Reinhard/Ratsch, Ulrich/Schoch, Bruno (Hg.): Friedensgutachten 2001 (mit Nahostschwerpunkt). Münster 2001.

Nassar, Majed: Das Dilemma bleibt. Die Palästinenser »nach Oslo«. In: Vereinte Nationen, Baden-Baden, 45 (Dezember 1997) 6, S. 204-208.

Neustadt, Amnon: Israel und die Normalität des Friedens. Ein schwieriger Anpassungsprozeß. In: Volle, Angelika/Weidenfeld, Werner (Hg.): Frieden im Nahen Osten? Chancen, Gefahren, Perspektiven, Bonn 1997, S. 35-43.

Ofteringer, Ronald (Hg.): Palästinensische Flüchtlinge und der Friedensprozeß. Palästinenser im Libanon. Berlin 1997.

Pappe, Ilan: Die israelische Haltung im Friedensprozeß. In: Aus Politik und Zeitgeschichte, Bonn, B 49/00, 1. Dezember 2000, S. 3-7.

Parker, Christopher H.: Resignation or Revolt? The Socio-Political Development and the Challenges of Peace in Palestine. London 1999.

Peled, Yoav/Shafir, Gershon: The Roots of Peacemaking. The Dynamics of Citizenship in Israel 1948-1993. In: International Journal of Middle East Studies, Cambridge, 28 (1996) 3, S. 391-413.

Peres, Shimon: Die Versöhnung. Der neue Nahe Osten. Berlin 1993.

Peres, Shimon: Man steigt nicht zweimal in denselben Fluß. Politik heißt Friedenspolitik. München 1999.

Perthes, Volker: Frieden mit begrenzter Wirkung. Für Syriens Regierung ist ein Abkommen mit Israel zugleich nötig und gefährlich. In: Der Überblick, Hamburg, 31 (Dezember 1995) 4, S. 56-60.

Perthes, Volker: Vom Krieg zur Konkurrenz. Regionale Politik und die Suche nach einer neuen arabisch-nahöstlichen Ordnung. Stiftung Wissenschaft und Politik, Ebenhausen/Baden-Baden 2000.

Peters, Joel: Pathways to Peace. The Multilateral Arab-Israeli Peace Talks. Royal Institute of International Affairs, London 1996.

Primor, Avi: Welche Zukunft hat der Friedensprozeß im Nahen Osten? In: Aus Politik und Zeitgeschichte, Bonn, B 13-14/01, 23. März 2001, S. 3-8.

Pundak, Ron: Towards a New Chapter in the Israeli-Palestinian Negotiations? In: Palestine-Israel Journal, Jerusalem, 2 (1995) 5, S. 6-12.

Rabin, Yitzhak: Rede anläßlich der Friedenskundgebung in Tel Aviv, 4. November 1995. Israelisches Außenministerium, Jerusalem.

Rabinovich, Itamar: The Brink of Peace. The Israeli-Syrian Negotiations. Princeton 1998.

Ries, Matthias: Durch die Hintertür an den runden Tisch. In: Pax Christi – Deutsches Sekretariat (Hg.): Naher Osten – Ferner Frieden? Idstein 1997, S. 49-56.

Ries, Matthias: Fünf Jahre Oslo I. Eine notwendige Erinnerung. In: Palästina Journal, Berlin (1998) 36, S. 3-6.

Ries, Matthias: Oslo – Tor zum Frieden in Nahost? Dissertation, Ruprecht-Karls-Universität, Philosophisch-Historische Fakultät, Institut für Politische Wissenschaft, Heidelberg 2000.

Rindt, Susanne: Die Geheimverhandlungen zum Friedensabkommen Israel/PLO 1993. In: Stiftung Entwicklung und Frieden (Hg.): Globale Trends, Frankfurt/M. 1996.

Robinson, Glenn: Building a Palestinian State. Bloomington 1997.

Rouhana, Nadim/Kelman, Herbert C.: Promoting Joint Thinking in International Conflicts. An Israeli-Palestinian Continuing Workshop. In: Journal of Social Issues, New York, 50 (1994) 1, S. 157-178.

Roy, Sara M.: Alienation or Accomodation? In: Journal of Palestine Studies, Berkeley, 24 (Summer 1995) 4/96, S. 72-82.

Rubinstein, Danny: Das Comeback der Madrid-Delegation. In: Israel und Palästina, Düsseldorf, Sonderheft, Nr. 42 (1996), S. 16-19.

Sabbagh, Jamill: Israel und die PLO auf dem Weg zum Frieden. Bisherige Ergebnisse der Friedensvereinbarungen im Nahen Osten. In: Geographische Rundschau, Braunschweig, 48 (März 1996) 3, S. 183-188.

Safieh, Afif: The Peace Process. From Breakthrough to Breakdown? In: Palestine-Israel Journal, Jerusalem, 4 (1997) 1, S. 73-78.

Said, Edward W.: Symbols Versus Substance. A Year After the Declaration of Principles. An Interview with Edward W. Said. In: Journal of Palestine Studies, Berkeley, 24 (Winter 1995) 2/94, S. 60-72.

Said, Edward W.: Frieden in Nahost? Essays über Israel und Palästina. Heidelberg 1997.

Said, Edward W.: Herrschaft statt Frieden. In: Die Zeit, Hamburg, 5. September 1997.
Said, Edward W.: The End of the Peace Process. Oslo and After. New York 2000.
Salamé, Ghassan: Zwischen Hoffnung und Tragik. Perspektiven für den Nahost-Friedensprozeß. In: Volle, Angelika/Weidenfeld, Werner (Hg.): Frieden im Nahen Osten? Chancen, Gefahren, Perspektiven, Bonn 1997, S. 153-160.
Samara, Adel: Globalization, the Palestinian Economy, and the »Peace Process«. In: Journal of Palestine Studies, Berkeley, 29 (Winter 2000) 2/114, S. 20-34.
Sartal, Idit: Die Rabin-Sage. In: Israel und Palästina, Edenkoben, Sonderheft, Nr. 41 (1995), S. 5-8.
Savir, Uri: The Process. 1,100 Days that Changed the Middle East. New York 1998.
Seale, Patrick: The Syria-Israel Negotiations. Who is Telling the Truth? In: Journal of Palestine Studies, Berkeley, 29 (Winter 2000) 2/114, S. 65-77.
Senfft, Alexandra: Ein Symptom des faulen Friedens. Was treibt junge Palästinenser zu Selbstmordattentaten? In: Der Überblick, Hamburg, 32 (Dezember 1996) 4, S. 28-32.
Shaath, Nabil: The Oslo Agreement. In: Journal of Palestine Studies, Berkeley, 23 (Autumn 1993) 1/89, S. 5-13.
Sheffer, Gabi: In the Wake of the Peace Process: Changes in Major Political Ideologies and Orientations in Israel and the Palestinian Entity. The Tami Steinmetz Center, Tel Aviv 1995.
Shehadeh, Raja: A Legal Reading of the Declaration of Principles. In: Jerusalem Media and Communication Center (Hg.): Facing Palestinian Society in the Interim Period, Jerusalem 1994, S. 19-26.
Shehadeh, Raja: Question of Jurisdiction. A Legal Analysis of the Gaza-Jericho Agreement. In: Journal of Palestine Studies, Berkeley, 23 (Summer 1994) 4/92, S. 18-25.
Shehadeh, Raja: Land and Occupation. A Legal Review. In: Palestine-Israel Journal, Jerusalem, 4 (1997) 2, S. 25-30.
Shehadeh, Raja: From Occupation to Interim Accords. Israel and the Palestinian Territories. London 1997.

Shikaki, Khalil: The Peace Process, National Reconstruction, and the Transition to Democracy in Palestine. In: Journal of Palestine Studies, Berkeley, 25 (Winter 1996) 2/98, S. 5-20.

Shikaki, Khalil: Peace Now or Hamas Later. In: Foreign Affairs, New York, 77 (July-August 1998) 4, S. 29-43.

Shlaim, Avi: The Oslo Accord. In: Journal of Palestine Studies, Berkeley, 23 (Spring 1994) 3/91, S. 24-40.

Shlaim, Avi: Israeli Politics and Middle East Peacemaking. In: Journal of Palestine Studies, Berkeley, 24 (Summer 1995) 4/96, S. 20-31.

Siegman, Henry: Die Logik der verpaßten Chancen. Die Wahl Scharons beendet den Friedensprozeß im Nahen Osten. In: Le Monde Diplomatique (Deutsche Ausgabe), Berlin, Februar 2001, S. 6.

Stein, Kenneth W.: Heroic Diplomacy. Sadat, Kissinger, Carter, Begin, and the Quest for Arab-Israeli Peace. New York 1999.

Steinbach, Udo: Das Gaza-Jericho-Abkommen. Wegmarke im Friedensprozeß. In: Aus Politik und Zeitgeschichte, Bonn, B 21-22/94, 27. Mai 1994, S. 8-14.

Sterzing, Christian: Naher Osten – Ferner Frieden. In: Frankfurter Rundschau, 22. März 2001.

Susser, Leslie: Welche Auswirkungen hätte die Gründung eines Staates Palästina für Israel? In: Israel und Palästina, Düsseldorf, Sonderheft, Nr. 52 (1998), S. 24-26.

Szyszkowitz, Tessa: Oslo ist tot. Israelis und Palästinenser finden keinen Frieden. In: Die Neue Gesellschaft/Frankfurter Hefte, Bonn, 45 (1998) 4, S. 444-445.

Tamari, Salim: Den toten Punkt überwinden. In: Der Überblick, Hamburg (1991) 2, S. 45-48.

Telhami, Shibley: From Camp David to Wye. Changing Assumptions in Arab-Israeli Negotiations. In: The Middle East, Washington, 53 (Summer 1999) 3, S. 379-392.

Thoman, Birgit: Mit dem Hebron-Abkommen auf dem Weg zurück zum Frieden? In: Palästina Journal, Trier (1997) 30, S. 7-8.

Thomas, Frank: Von Madrid bis Oslo II: Abkommen, Hemmnisse und Perspektiven des israelisch-palästinensischen Verhandlungsprozesses. In: Ibrahim, Ferhad/Ashkenasi, Abraham (Hg.): Der Friedensprozeß im Nahen Osten – Eine Revision, Münster 1998, S. 1-23.

Tibi, Bassam: Drei Hindernisse für den Friedensprozeß im Nahen Osten. Die jüdischen Siedler, Hamas und die wirtschaftlichen Engpässe. In: Europa-Archiv, Bonn, 49 (25. Juni 1994) 12, S. 357-364.

Timm, Klaus: Fünf Jahre Nahost-Verhandlungen. Ergebnisse, Erfahrungen und Optionen politischer Regelungen. In: Hofmann, Sabine/Ibrahim, Ferhad (Hg.): Versöhnung im Verzug. Probleme des Friedensprozesses im Nahen Osten, Bonn 1996, S. 23-57.

Touval, Saadia: The Peace Brokers. Mediators in the Arab-Israeli Conflict 1948-1979. Princeton 1982.

Trautner, Bernhard J.: Konstruktive Konfliktbearbeitung im Vorderen und Mittleren Orient. Ansätze der Deeskalation und Beilegung nationaler und internationaler Konflikte 1945-1995. Münster 1997.

Tutunji, Jenab/Khaldi, Kamal: A Binational State in Palestine. The Rational Choice for Palestinians and the Moral Choice for Israelis. In: International Affairs, London, 73 (January 1997), S. 31-58.

Usher, Graham: Dispatches from Palestine. The Rise and Fall of the Oslo Peace Process. London 1999.

Ustinov, Peter: Baumeister des Friedens. Gespräche mit Jitzhak Rabin, Schimon Peres, Jassir Arafat und Hanan Aschrawi. Düsseldorf 1995.

Veit, Winfried: Der Nahe Osten vor der Explosion? Israel und der gefährdete Friedensprozeß. Jahresbericht der Friedrich-Ebert-Stiftung, Tel Aviv 1996.

Veit, Winfried: Israel – Das schwierige fünfzigste Jahr. Die Spaltung der Gesellschaft gefährdet den Friedensprozeß. Hintergrundbericht der Friedrich-Ebert-Stiftung, Nr. 1, Tel Aviv 1998.

Veit, Winfried: Der Nahe Osten auf dem Weg zum Frieden. In: Internationale Politik und Gesellschaft, Bonn (2000) 2, S. 133-145.

Volle, Angelika/Weidenfeld, Werner (Hg.): Frieden im Nahen Osten? Chancen, Gefahren, Perspektiven. Bonn 1997.

Warnemünde, Sebastian: Israel und die Palästinenser: Die Tragik des Friedensprozesses im Nahen Osten. Versuch einer systemtheoretischen Analyse. In: Ibrahim, Ferhad/Ashkenasi, Abraham

(Hg.): Der Friedensprozeß im Nahen Osten – Eine Revision, Münster 1998, S. 55-74.
Weiner, Justus R.: Hard Facts Meet Soft Law. The Israel-PLO Declaration of Principles and the Prospects for Peace. A Response to Katherine W. Meighan. In: Virginia Journal of International Law, Charlottesville, 35 (1995) 4, S. 931-970.
Wolfsfeld, Gadi: Constructing News about Peace: The Role of the Israeli Media in the Oslo Peace Process. The Tami Steinmetz Center, Tel Aviv 1998.
Yorke, Valerie: Der ungewisse Weg zum wahren Frieden im Nahen Osten. In: Europa-Archiv, Bonn, 49 (1994) 8, S. 213-222.
Zartman, William: Ripeness for Negotiations. In: Twite, Robin/Herman, Tamar (Hg.): The Arab-Israeli Negotiations. Political Positions and Conceptual Frameworks. The Tami Steinmetz Center, Tel Aviv 1993.
Zimmer-Winkel, Rainer: Verständigungsbemühungen zwischen Israelis und Palästinensern in den 80er Jahren. Rolle und Bedeutung von Nichtregierungsorganisationen. Magisterarbeit, Universität Trier, Fachbereich Politische Wissenschaft, Trier 1994.

21. Israelische Friedensbewegung

Avnery, Uri: Mein Freund, der Feind. Bonn 1988.
Avnery, Uri: Zwei Völker – Zwei Staaten. Gespräch über Israel und Palästina. Heidelberg 1995.
Böhme, Jörn/Sterzing, Christian (Hg.): Friedenskräfte in Israel. Schriftenreihe des Deutsch-Israelischen Arbeitskreises für Frieden im Nahen Osten, Bd. 23, Frankfurt/M. 1992.
Funke, Hajo/Sterzing, Christian (Hg.): »Frieden jetzt.« Geschichte und Arbeit israelischer Friedensgruppen. Schriftenreihe des Deutsch-Israelischen Arbeitskreises für Frieden im Nahen Osten, Bd. 16, Frankfurt/M. 1989.
Klein, Uta: Frauen in der israelischen Friedensbewegung. In: Neunzehnhundertneunundneunzig – Zeitschrift für Sozialgeschichte des 20. und 21. Jahrhunderts, Bern, 13 (März 1998) 1, S. 124-145.
Langer, Felicia: Zorn und Hoffnung. Autobiographie. Göttingen 1991.

Langer, Felicia: »Laßt uns wie Menschen leben!« Schein und Wirklichkeit in Palästina. Göttingen 1996.
Rösch-Metzler, Wiltrud: Ohne Wasser. Ohne Land. Ohne Recht. An der Seite der Palästinenser. Die israelische Rechtsanwältin Lynda Brayer. Ostfildern 1997.
Yuchtman-Yaar, Ephraim/ Hermann, Tamar: The Latitude of Acceptance. Israeli Attitudes Toward Political Protest Before and After the Assassination of Yitzhak Rabin. In: The Journal of Conflict Resolution, Thousand Oaks, 42 (December 1998) 6, S. 721-743.

22. Siedlungen

Aronson, Geoffrey: The Socio-Economic Impact of Settlements on Land, Water, and the Palestinian Economy. In: Journal of Palestine Studies, Berkeley, 28 (Autumn 1998) 1/109, S. 133-137.
Foundation for Middle East Peace: Report on Israeli Settlement in the Occupied Territories. Washington 1993.
Hass, Amira: Israelische Siedlungen. Die Politik der vollendeten Tatsachen. In: Inamo, Berlin, 6 (Herbst-Winter 2000) 23-24, S. 15-17.
Newman, David: Settlements and Boundaries. A Mutually Enforcing Relationship. In: Palestine-Israel Journal, Jerusalem, 3 (1996) 2, S. 54-61.
Paech, Norman: Das verlorene Territorium des palästinensischen Staates. Israels Siedlungspolitik nach dem Oslo-Abkommen. In: Blätter für deutsche und internationale Politik, Bonn, 41 (Oktober 1996) 10, S. 1252-1262.
Rubinstein, Danny: Are the Settlements an Obstacle to Peace? In: Palestine-Israel Journal, Jerusalem, 2 (1995) 5, S. 43-49.
Settlement Monitor. In: Journal of Palestine Studies, Berkeley, 23 (Spring 1994) 3/91, S. 124-140.
Shaw-Smith, Peter: The Israeli Settler Movement Post-Oslo. In: Journal of Palestine Studies, Berkeley, 23 (Spring 1994) 3/91, S. 99-109.

23. Wasserfrage

Allan, J. A. (Hg.): Water, Peace and the Middle East. Negotiating Resources in the Jordan Basin. London 1996.

Bar-El, Raphael: The Long Term Water Balance East and West of the Jordan River. In: Région et Développement, Paris (1996) 4, S. 137-153.

Baz, Ismail al-/Schiffler, Manuel: Wasserressourcen und Wassermanagement in Palästina und Jordanien. In: Libiszewski, Stephan (Hg.): Wasserkonflikte und Wassermanagement im Jordanbecken. Deutsches Institut für Entwicklungspolitik, Berlin 1996, S. 20-27.

Blanche, Ed: Mid-East Water Crisis. Time is Running Out. In: The Middle East, London, Nr. 311, April 2001, S. 19-21.

Braverman, Avishay: Wasser – Element des Friedens und des Konflikts. In: Internationale Politik, Bonn, 50 (Juli 1995) 7, S. 51-54.

B'Tselem (Hg.): Thirsty for a Solution. The Water Crisis in the Occupied Territories and its Resolution in the Final-Status Agreement. Jerusalem 2000.

Bulloch, John/Darwish, Adel: Water Wars. Coming Conflicts in the Middle East. London 1993.

Dolatyar, Mustafa: Water Politics in the Middle East. A Context for Conflict or Co-Operation? New York 2000.

Dombrowsky, Ines: Recht auf Wasser? Verteilungskonflikte im Jordanbecken. In: Prokla, Münster, 26 (März 1996), S. 63-84.

Edig, Annette van: Rechtliche Schwierigkeiten und Möglichkeiten eines multilateralen Wassermanagements im Nahen Osten. In: Verfassung und Recht in Übersee, Baden-Baden, 31 (1998) 3, S. 371-382.

Elmusa, Sharif S.: Dividing the Common Palestinian-Israeli Waters. An International Water Law Approach. In: Journal of Palestine Studies, Berkeley, 22 (Spring 1993) 3/87, S. 57-77.

Elmusa, Sharif S.: The Land-Water Nexus in the Israeli-Palestinian Conflict. In: Journal of Palestine Studies, Berkeley, 25 (Spring 1996) 3/99, S. 69-78.

Güner, Serdar: Signaling the Turkish-Syrian Water Conflict. In: Conflict Management and Peace Science, University Park, 16 (Fall 1998) 2, S. 185- 206.

Hoffmann, Berthold: Hydro Paranoia and its Myths.The Issue of Water in the Middle East. In: Orient, Opladen, 39 (Juni 1998) 2, S. 251-269.

Israel/Palestine Center for Research and Information (Hg.): A Proposal for the Development of a Regional Water Master Plan. Jerusalem 1993.

Juniedi, Faten al-: Water and Irrigation Management in the Palestinian West Bank. In: Entwicklung und ländlicher Raum, Frankfurt/M., 33 (1999) 6, S. 24-26.

Libiszewski, Stephan: Water Disputes in the Jordan Basin Region and their Role in the Resolution of the Arab-Israeli Conflict. Forschungsstelle für Sicherheitspolitik und Konfliktanalyse, Zürich 1995.

Libiszewski, Stephan: Das Wasser im Nahostfriedensprozeß. Konfliktstrukturen und bisherige Vertragswerke unter wasserpolitischer Perspektive. In: Orient, Opladen, 36 (Dezember 1995) 4, S. 625-648.

Libiszewski, Stephan (Hg.): Wasserkonflikte und Wassermanagement im Jordanbecken. Deutsches Institut für Entwicklungspolitik, Berlin 1996.

Libiszewski, Stephan: Die Streitfrage der Wasserverteilung im Arabisch-Israelischen Konflikt. In: Inamo, Erlangen, 2 (Frühjahr-Sommer 1996) 5-6, S. 27-31.

Lonergan, Stephen C./Brooks, David B.: Watershed. The Role of Fresh Water in the Israeli-Palestinian Conflict. International Development Research Center, Ottawa 1994.

Morris, Mary E.: Water Scarcity and Security Concerns in the Middle East. The Emirates Center for Strategic Studies and Research, Abu Dhabi 1998.

Otto, Ingeborg/Schmidt-Dumont, Marianne: Die Wasserfrage im Nahen und Mittleren Osten. Literatur seit 1985. Eine Auswahlbibliographie. Dokumentationsdienst Vorderer Orient, Hamburg 1995.

Ratsch, Ulrich: Wasserprobleme im Jordan-Becken. In: S und F, Vierteljahresschrift für Sicherheit und Frieden, Baden-Baden, 14 (1996) 2, S. 101-106.

Ratsch, Ulrich: Wasserregime im Jordan-Becken. In: Johannsen, Margret/Schmid, Claudia (Hg.): Wege aus dem Labyrinth? Baden-Baden 1997, S. 241-255.

Renger, Jochen: Die multilateralen Friedensverhandlungen der Arbeitsgruppe »Wasser«. Ein dokumentarischer Beitrag. In: Asien, Afrika, Lateinamerika, Berlin, 23 (1995) 2, S. 149-157.

Renger, Jochen: Das Wasser im israelisch-palästinensischen Konflikt. In: WeltTrends, Berlin (Herbst 1997) 16, S. 83-94.

Renger, Jochen: Wasser im Nahen Osten. Konfliktstoff zwischen Israel und seinen Nachbarn. In: Pax Christi – Deutsches Sekretariat (Hg.): Naher Osten – Ferner Frieden? Idstein 1997, S. 97-105.

Robert, Rüdiger: Die Wasserfrage im israelisch-palästinensischen Konflikt. In: Israel und Palästina, Düsseldorf (2000) 1, S. 23-36.

Rouyer, Alwyn R.: The Water Issue in the Palestinian-Israeli Process. In: Survival, Oxford, 39 (Summer 1997) 2, S. 57-81.

Sager, Wilhelm: Wasserkonflikte am Nil. In: Europäische Sicherheit, Hamburg, 49 (April 2000) 4, S. 51-53.

Scheumann, Waltina (Hg.): Water in the Middle East. Potential for Conflicts and Prospects for Cooperation. Berlin 1998.

Schiffler, Manuel: Konflikte um Wasser. Ein Fallstrick für den Friedensprozeß im Nahen Osten? In: Aus Politik und Zeitgeschichte, Bonn, B 11/95, 10. März 1995, S. 13-21.

Schiffler, Manuel: Das Wasser im Nahostfriedensprozeß. Ansätze zu einer gerechten Aufteilung und Möglichkeiten zur Entschärfung der Wasserknappheit. In: Orient, Opladen, 36 (Dezember 1995) 4, S. 603-624.

Sherman, Martin: The Politics of Water in the Middle East. An Israeli Perspective on the Hydropolitical Aspects of the Conflict. Basingstoke 1999.

Sofer, Arnon: Rivers of Fire. The Conflict over Water in the Middle East. Lanham 1999.

Trottier, Julie: Hydropolitics in the West Bank and Gaza Strip. Palestinian Academic Society for the Study of International Affairs, Jerusalem 1999.

24. Zionismus

Avineri, Shlomo: Profile des Zionismus. Die geistigen Ursprünge des Staates Israel. 17 Porträts. Gütersloh 1998.

Deutsch-Israelischer Arbeitskreis für Frieden im Nahen Osten (Hg.): Herzels Traum und Israels Wirklichkeit. 100 Jahre nach dem 1. Zionistenkongreß und 50 Jahre nach der Gründung des Staates Israel. Israel und Palästina, Themenheft, Nr. 50 (1998).

Laqueur, Walter: Der Weg zum Staat Israel. Geschichte des Zionismus. Wien 1972.

Schneider, Karlheinz/Simon, Nikolaus: Der Zionismus und seine europäischen Wurzeln. Schriftenreihe des Deutsch-Israelischen Arbeitskreises für Frieden im Nahen Osten, Bd. 15, Berlin 1987.

Verein »Gegentagung zum Herzl-Jubiläum« (Hg.): Hundert Jahre Zionismus. Befreiung oder Unterdrückung? Beiträge der Gegentagung zum Herzl-Jubiläum. Köln 1998.

Wells, Leon Weliczker: Und sie machten Politik. Die amerikanischen Zionisten und der Holocaust. München 1989.

Yehoshua, A. B.: »Zionismus ist Medizin für eine bestimmte Krankheit.« In: Frankfurter Rundschau, 30. August 1997.

Zuckermann, Moshe: Antisemitismus, Zionismus und Assimilation. In: Osnabrücker Jahrbuch Frieden und Wissenschaft, Osnabrück (1999), S. 187-196.

25. Naher- und Mittlerer Osten allgemein (Vorderer Orient)

Anderson, John: Producers and Middle East Internet Technology. Getting Beyond »Impacts«. In: The Middle East Journal, Washington, 54 (Summer 2000) 3, S. 419-431.

Atiyeh, George Nicholas: The Contemporary Middle East 1948-1973. A Selective and Annotated Bibliography. Boston 1975.

Bernstein, Reiner: Der verborgene Frieden. Politik und Religion im Nahen Osten. Berlin 2000.

Brumlik, Micha: Weltrisiko Naher Osten. Moralische und politische Perspektiven in einem Konflikt ohne Ende. Hamburg 1991.

Gresh, Alain/Vidal, Dominique: An A to Z of the Middle East. London/New Jersey 1990.
Gresh, Alain/Vidal, Dominique: Les 100 Portes du Proche-Orient. Paris 1996.
Hiro, Dilip: Dictionary of the Middle East. London 1996.
Kedouri, Elie: Politics in the Middle East. Oxford/New York 1992.
Korbani, Agnes G.: The Political Dictionary of the Modern Middle East. Lanham 1995.
Landeszentrale für politische Bildung (Hg.): Der Vordere Orient an der Schwelle zum 21. Jahrhundert. In: Der Bürger im Staat, Stuttgart, 48 (1998) 3, S. 113-177.
Lerch, Wolfgang Günter: Halbmond, Kreuz und Davidstern. Nationalitäten und Religionen im Nahen und Mittleren Osten. Frankfurt/M. 1992.
Lerch, Wolfgang Günter: Brennpunkt Naher Osten. Der lange Weg zum Frieden. München/Berlin 1996.
Niemetz, Alexander: Brennpunkt Nahost. München 1991.
Nohlen, Dieter/Nuscheler, Franz (Hg.): Handbuch der Dritten Welt. Nordafrika und Naher Osten (Bd. 6), Bonn 1993.
Pawelka, Peter: Der Vordere Orient und die Internationale Politik. Stuttgart/Berlin/Köln 1993.
Pawelka, Peter: Politische Systeme im Vorderen Orient. Analysekonzepte und Forschungsstrategien. In: Orient, Opladen, 41 (September 2000) 3, S. 389-413.
Richards, Alan/Waterbury, John: A Political Economy of the Middle East. Boulder 1996.
Schmidt, Renate (Hg.): Naher Osten. Politik und Gesellschaft. Berlin 1998.
Scholl-Latour, Peter: Lügen im Heiligen Land. Machtproben zwischen Euphrat und Nil. Berlin 1998.
Sela, Avraham (Hg.): Political Encyclopedia of the Middle East. Jerusalem/New York 1999.
Serauky, Eberhard: Im Namen Allahs. Der Terrorismus im Nahen Osten. Berlin 2000.
Shimoni, Yaacov: Biographical Dictionary of the Middle East. Jerusalem/New York 1991.
Simon, Reeva S. (Hg.): Encyclopedia of the Modern Middle East (4 Bde). New York 1996.

Sluglett, Peter/Farouk-Sluglett, Marion (Hg.): The Times Guide to the Middle East. The Arab World and its Neighbours. London 1993.
Später, Jörg (Hg.): ...alles ändert sich die ganze Zeit. Soziale Bewegung(en) im »Nahen Osten«. Freiburg 1994.
Steinbach, Udo/Robert, Rüdiger (Hg.): Der Nahe und Mittlere Osten. Politik, Gesellschaft, Wirtschaft, Geschichte, Kultur (2 Bde). Leverkusen 1987.
Tibi, Bassam: Konfliktregion Naher Osten. Regionale Eigendynamik und Großmachtinteressen. München 1991.

26. Arabische Welt allgemein

Antonius, George: The Arab Awakening. The Story of the Arab National Movement. Beirut 1969.
Barakat, Halim: The Arab World. Society, Culture, and State. Berkeley/Los Angeles/Oxford 1993.
Barthel, Günter/Stock, Kristina (Hg.): Lexikon Arabische Welt. Kultur, Lebensweise, Wirtschaft, Politik und Natur im Nahen Osten und Nordafrika. Wiesbaden 1994.
Bidwell, Robin: Dictionary of Modern Arab History. An A to Z of over 2,000 Entries from 1798 to the Present Day. London/New York 1998.
Esposito, John L. (Hg.): The Oxford Encyclopedia of the Modern Islamic World (4 Bde). New York/Oxford 1995.
Faath, Sigrid (Hg.): Konfliktpotential politischer Nachfolge in den arabischen Staaten. Hamburg 2000.
Flottau, Heiko: Die Bande der Clans. Die arabische Welt besser verstehen. Freiburg 1992.
Fürtig, Henner: Das Al-Ahram-Zentrum für Strategische und Politische Studien und die neue Weltordnung. Arabisches konzeptionelles Denken nach dem Ende des Ost-West-Konflikts. In: Orient, Opladen, 40 (September 1999) 3, S. 393-426.
Ghareeb, Edmund: New Media and the Information Revolution in the Arab World. An Assessment. In: The Middle East Journal, Washington, 54 (Summer 2000) 3, S. 395-418.
Haarmann, Ulrich (Hg.): Geschichte der arabischen Welt. München 1987.

Halliday, Fred: Arabia Without Sultans. Harmondsworth 1974.

Halliday, Fred: Die Krise in der arabischen Welt. In: Israel und Palästina, Edenkoben, Nr. 1 (1991), S. 22-30.

Hottinger, Arnold: Die Araber vor ihrer Zukunft. Geschichte und Problematik der Verwestlichung. Zürich 1988/Paderborn 1989.

Hottinger, Arnold: Rebellen oder Amerikas Musterknaben. Die neue Polarisierung der arabischen Welt nach dem Rückzug der Sowjetunion. In: Nirumand, Bahman (Hg.): Sturm im Golf, Reinbek bei Hamburg 1990, S. 27-42.

Hourani, Albert: Die Geschichte der arabischen Völker. Frankfurt/M. 1992.

Hudson, Michael: Arab Politics. In Search for Legitimacy. London/New Haven 1977.

Khashan, Hilal: Arabs at the Crossroads. Political Identity and Nationalism. Gainesville 2000.

Khella, Karam: Geschichte der arabischen Völker. Hamburg 1988.

Kirchner, Henner: Internet in the Arab World. Towards Information Society or Knowledge Gap? In: Nord-Süd aktuell, Hamburg, 14 (3. Quartal 2000) 3, S. 483-493.

Krämer, Gudrun: Die arabische Welt im 20. Jahrhundert. In: Noth, Albrecht (Hg.): Der islamische Orient. Grundzüge seiner Geschichte, Würzburg 1998, S. 439-502.

Landeszentrale für politische Bildung (Hg.): Der Vordere Orient an der Schwelle zum 21. Jahrhundert. In: Der Bürger im Staat, Stuttgart 48 (1998) 3, S. 113-177.

Lerch, Wolfgang Günter: Allahs neue Krieger. Braunschweig 1991.

Lewis, Bernard: Die Araber. Aufstieg und Niedergang eines Weltreichs. Wien/München 1995.

Lüders, Michael: Das Lächeln des Propheten. Eine arabische Reise. Hamburg 1996.

Mansfield, Peter: The Arabs. Harmondsworth 1976.

Noth, Albrecht (Hg.): Der islamische Orient. Grundzüge seiner Geschichte. Würzburg 1998.

Pott, Marcel: Allahs falsche Propheten. Die arabische Welt in der Krise. Bergisch Gladbach 1999.

Rodinson, Maxime: Die Araber. Frankfurt/M. 1981.

Rotter, Gernot: Allahs Plagiator. Die publizistischen Raubzüge des »Nahostexperten« Gerhard Konzelmann. Heidelberg 1992.

Said, Edward W.: Orientalismus. Frankfurt/M. 1981.
Steinbach, Udo (Hg.): Arabien – Mehr als Erdöl und Konflikte. Opladen 1992.
The International Who's Who of the Arab World. 3. erw. Aufl., Old Woking, Surrey 1987/88.
Tibi, Bassam: Die Verschwörung. Das Trauma arabischer Politik. Hamburg 1993.
Zimmer-Winkel, Rainer (Hg.): Die Araber und die Shoah. Über die Schwierigkeiten dieser Konjunktion. Aphorisma Kulturverein, Trier 2000.

27. Ägypten

Biegel, Reiner: Die Parlamentswahlen 2000 in Ägypten. Pyrrhussieg der Regierungspartei wird zur Niederlage. In: KAS-Auslandsinformationen, St. Augustin, 17 (2001) 1, S. 4-34.
Botman, Selma: Egypt from Independence to Revolution 1919-1952. Syracuse 1991.
Büttner, Friedemann/Klostermeier, Inge: Ägypten. München 1991.
Dekmejian, R. Hrair: Egypt under Nasir. A Study in Political Dynamics. Albany 1971.
Elissar, Eliahu Ben: Sadat and his Legacy. Egypt and the World 1977-1997. Washington 1998.
Heikal, Mohamed: Sadat – Das Ende eines Pharao. Eine politische Biographie. Düsseldorf/Wien 1984.
Hopwood, Derek: Egypt, Politics and Society 1945-1990. London 1991.
Hottinger, Arnold: Der ägyptische Staat im Kampf gegen die Muslim-Brüder. In: Politische Studien, Grünwald, 47 (Juli-August 1996) 348, S. 13-23.
Inamo: Ägypten – Inszenierte Moderne. In: Inamo, Berlin, 7 (Sommer 2001) 26, S. 4-29.
Kepel, Gilles: Der Prophet und der Pharao. Das Beispiel Ägypten: Die Entwicklung des muslimischen Extremismus. München 1995.

Koszinowski, Thomas: Die Ohnmacht der ägyptischen Parteienopposition. Strukturbedingt oder hausgemacht? In: Wuquf, Hamburg (1997-1998) 12, S. 99-123.
Koszinowski, Thomas: Ägypten 1999. In: Deutsches Orient-Institut (Hg.): Nahost Jahrbuch 1999, Opladen 2000, S. 41-48.
Lübben, Ivesa/Fawzi, Issam: Ein neuer islamischer Parteienpluralismus in Ägypten? Hizb al-Wasat, Hizb al-Shari'a und Hizb al-Islah als Fallbeispiele. In: Orient, Opladen, 41 (Juni 2000) 2, S. 229-281.
Marsot, Afaf L.: A Short History of Modern Egypt. Cambridge 1985.
Sagiv, David: Fundamentalism and Intellectuals in Egypt 1973-1993. London 1995.
Sullivan, Denis J./Abed-Kotob, Sana (Hg.): Islam in Contemporary Egypt. Civil Society vs. The State. Boulder 1999.
Vatikiotis, P. J.: The History of Modern Egypt. From Muhammad Ali to Mubarak. Baltimore 1991.
Waterbury, John: The Egypt of Nasser and Sadat. The Political Economy of Two Regimes. Princeton 1983.
Weaver, Marie Ann: A Portrait of Egypt. A Journey Through the World of Militant Islam. New York 1999.

28. Libanon

Abu-Khalil, Asad: Historical Dictionary of Lebanon. Lanham 1998.
Bar, Luc-Henri de: Les Communeautés Confessionelles du Liban. Paris 1983.
Blanford, Nicholas: Hizbullah Hoist by its Own Petard. In: The Middle East, London, Nr. 311, April 2001, S. 11-13.
Brunnhuber, Ulrich H.: Die Libanonkrise 1958. Hamburg 1997.
Deutsch-Israelischer Arbeitskreis für Frieden im Nahen Osten (Hg.): Abbruch eines blutigen Irrwegs. Israels Abzug aus dem Südlibanon. Israel und Palästina, Themenheft, Nr. 60, Düsseldorf 2000.
Gebhardt, Hans/Schmid, Heiko: Beirut – Zerstörung und Wiederaufbau nach dem Bürgerkrieg. In: Geographische Rundschau, Braunschweig, 51 (April 1999) 4, S. 210-217.

Hanf, Theodor: Koexistenz im Krieg. Staatszerfall und Entstehen einer Nation im Libanon. Baden-Baden 1990.
Harris, William: Faces of Lebanon. 2 Aufl., Princeton 1999.
Hazin, Farid al-: The Breakdown of the State of Lebanon, 1967-1976. London 2000.
Hinnebusch, Raymond A.: Pax-Syriana? The Origins, Causes and Consequences of Syria's Role in Lebanon. In: Mediterranean Politics, London, 3 (Summer 1998) 1, S. 137-160.
Hof, Frederic C.: A Practical Line. The Line of Withdrawal from Lebanon and its Potential Applicability to the Golan Heights. In: The Middle East Journal, Washington, 55 (Winter 2001) 1, S. 25-42.
Khalidi, Walid: Conflict and Violence in Lebanon. Confrontation in the Middle East. Cambridge 1979.
Khalifa, Bassem: The Rise and Fall of Christian Lebanon. New York.
Munro, John M.: A Mutual Concern. The Story of the American University of Beirut. New York 1977.
O'Ballance, Edgar: Civil War in Lebanon 1975-1992. New York 1998.
Perthes, Volker: Vom Harirismus zur Ära Lahoud. A Tale of Two Regimes. In: Inamo, Berlin, 5 (Winter 1999) 20, S. 29-34.
Rabinovich, Itamar: The War of Lebanon 1970-1983. Ithaca 1984.
Ranstorp, Magnus: Hizb'Allah in Lebanon. The Politics of the Western Hostage Crisis. New York 1997.
Rieck, Andreas: Libanon 1999. In: Deutsches Orient-Institut (Hg.): Nahost Jahrbuch 1999, Opladen 2000, S. 108-113.
Rosiny, Stephan: Islamismus bei den Schiiten im Libanon. Religion im Übergang von Tradition zur Moderne. Berlin 1996.
Salam, Nawaf/Sassine, Farès: Liban – Le Siècle en Images. Beirut 1999.
Salem, Elie: Violence and Diplomacy in Lebanon. The Troubled Years 1982-1988. London 1995.
Salibi, Kamal: The Modern History of Lebanon. London 1968.
Salibi, Kamal: Crossroads to Civil War. Lebanon 1958-1976. New York 1976.
Salibi, Kamal: A House of Many Mansions. The History of Lebanon Reconsidered. Berkeley 1989.

Schnittger, Otto: Der Libanon im Kreuzfeuer. Eine Zeittafel. Berlin 1993.
Strübig, Heinrich/Bernstein, Michael: In der Hölle des Libanon. 1128 Tage als Geiseln lebendig begraben. Konstanz 1994.
Winslow, Charles: Lebanon. War and Politics in a Fragmented Society. London 1996.
Zamir, Meir: The Formation of Modern Lebanon. London 1985.

29. Jordanien

Abu-Odeh, Adnan: Jordanians, Palestinians, and the Hashemite Kingdom in the Middle East Peace Process. London/Washington 1999.
Andoni, Lamis: King Abdallah. In his Father's Footsteps? In: Journal of Palestine Studies, Berkeley, 29 (Spring 2000) 3/115, S.77-89.
Brand, Laurie: Palestinians and Jordanians – A Crisis of Identity. In: Journal of Palestine Studies, Berkeley, 24 (Summer 1995) 4/96, S. 46-61.
Dallas, Roland: König Hussein. Überleben zwischen Krieg und Krisen. Düsseldorf 2000.
Dann, Uriel: King Hussein and the Challenge of Arab Radicalism. Jordan 1955-1967. Oxford 1989.
Dieterich, Renate: Transformation oder Stagnation? Die jordanische Demokratisierungspolitik seit 1989. Deutsches Orient-Institut, Hamburg 1999.
Duclos, Louis-Jean: La Jordanie à l'Heure de la Succession. La Succession du Roi Hussein. In: Monde Arabe/Maghreb-Machrek, Paris (Avril-Juin 1999) 164, S. 117-122.
Fathi, Schirin: Jordan – An Invented Nation? Deutsches Orient-Institut, Hamburg 1994.
Franz, Erhard: Jordanien 1999. In: Deutsches Orient-Institut (Hg.): Nahost Jahrbuch 1999, Opladen 2000, S. 102-107.
Jones, Adam: Jordan – Press, Regime, and Society since 1989. Vancouver 1999.
Köndgen, Olaf: Jordanien. München 1999.
Koszinowski, Thomas: Abdallah Ibn al-Husain. König von Jordanien. In: Orient, Opladen, 40 (September 1999) 3, S. 363-368.

Lukacs, Yehuda: Israel, Jordan and the Peace Process. Syracuse 1997.
Salibi, Kamal: The Modern History of Jordan. Erw. Aufl., London 1998.
Senfft, Alexandra: Die gegenwärtige Situation der Presse in Jordanien. Deutsches Orient-Institut, Hamburg 1989.
Shlaim, Avi: The Politics of Partition. King Abdullah, the Zionists and Palestine 1921-1951. Oxford 1990.
Wilson, Mary C.: King Abdullah, Britain and the Making of Jordan. Cambridge 1987.

30. Syrien

Biegel, Reiner: Syrien – Machterhalt im Hause Assad trotz Veränderungen? In: KAS-Auslandsinformationen, St. Augustin, 16 (2000) 2, S. 37-65.
Choueiri, Youssef M. (Hg.): State and Society in Syria and Lebanon 1919-1991. New York 1994.
Dam, Nikolaos van: The Struggle for Power in Syria. Sectarianism, Regionalism and Tribalism in Politics 1961-1980. London 1981.
Heydemann, Steven: Authoritarianism in Syria. Institutions and Social Conflict 1946-1970. Ithaca 1999.
Ibrahim, Ferhad: Syrien nach Hafiz al-Assad. Zwischen Kontinuität und Wandel. In: Aus Politik und Zeitgeschichte, Bonn, B 49/00, 1. Dezember 2000, S. 22-30.
Kessler, Martha Neff.: Syria – Fragile Mosaic of Power. Collingdale 1995.
Kienle, Eberhard: Contemporary Syria. Liberalization Between Cold War and Peace. London 1997.
Klaff, René: Konfliktstrukturen und Außenpolitik im Nahen Osten. Das Beispiel Syrien. Berlin 1993.
Koszinowski, Thomas: Syrien 1999. In: Deutsches Orient-Institut (Hg.): Nahost Jahrbuch 1999, Opladen 2000, S. 152-157.
Koszinowski, Thomas: Bashar al-Asad. Präsident Syriens. In: Orient, Opladen, 41 (September 2000) 3, S. 363-373.
Lawson, Fred H.: Why Syria Goes to War. Thirty Years of Confrontation. Ithaca 1996.

Ma'oz, Moshe/Yaniv, Avner: Syria under Assad. Domestic Constraints and Regional Risks. London 1986.
Martin, Josh: Syria – Let the Reforms Begin. In: The Middle East, London, Nr. 310, März 2001, S. 29-30.
Perthes, Volker: The Political Economy of Syria under Asad. London/New York 1995.
Perthes, Volker (Hg.): Scenarios for Syria. Socio-Economic and Political Choices. Stiftung Wissenschaft und Politik, Ebenhausen/Baden-Baden 1998.
Perthes, Volker: Syrie – Le Plus Gros Pari d'Assad. In: Politique Internationale, Paris (Printemps 2000) 87, S. 177-192.
Pipes, Daniel: Greater Syria. The History of an Ambition. Oxford 1990.
Quilliam, Neil: Syria and the New World Order. Reading 1999.
Schweizer, Gerhard: Syrien – Religion und Politik im Nahen Osten. Stuttgart 1998.
Seale, Patrick: The Struggle for Power in Syria. New Haven 1987.
Seale, Patrick: Asad of Syria. The Struggle for the Middle East. London 1988.
Simon, Steven: Après Hafez El-Assad. In: Politique Internationale, Paris (Eté 2000) 88, S. 39-56.
Zisser, Eyal: The Alawis, Lords of Syria. From Ethnic Minority to Ruling Sect. In: Bengio, Ofra (Hg.): Minorities and the State in the Arab World, Boulder 1999, S. 129-145.
Zisser, Eyal: Asad's Legacy. Syria in Transition. London 2001.

31. Islam/Islamismus

Abdullah, Muhammad Salim: Was will der Islam in Deutschland? Gütersloh 1993.
Abu Zaid, Nasr Hamid: Islam und Politik. Kritik des religiösen Diskurses. Frankfurt/M. 1996.
Abu Zaid, Nasr Hamid: Ein Leben mit dem Islam. Freiburg 1999.
Ahmed, Akbar S.: Islam Today. A Short Introduction to the Muslim World. London/ New York 1999.
Arkoun, Mohammed: Der Islam. Annäherung an eine Religion. Heidelberg 1999.

Azmeh, Aziz Al-: Die Islamisierung des Islam. Imaginäre Welten einer politischen Theologie. Frankfurt/M. 1996.

Büttner, Friedemann/Scholz, Fred: Islamisch-orientalische Welt – Kulturtradition und Unterentwicklung. In: Nohlen, Dieter/ Nuscheler, Franz (Hg.): Handbuch der Dritten Welt. Nordafrika und Naher Osten (Bd. 6), Bonn 1993, S. 16-66.

Büttner, Friedemann: Der fundamentalistische Impuls und die Herausforderung der Moderne. In: Leviathan, Opladen, 24 (Dezember 1996) 4, S. 469-492.

Burgmer, Christoph (Hg.): Der Islam. Eine Einführung durch Experten. Mainz/Frankfurt/M. 1996.

Courbage, Youssef/Fargues, Philippe: Christians and Jews under Islam. London 1997.

Dekmejian, R. Hrair: Islam in Revolution. Fundamentalism in the Arab World. 2. Aufl., Syracuse 1995.

Ende, Werner/Steinbach, Udo (Hg.): Der Islam in der Gegenwart. 3. Aufl., München 1991.

Esposito, John L.: Islam and Politics. Syracuse 1991.

Hafez, Kai (Hg.): Der Islam und der Westen. Anstiftung zum Dialog. Frankfurt/M. 1997.

Halliday, Fred: Islam and the Myth of Confrontation. Religion and Politics in the Middle East. London/New York 1995.

Halm, Heinz: Der schiitische Islam. Von der Religion zur Revolution. München 1994.

Halm, Heinz: Der Islam. Geschichte und Gegenwart. München 2000.

Heller, Erdmute/Hassouna, Mosbahi (Hg.): Islam, Demokratie, Moderne. Aktuelle Antworten arabischer Denker. München 1998.

Hippler, Jochen/Lueg, Andrea: Feindbild Islam. Hamburg 1993.

Hottinger, Arnold: Islamischer Fundamentalismus. Paderborn/ München 1993.

Hourani, Albert: Der Islam im europäischen Denken. Frankfurt/ M. 1994.

Kepel, Gilles: Allah im Westen. Die Demokratie und die islamische Herausforderung. München 1996.

Khoury, Adel Theodor/Hagemann, Ludwig/Heine, Peter: Islam-Lexikon. Geschichte, Ideen, Gestalten (3 Bde). Freiburg 1991.

Khoury, Raif Georges: Der Islam. Religion, Kultur, Geschichte. Mannheim 1993.

Klemm, Verena/Hörner, Karin (Hg.): Das Schwert des »Experten«. Peter Scholl-Latours verzerrtes Araber- und Islambild. Heidelberg 1993.

Krämer, Gudrun: Gottes Staat als Republik. Reflexionen zeitgenössischer Muslime zu Islam, Menschenrechten und Demokratie. Baden-Baden 1999.

Kreiser, Klaus/Wielandt, Rotraud (Hg.): Lexikon der Islamischen Welt. Überarb. Neuaufl., Stuttgart 1992.

Lewis, Bernard: Der Atem Allahs. Die Islamische Welt und der Westen – Kampf der Kulturen? München 1994.

Lohlker, Rüdiger: Cybermoschee – Islam im Internet. In: Orient, Opladen, 39 (Juni 1998) 2, S. 205-218.

Lohlker, Rüdiger: Cyberpolitik – Islamische politische Organisationen im Internet. In: Orient, Opladen, 40 (Juni 1999) 2, S. 195-209.

Lüders, Michael (Hg.): Der Islam im Aufbruch? Perspektiven der arabischen Welt. München 1992.

Medienprojekt Tübinger Religionswissenschaft (Hg.): Der Islam in den Medien. Gütersloh 1994.

Rotter, Gernot (Hg.): Die Welten des Islam. Neunundzwanzig Vorschläge, das Unvertraute zu verstehen. Frankfurt/M. 1993.

Schimmel, Annemarie: Der Islam. Eine Einführung. Stuttgart 1990.

Schimmel, Annemarie: Die Zeichen Gottes. Die religiöse Welt des Islam. München 1995.

Schulze, Reinhard: Islamischer Internationalismus im 20. Jahrhundert. Leiden 1990.

Schulze, Reinhard: Geschichte der Islamischen Welt im 20. Jahrhundert. München 1994.

The Encyclopaedia of Islam. CD-ROM Edition, Leiden 1999.

Tibi, Bassam: Der wahre Imam. Der Islam von Mohammed bis zur Gegenwart. München 1996.

Tibi, Bassam: Der Islam und Deutschland. Muslime in Deutschland. Stuttgart/München 2000.

32. Judentum

Ben-Sasson, Haim Hillel: Geschichte des jüdischen Volkes. Von den Anfängen bis zur Gegenwart. München 1995.
Eban, Abba: Dies ist mein Volk. Die Geschichte der Juden. München/Zürich 1970.
Goldman, Nahum: Mein Leben. USA, Europa, Israel (2. Band der Autobiographie). München/Wien 1981.
Katz, J.: Zwischen Messianismus und Zionismus. Zur jüdischen Sozialgeschichte. München 1993.
Schoeps, Julius H. (Hg.): Neues Lexikon des Judentums. Überarb. Aufl., Gütersloh 2000.
Shahak, Israel: Jüdische Geschichte, Jüdische Religion. Der Einfluß von 3000 Jahren. Süderbrarup 1998.
Strauss, Herbert A./Kampe, Norbert: Antisemitismus. Von der Judenfeindschaft zum Holocaust. Frankfurt/M. 1985.
Wigoder, Geoffrey: Dictionary of Jewish Biography. Jerusalem/New York 1991.

33. Christentum im Nahen Osten

Bechmann, Ulrike/Raheb, Mitri (Hg.): Verwurzelt im Heiligen Land. Einführung in das palästinensische Christentum. Frankfurt/M. 1995.
Butzkamm, Aloys (Hg.): Wer glaubt was? Religionsgemeinschaften im Heiligen Land. Paderborn 1998.
Courbage, Youssef/Fargues, Philippe: Christians and Jews under Islam. London/New York 1997.
Deriev, Alexander: Who Is Who in the Churches of Jerusalem. Jerusalem 1998.
Evangelisches Missionswerk/Inamo/Flores, Alexander (Hg.): Die Zukunft der orientalischen Christen. Eine Debatte im Mittleren Osten. Hamburg 2001.
Koltermann, Ulrike: Päpste und Palästina. Die Nahostpolitik des Vatikans von 1947 bis 1997. Münster 2001.
Mukarker, Faten: Leben zwischen Grenzen. Eine christliche Palästinenserin berichtet. Karlsruhe 1998.

Raheb, Mitri: Ich bin Christ und Palästinenser. Israel, seine Nachbarn und die Bibel. Gütersloh 1994.

Raheb, Mitri/Strickert, Fred: Bethlehem 2000. Eine Stadt zwischen den Zeiten. Heidelberg 1998.

Wagner, Donald E.: Dying in the Land of Promise. Palestine and Palestinian Christianity from Pentecost to 2000. London 2001.

34. Kurden/Kurdistan

Aziz, Namo: Kurdistan – Menschen, Geschichte, Kultur. Nürnberg 1992.

Aziz, Namo: Kurdistan und die Probleme um Öcalan. München 1999.

Chaliand, Gérard: Le Malheur Kurde. Paris 1992.

Cürükkaya, Selim: PKK – Die Diktatur des Abdullah Öcalan. Frankfurt/M. 1997.

Dietert-Scheuer, Amke/Cremer, Jan (Hg.): Kurden im Mittleren Osten. Eine systematische Auswahlbibliographie. Deutsches Übersee-Institut, Übersee-Dokumentation, Referat Vorderer Orient, Hamburg 1999.

Gürbey, Gülistan: Die Europäisierung des Kurdenkonflikts. In: Blätter für deutsche und internationale Politik, Bonn, 44 (April 1999) 4, S. 404-407.

Hansen, Gerda: Die Lage der Kurden. Literatur seit 1985. Dokumentationsdienst Vorderer Orient, Hamburg 1991.

Nirumand, Bahman (Hg.): Die kurdische Tragödie. Die Kurden – Verfolgt im eigenen Land. Reinbek bei Hamburg 1991.

Picard, Elizabeth: Les Kurdes et l'Autodetermination. Une Problématique Legitime a l'Epreuve de Dynamiques Sociales. In: Revue Française de Science Politique, Paris, 49 (Juin 1999) 3, S. 421-441.

Sahin, Mehmet: Türkei – Kurdistan. Eine Reise in die jüngste Vergangenheit. Köln 1999.

Schmidt, Lissy (Milena Ergen): Wie teuer ist die Freiheit? Reportagen aus der selbstverwalteten kurdischen Region 1991-1993. Köln 1994.

35. Golfkrieg

Bathke, Peter: Internationale und regionale Wirkungen des zweiten Golfkrieges. In: Wöhlert, Thorsten/Türpe, Andrée (Hg.): Modellfall Golfkrieg? Institut für Friedens- und Konfliktforschung, Berlin 1991, S. 73-91.
Bulloch, John/Morris, Harvey: Saddams Krieg. Reinbek bei Hamburg 1991.
Clark, Ramsey: Wüstensturm – US-Kriegsverbrechen am Golf. Göttingen 1993.
Diner, Dan: Der Krieg der Erinnerungen und die Ordnung der Welt. Berlin 1991.
Krämer, Gudrun: Die Golfkrise und das arabische Staatensystem. In: Landeszentrale für Politische Bildung (Hg.): Die Golfregion in der Weltpolitik, Der Bürger im Staat, Stuttgart, 41 (1991) 1, S. 3-6.
Massarrat, Mohssen: Der Golfkrieg. Historische, politische, ökonomische und kulturelle Hintergründe. In: Stein, Georg (Hg.): Nachgedanken zum Golfkrieg, Heidelberg 1991, S. 22-57.
Mattes, Norbert (Hg.): »Wir sind die Herren und ihr unsere Schuhputzer!« Der Nahe Osten vor und nach dem Golfkrieg. Frankfurt/M. 1991.
Otto, Ingeborg/Schmidt-Dumont, Marianne: Der Golfkrieg (1990/91). Eine Auswahlbibliographie. Deutsches Übersee-Institut, Übersee-Dokumentation, Referat Vorderer Orient, Hamburg 1992.
Salinger, Pierre/Laurent, Eric: Krieg am Golf. Das Geheimdossier. München/Wien 1991.
Schmid, Claudia: Golfkrise und Nahostkonflikt. In: Landeszentrale für Politische Bildung (Hg.): Die Golfregion in der Weltpolitik, Der Bürger im Staat, Stuttgart, 41 (1991) 1, S. 56-60.
Stein, Georg (Hg.): Nachgedanken zum Golfkrieg. Heidelberg 1991.
Wöhlert, Thorsten/Türpe, Andrée (Hg.): Modellfall Golfkrieg? Institut für Friedens- und Konfliktforschung, Berlin 1991.

36. USA und Sowjetunion (Rußland) im Nahostkonflikt

Baker, James: The Politics of Diplomacy. Revolution, War and Peace 1989-1992. New York 1995.

Bar-On, Mordechai: Conquering the Wasteland. In: Palestine-Israel Journal, Jerusalem, 3 (1996) 2, S. 13-24.

Chomsky, Noam: Fateful Triangle. The United States, Israel, and the Palestinians. Erw. Aufl., London 1999.

Christison, Kathleen: Splitting the Difference. The Palestinian-Israeli Policy of James Baker. In: Journal of Palestine Studies, Berkeley, 24 (Autumn 1994) 1/93, S. 39-49.

Christison, Kathleen: Gefesselte eines Bezugsrahmens, Teil I und II: Die Politik der Vereinigten Staaten und die Palästinenser. In: Israel und Palästina, Düsseldorf, Sonderheft, Nr. 55 (1999), S. 5-38.

Cordesman, Anthony H.: The One True U.S. Strategic Interest in the Middle East: Energy. In: Middle East Policy, Washington, 8 (March 2001) 1, S. 117-127.

Dahmer, Kerstin: Die Nahostpolitik. In: Czempiel, Ernst-Otto (Hg.): Die Weltpolitik der USA unter Clinton. Eine Bilanz des ersten Jahres. Hessische Stiftung Friedens- und Konfliktforschung, Report, Nr. 1-2, Frankfurt/M. 1994, S. 42-57.

Deutsch-Israelischer Arbeitskreis für Frieden im Nahen Osten (Hg.): Israel und die USA. Eine strategische Partnerschaft und ihr kulturelles Fundament. Israel und Palästina, Düsseldorf, Themenheft, Nr. 53 (1998).

Deutsch-Israelischer Arbeitskreis für Frieden im Nahen Osten (Hg.): Clinton-Eckpunkte, Taba-Verhandlungen und die neue US-Administration. Israel und Palästina, Düsseldorf, Themenheft, Nr. 63 (2001).

Gresh, Alain: Report from Moscow. Russia's Return to the Middle East. In: Journal of Palestine Studies, Berkeley, 28 (Autumn 1998) 1/109, S. 67-77.

Hacke, Christian: Amerikanische Nahost-Politik. Kontinuität und Wandel von Nixon bis Reagan. München/Wien 1985.

Hacke, Christian: Die Politik der Clinton-Regierung im Nahen und Mittleren Osten. In: Aus Politik und Zeitgeschichte, Bonn, B 49/00, 1. Dezember 2000, S. 13-18.

Heikal, Mohamed: Sphinx und Kommissar. Der sowjetische Einfluß in der arabischen Welt. Frankfurt/Berlin/Wien 1980.

Hoch, Martin: USA, Sowjetunion/Rußland und die Europäische Union im arabisch-israelischen Friedensprozeß. In: Johannsen, Margret/Schmid, Claudia (Hg.): Wege aus dem Labyrinth? Friedenssuche in Nahost. Stationen, Akteure, Probleme des nahöstlichen Friedensprozesses, Baden-Baden 1997, S. 64-76.

Hubel, Helmut: Von der Konkurrenz zum Dialog. Die USA und die Sowjetunion im Palästinakonflikt. In: Der Überblick, Hamburg (1991) 2, S. 66-68.

Hubel, Helmut/Kaim, Markus/Lembcke, Oliver: Pax Americana im Nahen Osten. Eine Studie zur Transformation regionaler Ordnungen. Baden-Baden 2000.

Hudson, Michael: The Clinton Administration and the Middle East. Squandering the Inheritance? In: Current History, Philadelphia, 93 (1994) 580, S. 49-54.

Indyk, Martin S.: United States Policy Toward the Middle East. Department of State, Washington 1999.

Joffé, E. G. H.: Relations Between the Middle East and the West. In: Middle East Journal, Washington, 48 (Spring 1994) 2, S. 250-267.

Kriesberg, Louis: International Conflict Resolution. The US-USSR and Middle East Cases. New Haven 1992.

Lewis, Samuel W.: The United States and Israel. Evolution of an Unwritten Alliance. In: The Middle East Journal, Washington, 53 (Summer 1999) 3, S. 364-378.

Marr, Phebe: The United States, Europe and the Middle East. An Uneasy Triangle. In: Middle East Journal, Washington, 48 (Spring 1994) 2, S. 212-225.

Nizameddin, Talal: Russia and the Middle East. Towards a New Foreign Policy. London 1999.

Olson, Robert K.: Partners in the Peace Process. The United States and Europe. In: Journal of Palestine Studies, Berkeley, 26 (Summer 1997) 4/104, S. 78-89.

Peretz, Don: Die Wurzeln der amerikanischen Unterstützung für Israel. In: Israel und Palästina, Düsseldorf, Sonderheft, Nr. 53 (1998), S. 4-10.

Quandt, William B.: Peace Process. American Diplomacy and the Arab-Israeli Conflict Since 1967. The Brookings Institution, Washington 1993.

Quandt, William B.: Bill Clinton et la Paix Israélo-Arabe. In: Politique Etrangère, Paris, 63 (Printemps 1998) 1, S. 9-18.

Quandt, William B.: Clinton and the Arab-Israeli Conflict. The Limits of Incrementalism. In: Journal of Palestine Studies, Berkeley, 30 (Winter 2001) 2/118, S. 26-40.

Rabie, Mohamed: The U.S.-PLO Dialogue. The Swedish Connection. In: Journal of Palestine Studies, Berkeley, 21 (Summer 1992) 4/84, S. 54-66.

Rabie, Mohamed: The U.S.-PLO Dialogue. Secret Diplomacy and Conflict Resolution. Gainesville 1995.

Rath, Ari: Washingtons Rolle im Nahen Osten verändert sich. In: Israel und Palästina, Düsseldorf, Sonderheft, Nr. 53 (1998), S. 19-38.

Rynhold, Jonathan: Israeli-American Relations and the Peace Process. In: Middle East Review of International Affairs, Ramat Gan, 4 (June 2000) 2, S. 1-16.

Sapper, Manfred: Großmachtpolitik ohne Großmachtressourcen. Rußlands Irak- und Nahostpolitik. Hessische Stiftung Friedens- und Konfliktforschung, Frankfurt/M. 1999.

Stein, Kenneth W.: Die Rolle der Vereinigten Staaten im Nahost-Friedensprozeß. Perspektiven für die Regierung Clinton. In: Europa-Archiv, Bonn, 48 (25. Januar 1993) 2, S. 41-48.

Watzal, Ludwig: Hilfreiche Konkurrenz? Die Nahost-Politik der USA und der EU im Vergleich. In: Volle, Angelika/Weidenfeld, Werner (Hg.): Frieden im Nahen Osten? Chancen, Gefahren, Perspektiven, Bonn 1997, S. 93-98.

37. Europa im Nahostkonflikt

Asseburg, Muriel/Perthes,Volker (Hg.): The European Union and the Palestinian Authority. Recommendations for a New Policy. Stiftung Wissenschaft und Politik, Ebenhausen 1998.

Corm, Georges: Europa und der Nahe Osten. Modernisierung oder Barbarei? Bad Honnef 1997.

Hetzke, Ekkehard (Hg.): Die Europäische Union und der Friedensprozeß im Nahen Osten. Sicherheitspolitische Chancen und Herausforderungen. Bundesakademie für Sicherheitspolitik, Berlin 1995.

Meiering, Gregor/Behrendt, Sven: Europa und der Nahe Osten. Konferenzberichte zum Projekt der Bertelsmann Stiftung 1995. In: Orient, Opladen, 37 (Juni 1996) 2, S. 223-234.

Paasivirta, Esa: EU Trading with Israel and Palestine. Parallel Legal Frameworks and Triangular Issues. In: European Foreign Affairs Review, London, 4 (Autumn 1999) 3, S. 305-326.

Primor, Avi: Der Friedensprozeß im Nahen Osten und die Rolle der Europäischen Union. Zentrum für Europäische Integrationsforschung, Bonn 1998.

Shtayyeh, Mohammed (Hg.): Palestine and the European Union. A Partnership for Peace and Economic Development. Proceedings of a Conference, Ramallah, October 1998. Palestinian Center for Regional Studies, Jerusalem 1999.

Stein, Kenneth W.: Transatlantische Partnerschaft im Nahen Osten? Europa und die USA müssen aktiver werden. In: Internationale Politik, Bonn, 51 (September 1996) 9, S. 33-39.

Zöpel, Christoph: Konzepte für eine gemeinsame Sicherheit und für die Zusammenarbeit zwischen Europa und dem Nahen und Mittleren Osten. In: Emig, Julia (Hg.): Sicherheit und Zusammenarbeit zwischen Europa und dem Nahen und Mittleren Osten. Friedrich Ebert Stiftung, Tunis 1998, S. 27-36.

Yorke, Valerie: The European Union and the Israeli-Palestinian Peace Process. London 1999.

38. Deutschland im Nahostkonflikt

Auswärtiges Amt (Hg.): Kompendium der deutsch-arabischen Beziehungen. Bonn 1994.

Chubin, Shahram (Hg.): Germany and the Middle East. Patterns and Prospects. London 1992.

Dachs, Gisela (Hg.): Deutsche, Israelis und Palästinenser. Ein schwieriges Verhältnis. Heidelberg 1999.

Dagan, Daniel: Die über uns. Deutschland und das Fremde. Berlin 1993.

Deutsch-Arabische Gesellschaft (Hg.): Festschrift zum 30jährigen Bestehen der Deutsch-Arabischen Gesellschaft, 1966-1996. Frankfurt/M. 1996.

Deutsches Übersee-Institut, Übersee-Dokumentation (Hg.): Kompendium der deutsch-israelischen Beziehungen. Hamburg 1995.

Deutschkron, Inge: Israel und die Deutschen. Das besondere Verhältnis. Köln 1983.

Giordano, Ralph (Hg.): Deutschland und Israel – Solidarität in der Bewährung. Bilanz und Perspektive der deutsch-israelischen Beziehungen. Gerlingen 1992.

Jaeger, Kinan: Quadratur des Kreises. Die deutsch-israelischen Beziehungen und die Palästinenser. Schriftenreihe des Deutsch-Israelischen Arbeitskreises für Frieden im Nahen Osten, Bd. 27, Schwalbach/Ts. 1997.

Jaeger, Kinan: Grundzüge deutsch-deutscher Palästina-Politik seit 1967. In: Palästina Journal, Berlin (März 2000) 42, S.15-16.

Jaeger, Kinan: Der »Staat Palästina«. Herausforderungen deutscher Außenpolitik. In: Aus Politik und Zeitgeschichte, Bonn, B 49/00, 1. Dezember 2000, S. 31-38.

Kaiser, Karl/Steinbach, Udo (Hg.): Deutsch-Arabische Beziehungen. Bestimmungsfaktoren und Probleme einer Neuorientierung. München/ Wien 1981.

Kloke, Martin W.: Israel und die deutsche Linke. Zur Geschichte eines schwierigen Verhältnisses. Schriftenreihe des Deutsch-Israelischen Arbeitskreises für Frieden im Nahen Osten, Bd. 20, Frankfurt/M. 1990.

Kobler, Martin: Ein deutscher Beitrag zur Friedenskonsolidierung. Drei Jahre Vertretung in Jericho. In: Vereinte Nationen, Baden-Baden, 45 (Dezember 1997) 6, S. 214-218.
Möllemann, Jürgen W.: Defizite in der Nahostpolitik. Deutschland und die EU müssen neue Impulse geben. In: Liberal, St. Augustin, 43 (März 2001) 1, S. 43-47.
Neustadt, Amnon: Die deutsch-israelischen Beziehungen im Schatten der EG-Nahostpolitik. Frankfurt/M. 1983.
Polkehn, Klaus: Die DDR und Palästina. In: Aus Politik und Zeitgeschichte, Bonn, B 38/99, 17. September 1999, S. 32-39.
Poschinger, Georg: Der Palästina-Konflikt, unsere Medien und wir. Frankfurt/M. 1992.
Primor, Avi: »...mit Ausnahme Deutschlands«. Als Botschafter Israels in Bonn. Berlin 1997.
Renger, Reinhard (Hg.): Die deutsche »Linke« und der Staat Israel. Leipzig 1994.
Schmitt, Karl (Hg.): Israel in den neunziger Jahren und die deutsch-israelischen Beziehungen. Jena 1996.
Schumacher, Jörg: Die auswärtige Kulturpolitik der Bundesrepublik Deutschland am Beispiel des Nahen Ostens 1949-69. Magisterarbeit, Universität Köln 2000.
Schwanitz, Wolfgang (Hg.): Jenseits der Legenden. Araber, Juden, Deutsche. Berlin 1994.
Shanneik, Ghazi (Hg.): Die Beziehungen zwischen der Bundesrepublik Deutschland und dem Haschemitischen Königreich Jordanien. Bonn o.J.
Steinbach, Udo: Der Nahe Osten in der deutschen Außenpolitik. Bonn auf der Suche nach einem Konzept. In: Aus Politik und Zeitgeschichte, Bonn, B 12/98, 13. März 1998, S. 25-38.
Timm, Angelika: Hammer, Zirkel, Davidstern. Das gestörte Verhältnis der DDR zu Zionismus und Staat Israel. Bonn 1997.
Weitz, Yehiam: Ben-Gurions Weg zum »anderen Deutschland« 1952-1963. In: Vierteljahrshefte für Zeitgeschichte, München, 48 (April 2000) 2, S. 255-279.

39. UN (Vereinte Nationen) im Nahost-konflikt

Gollner, Charmaine: Die Verlegung der UNRWA von Wien in den Gazastreifen aus personalpolitischer Sicht. Diplomarbeit, Wirtschaftsuniversität, Wien 1996.

Hansen, Peter: Wechsel nach Gaza als neue Herausforderung. Die UNRWA und der Friedensprozeß im Nahen Osten. In: Vereinte Nationen, Baden-Baden, 45 (Dezember 1997) 6, S. 208-214.

Harttung, Arnold (Hg.): Die VN-Resolutionen zum Nahost-Konflikt (2 Bde). Berlin 1978/1991.

Husseini, Jalal al-: UNRWA and the Palestinian Nation-Building Process. In: Journal of Palestine Studies, Berkeley, 29 (Winter 2000) 2/114, S. 51-64.

Laugen, Torunn: The World Bank and the UN in the Occupied Territories. In: Security Dialogue, London, 29 (March 1998) 1, S. 63-77.

40. Forschungseinrichtungen/Directories/ Bibliographien/Dokumente

Aman, Mohammed: Arab Periodicals and Serials. A Subject Bibliography. New York/ London 1979.

Alternative Information Center (Hg.): Palestine/Israel Directory. A Giude to Independent Palestinian and Israeli Initiatives for Human Rights, Women Rights, Social and Economic Justice, Peace and Cooperation, Palestinian and Israeli Authorities and Official Institutions. 4. erw. Aufl., Jerusalem 1996.

Arabisch-Islamisches Biographisches Archiv. Microfiche-Edition. München.

Arbeitskreis Moderne und Islam (Hg.): Bestandsaufnahme: Kultur- und sozialwissenschaftliche Forschung über die muslimische Welt in der Bundesrepublik Deutschland. Deutsches Orient-Institut, Hamburg 1999.

Documents and Source Material. In: Journal of Palestine Studies, Berkeley (erscheint vierteljährlich seit 1971).

Dokumentationsdienst Vorderer Orient: Ausgewählte neuere Literatur. Deutsches Übersee-Institut, Übersee-Dokumentation, Referat Vorderer Orient, Hamburg (erscheint vierteljährlich seit 1969).

Dokumente zu den Entwicklungen im Nahen Osten. In: Internationale Politik, Bonn, 55 (November 2000) 11, S. 80-122.

Gebhardt, Marion: Institutionen der gegenwartsbezogenen Orient-Forschung und -Information in der Bundesrepublik Deutschland und Berlin (West). Forschungsinstitute, Bibliotheken, Dokumentationsstellen und Archive. Dokumentationsdienst Vorderer Orient, Hamburg 1991.

Geddes, Charles L. (Hg.): A Documentary History of the Arab-Israeli Conflict. New York/Westport/London 1991.

Gost, Roswitha: Directory of Near and Middle East and North Africa Research Institutions in Western Europe (Except Federal Republic of Germany). Bielefeld/Hamburg 1993.

Hansen, Gerda: Palästina auf dem Weg zur Eigenstaatlichkeit. Literatur und Internetressourcen zur politischen, wirtschaftlichen und gesellschaftlichen Entwicklung seit Oslo. Deutsches Übersee-Institut, Übersee-Dokumentation, Referat Vorderer Orient, Hamburg 1999.

Hartmann, Angelika/Schliephake, Konrad (Hg.): Angewandte interdisziplinäre Orientforschung. Stand und Perspektiven im westlichen und östlichen Deutschland. Deutsches Orient-Institut, Hamburg 1991.

Laqueur, Walter/Rubin, Barry (Hg.): The Israel-Arab Reader. A Documentary History of the Middle East Conflict. 5. erw. Aufl., London 1995.

Rudolph, Ekkehard: Bestandsaufnahme. Kultur- und sozialwissenschaftliche Forschung über die muslimische Welt in der Bundesrepublik Deutschland. Deutsches Orient-Institut, Hamburg 1999.

Simon, Reeva: The Modern Middle East. A Guide to Research Tools in the Social Sciences. Boulder 1978.

41. Zeitschriftenverzeichnis

Die hier aufgeführten Zeitschriften befinden sich teilweise mit ihrer Website auch im Webguide.

1. Deutschland

Afrika-Jahrbuch, Opladen
ai-Journal, Amnesty International, Bonn
Allgemeine Jüdische Wochenzeitung, Berlin
Al-Liqa Al-Arabi Magazin, Berlin
Asien Afrika Lateinamerika, Berlin
Außenpolitik, Hamburg
Aus Politik und Zeitgeschichte, Bundeszentrale für politische Bildung, Bonn
Blätter des iz3W, Informationszentrum Dritte Welt, Freiburg
Blätter für deutsche und internationale Politik, Bonn
CIBEDO, Beiträge zum Gespräch zwischen Christen und Muslimen, Frankfurt
Der Arabische Almanach, Zeitschrift für orientalische Kultur, Berlin
Der Islam, Hamburg
Der Spiegel, Hamburg
Der Überblick, Arbeitsgemeinschaft Kirchlicher Entwicklungsdienst, Hamburg
Die Welt des Islams, Bonn
Die Zeit, Hamburg
DIG Magazin, Deutsch-Israelische Gesellschaft, Berlin
Europa-Archiv, Bonn (heißt seit 1995 Internationale Politik)
Friedensforum, Rundbrief der Friedenbewegung, Bonn
Geheim, Köln
Geographische Rundschau, Braunschweig
Hannoversche Studien über den Mittleren Osten, Hannover
Im Lande der Bibel, Berliner Missionswerk der Evangelischen Kirche in Berlin/Brandenburg im Zusammenwirken mit dem Jerusalemsverein, Berlin
Inamo, Informationsprojekt Naher und Mittlerer Osten, Berlin (vormals Erlangen)

Informationsbulletin Kurdistan, Köln
Internationale Politik, Deutsche Gesellschaft für Auswärtige Politik, Bonn (vormals Europa-Archiv)
Internationale Politik und Gesellschaft, Friedrich-Ebert-Stiftung, Bonn
Israel und Palästina, Deutsch-Israelischer Arbeitskreis für Frieden im Nahen Osten, Düsseldorf (vormals Edenkoben)
Jahrbuch Frieden, Köln
Jahrbuch für internationale Sicherheitspolitik, Hamburg
Jahrbuch Internationale Politik, Forschungsinstitut der Deutschen Gesellschaft für Auswärtige Politik, München
KAS-Auslandsinformationen, Konrad-Adenauer-Stiftung, St. Augustin
Kommune; Forum für Politik, Ökonomie, Kultur; Frankfurt
Konkret, Hamburg
Le Monde Diplomatique (Deutsche Ausgabe), Berlin
Nahost Jahrbuch, Deutsches Orient-Institut, Hamburg
Orient, Deutsches Orient-Institut, Hamburg
Orient Journal, Deutsches Orient-Institut, Hamburg
Orientalistische Literaturzeitung, Berlin
Palästina, Informationsstelle Palästina, Bonn (heute Palästinensische Generaldelegation)
Palästina Bulletin, Informationsstelle Palästina, Bonn (heute Palästinensische Generaldelegation)
Palästina Journal, Deutsch-Palästinensische Gesellschaft, Berlin (vormals Trier)
Palästina Nachrichten, Mitteilungen der Vereinigung der Freunde Palästinas, Berlin
Politische Vierteljahresschrift, Zeitschrift der deutschen Vereinigung für Politische Wissenschaft, Wiesbaden
S und F, Vierteljahresschrift für Sicherheit und Frieden, Baden-Baden
Schneller Magazin, Evangelischer Verein für die Schneller-Schulen im Evangelischen Missionswerk in Südwestdeutschland, Stuttgart
Tribüne, Zeitschrift zum Verständnis des Judentums, Frankfurt
Vereinte Nationen, Bonn

Vierteljahreshefte für Zeitgeschichte, Institut für Zeitgeschichte, München
Wuquf, Hamburg
Zeitschrift der Deutschen Morgenländischen Gesellschaft, Wiesbaden
Zeitschrift des Deutschen Palästina-Vereins, Heidelberg
Zeitschrift für Internationale Beziehungen, Deutsche Vereinigung für Politische Wissenschaft, Darmstadt
Zenith, Hamburg

2. Schweiz/Österreich

Bulletin der Gesellschaft für Österreichisch-Arabische Beziehungen, Wien
International, Wien
Österreichische Zeitschrift für Politikwissenschaft, Wien
OPEC Bulletin, Wien
Palästina Flüchtlinge Heute, UNRWA Mitteilungsblatt, Wien
SGMOIK-Bulletin, Bulletin der Schweizerischen Gesellschaft Mittlerer Osten und Islamische Kulturen, Bern

3. Großbritannien

Bulletin of the School of Oriental and African Studies, London
European Foreign Affairs Review, London
European Journal of International Relations, London
International Affairs, The Royal Institute of International Affairs, London
Jane's Defence Weekly, London
Journal of Muslim Minority Affairs, London
Mediterranean Politics, Liverpool
Middle East Economic Digest, London
Middle East International, London
Middle East Mirror, London
Middle Eastern Studies, London
Mideast Mirror, London

OPEC Review, Oxford
Return, London
Survival, Oxford
The Journal of North African Studies, London
The Middle East, London
The Middle East and North Africa, London
The Military Balance (Yearbook), International Institute for Strategic Studies, London
The World Today, London
Third World Quarterly, Basingstoke

4. Frankreich

Annuaire de l'Afrique du Nord, Paris
Arabies, Paris
Intelligence Newsletter, Paris
Israel and Palestine Political Report, Paris
Monde Arabe/Maghreb-Machrek, Paris
Politique Etrangère, Paris
Politique Internationale, Paris
Qantara, Institut du Monde Arabe, Paris
Revue d'Etudes Palestiniennes, Institut d'Etudes Palestiniennes, Paris
Revue Française de Science Politique, Paris

5. USA

Arab Perspectives, Washington
Arab Studies Journal, Washington
Arab Studies Quarterly, Washington
Bulletin of Regional Cooperation in the Middle East, Washington
Commentary, New York
Counter Spy Magazine, Washington
Current History, Philadelphia
Foreign Affairs, New York
Foreign Policy, Washington

International Journal of Middle East Studies, Middle East Studies Association of North America, Tucson
Israeli Foreign Affairs, Sacramento
Journal of Arabic Literature, Bloomington
Journal of Palestine Studies, Institute for Palestine Studies, Berkeley (vormals Beirut und Washington)
Journal of South Asian and Middle Eastern Studies, Villanova
Mediterranean Quarterly, Mediterranean Affairs, Washington
Merip Report, Middle East Research and Information Project, Washington
Mid East, Washington
Mid East Report, New York
Middle East Information Series, New York
Middle East Insight, Washington
Middle East Intelligence Bulletin, New York
Middle East Monitor, Washington
Middle East Newsline (Online-Zeitschrift), Montreal, Kanada
Middle East Policy, Washington
Middle East Quarterly, Philadelphia
Middle East Report, Malden
Middle East Review, New York
Middle East Studies Association Bulletin, Tucson
Middle Eastern Affairs, New York
Palestine Perspectives, Washington
Political Science Quarterly, New York
The American Journal of Islamic Social Sciences, Washington
The Middle East Journal, Washington
The Muslim World, Hartford
The Washington Quarterly, Cambridge
Tikkun, Syracuse
Washington Report on Middle East Affairs, Washington

6. Israel

Challenge, Tel Aviv
Jerusalem Journal of International Relations, Jerusalem
Jerusalem Papers on Peace Problems, Jerusalem

Jerusalem Quarterly, Jerusalem
Jerusalem Quarterly File, Institute of Jerusaelm Studies, Jerusalem
Mediterranean Historical Review, Tel Aviv
Middle East Contemporary Survey, Moshe Dayan Center for Middle Eastern and African Studies, Tel Aviv
Middle East Review of International Affairs, Begin-Sadat Center for Strategic Studies, Ramat Gan
New Outlook, Tel Aviv
News from Within, Alternative Information Center, Jerusalem/Bethlehem
The Israel Yearbook and Almanac, Jerusalem
The Jerusalem Report, Jerusalem
The Other Front, Alternative Information Center, Jerusalem/Bethlehem
The Other Israel, Israeli Council for Israeli-Palestinian Peace, Holon

7. Palästina

Al-Carmel, Ramallah/Cairo
Al-Siyasa al-Filastiniya, Nablus
Birzeit Research Review, Birzeit
Birzeit University Bulletin, Birzeit
Palestine, PLO Information Bulletin, Beirut
Palestine and the UN, Permanent Observer Mission of Palestine to the United Nations, New York
Palestine-Israel Journal of Politics, Economics and Culture; Jerusalem
Palestine Report, Jerusalem Media and Communication Center, Jerusalem
Palestine Weekly Review, Ministry of Information, Ramallah
PASSIA Diary, Palestinian Academic Society for the Study of International Affairs, Jerusalem
Shuun Tanmawiyeh, Arab Thought Forum, Jerusalem
The Jerusalem Times, Jerusalem

8. Arabische Welt

Al-Mustaqbal al-Arabi, Beirut
Al-Siyasa al-Duwaliya, Kairo
Journal of Gulf and Arabian Peninsula Studies, Kuwait
Majalla al-Dirasat al-Filastiniya, Beirut
Majallat al-Ulum al-Ijtimaiya, Kuwait
Middle East Forum, Beirut
Samid al-Iqtisadi, Beirut
Shuun al-Awsat, Beirut
Shuun Arabiya, Tunis
Shuun Filastiniya, Beirut/Nikosia
Syrie et Monde Arabe, Damaskus

9. Verschiedenes

Australian Journal of International Affairs, Abingdon
Iranian Journal of International Affairs, Teheran
Islamic Culture, Hyderabad
Islamic Studies, Islamabad
JIME Review, Japanese Institute of Middle Eastern Economies
Journal of Economic Cooperation among Islamic Countries, Ankara
The Palestine Yearbook of International Law, The Hague

42. Chronologien/Pressespiegel/Archive

Aktueller Informations-Dienst, Deutsches Orient-Institut, Hamburg
Arab Report and Record, Beirut
Arab World, Beirut (täglicher Pressespiegel)
Archiv der Gegenwart, Königswinter
BBC Summary of World Broadcasts (Middle East), London
Foreign Broadcast and Information Service (FBIS)/Middle East, Washington

Journal of Palestine Studies (Pressespiegel und Chronologie), Berkeley
Keesing's Contemporary Archives, Bristol
Middle East Broadcasting Center, London
Middle East Record, Tel Aviv
Munzinger Archiv, Ravensburg
Nahostarchiv Heidelberg (NOAH), Heidelberg

Webguide

Zusammengestellt von Georg Stein

Der Webguide enthält neben Websites von Einrichtungen und Organisationen aus den Bereichen Politik, Wirtschaft, Soziales, Kultur und Religion auch Medien, Informationsdienste, Forschungseinrichtungen, Solidaritätsorganisationen sowie Friedens- und Menschenrechtsgruppen. Aufgenommen wurden nur Websites von Einrichtungen, die eine permanente Internet-Präsenz aufweisen und deren Websites bei Redaktionsschluß für dieses Lexikon (30. Juni 2001) tatsächlich existierten. Sollte eine Website unter www nicht gefunden werden können, empfiehlt sich die Suche unter http. Der Webguide wird durch den Palmyra Verlag ständig aktualisiert und kann auf der Homepage des Verlages (www.palmyra-verlag.de) eingesehen werden.

1. Websites aus Deutschland
2. Websites aus Israel
3. Websites aus Palästina
4. Websites aus der arabischen Welt (Mittlerer Osten)
5. Websites aus Ägypten
6. Websites aus Jordanien
7. Websites aus Syrien
8. Websites aus dem Libanon
9. Websites zu Kurdistan und den Kurden
10. Websites aus den USA
11. Websites aus Europa
12. Websites der UN (Vereinte Nationen)

1. Websites aus Deutschland

(enthält auch Websites von israelischen, palästinensischen und arabischen Einrichtungen in Deutschland sowie von deutschen Einrichtungen in Israel und Palästina)

Arab Media Review (Aktueller Nahost-Informationsdienst)
www.arabmedia.de

Arabisch-Deutsche Vereinigung für Handel und Industrie (GHORFA)
www.ghorfa.com

Arbeitskreis Moderne und Islam, Berlin
www.wiko-berlin.de/information/dakmi_i.htm

Auswärtiges Amt (einzelne Länderberichte)
www.auswaertiges-amt.de

Berliner Missionswerk (BMW)
www.ekibb.com/mission

Bibliothek Universität Halle (Links des Sondersammelgebiets »Vorderer Orient/Nordafrika«)
www.bibliothek.uni-halle.de/ssg/ssglink.htm

Botschaft der Bundesrepublik Deutschland in Israel, Tel Aviv
www.germanemb.org.il

Botschaft des Staates Israel in Deutschland
www.israel.de

Bundesministerium für Wirtschaftliche Zusammenarbeit und Entwicklung
www.bmz.de

Delegate of German Industry and Trade
www.dgit.org

Deutsch-Arabische Gesellschaft
www.d-a-g.de

Deutsch-Israelische Gesellschaft/Jugendforum
www.deutsch-israelisches-jugendforum.de

Deutsch-Israelischer Arbeitskreis für Frieden im Nahen Osten (DIAK)
www.diak.org

Deutsch-Palästinensische Gesellschaft (DPG)
www.dpg-netz.de

Deutsch-Syrischer Verein
www.deutsch-syrischer-Verein.de

Deutsche Arbeitsgemeinschaft Vorderer Orient (DAVO), Mainz
www.geo.uni-mainz.de/davo

Deutsche Außenhandelskammern (Palästina-Seiten)
www.ahk.de/de/pal

Deutscher Palästina-Verein, Wuppertal
www.kiho.uni-wuppertal.de/dpv

Deutsches Orient-Institut
www.doihh.de

Dokumentationsdienst Vorderer Orient/Deutsches Übersee-Institut, Übersee-Dokumentation, Referat Vorderer Orient, Hamburg (Ausgewählte neuere Literatur)
www.rrz.uni-hamburg.de/duei-dok

Euro-Arabischer Freundschaftskreis
www.dzg.com/kontakt/eaf.htm

Friedrich-Ebert-Stiftung (FES), Jerusalem
www.fespal.com

Hagalil Online/Judentum in Europa, Israel und der Welt
www.hagalil.com

Heilig-Land-Fonds – Hilfe zur Selbsthilfe in Palästina
www.aphorisma.net/hlf.html

Hochschule für Jüdische Studien, Heidelberg
www.hjs.uni-heidelberg.de

Informationsprojekt Naher und Mittlerer Osten (INAMO), Berlin
www.inamo.de

Informationszentrum 3. Welt (IZ3W), Freiburg
www.iz3w.org

Institut für Friedensforschung und Sicherheitspolitik an der Universität Hamburg (IFSH)
www.rrz.uni-hamburg.de/ifsh

Islam Online
www.islam.de

Israelisches Fremdenverkehrsamt in Deutschland
www.israel-info.de

Israelnetz
www.israelnetz.de

Jewish Berlin Online
www.holocaust-memorial.com/jbo

Jüdische Gemeinde Berlin
www.jg-berlin.org

Ludwig Watzal
www.watzal.com

Medico International
www.medico.de

Nahostreferat des Evangelischen Missionswerks in Südwestdeutschland
www.ems-online.org

Netzwerk Friedenskooperative
www.friedenskooperative.de/gifs/name.gif

Orientalisches Institut, Leipzig
www.uni-leipzig.de/~orient/home.html

Palästinensische Gemeinde Berlin
www.palestine-berlin.org

Palästinensische Generaldelegation
www.palaestina.org

Palmyra Verlag/Nahostarchiv Heidelberg (NOAH)
www.palmyra-verlag.de

Pax Christi – Deutsche Sektion
www.paxchristi.de

Spiegel Online (Dossier: Die Nahostkrise)
www.spiegel.de/politik/ausland

Stiftung Wissenschaft und Politik (SWP)
www.lrz-muenchen.de/~swp

Süddeutsche Zeitung
www.sueddeutsche.de/nahost

SWR 2 (Südwestdeutscher Rundfunk)
www.swr2.de/palaestina

Vereinigung der Freunde Palästinas in Berlin und Brandenburg (VDFP)
www.freunde-palaestinas.de

Vereinigung der Freunde Palästinas in Sachsen-Anhalt (VDFP)
www.freunde-palaestinas.de

Weltfriedensdienst (WFD)
www.wfd.de

Willy-Brandt-Zentrum, Jerusalem
www.wbz-net.org

Zenith Online
www.zenithonline.de

Zentralrat der Juden in Deutschland
www.zentralratdjuden.de

Zentrum Moderner Orient, Berlin
www.zmo.de

2. Websites aus Israel

Adam Institute for Conflict Resolution
www.adaminstitute.org.il

Alternative Information Center (AIC), Jerusalem/Bethlehem
www.aic.netgate.net
www.aic.org

Amnesty International Reports – Israel and the Occupied Territories
www.web.amnesty.org/ai.nsf/countries/israel/occupied+territories

Applied Research Institute (ARIJ), Jerusalem/Bethlehem
www.arij.org

Ariga Peace Links
www.ariga.com/peace.htm

Association for Civil Rights in Israel
www.nif.org/acri

Bar-Ilan University, Ramat Gan
www.biu.ac.il

Bat Shalom – The Jerusalem Link
www.batshalom.org

Begin-Sadat Center for Strategic Studies, Ramat Gan
www.biu.ac.il/soc/besa/index.html

Ben-Gurion University of the Negev
www.bgu.ac.il

B'Tselem – The Israeli Information Center for Human Rights in the Occupied Territories, Jerusalem
www.btselem.org

Dor Shalom
www.dorshalom.org.il

Foundation for Middle East Peace (FMEP)
www.fmep.org

Givat Haviva
www.dialogate.org.il

Guide to the Mideast Peace Process/Israel Ministry of Foreign Affairs
www.mfa.gov.il/peace

Gush Shalom – The Israeli Peace Bloc
www.gush-shalom.org

Haaretz (englische Ausgabe)
www3.haaretz.co.il/eng

Haifa University
www.haifa.ac.il

Har Homa
www.harhoma.com

Harry S. Truman Research Institute for the Advancement of Peace, Jerusalem/Online Resource for the Middle East
www.atar.mscc.huji.ac.il/~truman

Hebrew University, Jerusalem
www.huji.ac.il

Israel Democracy Institute
www.idi.org.il/english/english.htm

Israel Line – Israeli Newspapers Clippings
www.gauss.technion.ac.il/israeline

Israel Ministry of Foreign Affairs/Israel Information Center
www.mfa.gov.il/mfa/home.asp

Israel/Palestine Center for Research and Information (IPCRI), Jerusalem
www.ipcri.org

Israeli Central Bureau of Statistics (ICBS), Jerusalem
www.cbs.gov.il

Israeli Committee against House Demolitions (ICAHD)
www.net-a.org/hdemol

Israeli Council for Israeli-Palestinian Peace (ICIPP)
www.//members.tripod.com/other Israel/index.html

Jaffee Center for Strategic Studies (JCSS)
www.tau.ac.il/jcss

Jerusalem Institute for Israel Studies (JIIS)
www.jiis.org.il

Jerusalem Post
www.jpost.co.il

Jewish-Palestinian Living Room Dialogue Group
www.globalcommunity.org

Jewish Peace Fellowship
www.jewishpeacefellowship.org

Knesset (Israelisches Parlament)
www.knesset.gov.il

Leonard Davis Institute for International Relations
www.micro5.mscc.huji.ac.il/~davis

Meretz
www.meretz.org.il

MERIA Links Page
www.biu.ac.il/soc/besa/linkpage.htm

Middle East Peace Network
www.peacenetwork.org

Middle East Review of International Affairs (MERIA)
www.meria.biu.ac.il

Moshe Dayan Center for Middle Eastern and African Studies, Tel Aviv
www.dayan.org

Neve Shalom/Wahat al-Salam
www.nswas.com

Peace Now
www.peacenow.org.il

Peres Center for Peace, Tel Aviv
www.peres-center.org

Programme for Conflict Resolution
www.faculty.biu.ac.il/~steing/conflict/conflict.html

Rabbis for Human Rights
www.rhr.israel.net

Reut-Sadaka – Jewish-Arab Youth Organization for Peace and Democracy
www.reut.de

Tel Aviv University
www.tau.ac.il

The Abraham Fund, New York/Jerusalem
www.coexistence.org

The (almost) Complete Guide www in Israel
www.gauss.technion.ac.il/~nyn/israel

The Jerusalem Report, Jerusalem
www. jrep.com

The Other Israel
www.ariga.com/peacebiz/gush/other001.htm

Van-Leer-Institute, Jerusalem
www.vanleer.org.il

Weizmann Institute of Science
www.weizmann.ac.il/home_all.html

3. Websites aus Palästina

Al-Ayyam (Tageszeitung)
www.al-ayyam.com

Al-Haq – Law in the Service of Man
www.alhaq.org

Al-Mashriq – Palestine
www.almashriq.hiof.no/base/palestine/html

Al-Quds Server
www.palgate.com

Al-Quds University
www.alquds.edu

Alternative Information Center (AIC), Jerusalem/Bethlehem
www.aic.netgate.net
www.aic.org

An-Najah National University, Nablus
www.najah.edu

Applied Research Institute Jerusalem (ARIJ)
www.arij.org

Arab American University Jenin (AAUJ)
www.aauj.edu

Arab Studies Society (ASS)
www.arabstudies.org

Arab Thought Forum (ATF), Jerusalem
www.multaqa.org

Badil Resource Center for Palestinian Residency and Refugee Rights, Bethlehem
www.badil.org

Baraka – Palestinian NGO Network
www.baraka.org

Bethlehem 2000 Project
www.bethlehem2000.org

Bethlehem University
www.bethlehem.edu

Birzeit University
www.birzeit.edu

Birzeit University Complete Guide to Palestine Websites
www.birzeit.edu/links

Center for Palestine Research and Studies (CPRS), Nablus
www.cprs-palestine.org

Central Election Commission (CEC)
www.planet.edu/cec

Complete Guide to Palestine's Websites in the Gaza Strip and West Bank (including East Jerusalem)
www.birzeit.edu/links/index.html

Democratic Front for the Liberation of Palestine
www.web.ups.navy.mil/~library/tgp/dflp.htm

Directory of Non-Governmental Organizations in Donor Countries Assisting the Palestinian People in the West Bank and Gaza Strip
www.arts.mcgill.ca/programs/polisci/faculty/rexb/directory/donors/donors.html

Directory of Non-Governmental Organizations in the Gaza Strip
www.arts.mcgill.ca/programs/polisci/faculty/rexb/gazadir98.index.html

Eye-on-Palestine
www.arij.org/paleye/index.html

Fateh – Palestinian National Liberation Movement
www.fateh.org

Fateh Youth Organisation (FYO)
www.fatehyouth.org

Gaza Community Mental Health Programme (GCMHP)
www.gcmhp.net

Hamas/Harakat al-Muqawama al-Islamiya
www.palestine-info.org/hamas/index-h.html (arabisch)
www.palestine-info.net/hamas (englisch)

Health, Development, Information and Policy Institute (HDIP), Ramallah
www.hdip.org

Hebron University
www.planet.edu/~hebronun

Human Rights Action Project, Birzeit University (HRAP)
www.birzeit.edu/hrap

Human Rights in Israel, the Occupied Territories and the Palestinian Authority
www.derechos.org/human-rights/mena/iot.html

Institute of Jerusalem Studies, Jerusalem (Herausgeber von Jerusalem Quarter File)
www.jqf-jerusalem.org

Institute of Law (Law Center), Birzeit University
www.lawcenter.birzeit.edu

International Center of Bethlehem
www.annadwa.org

International Peace and Cooperation Center (IPCC)
www.ipcc-jerusalem.org

Islamic Association for Palestine
www.iap.org

Islamic University of Gaza (IUG)
www.palestine-net.com/education/iug.html

Israel/Palestine Center for Research and Information (IPCRI), Jerusalem
www.ipcri.org

Jerusalem Media and Communication Center (JMCC), Jerusalem
www.jmcc.org

Khalil Sakakini Cultural Center
www.sakakini.org

Law – The Palestinian Society for the Protection of Human Rights and the Environment, Jerusalem
www.lawsociety.org

Mandela Institute, Ramallah
www.mandela.org

Miftah – The Palestinian Initiative for the Promotion of Global Dialogue and Democracy
www.miftah.org

Ministry of Education (MOE)
www.pna.org/moe/moe.htm

Ministry of Information (MOI)
www.pna.org/mininfo

Ministry of Labour (MOL)
www.pna.org/mol

Ministry of Tourism and Antiquities (MTA)
www.visit-palestine.com

Muwatin – The Palestinian Institute for the Study of Democracy
www.muwatin.org

Negotiations Affairs Department, PLO/ PNA
www.pna.org/nad

Office of the President – Planning Center (OPPC)
www.oppc.pna.net

Palestine Center – The Jerusalem Fund and the Center for Policy Analysis on Palestine
www.palestinecenter.org

Palestine Chamber of Commerce
www.g77tin.org/pccghp.html

Palestine Economic Forum
www.palecon.org

Palestine Economic Policy Research Institute, Ramallah
www.palecon.org/masdir/index.html

Palestine Information Center
www.alquds.org/palestine/index.html

Palestine-Israel Journal of Politics, Economics and Culture, Jerusalem
www.pij.org

Palestine Net
www.palestine-net.com

Palestine Online
www.p-ol.com

Palestine Red Crescent Society
www.palestinercs.org

Palestinian Academic Network (PLANET)
www.planet.edu

Palestinian Academic Society for the Study of International Affairs (PASSIA), Jerusalem
www.passia.org

Palestinian Business Directory
www.pal-chambers.com/business/index/htm

Palestinian Center for Human Rights (PCHR)
www.pchrgaza.org

Palestinian Center for Peace and Democracy (PCPD)
www.msanews.mynet.net/gateway/pcpd

Palestinian Center for Peace/People-to-People Programme
www.people-to-people.org

Palestinian Center for Rapprochement between People (PCR)
www.rapprochement.org

Palestinian Central Bureau of Statistics (PCBS)
www.pcbs.org

Palestinian Chambers of Commerce, Industry and Agriculture
www.pal-chambers.com

Palestinian Development Info Net (PDIN)
www.arts.mcgill.ca/mepp/pdin/pdfront.html

Palestinian Economic Council for Development and Reconstruction (PECDAR)
www.pecdar.org

Palestinian Energy and Environment Research Center (PEC), Jerusalem
www.planet.edu/~pec

Palestinian Human Rights Monitoring Group (PHRMG), Jerusalem
www.lebnet.com/phrmg
www.phrmg.org

Palestinian Independent Commission for Citizen's Rights (PICCR), Jerusalem/Ramallah/Gaza
www.msanews.mynet.net/gateway/piccr/index2.html

Palestinian Legislative Council (PLC)
www.pal-plc.org

Palestinian National Authority (PNA)
www.pna.net
www.pna.org

Palestinian Non-Governmental Organizations Directory
www.people-to-people.org/pingo/pingo.html

Palestinian Peace Information Center – Al-Jiser
www.pij.org

Palestinian People's Party (PPP)
www.palpeople.org

Palestinian Refugee Research Net (PRRN)
www.arts.mcgill.ca/mepp/prrn/prfront.htm

Palestinian Scientists and Technologists Abroad (PALESTA)
www.palesta.net

Palestinians Webring (Linkliste)
www.members.xoom.com/ourhomeland/webring.htm

Palnet Communications
www.palnet.com

Permanent Observer Mission of Palestine to the United Nations, New York
www.palestine-un.org

Shaml – The Palestinian Diaspora and Refugee Center
www.shaml.org

Tantur Ecumenical Institute for Advanced Theological Studies
www.come.to/tantur

The Jerusalem Times (palästinensische Wochenzeitung)
www.amin.org/biladi.htm

Union of Palestinian Medical Relief Committees (UPMRC), Jerusalem
www.upmrc.org

Wiam – Palestinian Conflict Resolution Center
www.planet.edu/~alaslah

Women's Affairs Technical Committee (WATC), Ramallah
www.pal-watc.org

4. Websites aus der arabischen Welt (Mittlerer Osten)

Al-Islam
www.al-islam.com

Amnesty International and the Middle East
www.amnesty-usa.org/mideast

Arab Commission for Human Rights
www.home.swipnet.de/~w-79939/index.htm

Arab Human Rights Netcenter
www.arabrights.org

Arab Internet Directory
www.1001sites.com/home.htm

Arab Music
www.arab-music.com

Arab Net – The Resource for the Arab World in the Middle East and North Africa
www.arab.net

Arab Social Science Research (ASSR)
www.assr.org

Arab World
www.arabworld.com

Arab World Online
www.awo.net

Arabia Online
www.arabia.com

Arabic Chat and Arabic News
www.arabia.com
www.palestine-online.com

Arabic Media Internet Network
www.amin.org

Arabic News
www.arabicnews.com

Derechos – Human Rights in the Middle East and North Africa
www.derechos.org/human-rights/mena

Electronic Journal for Middle East Studies (MIT-EJMES)
www.web.mit.edu/cis/www/mitejmes

Electronic Journals and Newspapers on the Middle East
www.columbia.edu/cu

Encyclopedia for the Middle East and North Africa
www.i-cias.com/eo/index.htm

Fares Net – The Arab World Gateway to the Net
www.home.fares.net

Human Rights Watch/Middle East
www.hrw.org/mideast

Infobase of the Organization of Islamic Countries
www.sesrtcic.org/index1.htm

Islam Web
www.islamweb.net

Islamic Search Engine
www.seeru.com

League of Arab States
www.haynese.winthrop.edu
www.192.203.180.62/mlas/egypt.html

Middle East Internet Pages
www.middle-east-pages.com

Middle East Links
www.hardy.ocs.mq.edu.au/~control1/home.html

Middle East News Online
www.middleeastwire.com

Middle East/North Africa – Internet Resources Guide
www.cc.utah.edu/~jwrg311/mena.html

Middle East Water Information Network
www.water1.geol.upenn.edu/index.html

Middle Eastern and Arab Resources on the Internet
www.ionet.net/~usearch/wtb-services/middleeast/wtb-middleeast.shtml

North Africa Journal
www.north-africa.com

Online News Agencies from the Middle East
www.rain.org/~maisoui/newspapers.html

Organisation zur Erforschung des islamischen Mittelalters
www.h-net.msu.edu

The Arab World Gateway to the Net
www.fares.net

Virtual Library for Middle East Studies: Palestine
www.assr.org

5. Websites aus Ägypten

Ägypten Online/Entdecke Ägypten
www.Aegypten-online.de

Ain Shams University
www.frcu.eun.eg/www/universities/html/shams.html

Al-Ahram (Tageszeitung)
www.ahram.org.eg (arabische Ausgabe)
www.ahram.org.eg/weekly (englische Ausgabe)
www.ahram.org.eg/hebdo (französische Ausgabe)

Al-Azhar Universität
www.alazhar.org

Amnesty International Egypt Publications and News Releases
www.web.amnesty.org/ai.nsf/countries.egypt

Brief Review of Modern Egyptian History
www.cad.strath.ac.uk/~ayman/modernegypt.html

Cairo Press Review (Pressespiegel des ägyptischen Informationsministeriums)
www.sis.gov.eg/pressrev

Cairo Times
www.cairotimes.com

Cairo University
www.frcu.eun.eg/www/universities/html/cairo.html

Directory of Parties
www.dgora.stm.it/elections

Economic Research Forum
www.erf.org.eg

Egypt Government Online
www.misrnet.idsc.gov.eg/english

Egypt Politics
www.assr.org/vlibrary/topics.html

Egypt State Information Service
www.sis.gov.eg

Egyptian Universities Index
www.ce.eng.nsf.edu/pharos

Egyptian Universities Network
www.frcu.eun.eg

Egypt's Governorates Net
www.highway.idsc.gov.eg/govern

Egypt's Tourism Net
www.tourism.egnet.net

Helwan University
www.frcu.eun.eg

Middle East News Agency (MENA), Cairo
www.mena.org.eg/default.asp

State Government Service
www.sis.gov.org

State Information Service Government Egypt
www.sis.gov.eg

The Al-Ahram Center for Political and Strategic Studies, Cairo
www.acpss.org

The American University in Cairo
www.aucegypt.edu

The Ibn Khaldun Center for Development Studies
www.ibnkhaldun.org

6. Websites aus Jordanien

Amman Chamber of Commerce
www.ammanchamber.org

Amman University
www.amman.edu

Amnesty International – Jordan
www.amnesty.org/ailib/countries/indx516.htm

Arab Thought Forum
www.almuntada.org.jo

Center for Strategic Studies, Jordan University
www.css-jordan.org

Directory of Parties
www.agora.stm.it/elections

Economic Perspectives (englischsprachige Monatszeitschrift)
www.arabia.com/ep

Embassy of the Hashemite Kingdom of Jordan, Washington
www.jordanembassyus.org

Hashemite University
www.hu.edu.jo

Her Majesty Queen Noor
www.noor.gov.jo

His Majesty King Abdullah II. Bin Al Hussein
www.kingabdullah.jo

His Majesty King Hussein Website
www.kinghussein.gov.jo

His Royal Highness Prince El Hassan Bin Talal
www.elhassan.org

Holy Sites of Jordan
www.accessme.com/turab

Jordan Arabia
www.arabia.com/jordan

Jordan Radio and Television
www.jrtv.com

Jordan River Designs
www.access2arabia/jrd

Jordan Times (englischsprachige Tageszeitung)
www.jordantimes.com

Jordan Tourism Board
www.see-jordan.com

Jordan's Yellow Pages
www.shihab.com/yellow

Ministry of Culture
www.culture.gov.jo

Ministry of Industry and Trade
www.mit.gov.jo

Ministry of Tourism and Antiquities
www.mota.gov.jo

National Information Center
www.nic.gov.jo

National Information System
www.nis.gov.jo

Noor Al Hussein Foundation
www.nhf.org.jo

Office of His Majesty King Hussein Bin Talal
www.kinghussein.gov.jo

Petra (Jordan News Agency)
www.petra.gov.jo

Police Security Department
www.psd.gov.jo

Royal Institute for Interfaith Studies
www.riifs.org

Royal Scientific Society
www.mars.rss.gov.jo

The Jordanian Intelligence Department (Jordanischer Geheimdienst)
www.gid.gov.jo

The Star (englischsprachige Wochenzeitung)
www.arabia.com/star

Tourism Promotion Board
www.tourism.com.jo

University of Jordan
www.ju.edu.jo

Webs of Jordan
www.websofjordan.com.jo

World Bibliographical Series – Jordan
www.abc-clio.com/products/product.jordc.html

Yarmouk University
www.yu.edu.jo

7. Websites aus Syrien

Amnesty International – Syria
www.web.amnesty.org/ai.nsf/countries syria

Al-Baath – Daily Political Newspaper Organ of Arab Socialist Party
www.albaath.com

Al-Thawra
www.thawra.com

Lebanese-Based Syrian Commentators
www.libanis.com

No Name? com (Suchmaschine)
www.syrianet.com

Occupied Golan
www.golan-syria.org

President Bashar al-Assad
www.assad.org

Syria Net
www.syria-net.com
www.sscnet.ucla.edu/syrianet.htm

Syria Today
www.syriatoday.com

Syrian Arab News Agency (SANA)
www.sana.org

Syrian Internet
www.syrianinternet.com

Teshreen
www.teshreen.com

8. Websites aus dem Libanon

Al-Hayat
www.alhayat.com

An-Nahar
www.annahar.com.lb/htd/page4.html

As-Safir
www.assafir.com

Center for Strategic Studies – Research and Documentation
www.csrd.org.lb

Centre d'Etudes et de Recherches sur le Moyen-Orient Contemporaine (CERMOC)
www.lbrefer.org/cermoc

Future TV
www.158.222.24.6/news/index/html

Lebanese Armed Forces
www.lebarmy.gov.lb

Lebanese Center for Policy Studies (LCPS), Beirut
www.lcps-lebanon.org

Lebanese Search Engine
www.lebanonlinks.com

Lebanon Links
www.lebanonlinks.net/nawal

Lebanon Online
www.lol.com

L'Orient - Le Jour (französischsprachige Tageszeitung)
www.lorient-lejour.com.lb

Monday Morning (englischsprachige Wochenzeitung)
www.mmorning.com

The Arab Documentation Center (ADC)
www.assafir.com/adc

The Daily Star
www.dailystar.com.lb

The Lebanese-American Association
www.laa.org/directory.htm

9. Websites zu Kurdistan und den Kurden

Demokratische Partei Kurdistans
www.kdp.pp.se

Journal of Kurdish Studies
www.history.uiuc.edu/fac_dir/hitchens/intro.html

Kleines Kurdistan-Archiv
www.berlinet.de/kurdistan/archiv

Kurdish Media/United Kurdish Voice World-Wide
www.kurdishmedia.com/home.htm

Patriotische Union Kurdistans
www.puk.org

Wadi e.V. zur Lage in Irakisch-Kurdistan
www.berlinet.de/kurdistan/archiv/wadi/index.htm

Washington Kurdish Institute: »For Kurdish People Worldwide«
www.clark.net/pub/amitay

10. Websites aus den USA

American Oriental Society
www.umich.edu/~aos

Arab Studies Journal, Washington
www.arabstudiesjournal.org

Book Dealers and Publishers Specialising in the Middle East
www.depts.washington.edu/wsx9/melainbd.html

Carter Center
www.emory.edu/carter_center/homepage.htm

Center for Middle East Peace and Economic Cooperation, Washington
www.centerpeace.org

Center for Middle Eastern Studies/Middle East Network Information Center/The University of Texas at Austin
www.link.lanic.utexas.edu/menic

Center for Policy Analysis on Palestine, Washington
www.palestinecenter.org

CIA World Fact Book (u.a. über Israel und die Palästinensischen Gebiete)
www.odci.gov/cia/publications/factbook/tc.html

CNN Middle East
www.cnn.com/world/meast/index.html

Columbia University Libraries, Library Web (Database zu Nah- und Mitteloststudien)
www.columbia.edu/cu/libraries/indiv/area/middleeast

Deir Yassin Remembered
www.deiryassin.org

Federation of American Scientists
www.fas.org

Foundation for Middle East Peace, Washington
www.fmep.org

Harvard University – Middle East Studies
www.fas.harvard.edu/~mideast

Institute for Palestine Studies, Washington
www.ipsjps.org

Interlink Publishing
www.interlinkbooks.com

Journal of Palestine Studies, Berkeley
www-ucpress.berkeley.edu/journals/jps

Libraries with Middle East Collections on the Internet
www.depts.washington.edu/wsx9/melainlc.html

Library of Congress – Egypt/Israel/Jordan/Lebanon/Syria
www.loc.gov.

Middle East Children's Alliance
www.mecaforpeace.org/meca.html

Middle East Insight, Washington
www.mideastinsight.org

Middle East Intelligence Bulletin, New York
www.meib.org/issues/0102.htm

Middle East Librarians Association (MELA)
www.depts.washington.edu/wsx9/melahp.html

Middle East Network Information Center (MENIC)/ University of Texas
www.menic.utexas.edu

Middle East Peace Process – Links/McGill University, Montreal (Kanada)
www.arts.mcgill.ca/mepp

Middle East Policy
www.mepo.org

Middle East Research and Information Project (MERIP)
www.merip.org

Middle East Studies Association Bulletin
www.mesa.arizona.edu/Bulletin/welcome.htm

Middle East Studies Association of North America (MESA), Tucson
www.mesa.arizona.edu

Norman Finkelstein Official Web Page
www.normanfinkelstein.com

Palestine Children's Relief Fund (PCRF)
www.wolfenet.com/~pcrf

Publishers and Bookstores on Middle East Studies
www.columbia.edu/cu/libraries/indiv/area/middle-east/pubs.html

Salam Review – An Electronic Magazine about the Struggle for Peace and Justice in the Middle East, Cambridge
www.salam.org

The Middle East Institute
www.mideasti.org/mei

The Middle East Journal, Washington
www.mideasti.org/mei

U.S. Report on the Middle East (USROM)
www.usrom.com

US State Department
www.state.gov

Washington Report on Middle East Affairs, Washington
www.washington-report.org

World Bibliographical Series – Israel
www.abc-clio.com

11. Websites aus Europa

Amnesty International – Egypt/Israel/Jordan/Lebanon/Occupied Territories/Palestine/Syria
www.amnesty.org//ailib/countries

British Society for Middle Eastern Studies (BRISMES)
www.dur.ac.uk/brismes

Campaign to Free Vanunu, London
www.vanunu.freeserve.co.uk

Centre d'Etudes Euro-Arabe (CEEA)
www.ceea.com

Euromed Internet Forum on the Euro-Mediterranean Partnership
www.euromed.net

European Association for Middle Eastern Studies (EURAMES)
www.hf-fak.uib.no/smi/eurames/eurahome

FAFO-Institute for Applied Social Science, Oslo
www.fafo.no

Gesellschaft für Österreichisch-Arabische Beziehungen, Wien
www.saar.at

Institut du Monde Arabe, Paris
www.imarabe.org

Institute for the Study of Islam in the Modern World/Leiden University
www.isim.leidenuniv.hl

International Journal of Middle East Studies (IJMES), Cambridge
www.uk.cambridge.org/journals/mes

Jewish Sites in Central Europe
www.search.jewish-europe.net

Journal of Arabic and Islamic Studies, Oslo
www.uib.no/jais

Middle East International (MEI), London (Wochenzeitschrift)
www.meionline.com

Orientalistisches Seminar der Universität Zürich
www.unizh.ch./ori

School of Oriental and African Studies (SOAS)/University of London
www.soas.ac.uk/cnmes/home.html

Schweizerische Gesellschaft Mittlerer Osten und Islamische Kulturen (SGMOIK), Bern
www.sagw.ch/members/sgmoik/d-index.htm

Stockholm International Peace Research Institute (SIPRI)
www.sipri.se

The International Association of Egyptologists, Oxford
www.fak12.uni-muenchen.de/aegyp/aepage.html

The Middle East/London (Monatszeitschrift)
www.africasia.com/icpubs

12. Websites der UN (Vereinte Nationen)

Granada II – Israeli-Palestinian Programme of Cooperation
www.unesco.org/granada

UNDP Programme of Assistance to the Palestinian People (UNDP/PAPP)
www.pappsrv.papp.undp.org

UNESCO Programme of Assistance to the Palestinian People (Unesco/PAPP): Development for Peace
www.unesco.org/drg/papp.index.htm

UNICEF – Middle East and North Africa
www.unicef.org/nwwide

United Nations (alle UN-Resolutionen)
www.un.org/docs/sc.htm

United Nations Devision for Palestinian Rights/Question of Palestine
www.un.org/depts/dpa/qpal

United Nations Information System on the Question of Palestine (UNISPAL), New York
www.domino.un.org

United Nations Office of the Special Coordinator in the Occupied Territories (UNSCO)
www.arts.mcgill.ca/mepp/unsco/unfront.html

United Nations/Question of Palestine
www.un.org/depts/dpa/qpal/index.html

United Nations Relief and Works Agency for Palestine Refugees in the Near East (UNRWA)
www.un.org/unrwa/index.html

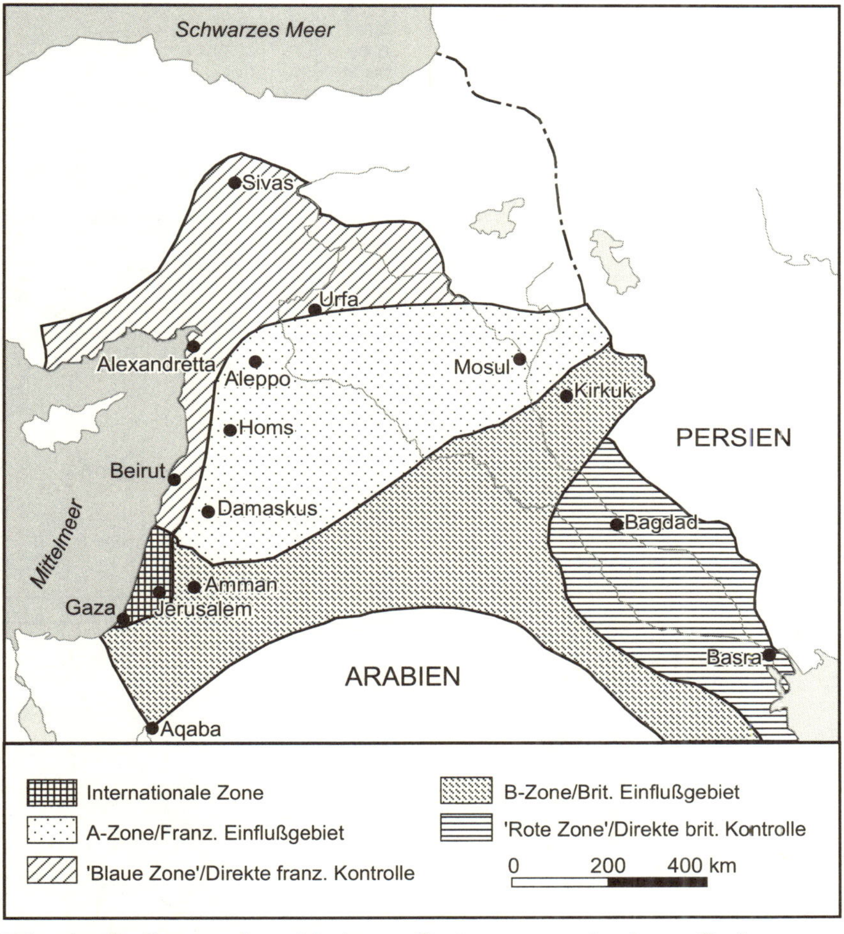

Die Aufteilung des Nahen Ostens nach dem Sykes-Picot- Abkommen von 1916

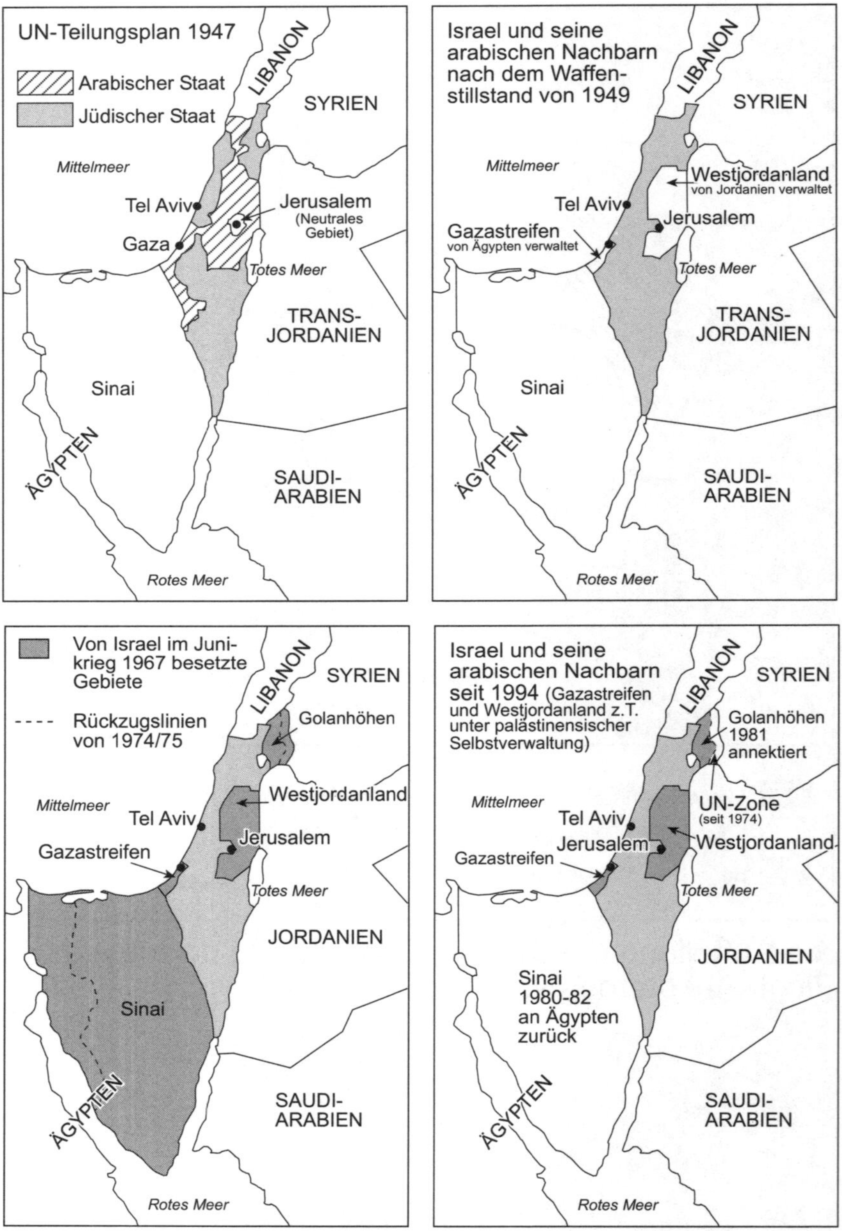

Israel/Palästina: Vom UN-Teilungsplan 1947 bis 2001

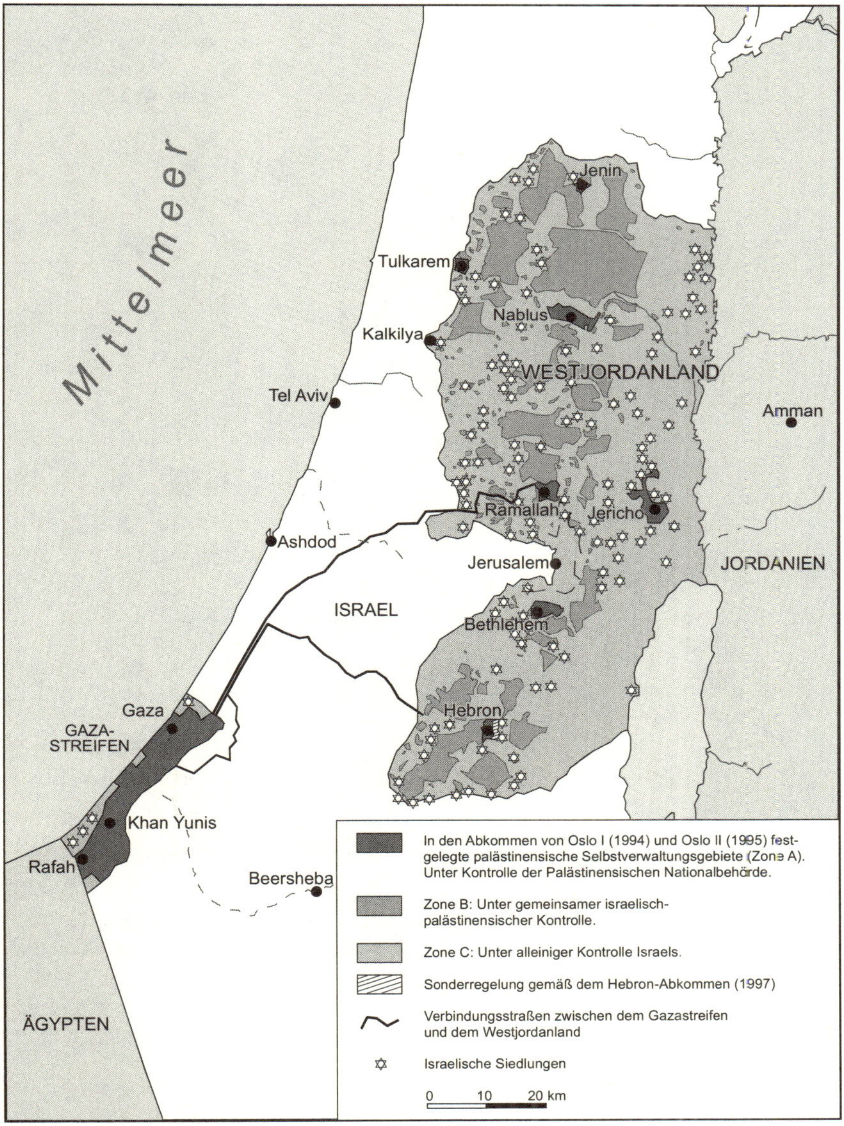

Die palästinensischen Selbstverwaltungsgebiete

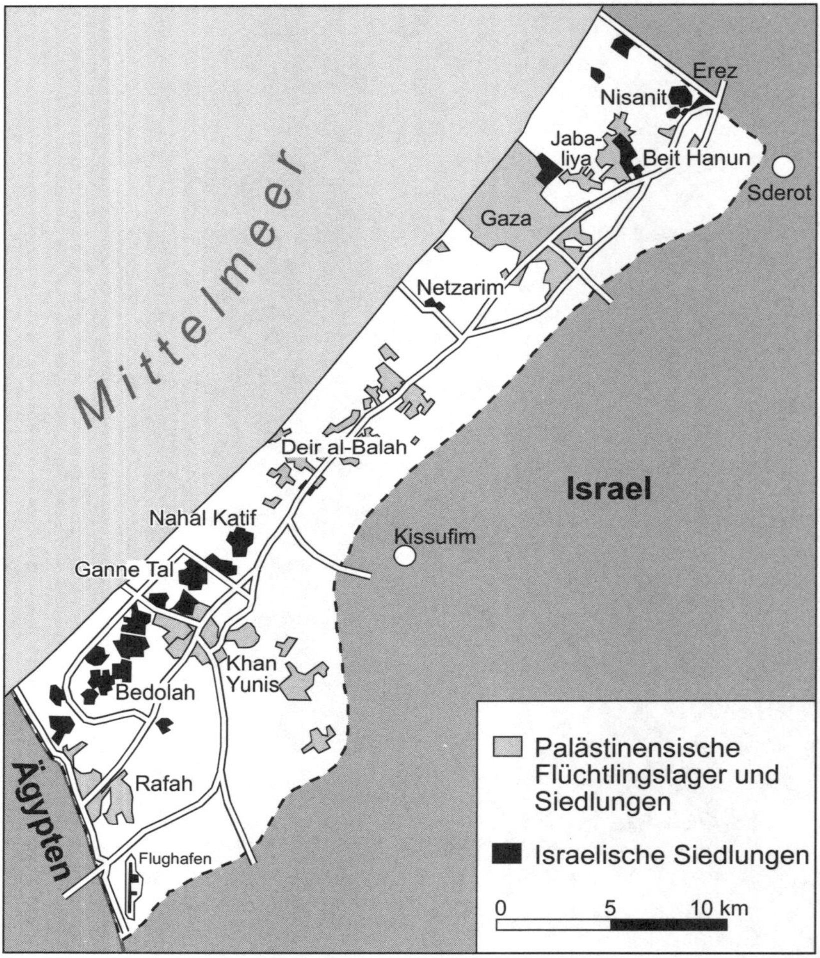

Der Gazastreifen

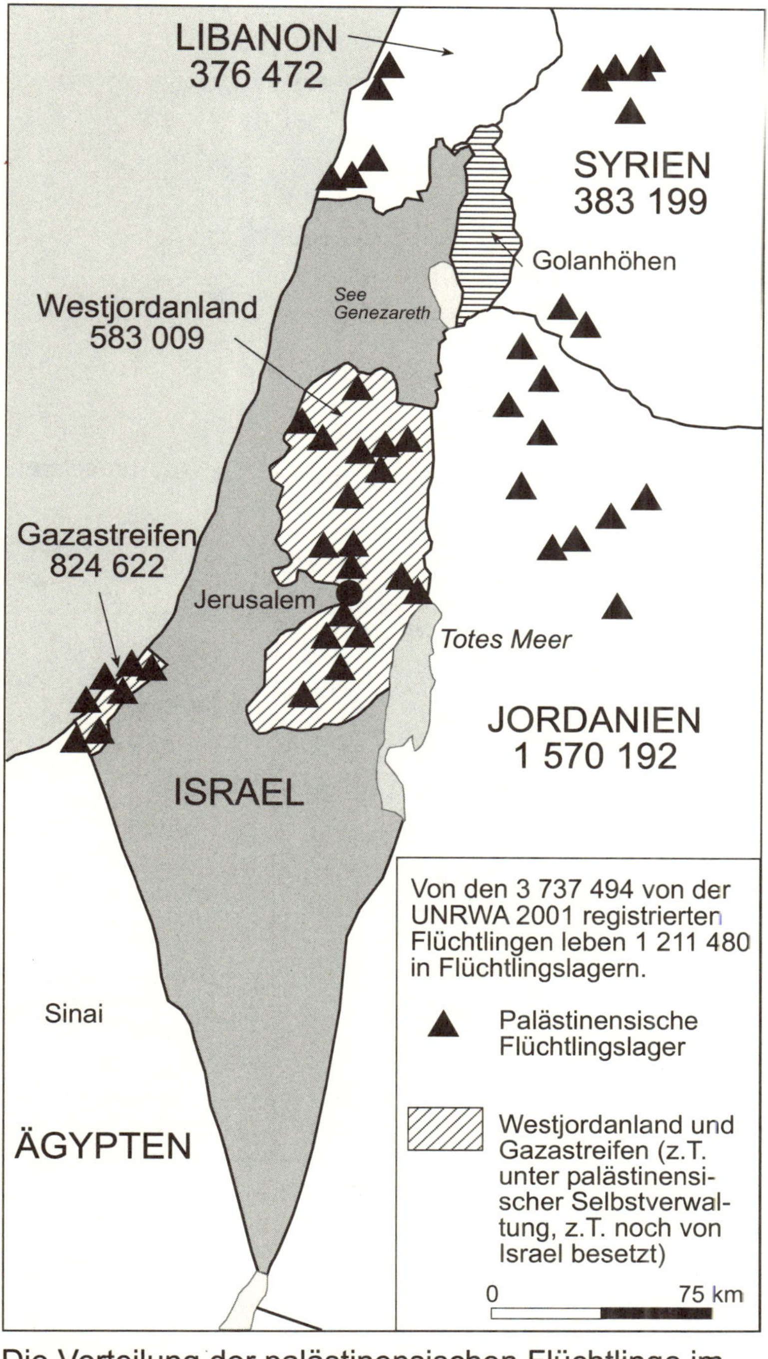

Die Verteilung der palästinensischen Flüchtlinge im Jahre 2001 (Quelle: UNRWA)

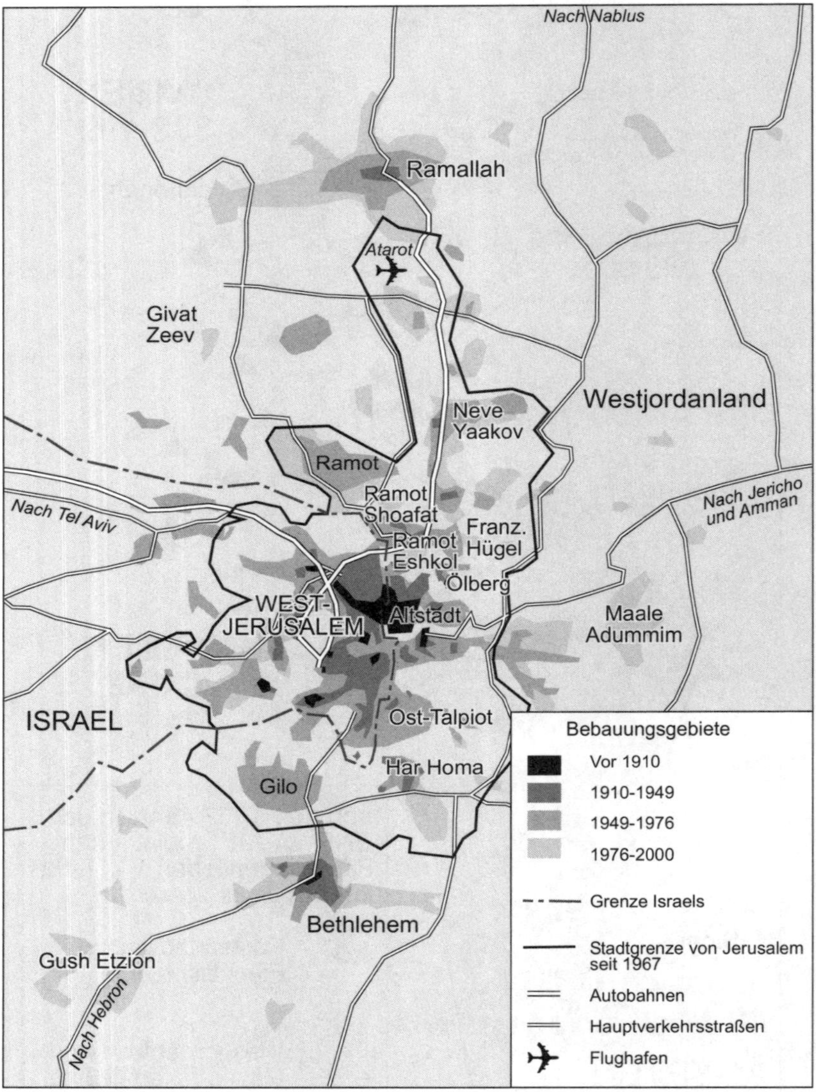

Die Ausdehnung von Jerusalem

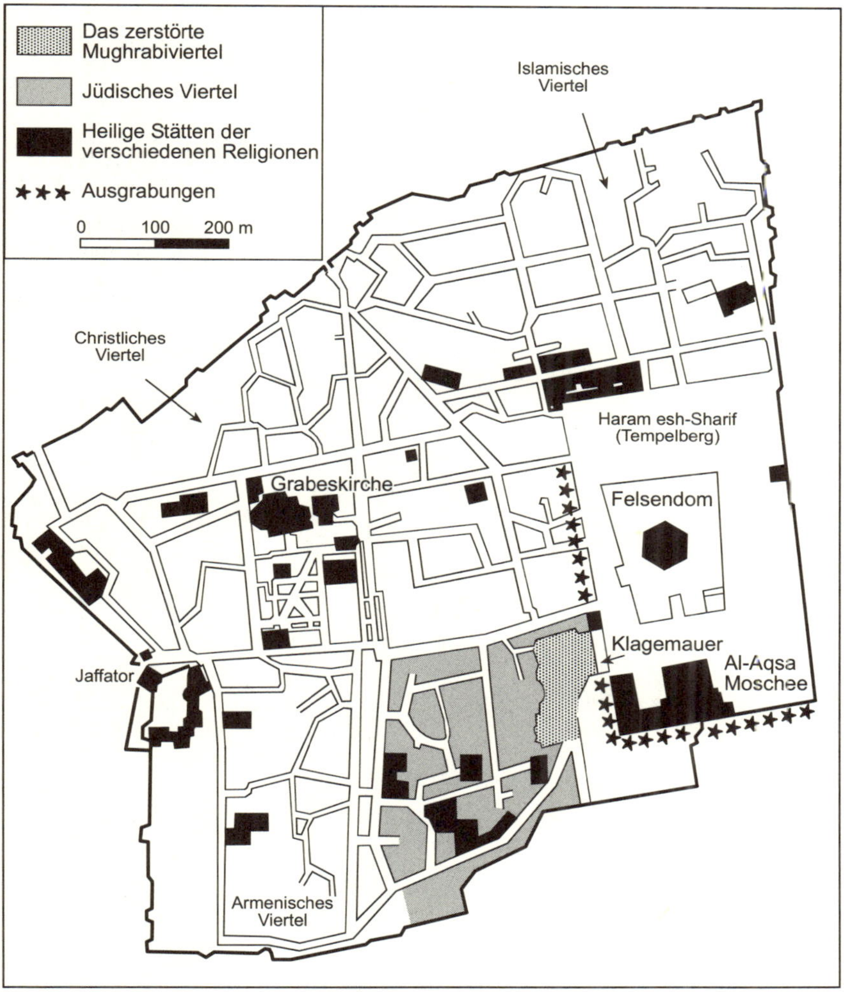

Die Altstadt von Jerusalem

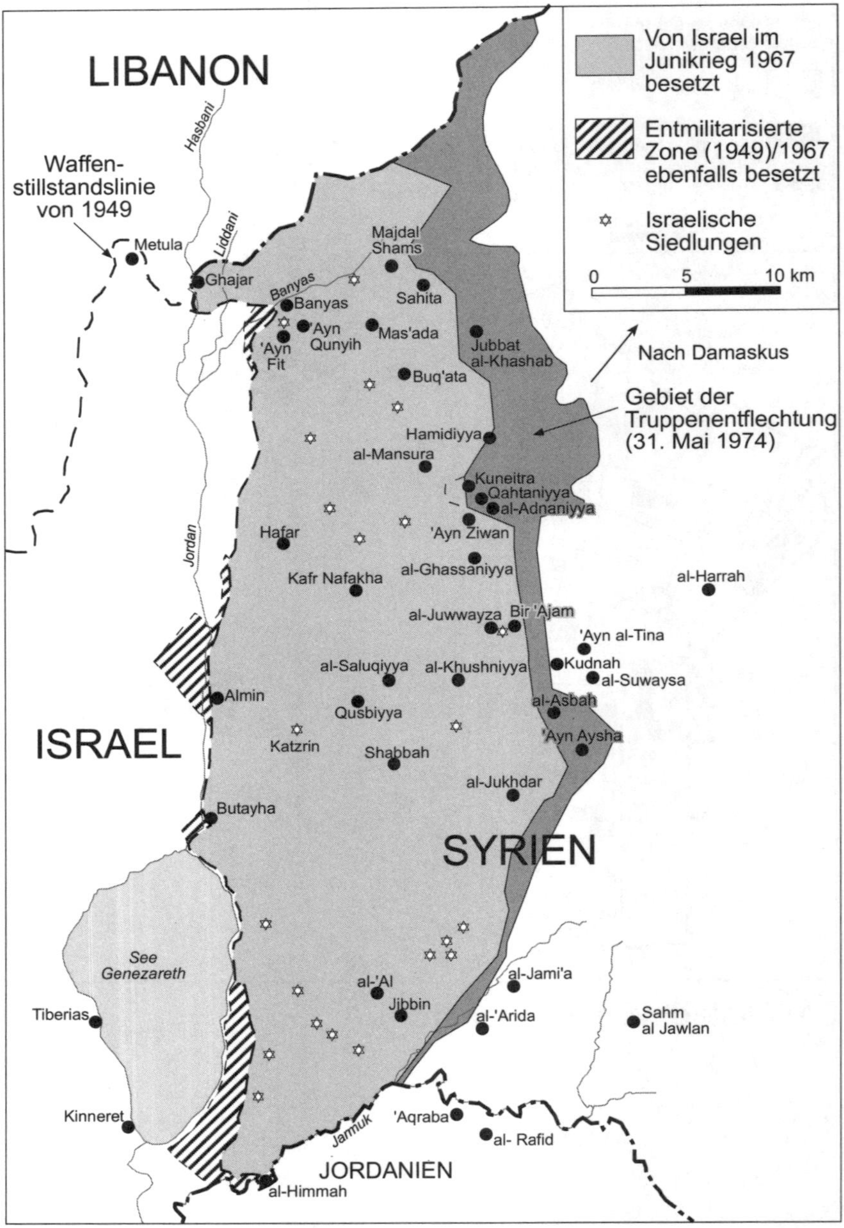

Die Golanhöhen

Die Wasserversorgung in Israel und Palästina
(Quelle: The Jerusalem Fund)

LIBANON
Golanhöhen
SYRIEN
Akko
Haifa
Mittelmeer
Nazareth
Netanya
Nablus
WESTJORDANLAND
Tel Aviv
Jordan
Amman
Jerusalem
Gaza
Totes Meer
Hebron
IRAK
JORDANIEN
Beersheba
Gazastreifen
Negev
ÄGYPTEN
Sinai
Eilat
Aqaba
0
100 km
SAUDI-ARABIEN

Israel

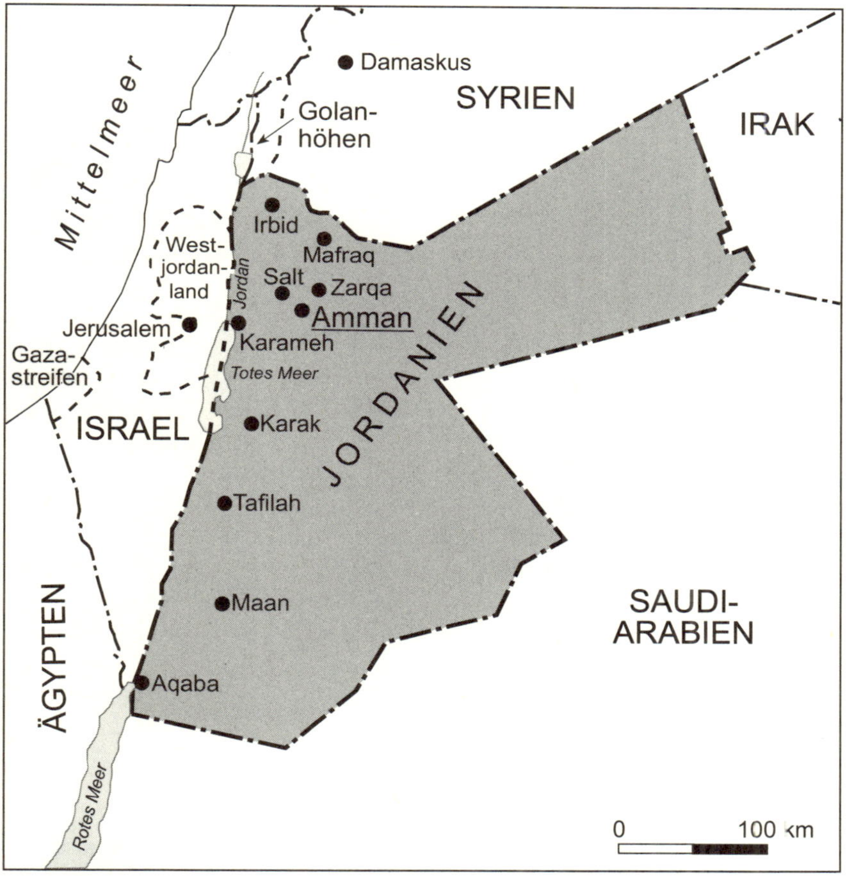
Damaskus
SYRIEN
Golan-
höhen
IRAK
Mittelmeer
Irbid
Mafraq
West-
jordan-
land
Jordan
Salt
Zarqa
Amman
Jerusalem
Karameh
Gaza-
streifen
Totes Meer
JORDANIEN
ISRAEL
Karak
Tafilah
Maan
SAUDI-
ARABIEN
ÄGYPTEN
Aqaba
Rotes Meer
0
100 km

Jordanien

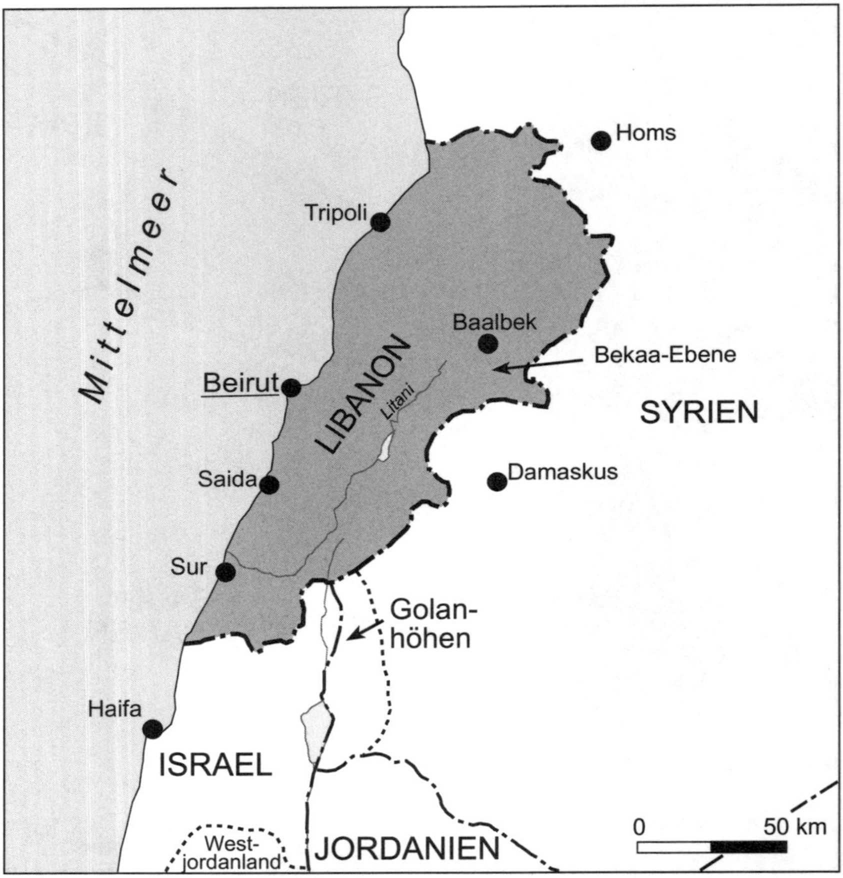
Mittelmeer
Homs
Tripoli
Baalbek
Bekaa-Ebene
LIBANON
Beirut
Litani
SYRIEN
Saida
Damaskus
Sur
Golan-
höhen
Haifa
ISRAEL
West-
jordanland
JORDANIEN
0
50 km

Libanon

TÜRKEI
Alexandretta
(Iskenderun)
Al Hasakah
(Hasaka)
Aleppo
(Halab)
Raqqa
Mittelmeer
Latakia
Euphrat
Hama
Tartus
Deir ez-Zor
Homs
Palmyra
(Tadmur)
LIBANON
Beirut
Damaskus
Golanhöhen
IRAK
ISRAEL
Dara
Westjordanland
Jerusalem
JORDANIEN
Amman
SAUDI-ARABIEN
0
100 km

Syrien

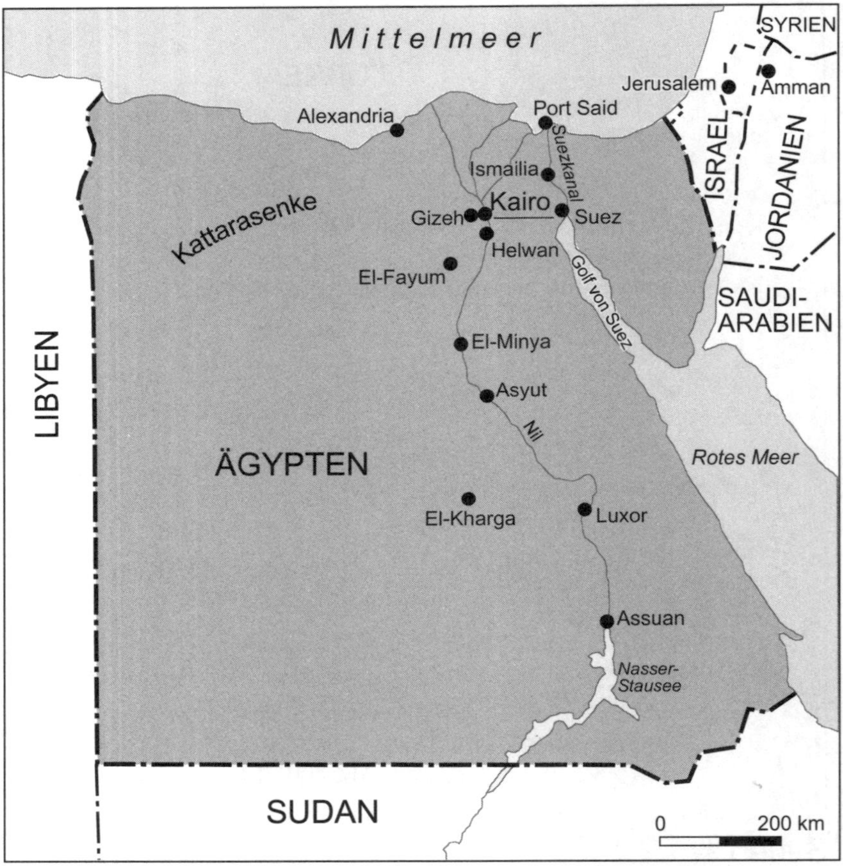
Mittelmeer
SYRIEN
Jerusalem
Amman
ISRAEL
JORDANIEN
Alexandria
Port Said
Suezkanal
Ismailia
Kattarasenke
Kairo
Gizeh
Suez
Helwan
El-Fayum
Golf von Suez
SAUDI-
ARABIEN
El-Minya
Asyut
LIBYEN
Nil
ÄGYPTEN
Rotes Meer
El-Kharga
Luxor
Assuan
Nasser-
Stausee
SUDAN
0
200 km

Ägypten

Mitri Raheb/Fred Strickert
Bethlehem 2000 – Eine Stadt zwischen den Zeiten
Fotos von Garo Nalbandian
Vorwort von Yassir Arafat und Hans-Jürgen Wischnewski
Bildband · 160 Seiten · 130 Farbfotos · 4 Karten · 22,5 x 29 cm
Gebunden · Fadenheftung · DM 59,80 · ÖS 437,- · SFr 56,80
ISBN 3-930378-18-3
Das Buch ist auch in einer englischen Ausgabe erhältlich

»Ein faszinierendes, unvergleichliches Buch, das durch seine Texte und Bilder besticht.«/Frankfurter Rundschau

»Ein Bildband mit vorzüglichen Fotos.«/Der Spiegel

»Endlich gibt es ein gelungenes Buch über Bethlehem. Der Bildband enthält einen ausgesprochen sachlichen Text und ist vorzüglich bebildert – ein Buch, das in der Flut an einschlägiger Literatur guttut, ja Maßstäbe setzt. Der Palmyra Verlag hat sein Engagement und seinen Sachverstand für die Region erneut bewiesen.«/ Katholische Nachrichtenagentur (KNA)

Amnon Kapeliuk
Rabin – Ein politischer Mord
Nationalismus und rechte Gewalt in Israel
Vorwort von Lea Rabin
Aus dem Französischen von Miriam Magall
Register · 240 Seiten · 13,5 x 21 cm · Broschur
DM 19,80 · ÖS 145,- · SFr 19,80 · ISBN 3-930378-13-2

»Spannend wie ein Kriminalroman; eine ausführliche Analyse, die manchen schockieren dürfte.«/dpa

»Für Israel-Interessierte sollte das Buch zur Pflichtlektüre werden.«/die tageszeitung (taz)

Danny Rubinstein
Yassir Arafat – Vom Guerillakämpfer zum Staatsmann
Aus dem Englischen von Torsten Waack
Zeittafel · Register · 208 Seiten · 13,5 x 21 cm · Gebunden
DM 34,- · ÖS 248,- · SFr 33,- · ISBN 3-930378-09-4

»Eine spannend zu lesende Mischung aus politischer Biographie und Psychogramm, wohltuend sachlich und unparteiisch im besten Sinne.«/Süddeutscher Rundfunk

»Rubinstein bringt Arafat auf den Punkt; ein kluger Entmythologisierungsversuch.«/Die Zeit

»Es ist dem Palmyra Verlag als hohes Verdienst anzurechnen, daß er dieses wichtige Buch auch dem deutschen Leser zugänglich macht.«/Aus dem Vorwort von Gernot Rotter

»Sachlich, lehrreich, eindringlich.«/Buchhändler heute

Georg Stein (Hg.)
Nachgedanken zum Golfkrieg
Vorwort von Robert Jungk
300 Seiten · 14 x 21 cm · Broschur
DM 29,80 · ÖS 218,- · SFr 29,80 · ISBN 3-9802298-2-3
Die erste kritische Gesamtdarstellung über Hintergründe und Auswirkungen des Golfkriegs. Mit Beiträgen von Johan Galtung, Horst-Eberhard Richter, Margarete Mitscherlich u.a.

»Ein sehr interessantes Buch. Besonders die Beiträge der Regionalexperten bieten fundierte Analysen und Hintergründe, die in dieser Dichte in den meisten Büchern zum Thema Naher Osten nicht zu finden sind.«/Süddeutscher Rundfunk

Frédéric Lagrange
Al-Tarab – Die Musik Ägyptens
Vorwort von Rabih Abou-Khalil
Aus dem Französischen von Maximilien Vogel
Glossar · Register · 192 Seiten · 26 Schwarzweißfotos · 13,5 x 21 cm
Gebunden · DM 39,80 · ÖS 291,- · SFr 38,80 · ISBN 3-930378-31-0

»Für Freunde der ägyptischen Musik ist das Buch wichtig.«/die tageszeitung (taz)

»Eine umfassende und lesenswerte Darstellung der ägyptischen Musik bis heute.«/Blue Rhythm

Georg Stein
Die Palästinenser – Unterdrückung und Widerstand eines entrechteten Volkes
Vorwort von Erich Fried
Begleittexte in Deutsch, Englisch, Französisch und Spanisch
Bildband · 160 Seiten · 140 Farbfotos · 23 x 26,5 cm · Gebunden
DM 19,80 · ÖS 145,- · SFr 19,80 · ISBN 3-7609-1065-3

»Eindrucksvolle Photographie, die ohne Sensationslust scharf beobachtet.«/Die Zeit

»Durch die hohe Qualität der Fotos bietet der Band einen interessanten Beitrag zum Verständnis eines Konflikts, der täglich für Schlagzeilen sorgt.«/Frankfurter Rundschau

NAHOSTARCHIV HEIDELBERG